Dieter Hanel

AF211123

Military Link

Sicherheitspolitische Zeitreise
eines Offiziers und Rüstungsmanagers

Für mein französisches Patenkind Clément Morel

Als Sechsjähriger stellte er unschwer in unserem Haus fest:
„Dieter, il aime les militaires"

Dieter Hanel

Military Link

Sicherheitspolitische Zeitreise
eines Offiziers und Rüstungsmanagers

2018

Carola Hartmann Miles-Verlag

Bibliografische Information der Deutschen Nationalbibliothek
Die Deutsche Nationalbibliothek verzeichnet diese Publikation in der Deutschen Nationalbibliografie; detaillierte bibliografische Daten sind im Internet über www.dnb.de abrufbar.

© 2018 Carola Hartmann Miles-Verlag
www.miles-verlag.jimdo.com
email: miles-verlag@t-online.de

Titelbild: Hanel

Herstellung: BOD – Books on Demand, Norderstedt

Printed in Germany

ISBN 978-3-945861-67-7

Inhaltsverzeichnis

Vom Weltkrieg in den Kalten Krieg

Geiselnahme

Es ist frühmorgens am 9. Mai 1945, der erste Tag nach Ende des Zweiten Weltkrieges. Ein russischer Militärkonvoi bewegte sich langsam durch das langgestreckte niederschlesische Reihendorf Konradswaldau, das zwischen den Ausläufern des Riesengebirges und den Hügeln des Waldenburger Berglandes liegt. Vorweg sicherten drei T-34 Kampfpanzer mit dem fünfzackigen roten Sowjetstern, die Kanonen seitlich schwenkend. Dahinter ein Tross von Militärlastern, auf denen abgekämpfte Rotarmisten saßen.

Am 12. Januar 1945 hatte die Großoffensive der Roten Armee auf Schlesien begonnen, wo die 1. Ukrainische Front, ein Großverband aus 12 Armeen unter dem Kommando des Marschalls der Sowjetunion, Iwan Konew, am 8. Februar 1945 eindrang. Obwohl sich der Krieg im Frühjahr dem Ende zuneigte, lieferten sich die sowjetischen Truppen mit den tapfer verteidigenden deutschen Soldaten noch heftige Gefechte. Die Frontlinie der sowjetischen Truppen war Ende Februar nur wenige Kilometer nördlich unseres schlesischen Heimatortes auf der Verteidigungslinie westlich Löwenberg sowie nordwestlich Lauban-Striegau-Stehlen-Neisse zum Stehen gekommen. Diese konnte von der Wehrmacht bis Mitte April 1945 gehalten werden, so dass die lebenswichtige, leistungsfähige Bahnverbindung von Görlitz nach Oberschlesien für den Nachschub, die Heranführung von Reserven und für den Flüchtlingstransport weiterhin zur Verfügung stand.

An den letzten Tagen des Zweiten Weltkrieges nahm die Sowjetarmee, die mit der 1. Weißrussischen Front unter Marschall Georgi Schukow und der 1. Ukrainischen Front ihre Stoßrichtung auf Berlin konzentriert hatte, das bisher tapfer verteidigte unübersichtliche Hügelland der schlesischen Gebirgsregion mit seinen leicht gewellten Tälern in Besitz. Am 9. Mai 1945 war der Zweite Weltkrieg nach der Eroberung Berlins durch die Rote Armee und der Unterzeichnung der bedingungslosen Kapitulation Deutschlands in Reims am 7. Mai beendet. Auf Dringen der Sowjetunion fand am 9. Mai um 0.16 Uhr in Berlin-Karlshorst eine zusätzliche Ratifikation durch das Oberkommando der Wehrmacht statt.

An diesem 9. Mai besetzten die sowjetischen Soldaten der 21. Armee, die

Konradswaldau in Niederschlesien, das heutige polnische Grędy. Links der von den Polen abgerissene Bauernhof meiner Großeltern Emilie und Heinrich Langer und dahinter die Scheune, am rechten Straßenrand die Evangelische Schule

Hochzeitsfoto meiner Eltern Emmy und Ernst Hanel

zur 1. Ukrainischen Front gehörte, unter dem Kommando von Generaloberst Dmitrij Gusiew die schlesischen Ortschaften des Kreises Landeshut, des heutigen polnischen Kamienna Góra. Es war ein sonniger Morgen, als sich dieser russische Militärkonvoi durch unser Dorf Konradswaldau bewegte. Auf ein ausgestrecktes Handzeichen des Kommandeurs, ein junger Offizier, stoppten die Fahrzeuge vor dem Bauernhof meiner Großeltern, Emilie und Heinrich Langer, der sich seit 1827 im Besitz unserer Familie befand.

Im Hauptgebäude, ein weißes, zweistöckiges Giebelhaus, befand sich auch eine Wirtsstube, der „Oberkretscham". Das Wort Kretscham leitet sich aus dem Slawischen ab und bezeichnet einen Dorfgasthof. Zu früheren Zeiten war er zugleich ein Gerichtssaal. Es wurden in dem Saal seit Langem keine großen Feste mehr gefeiert, wie etwa die Hochzeit meiner Eltern Ernst und Emmy Hanel am 25. März 1944, oder als noch die Kirmes viermal im Jahr stattfand. Auf dem „Kirmstball" wurde dann um die traditionell in der Mitte des Raumes stehende Säule getanzt.

Dieser direkt an der langgestreckten Dorfstraße gelegene Gasthof verlockte die russischen Militärs zum Halt. Mehrere Soldaten, einige waren stark angetrunken, sprangen von ihren Fahrzeugen, stürmten zielstrebig, laut grölend in das Gebäude, vorbei an meiner verängstigt an der Tür stehenden

8

Meine Großeltern Emilie und Heinrich Langer, der als Kürassier des Regiments Garde du Corps in Potsdam diente. Er trägt den Koller, den Waffenrock des Regiments, zum Paradehelm. Das Regiment wurde am 23.06.1740 aufgestellt und galt das beste Regiment der Preußischen Armee, weshalb es auch immer die Rangliste der Armee anführte

Großmutter Emilie Langer, ohne von ihr besonders Notiz nehmend. Getrieben von der unbändigen Gier nach Alkohol war ihre Enttäuschung groß, als sie sahen, dass in den leeren Regalen hinter dem Schanktresen keine Schnapsflaschen mehr standen.

Da erblickte ein russischer Soldat, sichtlich frustriert, keinen Alkohol vorzufinden, sich gierig im Raum umschauend, mich im Kinderwagen in einer Ecke des Schankraumes. Eine neue Beute war entdeckt. Sofort erkannte er, dass folglich die Mutter dieses vier Monate alten Säuglings nicht weit sein könnte. Er ergriff den Kinderwagen und rief meiner selbstbewussten, stets in sich ruhenden Großmutter, die immer noch an der Tür stand und das chaotische Treiben besorgt verfolgte, mehrmals eher fordernd als fragend das ihm geläufige deutsche Wort „Frau, Frau!" zu, dann wieder auf Russisch „Paninka, Paninka!". Mit sicherer Bestimmtheit und äußerer Ruhe wies sie mit Handzeichen auf die sich an der anderen Straßenseite erhebenden Hügel und gab so zu verstehen, dass sich ihre Tochter Emmy draußen auf den Feldern befand. Sie hatte die bange Hoffnung, dass die Rotarmisten den Verschlag im Dachboden des Hauses, wo sich meine Mutter mit ihren beiden älteren Schwestern Irmgard und Gretel beim Annähern der Kolonne versteckt hatte, nicht entdecken würden. Unter den um ihre erhoffte Beute gebrachten Sowjetsoldaten, kein Alkohol, keine Frauen, entbrannte eine lebhafte Diskussion. Sie verstummte, als ein Soldat den Kinderwagen ergriff und durch die Haustür zur Fahrzeugkolonne schob. Dann hievte er ihn mit Hilfe eines Kameraden auf die Pritsche eines Lastkraftwagens.

Auf ein Handzeichen des Kommandeurs wurden die Motoren der Kampfpanzer und der sie begleitenden Lkws angelassen. Aus den Auspuffrohren drangen dieselgeschwängerte Nebelschwaden, die sich über die Dorfstraße, die angrenzenden Felder ausbreiteten und wie ein Kranz um das Bauernhaus und die daneben liegende kleine Scheune legten. Plötzlich trat aus der sich langsam senkenden grauen Wolke eine kräftige männliche Gestalt. Es war der gegen Kriegsende dem Hof zugewiesene ukrainische Landarbeiter. Ein fleißiger, junger Mann, der früher zu den verbündeten Truppen des Deutschen Reiches gehörte und sich freiwillig zum Arbeitseinsatz in Deutschland gemeldet hatte. Ruhigen Schrittes ging er in Richtung der Wagenkolonne auf den kommandierenden Offizier zu und sprach mit ihm in einem ruhigen, selbstbewussten Ton.

Doch dann entwickelte sich ein heftiger Wortwechsel mit dem Rotarmisten, die Stimmung wurde gereizter, die Gebärden der beiden Gesprächspartner aggressiver. Mehrere Soldaten, die noch nicht auf den Militärfahrzeugen aufgesessen waren, bedrängten den Ukrainer, schimpften heftig gestikulierend auf ihn ein. Sie waren jetzt nicht mehr daran interessiert, mit ihrer Geisel meine Mutter aus dem Versteck zu locken. Das selbstbewusste Auftreten des Ukrainers, seine Entschlossenheit, mich aus der bedrohlichen Situation zu befreien, war plötzlich verschwunden. Angst stand ihm ins Gesicht geschrieben. Seine aufgebrachten Landsleute hatten kein Verständnis für seine Arbeit auf dem deutschen Bauernhof, bei ihrem Feind. Für sie war er ein Kollaborateur. Der Kommandeur erteilte laut Befehle, unterstützt durch Handzeichen. Die immer noch laufenden Motoren der Fahrzeuge wurden gestoppt. In dieser Stille war wieder mein Säuglingsgeschrei aus dem weißen Kinderwagen zu hören, der so gar nicht zur Bordausstattung des tarnfarbengrünen Militärfahrzeuges passte.

Dann führten zwei junge Rotarmisten den ukrainischen Arbeiter in die neben dem Hauptgebäude liegende kleine Scheune ab, gefolgt vom Kommandeur der Kolonne. Es war still geworden. Ein dumpfer Pistolenschuss hallte wie ein Peitschenhieb durch den Raum. Lähmendes Schweigen lag über dem Bauernhof. Kurz darauf kamen die drei Soldaten ruhigen Schrittes aus der Scheune, der Offizier steckte seine Pistole in den Halfter, mit der er wenige Augenblicke zuvor seinen Landsmann kaltblütig niedergestreckt hatte. Wieder schallten seine kurzen Kommandos über die Dorfstraße. Die Motoren wurden angelassen.

Da geschah etwas Unerwartetes. Zwei Soldaten hoben den Kinderwagen von der Pritsche und stellten ihn fast fürsorglich an den Wegesrand, nur wenige Meter entfernt vom Kriegerdenkmal des Ersten Weltkrieges. Dann sprangen sie auf den Lkw, der Kommandeur auf sein Führungsfahrzeug. Langsam Fahrt aufnehmend setzte sich die Militärkolonne in Richtung tschechische Grenze in Marsch.

Eine ganze Weile stand der Kinderwagen mit mir verlassen da. Versteinert, das Geschehen nur schwer begreifend, äußerlich aber immer noch ruhig, blickte meine Großmutter den sowjetischen Militärfahrzeugen nach, bis nur noch eine Staubwolke zu sehen war. Als auch die Motorengeräusche nicht mehr zu hören waren, kam meine Mutter, gefolgt von ihren beiden Schwestern, aus dem Haus gestürmt. Sie lief direkt auf den Kinderwagen zu, ergriff mich, hob mich aus dem Kinderwagen und drückte mich erleichtert mit mütterlicher Fürsorge fest an ihre Schulter.

Ihre Mutter, liebevoll im schlesischen Dialekt „Muttl" genannt, eilte in die Scheune. Ihr treuer ukrainischer Landarbeiter lag zusammengebrochen mit seinem Oberkörper auf einem Tisch, der Kopf seitlich in einer Blutlache, die sich auf der Tischplatte langsam ausbreitete und an einem Tischbein nach unten tropfte. Der Kollaboration bezichtigt, war er von seinem rachesüchtigen Landsmann, kaltblütig niedergestreckt. Die Geiselnahme war fehlgeschlagen, doch meine Befreiung hatte ein großes Opfer gefordert. Meine erste Begegnung mit dem Militär nahm ein tragisches, tödliches Ende.

Meine Mutter konnte mir nur wenig über diesen mutigen Ukrainer berichten. Ich habe oft mit großer Dankbarkeit und Hochachtung über diesen unerschrockenen Mann nachgedacht, insbesondere fünf Jahrzehnte später auf meinen Geschäftsreisen in die Ukraine, stets das drohende, durch ihn vielleicht verhinderte Schicksal eines namenlosen Findelkindes vor Augen.

Vertreibung aus Schlesien. Illegal in Hamburg

Anfang Mai 1945 war fast ganz Deutschland von den Alliierten besetzt, der Zweite Weltkrieg neigte sich dem Ende zu. Adolf Hitler hatte am 30. April in Berlin Selbstmord begangen und testamentarisch den Großadmiral Karl Dönitz, Oberbefehlshaber der Marine, zum neuen Reichspräsidenten bestimmt. Dönitz übernahm als Staatsoberhaupt am 1. Mai die Führung der letzten deutschen Reichsregierung. Am 3. Mai erreichte er Flensburg, die nördlichste Stadt Deutschlands, am Ende der 35 Kilometer langen Förde unmittelbar an der dänischen Grenze gelegen. Auf dem Gelände der Marineschule Flensburg-Mürwik, die seit 1910 Ausbildungsstätte für die deutschen Marineoffiziere ist, errichtete er mit seiner „geschäftsführenden Regierung" sein Hauptquartier. Dort verfolgte er das Ziel, den Krieg so schnell wie möglich zu beenden.

Am 2. Mai hatten die Truppen der 2. Britischen Armee Lübeck und am nächsten Tag Hamburg eingenommen. Am 4. Mai kapitulierte die Regierung Dönitz gegenüber dem britischen Feldmarschall Bernard Montgomery für die deutschen Truppen in Norddeutschland. Dies wurde am 5. Mai offiziell vom Oberkommando der Wehrmacht in Flensburg bestätigt. Am 9. Mai 1945 hatte ein Vorauskommando der britischen Streitkräfte unter Führung von Oberst Peter Andrews mit drei britischen Offizieren Flensburg erreicht, um die Besetzung Flensburgs durch die 159. Britische Infanteriebrigade vorzubereiten. Die Stadt war bis dahin eine von britischen Truppen umzingelte Enklave. Nach der Besetzung Flensburgs wurden am 16. Mai die deutschen Truppenteile durch die britischen Streitkräfte entwaffnet, drei Kompanien mit Waffen jedoch zur Aufrechterhaltung der Ordnung unter britischem Kommando noch in Dienst gehalten.

Die Briten ließen die Regierung Dönitz im Amt, weil sie in der Lage war, die riesigen Flüchtlingsströme und die Rückkehr der deutschen Soldaten aus den von den Alliierten befreiten Gebieten in Dänemark und Norwegen zu organisieren. So regierte Dönitz im Sinne der „Kontinuität des deutschen Reiches" noch weiter bis zum 23. Mai 1945. Erst an diesem Tag wurde die Reichskriegsflagge in der Marineschule niedergeholt und Dönitz zusammen mit den Mitgliedern der Regierung sowie 420 hohen Beamten und Offizieren verhaftet. So ging das Dritte Reich in Flensburg, in der nördlichsten

Ecke Deutschlands, zu Ende und nicht wie erwartet, in der Alpenfestung unter. Im Nürnberger Hauptkriegsverbrecherprozess wurde Dönitz zu zehn Jahren Haft verurteilt.

Auch meinen Vater, Ernst Hanel, verschlug es am Ende des Krieges als Feldwebel der Luftwaffe im Sog des Niedergangs des Dritten Reiches mit seiner militärischen Einheit nach Flensburg. Er war, 1918 geboren, als Sohn des Bergmanns Gustav Hanel und seiner Frau Emma in bescheidenen Verhältnissen aufgewachsen und mit 19 Jahren nach der Ableistung des Reichsarbeitsdienstes am 4. April 1938 als Freiwilliger in die Reichswehr eingetreten. Wegen der damals schwierigen wirtschaftlichen Lage und der schlechten Aussichten, als kaufmännischer Angestellter in Schlesien einen angemessenen Arbeitsplatz zu finden, sah er in der aufstrebenden Luftwaffe eine berufliche Perspektive. Zugleich übte das Militär, die schmucke Uniform, einen großen Reiz auf ihn aus. Sein sehnlicher Wunsch, Pilot zu werden, ging jedoch nicht in Erfüllung. Dazu fehlten auch die schulischen Voraussetzungen. So konnte er nicht den berühmten schlesischen Piloten Manfred von Richthofen, Hanna Reitsch und dem 1916 in unserem Heimatdorf Konradswaldau geborenen Hans-Ulrich Rudel nacheifern. Er wurde, begünstigt durch den Besitz eines Lkw-Führerscheins, Schirrmeister und war damit für die Einsatzbereitschaft eines Fuhrparks verantwortlich.

Mit Beginn des Zweiten Weltkrieges hatte mein Vater als Soldat an den Einsätzen in Polen, in den Niederlanden, Frankreich und später in der Sowjetunion teilgenommen. Er hatte den Krieg zum Glück unversehrt überlebt. Vielleicht war ihm durch sein berufliches Scheitern, nicht Pilot geworden zu sein, das Schicksal seiner zahlreichen Luftwaffenkameraden, die er nicht mehr vom Feindflug zurückkommen sah, erspart geblieben.

In Flensburg geriet mein Vater am 8. Mai 1945 in britische Gefangenschaft, doch aufgrund seiner technischen Kenntnisse als Schirrmeister wurde er in gleicher Dienststellung und gleichem Dienstgrad als Feldwebel der deutschen Militärpolizei in Flensburg zugeteilt. Diese stand unter britischem Oberbefehl und sollte für Ruhe und Ordnung sorgen. Nach der Auflösung dieser Einheit am 16. Oktober 1945 wurde mein Vater zum Marine-Transport-Kommando nach Flensburg-Mürwik in die Marine-Nachrichtenschule und am 8. Januar 1946 in die 2. Kompanie der Marine-Kraftfahrabteilung nach Kiel versetzt. Zwischenzeitlich hatte er sich erfolgreich bei der Polizei in Hamburg beworben, wo er mit Wirkung vom 1. Februar 1946 eingestellt wurde. In der Hamburger Kunsthalle erhielt er am 6. Februar von der britischen No. 36 Disbandment Control Unit seinen Entlassungsschein aus dem aktiven Militärdienst, den lebenswichtigen D.2-Schein, ohne den man damals keine Lebensmittelmarken, keine Aufenthaltsgenehmigung und keine Arbeitserlaubnis bekam.

Nach dem Zusammenbruch des Dritten Reiches nahm die große Weltpolitik mit den historischen Entscheidungen zur Neuordnung des besiegten Deutschlands ihren weiteren Lauf, die auch das Schicksal unserer Familie in Schlesien leidvoll beeinflusste. Am 17. Juli 1945 trafen sich in Potsdam die Repräsentanten der Siegermächte, der amerikanische Präsident Harry S. Truman, der britische Ministerpräsident Winston Churchill und der sowjetische Marschall Josef Stalin. In den Konferenzräumen des Schlosses Cecilienhof beschlossen die Siegermächte, Churchill war zwischenzeitlich nach der verlorenen Wahl in Großbritannien durch Clemens Attlee ersetzt worden, am 2. August 1945 das Potsdamer Abkommen. Damit war die Spaltung Deutschlands und Europas besiegelt. Im Mittelpunkt der Potsdamer Konferenz stand die Frage der Oder-Neiße-Linie. Östlich davon erhielt Polen, mit Ausnahme des sowjetischen Teils von Ostpreußen, die deutschen Ostgebiete. Im Schlusskommuniqué heißt es: „Die drei Regierungen (…) erkennen an, daß die Überführung der deutschen Bevölkerung oder Bestandteile derselben, die in Polen (…) zurückgeblieben sind, nach Deutschland durchgeführt werden muß."

Im Oktober 1945 waren von den 4,9 Millionen Einwohnern, die vor dem Zweiten Weltkrieg in Schlesien lebten, nur noch 1,4 Millionen Menschen verblieben. Viele Schlesier hatten, wie auch meine Großeltern und Eltern, weiterhin die Hoffnung, auch nach dem verlorenen Krieg in der geliebten Heimat bleiben zu können. Vergeblich.

Bereits am 19. Juni 1945 kamen die ersten Polen nach Konradswaldau und übernahmen die Verwaltung der Gemeinde. Es waren überwiegend Vertriebene aus den Ostgebieten Polens östlich des Flusses Bug, Leidtragende von Stalins menschenverachtender Völkerverschiebung. Bald waren es 500 Polen, die von den deutschen Höfen und Häusern Besitz ergriffen. Insbesondere die polnische Miliz nahm unberechtigte Verhaftungen vor,

14

folterte willkürlich deutsche Bürger unter dem Vorwand, nach Waffen und versteckten deutschen Soldaten zu suchen und entwendete von ihnen Wertsachen.

Meinem Großvater Heinrich Langer brachen die entwürdigende Besetzung durch die Polen, die massiven Schikanen und der sich abzeichnende schmerzliche Verlust der Heimat das Herz. Im Alter von nur 61 Jahren ist er am 6. April 1946 verstorben. Meine Großmutter war mit 57 Jahren das zweite Mal Witwe. Ihr erster Mann, Richard Heinzel, war 1916 im Ersten Weltkrieg als Soldat bei Dünaburg in Estland an den Folgen eines tragischen Unfalls verstorben.

Im Frühjahr 1946 begannen die Polen in Niederschlesien mit der zweiten großen Vertreibungswelle nach 1945. Am 8. Mai wurde von den polnischen Behörden verfügt, dass der Kreis Landeshut umgesiedelt werden sollte. Am nächsten Morgen hatten sich die Einwohner Konradswaldaus um acht Uhr auf einem Sammelplatz einzufinden. Jeder durfte nur 40 Kilogramm Gepäck bei sich haben. Für ungefähr 600 Personen begann mit dem Transport auf Pferdewagen nach Landeshut, der 15 Kilometer entfernten Kreisstadt, die Vertreibung. Am 10. Mai wurden meine Großmutter Emilie Langer mit ihren Kindern Max, Irmgard und Gretel von ihrem Hof in Konradswaldau vertrieben. Sie fanden in Niedersachsen, im Raum Wolfenbüttel, eine neue Bleibe.

Meine Mutter lebte zu dieser Zeit in der nahe gelegenen Kleinstadt Gottesberg, dem heutigen Boguszów, wo sie als Postangestellte arbeitete. Das Postamt existiert heute noch. Nur einige Häuser weiter wurde ich in der Gartenstraße 6, der heutigen uliza Miskiewicza 6, am 27. Dezember 1944 geboren. Auch meine damals erst 22 Jahre alte Mutter wurde mit mir nur wenige Tage nach ihren Angehörigen, am 16. Mai 1946, aus Schlesien vertrieben. In einen Viehwaggon gepfercht wurden wir unter unmenschlichen Bedingungen, verhungernden, schikanierten Mitreisenden und katastrophalen hygienischen Bedingungen mit dem Zug tagelang durch Deutschland nach Warendorf in Westfalen transportiert, wo wir auf einem Gestüt unterkamen. Wir hatten überlebt. Uns war das Schicksal der 1,5 Millionen Menschen, die bei der Vertreibung aus den Gebieten jenseits von Oder und Neiße seit 1945 ums Leben kamen, erspart geblieben.

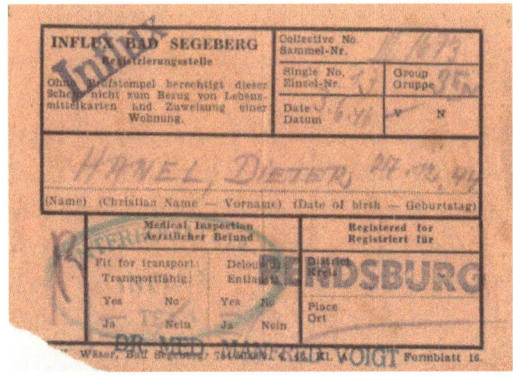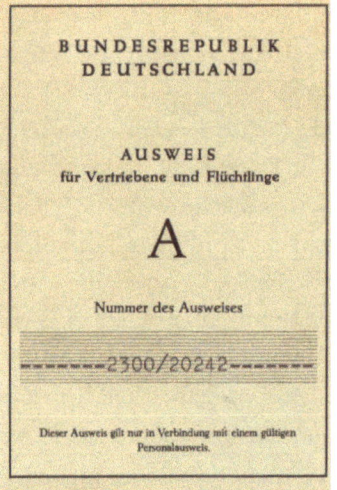

Mein von den britischen Besatzungstruppen am 3. Juni 1946 im Lager Segeberg ausgestellter Influx-Schein, der zum Bezug von Lebensmitteln und zur Zuweisung einer Wohnung berechtigte und der Vertriebenenausweis

Gerhart Hauptmann, der berühmte schlesische Dichter und Literaturnobelpreisträger, der zu seiner Zeit bereits eine Legende war, verstarb am 6. Juni 1946 in Agnetendorf, dem heutigen Jagniatkow. Durch seinen Tod war er einer Vertreibung zuvorgekommen. Nach einer unrühmlichen Behandlung durch die polnischen Besetzer wurde er nicht, wie es sein sehnlicher Wunsch war, in der schlesischen Heimat bestattet. Nur mit massiver russischer Hilfe, Marschall Schukow hatte sich selbst eingeschaltet, fand er auf Hiddensee seine letzte Ruhestätte.

Erst nach dem Fall des Eisernen Vorhangs hatten sich in Polen die politischen und gesellschaftlichen Verhältnisse durch die Solidarność-Bewegung tiefgreifend verändert, so dass ich 1991, 45 Jahre nach der Vertreibung, erstmals Schlesien besuchen konnte. Später bin ich auch aus beruflichen Gründen oft nach Schlesien gereist, das heute als polnische Provinz Śląsk wieder den Namen Schlesien trägt.

Anfang Juni 1946 holte mein Vater, der zwischenzeitlich in Hamburg als Polizeibeamter eine Anstellung gefunden hatte, meine Mutter und mich im westfälischen Lengerich ab. In der Freien und Hansestadt Hamburg war jedoch wegen der zahlreichen in die Stadt drängenden Flüchtlinge und der Rückkehr der während des Krieges evakuierten Hamburger Bürger sowie der entlassenen Soldaten am 1. April 1946 eine Zuzugssperre verhängt worden. So wurde uns die Einreise und Familienzusammenführung verwehrt. Mein Vater musste uns nach Schleswig-Holstein bringen. In Segeberg wurden wir durch das britische Influx-Durchgangslager geschleust, wo wir von der Registrierungsstelle des Interrogation Influx Team am 3. Juni einen Schein erhielten, der uns „zum Bezug von Lebensmitteln und zur Zuweisung einer Wohnung" berechtigte. Dann wurden wir dem Kreis Rendsburg zugewiesen, wo am 5. Juni die Einweisung auf einen Bauernhof in Gribbohm erfolgte. Dieses kleine Dorf liegt in den weiten grünen Geestflächen etwa 12 Kilometer nordwestlich von Itzehoe, unmittelbar am Nord-Ostsee-Kanal und in direkter Nachbarschaft zu Wacken, das heute durch das „Wacken Open Air-Festival" weltweite Bekanntheit erlangt hat.

Durch den starken Flüchtlingsstrom erhöhte sich die Bevölkerung Schleswig- Holsteins, die sich 1939 auf 1,6 Millionen Einwohner belief, bis 1946 auf 2,7 Millionen. Die Not, der Hunger und der katastrophale Wohnungsmangel führten zu erheblichen Spannungen zwischen den Einheimischen und den 1,2 Millionen Flüchtlingen aus den deutschen Ostgebieten. Auch wir wurden von den Besitzern sehr unfreundlich, ja feindselig aufgenommen. Die vom Krieg weitgehend verschonte schleswig-holsteinische Landbevölkerung hatte nur wenig Kenntnis und kaum Verständnis für die unermesslichen Leiden der zahlreichen ostdeutschen Flüchtlinge und Vertriebenen, was sich oft in menschenverachtender Ablehnung äußerte. Meine Mutter litt so stark unter dem Hunger, dass sie immer wieder nachts heimlich beim Bauern Kartoffeln aus den Schweinetrögen stahl.

Mein Vater war verzweifelt, dass er nach langer Trennung von meiner Mutter und von mir aufgrund des Zuzugsverbots für Nicht-Hamburger weiterhin alleine in Hamburg leben musste und suchte nach Wegen, uns von Schleswig-Holstein in die Hansestadt zu holen. Mit einer von ihm gefälschten Unterschrift gelang schließlich der Zuzug nach Hamburg. Ein sehr riskantes Unterfangen, hätte er doch, wäre es aufgeflogen, sicherlich seine Anstellung als Polizist verloren. Es ist, wie vieles, was zu dieser Zeit in der großen Not geschah, heute nur aus der damaligen Situation heraus zu verstehen. Ich war illegal in Hamburg eingereist, das zu meiner neuen Heimatstadt geworden und auch nach jahrelangen, beruflich bedingten Aufenthalten an mehreren anderen Orten in Deutschland bis heute in meinem Herzen Heimat geblieben ist, eine Stadt, die mir das Tor in die Welt geöffnet hat.

Meine Eltern erhielten in einer Zeit katastrophaler Wohnungsnot zu ihrem Glück eine Einweisung in die große Wohnung einer alleinstehenden älteren Dame im Luruper Weg 38 im Stadtteil Eimsbüttel. In Hamburg waren durch die 1943 mit der Operation „Gomorrha" beginnenden massiven Bombenangriffe der britischen und amerikanischen Luftwaffe von den rund 560 000 Wohnungen etwa die Hälfte völlig zerstört und nur ein Fünftel unbeschädigt geblieben. Als ihre Tochter mit ihrem Mann nach kurzer Zeit in diese große Wohnung ziehen wollte, bekamen meine Eltern durch einen Tausch deren ganz in der Nähe liegende Wohnung in der Sillemstraße 86. Eine eigene Wohnung, welch seltenes Glück und großes Geschenk in dieser schwierigen Nachkriegszeit. Das Mietshaus in der Sillemstraße hatte die Bombenhagel unbeschädigt überstanden und ragte mit dem angrenzenden Nachbarhaus wie eine riesige Stele aus den umliegenden weiten Trümmerfeldern, in denen ich als Kind spielte, heraus.

Besonders dankbar erinnere ich mich immer noch an die „Schwedenspeisung", zu der ich damals jeden Mittag einige Häuser weiter alleine als hungriges kleines Kind mit einem Blechnapf ging. Eltern war der Zutritt nicht gestattet. Durch diese großzügige Hilfe trug das im Krieg neutrale Schweden und die Spendenbereitschaft seiner Bevölkerung sehr zur Linderung der großen Not in Hamburg bei.

Ein anderes prägendes Ereignis meiner Kindheit war 1955 die erste Begegnung mit einem britischen Soldaten in den Dünen am Rande des Truppenübungsplatzes Putlos an der Ostsee. Dort verbrachte ich mit meinen Eltern einen Campingurlaub. Ich war zehn Jahre alt, hatte auf dem Gymnasium meine ersten Lektionen Englisch gelernt und wollte ein wenig stolz meine rudimentären Sprachkenntnisse unter Beweis stellen. Die Verständigung mit dem Soldaten war holprig, doch ich erfuhr, dass er hier mit seiner Einheit Schießübungen durchführte. Als ich mich von ihm brav mit einem „Good-bye, Sir" verabschiedete, zog er aus der Seitentasche seiner olivbraunen Felduniform eine blaue Tafel Cadbury-Schokolade und drückte sie mir in die Hand. Meine Freude war riesengroß. Seit dieser Zeit weiß ich zu schätzen, wie hilfreich und gewinnbringend Sprachkenntnisse im zwischenmenschlichen Bereich sind. Später habe ich mir auf meinen Reisen in England in Erinnerung an diesen britischen Soldaten immer eine Cadbury-Schokolade gekauft.

Bedrohliche Krisen im Kalten Krieg

Die massiven, weithin sichtbaren Kriegsschäden in Hamburg, die weiten Trümmerfelder, zerbombte Schiffswracks am Elbufer, aber auch bestimmte politische Ereignisse und Personen sind seit meiner Kindheit tief in meinem Gedächtnis verankert, haben mein politisches Denken und mein Verständnis über die Rolle des Militärs stark beeinflusst.

Die erste große Krise im Kalten Krieg war die Berlinblockade der Sowjets im Jahr 1948. Die US-Luftwaffe führte mit einer Luftbrücke vom 26. Juni 1948 bis zum 27. August 1949 mit den „Rosinenbombern" 190 000 Hilfsflüge durch und sicherte so das Überleben der Stadt. Die politische Bedeutung dieses gewaltigen militärischen, opferbereiten Engagements der Amerikaner ist bei den meisten Deutschen leider in Vergessenheit geraten.

Während des Koreakriegs, der am 25. Juni 1950 mit dem Überfall des Nordens auf den Süden ausbrach und bis zum Waffenstillstandsabkommen am 27. Juli 1953 dauerte, befürchteten meine Eltern ständig, dass er auf Europa übergreifen und es auch in Deutschland wieder Krieg geben könnte. Diese von der Sowjetunion und von der Volksrepublik China unterstützte Aggression Nordkoreas förderte die Bestrebungen der westlichen Alliierten, die Bundesrepublik Deutschland wieder zu bewaffnen. Heute, fast sieben Jahrzehnte später, ist das geteilte Korea weiterhin eines der größten ungelösten Krisengebiete der Welt und eines der letzten Relikte des Kalten Krieges.

Und ich höre noch die erlösenden Worte in meinen Ohren, die meine Eltern auf einem Spaziergang über den Tod Josef Stalins, über diesen grausamen, rücksichtslosen, von Wahnideen getriebenen Diktator sprachen, der am 4. März 1953 gestorben war. Sein Herrschaftsinstrument war der systematische Terror, seine Macht beruhte auf Furcht. Dem in Georgien geborenen „Woschd", dem Führer der Sowjetunion, war es durch einen menschenverachtenden, völkerverschiebenden Schachzug und durch die politische Naivität der Alliierten gelungen, dass die Heimat meiner Familie den Polen zugeschlagen wurde, dass sich, wie Winston Churchill es in seiner berühmten Rede 1946 im amerikanischen Fulton ausdrückte, der sowjetische Einfluss und Machtbereich weit nach Europa ausgedehnt habe: „Von Stettin an der Ostsee bis nach Triest an der Adria ist ein Eiserner Vorhang über dem Kontinent niedergegangen." Die Nachricht über Stalins Ableben war meinen Eltern wie eine Befreiung vorgekommen. Die Hoffnung auf größere Freiheiten in der Deutschen Demokratischen Republik, wo der jüngere Bruder meines Vaters, Hans, mit seiner Frau Liesbeth und seinem Sohn Claus lebte, klang aus ihren Worten. Sie sollten sich täuschen.

Denn nur wenige Wochen später, am 17. Juni 1953, brach in Ostberlin der Volksaufstand aus, die erste Revolte gegen ein kommunistisches Regime. Wir hatten damals noch keinen Fernseher, doch das in der Zeitung veröffentlichte, auch heute immer wieder gezeigte Foto der beiden wehrlosen jungen Männern, die mit verzweifelter Wut Steine auf einen sowjetischen T-34 Panzer werfen, habe ich noch heute vor Augen. Es ist der gleiche Panzertyp, der bei Kriegsende durch meinen schlesischen Heimatort Konradswaldau gerollt ist, für die Russen ein Symbol sowjetischer Militärmacht, des Sieges der Sowjetunion über Hitlerdeutschland und zugleich der Befreiung Deutschlands vom Nationalsozialismus. Er ist Ausstellungsstück auf zahlreichen sowjetischen Kriegerdenkmälern. So flankieren auch in Berlin zwei T-34 das sowjetische Ehrenmal an der Straße des 17. Juni, unweit vom Brandenburger Tor. Zugleich war dieser Panzer ein Instrument der Unterdrückung der Bevölkerung in den Satellitenstaaten, wie 1953 in der Deutschen Demokratischen Republik, 1956 in Ungarn oder 1968 in der Tschechoslowakei. Ein ambivalentes Produkt militärischer Macht, der Wehrhaftigkeit, der Befreiung, aber auch der Unterdrückung gleichsam.

Der Auslöser zum Volksaufstand in der DDR, an dem rund eine Million Bürger an über 700 Orten teilnahmen, war der Arbeiterprotest gegen die Erhöhung der Arbeitsnormen und die mangelhafte Versorgung. Die Regierung der DDR in Berlin-Pankow hatte die Kontrolle über das Land verloren. So setzte die Moskauer Besatzungsmacht ihre in der DDR stationierten Truppen in Marsch und schlug den Aufstand gegen Gewalt und Willkürherrschaft blutig nieder. Mehr als 50 Menschen verloren ihr Leben, unzählige verbüßten lange Haftstrafen in den Gefängnissen der DDR. Der 17. Juni wurde ab 1954 als „Tag der deutschen Einheit" bis zur Wiedervereinigung Deutschlands 1990 Nationalfeiertag der Bundesrepublik Deutschland.

Gut drei Jahre danach brach 1956 in Ungarn der Volksaufstand aus, bei dem sich die Bevölkerung gegen die kommunistische Regierung und die sowjetische Besatzungsmacht erhob. Der bewaffnete Freiheitskampf wurde durch den Einmarsch starker sowjetischer Truppen blutig niedergeschlagen.

20

Die Hoffnung der Ungarn auf Hilfe durch den Westen war vergebens, die NATO scheute vor einem Konflikt mit dem Warschauer Pakt. 2 500 Ungarn verloren in diesem aussichtslosen Kampf ihr Leben.

Der Ost-West-Konflikt, die Spaltung Europas in zwei politisch verfeindete Lager, wurde der Welt durch nichts deutlicher vor Augen geführt als durch den Bau der Berliner Mauer am 13. August 1961. Sie war zugleich aber auch ein Symbol der Schwäche des Ostblocks und des kommunistischen Systems. Die Teilung der Stadt brachte bis zum Fall der Mauer großes Leid für viele Menschen in Ost und West und zahlreichen Bürgern bei ihren Fluchtversuchen den Tod. Die Teilung Berlins war aber auch ein Fanal, an dem die Politiker des Westens den Wert der Freiheit wie ein Signal an die Weltöffentlichkeit festmachen konnten. Unvergessen die bereits 1948 gesprochenen Worte des Berliner Oberbürgermeisters Ernst Reuter: „Ihr Völker der Welt, ihr Völker in Amerika, in England, in Frankreich, in Italien! Schaut auf diese Stadt und erkennt, dass ihr diese Stadt und dieses Volk nicht preisgeben dürft und nicht preisgeben könnt." Und später zeugten die legendären Sätze der amerikanischen Präsidenten, „Ich bin ein Berliner", gesprochen 1963 von John F. Kennedy sowie „Mr. Gorbatschow, tear down this wall", 1987 gefordert von Ronald Reagan, vom Engagement der Vereinigten Staaten für die Sicherheit und das Überleben der Stadt.

Am gefährlichsten war während des Kalten Krieges jedoch die 13 Tage dauernde Kuba-Krise im Jahr 1962, die die Öffentlichkeit weltweit in Atem hielt, weil sie durch die direkte Konfrontation zwischen den USA und der Sowjetunion die Welt an den Rand eines Atomkrieges brachte. Die Russen hatten 42 Nuklearraketen des Typs SS-4 und 60 Atomsprengköpfe mit einer Reichweite von 2 000 Kilometern sowie rund 40 000 Soldaten auf Kuba stationiert. Am 24. Oktober 1962 begann die von Präsident Kennedy angeordnete Blockade der Karibikinsel. Ich denke noch daran, wie wir in der Schule mit großer Sorge stündlich der Reaktion der Sowjets entgegenfieberten. Würden sie mit einem Atomschlag reagieren? Dann kam die erlösende Nachricht: Der erste russische Frachter, der von einem atomwaffenbestückten U-Boot begleitet wurde, drehte kurz vor der unmittelbaren Konfrontation mit den US-Streitkräften ab. Der sowjetische Regierungschef Nikita Chruschtschow lenkte ein und erklärte sich am 28. Oktober bereit, die atomaren Raketen aus Kuba abzuziehen.

Aufbau der Bundeswehr – nicht „ohne mich"

Die starken Spannungen in Europa und die zahlenmäßig gewaltige militärische Übermacht der Sowjetunion hatten zur Folge, dass die Bundesrepublik Deutschland Anfang der 50er Jahre vom Westen verpflichtet wurde, einen maßgeblichen militärischen Beitrag zu leisten und die Wiederbewaffnung massiv vorangetrieben wurde. Bis 1959 sollten unter dem Kommando der NATO 12 Heeresdivisionen sowie bis 1960 eine Luftwaffe und eine Marine aufgestellt werden.

Am 5. Mai 1955 wurde die Bundesrepublik Deutschland ein souveräner Staat und am 9. Mai Mitglied des 1949 gegründeten Atlantischen Bündnisses. Die Bundeswehr wurde als reine Verteidigungsarmee in die NATO integriert. Sie leistet damit seit ihrer Aufstellung mehr als sechs Jahrzehnte einen maßgeblichen Beitrag zur Abschreckung sowie zum Erhalt von Frieden und Freiheit in Europa. Die transatlantische Partnerschaft ist die entscheidende Grundlage für die deutsche Sicherheitspolitik, deren Klammer die NATO bildet. Am 12. November 1955, dem 200. Geburtstag des preußischen Heeresreformers Gerhard Scharnhorst und symbolischen Gründungstag der Bundeswehr, wurden den ersten 101 Freiwilligen in Bonn die Ernennungsurkunden überreicht. Wenige Monate nach der Aufstellung der Bundeswehr weckten im Jahr 1956 die mir bisher noch unbekannten olivgrünen Lastkraftwagen mit ihren hohen Achsen, die mit aufgesessenen Bundeswehrsoldaten durch die Straßen unseres Viertels in Hamburg fuhren, erstmals meine kindliche Neugier.

In meinen Jugendjahren begann ich, mich für das Militärische, für Kriegsfilme, für Marineschiffs- und Militärflugzeugmodelle, für Kriegsliteratur zu interessieren. Ich kaufte mir „Landser"-Hefte, die die Schlachten zu Lande, in der Luft und auf See im Zweiten Weltkrieg beschrieben, aber, soweit ich mich erinnere, nie vom Nationalsozialismus und von Adolf Hitler handelten. Diese Trivialliteratur war spannend, und ich fand damals als Heranwachsender nicht, dass „Der Landser" den Krieg verherrlichte.

Es gibt Filme, die bleiben mit ihren eindringlichen Szenen und glänzenden Schauspielern das ganze Leben prägend in Erinnerung. Zu ihnen gehört bei mir der Kriegsfilm „Die Caine war ihr Schicksal", in Deutschland im September 1954 erstaufgeführt, der erste Kriegsfilm, den ich mir als Zwölfjähriger in Hamburg angeschaut habe. Die Szenen vom psychisch gestörten, nervlich zerrütteten, mit zwei Stahlkugeln hantierenden Kommandanten des Minensuchzerstörers „Caine" sind vor meinem Auge haften geblieben. Gegen diesen paranoiden, führungsschwachen Kapitän Queeg, grandios gespielt vom unvergesslichen Humphrey Bogart in der Hauptrolle, meutern die Offiziere, als es in einem Taifun zu einer kritischen, lebensbedrohlichen Situation kommt und setzen ihn ab. In dem anschließenden Kriegsgerichtsverfahren werden sie jedoch freigesprochen.

Die meisten Filme, wie den mit sieben Oscars ausgezeichneten Film „Die Brücke am Kwai" aus dem Jahr 1957, „Einer kam durch" mit Hardy Krüger, „Duell im Atlantik" mit Curd Jürgens und „Die Brücke", schaute ich mir in der „Flora" an, damals noch ein Kino mit 800 Plätzen auf dem Schulterblatt in dem noch ruhigen Schanzenviertel. Sie wurde 1989 von Linksautonomen besetzt und ist bis heute als „Rote Flora" ein rechtsfreies, mit Graffiti hässlich verschmiertes, ruinöses Gebäude. Dieses selbstverwaltete „Autonome Kulturzentrum" im Hamburger Schanzenviertel, ein angesagtes, beliebtes Szeneviertel, ist ein Symbol des Versagens der Politiker in Hamburg gegenüber den rechtbrechenden Chaoten, für die Missachtung des Eigentums und Schaffung eines rechtsfreien Raumes. Jährlich findet in diesem Viertel beim Schanzenfest nächtliche Randale statt, spielen sich bürgerkriegsähnliche Szenen ab. Höhepunkt dieser Auseinandersetzungen und sichtbares Staatsversagen waren die massiven Gewalttätigkeiten während des G20-Gipfels im Juli 2017.

Ende der 50er Jahre wurde ich interessierter Zeuge vom Aufbau der Bundeswehr. Aufgrund der politischen Situation im geteilten Deutschland und der massiven Bedrohung durch den waffenstarrenden Kommunismus konnte ich der „Ohne mich-Bewegung", die ein Ausdruck der persönlichen Verweigerung gegen die Wiederbewaffnung der Bundesrepublik Deutschland war, nichts abgewinnen. Die Wiederbewaffnung war anfangs verbunden mit der Beschaffung von gebrauchten amerikanischen und von in Deutschland produzierten neuen Waffensystemen. So entstand mit der Bundeswehr auch wieder eine deutsche Rüstungsindustrie.

In Hamburg bauten die Werften erneut Marineschiffe. 1958 wurde auf der Werft Blohm & Voss das Segelschulschiff „Gorch Fock" an die im Aufbau befindliche Bundesmarine ausgeliefert. 1960 schaute ich vom Stintfang, einer Anhöhe oberhalb der Landungsbrücken, wo sich ein wunderbarer Blick auf die Elbe bietet, interessiert dem Stapellauf des Zerstörers HAMBURG auf der gegenüberliegenden Stülcken-Werft zu. Es war das erste nach dem Krieg in Deutschland gebaute größere Kriegsschiff und der erste von vier neuen Zerstörern der Bundesmarine. Die 3 030 Tonnen verdrängende, mit vier 100 mm Kanonen bewaffnete „Hamburg" blieb bis 1994 im Dienst. 2002 lief die neue HAMBURG, eine Fregatte der Klasse 124, bei HDW in Kiel vom Stapel.

Heutzutage ist die Bundeswehr eine „Armee im Einsatz", weltweit in zahlreichen Regionen zur internationalen Krisenbewältigung und immer wieder in Deutschland bei der Katastrophenhilfe gefordert. 1962 fand ihr erster großer Einsatz im Innern bei der Flutkatastrophe in Hamburg statt. Die Deiche der Elbe waren am 17. Februar nach einem orkanartigen Sturmtief gebrochen, weite Gebiete der Stadt und des Umlandes waren überschwemmt. 315 Menschen kamen in den Fluten ums Leben, viele befanden sich in höchster Gefahr. Der damalige Senator der Polizeibehörde, Helmut Schmidt, ordnete, die verfassungsmäßige Rechtmäßigkeit außer Acht lassend, ohne Zaudern den Einsatz der Bundeswehr im Innern an. Eine tatkräftige Entschlossenheit, die heute bei den meisten, nach der öffentlichen Meinung schielenden Politikern undenkbar ist. Schmidt habe, wie er sagte, „das Grundgesetz nicht angeguckt in jenen Tagen". So konnten durch sein zugreifendes Krisenmanagement und durch den aufopferungsvollen Einsatz von rund 40 000 Soldaten sowie zahlreicher ziviler Helfer viele Menschenleben gerettet werden. Doch leider kamen bei dieser Rettungsaktion auch fünf Soldaten und Helfer ums Leben. Das entschlossene Handeln in der Krise begründete damals Schmidts große Popularität und das bis heute erhaltene hohe Ansehen.

Erst am 30. Mai 1968 wurden die Notstandsgesetze von der ersten großen Koalition im Deutschen Bundestag trotz massiver Proteste seitens der sogenannten außerparlamentarischen Opposition verabschiedet, die die Handlungsfähigkeit des Staates in Krisensituationen, wie Naturkatastrophen, Aufstände oder Krieg, sichern soll. Die Geschichte gab der Politik Recht. Seitdem ist der Einsatz der Bundeswehr bei zahlreichen Katastrophen eine unverzichtbare Hilfe für die Bevölkerung. Er ist ein wesentlicher Bestandteil des verfassungsrechtlichen Auftrages der Bundeswehr, „subsidiäre Hilfeleistungen", wie Hilfe bei Naturkatastrophen oder neuerdings bei der Flüchtlingskrise in Europa, zu erbringen.

1959 lernte ich während eines Campingurlaubs mit meinen Eltern im Ostseebad Schönhagen einen Luftwaffenmajor der Bundeswehr kennen, der mich über die interessante berufliche Perspektive informierte, als Offizier der Bundeswehr zugleich ein Maschinenbaustudium zu absolvieren. Diese breite Kombination, früh Verantwortung in der Menschenführung zu übernehmen sowie ein Tätigkeitsfeld in der Technik, entsprach meinen Neigungen und Fähigkeiten und weckte in den Folgejahren immer stärker mein Interesse an diesem Beruf.

Ein weiteres entscheidendes Motiv, Soldat zu werden, war meine durch Vertreibung und durch die Bedrohung des Sowjetkommunismus geprägte politische Einstellung und patriotische Gesinnung, als überzeugter Anhänger unserer Demokratie einen Beitrag zur Verteidigung unserer schützenswerten Werteordnung von Freiheit, Menschenwürde und Menschenrechten zu leisten. Der Soldat hat eine Schutzfunktion für unseren Staat und für unsere Gesellschaft. Ich war bereit, unsere Werte mit der Waffe zu verteidigen, für meine Einstellung zu kämpfen, fest davon überzeugt, dass dies auf Recht und Gesetz beruht und im Einklang mit unseren sittlichen Werten steht. Soldat sein ist ein verantwortungsvoller Beruf, geprägt von den charakterlichen Verhaltensmerkmalen Treue, Tapferkeit, Zivilcourage, Kameradschaft und Fürsorge. Die am praktischen Handeln orientierte Verantwortungsethik hat für mich stets Vorrang vor der vom Idealismus getragenen Gesinnungsethik.

Und so bewarb ich mich Mitte 1964, acht Monate vor dem Abitur, bei der Bundeswehr für die Offizierslaufbahn und bestand die zweitägige Aufnahmeprüfung an der Offizierbewerberprüfzentrale in Köln, im Bundeswehrjargon OPZ genannt. Heute bezeichnet die managementorientierte Bundeswehr diese OPZ modisch als „Assessmentcenter" für alle Bewerberinnen und Bewerber, die Führungskräfte des Truppendienstes werden wollen.

Am 17. Februar 1965 bestand ich mit 26 Schulkameraden das Abitur am Gymnasium Kaiser-Friedrich-Ufer, zu einer Zeit als fünf Prozent eines Jahrgangs in Hamburg das Abitur machten. Auf meinen Klassenkameraden Jürgen Knoppe, der die Laufbahn als Starfighter-Pilot anstrebte, und mich wartete die Bundeswehr als länger dienende Freiwillige.

Offizier der Bundeswehr

„Beim Bund" – Soldat im Kalten Krieg

Nach bestandenem Abitur verließ ich am 1. April 1965 mit zuversichtlicher Erwartung an mein neues Berufsleben das Elternhaus, den Einberufungsbefehl der Bundeswehr in der Tasche, meinen Koffer in der Hand. So trat ich an diesem Tag meinen Dienst als Offizieranwärter der Technischen Truppe Instandsetzung in der Lettow-Vorbeck-Kaserne in Hamburg an. Ich bezog eine Sieben-Mann-Stube mit sechs Wehrpflichtigen, die damals noch 18 Monate „beim Bund", wie es im Soldatenjargon hieß, dienten.

In der dreimonatigen Grundausbildung wurde ich an den Dienst in der Bundeswehr herangeführt, erwarb die grundlegenden militärischen Kenntnisse, die erforderlich sind, um als Soldat den körperlichen und geistigen Herausforderungen gewachsen zu sein. Zu ihnen gehörte die Infanteriegefechtsausbildung, die Waffenkunde und Ausbildung am Gewehr G3, an der Pistole P38, am Maschinengewehr MG 1 und das Schießen. Mir war stets bewusst, dass es zum Beruf des Soldaten gehört, mit der Waffe in der Hand kämpfen zu können und im Ernstfall zu müssen und es seine Pflicht ist, das Recht und die Freiheit des deutschen Volkes tapfer zu verteidigen. Hinzu kamen die Formalausbildung sowie das Soldatengesetz, das die Rechte und Pflichten des Soldaten regelt.

Auf Märschen und Geländeübungen wurden wir oft an die Grenzen unserer körperlichen Belastbarkeit herangeführt. Äußerst anstrengend war ein 40 Kilometer Marsch mit voller Ausrüstung, der durch den Sachsenwald große Strecken auf der damals während der deutschen Teilung stillgelegten Autobahn von Hamburg Richtung Berlin führte. Die Monotonie der verwitterten, scheinbar endlosen Betonpiste war eine zusätzliche psychologische Belastung. Heute denke ich bei jeder Autofahrt nach Berlin über diesen nach dem Fall des Eisernen Vorhangs erneuerten und für den Verkehr wieder freigegeben Autobahnabschnitt dankbar an die friedliche Überwindung der deutschen Teilung. Der Marsch gen Osten war nur eine Übung, die Abschreckungsstrategie des westlichen Bündnisses hatte funktioniert.

Wir wurden in den ersten Monaten als Soldat auch in die militärische Hierarchie, Dienstgrade, Dienstgradabzeichen und die Anzugsordnung sowie in

26

die Grundlagen des militärischen Schriftverkehrs eingewiesen. Ein weiterer Schwerpunkt der Grundausbildung war zur Zeit der ständigen nuklearen Bedrohung die ABC-Abwehr zum Schutz gegen atomare, biologische und chemische Kampfmittel.

Die Truppe ist organisatorisch klar strukturiert und geregelt, die übersichtlichen Strukturen sind in allen Streitkräften der Welt ähnlich. Überschaubar, schnell für jeden nachvollziehbar, mit klaren Verantwortlichkeiten. Ich lernte, dass ein Trupp von zwei bis vier Soldaten die unterste Teileinheit ist, eine Gruppe aus etwa drei Trupps besteht. Ein Zug hat rund 30 Soldaten, drei bis vier Züge bilden eine Kompanie, die so aus 100 bis 150 Soldaten besteht. Diese Einheit wird bei der Artillerie Batterie genannt. Die nächsthöhere Ebene ist mit mehreren Kompanien das 500 bis 1 000 Soldaten starke Bataillon, dem manchmal, insbesondere in englischsprachigen Armeen das größere Regiment entspricht. In der Bundeswehr besteht das Regiment zumeist aus zwei bis drei waffengattungsgleichen Bataillonen.

Großverbände sind die aus mehreren Bataillonen unterschiedlicher Waffengattungen bestehende Brigade, die Division und das Korps. Die Division hat im allgemeinen drei Brigaden, und das darüber angeordnete Korps mit mehreren Divisionen hat, seitdem nicht mehr mit großangelegten militärischen Operationen auf dem Gefechtsfeld zu rechnen ist, in den meisten Streitkräften seine Bedeutung als Großverband verloren. Es dient heutzutage überwiegend als Stab zur Führung multinationaler Operationen. Entsprechend sind die Dienstgrade hierarchisch zugeordnet, und sie entsprechen fast allen Streitkräften weltweit. Die Truppenführer der Großverbände werden in ihrer Aufgabe durch Stäbe unterstützt, die in der Struktur in der Bundeswehr und in der NATO weitgehend gleich sind.

Mit Fragen der politischen und militärischen Führung der Bundeswehr befasste ich mich damals als junger Soldat nur wenig, zu sehr war ich in der militärischen Ausbildung gefordert. Kai-Uwe von Hassel war zu dieser Zeit Verteidigungsminister, ein Amt, das er bis zum 1. Dezember 1966 innehatte. Generalinspekteur, also der höchste Soldat der Bundeswehr, war seit 1966 General Ulrich de Maizière. Auch mit der Struktur und Ausrüstung der Bundeswehr setzte ich mich in den ersten Monaten der Offizierausbildung kaum auseinander, obwohl zu dieser Zeit wichtige Ereignisse zu verzeichnen waren.

Bei dem rasanten Aufbau war es unvermeidlich, dass es bei der Aufstellung der Großverbände zu Verzögerungen kam. 1965, bei meinem Eintritt, hatte die Bundeswehr eine Stärke von rund 440 000 Soldaten; die NATO-Forderung von 500 000 Mann als Endziel war noch nicht erreicht. Erst im April 1965 wurde die 12. Division der NATO unterstellt. Die Luftwaffe verfügte in diesem Jahr über 14 Geschwader und sechs Luftabwehrraketen-Bataillone, die Marine über 14 schwimmende und zwei fliegende Geschwader. Mit dem Aufbau der Bundeswehr fanden zugleich wichtige Beschaffungsvorhaben statt. Im September 1965 wurden die ersten von der deutschen Rüstungsindustrie produzierten LEOPARD 1 Kampfpanzer an die Bundeswehr übergeben.

1965 belief sich der Verteidigungshaushalt auf 17,8 Milliarden DM, umgerechnet 9,1 Milliarden Euro, das waren 29,2 Prozent vom Bundeshaushalt. Mit 7,2 Milliarden DM hatten die Rüstungsausgaben den heutzutage unvorstellbaren Anteil von 40,6 Prozent. Zum Vergleich, 2018 beläuft sich der Verteidigungshalt mit 38,5 Milliarden Euro nur noch auf 11,4 Prozent vom Bundeshaushalt und der investive Anteil ist mit 7,7 Milliarden Euro auf 20,0 Prozent zurückgegangen.

Im Rahmen der zweijährigen Ausbildung zum Offizier wurde ich 1965 zur Absolvierung des dreimonatigen Fahnenjunkerlehrgangs und des anschließenden sechsmonatigen Fähnrichlehrgangs zur Schule der Technischen Truppe I nach Aachen kommandiert, seit 1964 bis heute eine bedeutende Garnisonsstadt der Instandsetzungstruppe.

Aachen, im Dreiländereck Deutschland, Niederlande und Belgien gelegen, war für mich bereits damals, als die Europäische Gemeinschaft als Vorläufer der heutigen Europäischen Union erst aus sechs Mitgliedsländern bestand, ein urbanes Symbol des europäischen Einigungsprozesses. Aachens Vermächtnis sind der Dom als Wahrzeichen mit dem bedeutenden Domschatz, von hier aus hat Karl der Große sein Reich regiert, sowie das markante Rathaus, wo seit 1950 die Verleihung des Karlspreises für die Verdienste um Einigung und Frieden in Europa stattfindet.

Der Fahnenjunkerlehrgang war der erste lehrgangsgebundene Ausbildungsabschnitt für die Offizieranwärter der Instandsetzungstruppe und hat zum Ziel, die Fähigkeit zur Führung einer Gruppe, also etwa zehn Mann, und der anschließende Fähnrichlehrgang zur Führung eines Zuges, also

28

rund 30 Mann, zu erlangen. Neben der Infanteriegefechtsausbildung nahmen die Fernmelde- und Pionierausbildung sowie die ABC-Abwehr einen großen Raum ein.

Ein besonderer Höhepunkt dieses Fähnrichlehrgangs war der Einzelkämpferlehrgang an der Infanterieschule im fränkischen Hammelburg. In den Ausläufern der bayerischen Rhön und an der Fränkischen Saale stand das Überleben und Durchschlagen im Mittelpunkt der Ausbildung. Er hatte das Ziel, den Soldaten an seine psychischen und körperlichen Leistungsgrenzen zu führen. Damals diente das Hofgut Sodenberg als Ausbildungs- und Unterkunftsstätte. Auf diesem Lehrgang wurden Orientierungsübungen, das Überqueren von Gewässern, das Abseilen an einer steilen Felswand sowie als Höhepunkt eine 48-Stunden-Durchschlageübung unter Dauerstress und Schlafmangel durchgeführt. Der Lehrgang brachte mich an die Grenzen meiner körperlichen Belastbarkeit, weckte aber auch Stolz über das erfolgreiche Gelingen. Später auf meinen anstrengenden Treckingtouren im nepalesischen Himalaya, auf dem Chilkoot-Trail der Goldsucher in Alaska und bei der Besteigung des Kilimandscharo hat die Erinnerung an dieses erfolgreiche Erlebnis und die Überzeugung von der eigenen Leistungsfähigkeit die physischen Kräfte zur Überwindung der Strapazen in mir freigesetzt, um die gesteckten Ziele zu erreichen.

Ich war glücklich, dass ich im Anschluss an diese beiden truppenspezifischen Lehrgänge 1966 zur Offizierschule II nach Hamburg, meiner Heimatstadt, versetzt wurde. Damals hatte das Heer noch zwei weitere Offizierschulen in Hannover und München. Heute befindet sich seit der Wiedervereinigung die einzige Offizierschule des Heeres in Dresden, der Traditionsstadt des Heeres. 1966 schrieb der Erste Bürgermeister der Freien und Hansestadt Hamburg, Professor Dr. Herbert Weichmann, aus Anlass des zehnjährigen Bestehens der Offizierschule:

„Die Anforderungen, die mit der Entwicklung von Technik und Wissenschaft heute an eine wirksame Verteidigung gestellt werden, haben auch die Anforderungen an die Berufseigenschaften des Offiziers wesentlich erhöht. Die vielfältigen Eindrücke und Möglichkeiten zur Verbreiterung des Wissens, welche die jungen Offiziere in unserer Stadt empfangen, sind zweifellos eine wertvolle Ergänzung des Wissens und Könnens, das in den Hörsälen und auf dem Übungsgelände vermittelt wird. Eine glaubhafte Verteidigung soll in unserem demokratischen Staat der Erhaltung des Friedens dienen. Diese Überzeugung eint die hamburgische Bevölkerung mit der Bundeswehr und ist sicher für den Geist des guten Einvernehmens zwischen den Hamburgern und den Angehörigen der Bundeswehr maßgebend. Wir wollen ihn pflegen."

In dieser Tradition beherbergt diese ehemalige Heeresoffizierschule seit 1973 die Universität der Bundeswehr Hamburg, die auf Bestreben des damaligen, weitblickenden Verteidigungsministers, Helmut Schmidt, gegründet wurde. 2003 wurde sie in „Helmut-Schmidt-Universität – Universität der Bundeswehr Hamburg" umbenannt.

Auf dieser Offizierschule absolvierte ich ab Oktober 1966 den sechsmonatigen Offizierlehrgang I und anschließend den sechsmonatigen Offizierlehrgang II. Ausbildungsschwerpunkte waren im ersten Ausbildungsabschnitt Taktik, Einsatzgrundsätze der Truppengattungen des Heeres, Militärgeschichte, Rechtslehre und Sport.

Unter Taktik ist die Führung der verbundenen Waffen auf dem Gefechtsfeld zu verstehen. Diese vollzieht sich in den Gefechtsarten Angriff, Abwehr und Verzögerung. Unter Strategie versteht man das Zusammenwirken aller politischen, wirtschaftlichen und militärischen Kräfte mit dem Ziel, den Krieg zu gewinnen. Wenn ich heute die Autobahn von Hamburg nach Hannover fahre, dann erinnern mich die Schilder an den Autobahnausfahrten Brackel, Garlsdorf, Egestorf immer noch an die nach diesen Ortschaften benannten Planübungen und Geländeerkundungen, die wir als Offizieranwärter durchgeführt haben: Ortschaften, rund 50 Kilometer, einen Tagesmarsch vom Eisernen Vorhang und vom Einflussgebiet des Warschauer Paktes entfernt. Und dann denke ich mit Dankbarkeit daran, dass die Bedrohung des Kalten Krieges friedlich gewichen ist, die innerdeutsche Grenze beseitigt und Deutschland ohne Waffengewalt vereinigt ist.

Die Übungen am Rande der Lüneburger Heide gingen damals von einer anderen Realität aus, von der militärischen Auseinandersetzung zwischen dem Warschauer Pakt und der NATO. So hieß es im Oktober 1965 in einer Planübung „SALZHAUSEN" zur Lage: „Eigene Kräfte richten sich westlich der ILMENAU zur Abwehr eines aus dem Raum SCHWERIN – PARCHIM – PERLEBURG – HAGENOW gegen die ELBE vorgehenden

Feindes ein. Mit Vorausabteilungen unternommene Aufklärungsvorstöße des Feindes bei BOIZENBURG und NEU-DARCHAU wurden durch eigene Verzögerungskräfte abgewiesen, während es dem Feind bei ALT GARGE in den Abendstunden des 17 oct gelang, auf dem Südufer der EL-BE einen Brückenkopf zu bilden. Es handelt sich hierbei um Teile der 83. MotSchützen Division, die zusammen mit der in der Gegend zwischen ZE-ETZE und LENZEN festgestellten 94. MotSchützen Division zur 9. Armee gehört. Eigene Luftwaffe und Artillerie verhinderten in der Nacht 17/18 oct eine Ausweitung dieser Übergangsstellen. Durch Angriffe der Luftwaffe und Einsatz eines Atomsprengkörpers in Gegend NEUHAUS wurden dort konzentrierte Feindkräfte vernichtend getroffen."

Damals waren dies Übungen, in denen es in der Offizierausbildung als Truppenführer galt, durch sachlich begründete Überlegungen die Lage genau zu beurteilen und nüchtern die richtigen Entschlüsse zu treffen. Dabei waren die taktischen Atomwaffen, oft simplifizierend als „Gefechtsfeldwaffen" klassifiziert, Bestandteil der Abschreckung und Verteidigung gegenüber den konventionell stark überlegenen Streitkräften des Warschauer Paktes. Atomwaffen bestimmten zu dieser Zeit die Gefechtsführung. Erst Anfang der 70er Jahre wurde diese Doktrin infrage gestellt. Insbesondere Helmut Schmidt setzte sich als junger Bundestagsabgeordneter und Verteidigungsexperte intensiv mit dem „Konzept der massiven Vergeltung" und später als Verteidigungsminister mit der darauf folgenden, 1967 eingeführten NATO-Strategie der „Flexible Response" auseinander.

Zum Glück war zur damaligen Zeit für die Bundeswehr der Friede der Ernstfall. Die Abschreckung des Bündnisses hatte funktioniert. Heute ist die unmittelbare atomare Bedrohung gewichen, die russischen Truppen haben Deutschland 1994 verlassen. Die Ortschaften der ehemaligen DDR, Schwerin, Parchim, Perleburg und Hagenow, Aufmarschgebiet der Truppen der Sowjetunion und ihrer Verbündeten, sind jetzt Bestandteil des friedlich vereinigten Deutschlands.

Die während des Taktikunterrichts geübte Geländebeurteilung beeinflusst in hohem Maße die richtige Beurteilung der Lage. Die Gedankenkette Beurteilung der Lage, Entschluss mit Begründung und der anschließende Befehl sind für den militärischen Führer eine unverzichtbare Voraussetzung zur erfolgreichen, zielgerichteten Führung.

Für ein Referat über den Vietnamkrieg beschäftigte ich mich auf dem Offizierlehrgang intensiv mit diesem Krisenherd. Nach der entscheidenden Niederlage der Franzosen in Dien Bien Phu beschloss die Indochina-Konferenz 1954 in Genf die Teilung Vietnams entlang des 17. Breitengrades. Doch die kommunistische Regierung Nordvietnams unter Ho Chi Minh dehnte ab 1957 mit einem Bürgerkrieg ihren Herrschaftsbereich weiter auf den Süden aus. Die USA begannen unmittelbar nach dem Rückzug Frankreichs 1954 mit einer umfassenden Unterstützung Südvietnams, einschließlich der Stationierung umfangreicher Streitkräfte. Ende 1968 waren 549 000 US-Soldaten in Vietnam stationiert.

Dabei ließen sich die Amerikaner von der „Domino-Theorie" leiten, die davon ausging, dass ein Verlust Südvietnams an die Kommunisten Zug um Zug den Fall weiterer südostasiatischer Länder zur Folge hätte. Auch ich war damals von dieser „Domino-Theorie" überzeugt, der politisch herrschenden, offiziellen Meinung. Den zumeist von linken Studenten durchgeführten, mit skandierten Ho Chi Minh-Rufen begleiteten Protesten gegen die Amerikaner stand ich stets ablehnend gegenüber. Sie waren ideologisch geprägt, ein Vehikel, um gegen unsere Gesellschaft und Demokratie zu demonstrieren.

Mit der 1968 eingeleiteten massiven Tet-Offensive der kommunistischen Truppen Nordvietnams und des Vietcong begann eine entscheidende Phase des Vietnamkrieges. Trotz des Waffenstillstandsabkommens vom 27. Januar 1973 nahmen die Kommunisten 1975 wieder massive Kampfhandlungen auf, die am 30. April 1975 zum Einmarsch in Saigon und zur bedingungslosen Kapitulation Südvietnams führten. Saigon wurde in Ho-Chi-Minh-Stadt umbenannt. Vietnam wurde am 2. Juli 1976 unter kommunistischer Herrschaft vereinigt.

Heute ist das wiedervereinigte, wirtschaftlich aufstrebende Vietnam mit seinen 92 Millionen Einwohnern gleichberechtigtes Mitglied der ASEAN. 2006 führte ich als Marketingleiter bei Rheinmetall mit dem in Berlin akkreditierten vietnamesischen Verteidigungsattaché, Oberst i.G. Nguyen Xuan Huan, der durch seine Ausbildung in der DDR fließend deutsch sprach, interessante militärpolitische und rüstungswirtschaftliche Gespräche, aber auch über den Vietnamkrieg. Insbesondere wurde mir im Jahr 2007 auf meiner privaten Reise durch das aufstrebende Vietnam, die von Hanoi im

Norden bis in die südliche Ho-Chi-Minh-Stadt führte, aus heutiger Sicht noch einmal die Sinnlosigkeit dieses Krieges bewusst, der einer Million vietnamesischer Soldaten und rund zwei Millionen Zivilisten sowie 58 220 US-Soldaten das Leben gekostet hat. Damals, in den 60er und 70er Jahren, wurden während des Ost-West-Konfliktes die politische und militärische Lage und das Ausmaß der kommunistischen Gefahr anders bewertet.

In den strategischen und konzeptionellen Überlegungen der Bundeswehr spielte zur damaligen Zeit der Vietnamkrieg jedoch keine besondere Rolle. Verteidigungsminister war seit dem 1. Dezember 1966 Dr. Gerhard Schröder, von dem ich am 1. April 1967 nach einer zweijährigen Offiziersausbildung auch meine, damals von ihm noch persönlich unterschriebene Ernennungsurkunde zum Leutnant erhielt.

Generalinspekteur und damit der ranghöchste Soldat der Bundeswehr war seit dem 25. August 1966 General Ulrich de Maizière, Vater des von 2011 bis 2013 amtierenden Verteidigungsministers Dr. Thomas de Maizière. Der 1912 geborene Offizier entstammte einer hugenottischen Familie, die im 17. Jahrhundert als religiös verfolgte Protestanten aus Frankreich nach Deutschland gekommen war. 1955 begann de Maizière als Oberst seinen Dienst in der Bundeswehr. 1964 wurde er, der nie Divisionskommandeur war, Inspekteur des Heeres. Die Truppe blieb ihm fremd. So hatte dieser feinsinnige, hochgebildete und musikalische General in seinem Kameradenkreis viele Neider, insbesondere bei den Truppenoffizieren, die der Truppenführung, dem Bild des Troupiers, eine größere Bedeutung beimaßen als der Militärpolitik und der Notwendigkeit, als Generalinspekteur und militärischer Berater der Bundesregierung auf der Grundlage gesetzlicher Regelungen Kompromisse zu schließen. „So hat man dem Generalinspekteur", schrieb de Maizière, „gelegentlich mangelndes Verständnis für die Belange der Truppe vorgeworfen. Viele hätten sich eine deutlichere Sprache oder härtere Entscheidungen gewünscht."

Gerechter und zutreffend war das Urteil des damaligen Verteidigungsministers Helmut Schmidt über den General: „Verhalten, aber prägnant im Ausdruck, übersichtlich und überzeugend in der Gedankenführung, verkörpert General de Maizière den Typ des Soldaten als Partner des Politikers."

Am 31. März 1972 schied de Maizière, der die geistige Ausrichtung und das Selbstverständnis der Bundeswehr maßgeblich geprägt hat, aus dem aktiven Dienst aus.

Ich habe General de Maizière während seiner Dienstzeit persönlich nicht kennengelernt, sondern begegnete ihm erst 1977 in Rheinbach auf einer Veranstaltung der Clausewitz-Gesellschaft, deren Präsident er war. Dort führte ich mit ihm im Offizierheim ein längeres Gespräch, insbesondere über sein 1974 erschienenes Buch „Führen im Frieden", das er mir anschließend signierte. Im Nachgang zu diesem Gespräch sandte ich ihm meine 1975 in einer Studentenzeitschrift veröffentlichte Rezension des Buches zu. Es „zeigt die vielschichtige Problematik der Führung von Streitkräften im Frieden auf, beschreibt das Zusammenwirken politischer und militärischer Führung auf höchster Ebene und verschweigt keineswegs die verschiedenartigen Vorstellungen bei Politikern und Militärs".

In seinem Antwortschreiben brachte er seine Freude über die Unterhaltung in Rheinbach zum Ausdruck und erläuterte, auf eine kritische Anmerkung in meiner Rezension über die Struktur des Buches Bezug nehmend, von welchen Gedanken er sich die einzelnen Kapiteln seines Buches hat leiten lassen: „Es sollten zunächst die Teile behandelt werden, die sich aus unserer Verfassung ergeben; es sollte dann das wichtige Kapitel der Einordnung in das Bündnis behandelt werden und danach folgen die mehr militärfachlichen Themen von Struktur, Ausbildung, Führung u.ä." General von Senger und Etterlin stellt in seiner Rezension dieses Buches die heute noch berechtigte Frage, „ob es gelungen ist, politisches Wollen ständig zu regenerieren und so den Primat der Politik mit Substanz zu erfüllen". Der christlich geprägte de Maizière ist 2006 im Alter von 94 Jahren gestorben.

Auf dem Offizierlehrgang II, der im April 1967 direkt im Anschluss an den Lehrgang I begann, bildeten die Fächer Politikwissenschaft, Soziologie, Philosophie, Psychologie, Pädagogik und Recht den Schwerpunkt. 1967 wurde die 1957 von der NATO übernommene Strategie der Massiven Vergeltung, die „Massive Retaliation", durch die Strategie der Flexiblen Reaktion, die „Flexible Response", abgelöst. Die drohende Gefahr einer militärischen Konfrontation im Kalten Krieg und die Unglaubwürdigkeit der Strategie der Massiven Vergeltung erforderten diese neue Abschreckungsstrategie der NATO gegenüber dem Warschauer Pakt, die eine flexible, unvorhersehbare militärische Reaktion miteinander sich ergänzender interkontinentaler Nuklearstreitkräfte, nuklearer Kurz- und Mittelstreckenwaffen und kon-

Nach zwei Jahren Offizierausbildung zum Leutnant befördert

ventioneller Streitkräfte auf einen Angriff vorsah.

Nach einer langen Phase der nuklearen Überlegenheit Amerikas sollte mit der im Dokument MC 14/3 vereinbarten neuen Strategie der „Flexible Response" die Entschlossenheit und Glaubwürdigkeit zum Ausdruck gebracht werden, angemessen, kontrolliert, sowohl nuklear als auch konventionell, jeder Art von Aggression zu begegnen. Gleichzeitig entwickelte die NATO auf der Grundlage des 1967 erstellten Harmel-Berichtes eine Doppelstrategie, mit der neben der militärischen Abschreckung und Verteidigung durch dauerhafte Ost-West-Beziehungen die Spannungen beseitigt werden sollten.

Diese Entwicklung lag insbesondere im Interesse der Bundesrepublik Deutschland, auf deren Territorium 1969 zur Abschreckung und als Zeichen der Solidarität 812 000 Soldaten aus sieben Nationen stationiert waren. Die Strategie der „Flexible Response" wurde erst nach dem Fall des Eisernen Vorhangs und der Auflösung des Warschauer Paktes aufgegeben und 1991 auf dem Gipfel in Rom durch ein neues Strategisches Konzept der NATO ersetzt. Die 1969 beschlossene und eingeleitete Neugliederung des Heeres trug dem Konzept der „Flexible Response" Rechnung. In der Heeresstruktur 3, die den Zeitraum 1970 bis 1971 umfasste, bestand das Heer im Jahr 1971 aus 12 Divisionen mit insgesamt 33 Brigaden.

In der neuen Regierung Brandt-Scheel wurde der Sozialdemokrat Helmut Schmidt am 22. Oktober 1969 Bundesminister der Verteidigung. Damit übernahm ein Politiker dieses schwierige Amt, der alle Voraussetzungen und das Vertrauen für eine erfolgreiche, richtungsweisende Führung der Bundeswehr mitbrachte, ausgezeichnet durch verantwortungsbewusstes politisches Handeln in der Krise, mit strategischem Weitblick und eine in seinen zahlreichen Veröffentlichungen und Büchern, wie „Verteidigung oder Vergeltung" und „Strategie des Gleichgewichts", ausgewiesene sicherheitspolitische Kompetenz. Er war zugleich geprägt von seiner Laufbahn als Oberleutnant und Batteriechef in der Wehrmacht sowie von Wehrübungen in der Bundeswehr als Hauptmann der Reserve.

Nach einer umfassenden Analyse und kritischen Bestandsaufnahme wurde von ihm nach wenigen Monaten im Mai 1970 das „Weißbuch 1970. Zur Sicherheit der Bundesrepublik Deutschland und zur Lage der Bundeswehr" vorgelegt, das das sicherheitspolitische Programm der Bundesregierung für die nächsten Jahre war. Erstmals wurde hier in einem amtlichen deutschen Dokument ein detaillierter Streitkräftevergleich zwischen Ost und West veröffentlicht, der die bedrohliche konventionelle Überlegenheit des Warschauer Paktes verdeutlichte. In Mitteleuropa standen 703 000 Soldaten der NATO mit 26 Divisionen, 6 600 Kampfpanzern und 3 310 taktischen Kampfflugzeugen 855 000 Soldaten des Warschauer Paktes mit 57 Divisionen, 13 650 Kampfpanzern und 7 880 taktischen Kampfflugzeugen gegenüber. Auf dem Gebiet der Bundesrepublik Deutschland und der Deutschen Demokratischen Republik waren 1,3 Millionen Soldaten stationiert. Die Bundeswehr hatte 460 000, das Heer 314 000 Soldaten. Heute sind in Deutschland nur noch rund 240 000 Soldaten stationiert.

Die Sicherheitspolitik Deutschlands bedeutete während des Ost-West-Konfliktes, wie es im „Weißbuch 1970. Zur Sicherheit der Bundesrepublik Deutschland und zur Lage der Bundeswehr" heißt, „erstens, das Mitwirken an der Aufrechterhaltung eines stabilen militärischen Gleichgewichts; zweitens, auf dessen Grundlage, die Festigung des Friedens in Europa durch Überwindung des ost-westlichen Gegeneinanders; drittens, eine ständige Bemühung um die Begrenzung und Kontrolle der Rüstungen aller Staaten".

Das global vollkommen neue sicherheitspolitische Umfeld veränderte seit dem Ende des Ost-West-Konfliktes grundlegend auch die Struktur der Streitkräfte, die Ausrüstung und den Beruf des Soldaten. Der Kampf ist für die Bundeswehr, einer Armee im Einsatz, und für den Soldaten nicht mehr die Ausnahmesituation.

Industriepraktikum und Studium

Nach der erfolgreichen Offizierausbildung an der Heeresoffizierschule in Hamburg erhielt ich meine Kommandierung nach Düsseldorf, um vor dem Maschinenbaustudium in Darmstadt ab Oktober 1967 ein neunmonatiges Industriepraktikum beim Wehrtechnik-Unternehmen Rheinmetall zu absolvieren. Ich war darüber in doppelter Hinsicht sehr erfreut, zum einen, weil ich so erstmals einen Industriebetrieb näher kennenlernen konnte, zum anderen, weil mich diese aufstrebende, mir bisher nicht bekannte Stadt am Rhein, die Napoleon 1811 mit „C´est Paris" begrüßt haben soll, sehr interessierte, nicht ahnend, dass Düsseldorf später in meinem Leben noch mehrfach eine entscheidende Rolle spielen sollte. Hier fand ich nach der Bundeswehrzeit bei Rheinmetall ein neues berufliches Tätigkeitsfeld, hier lernte ich meine Ehefrau Marie Rose kennen.

Rheinmetall ist seit der Gründung als „Rheinische Metallwaaren- und Maschinenfabrik Actiengesellschaft" im Jahr 1889 ein namhaftes Rüstungsunternehmen. Nach dem Zweiten Weltkrieg übernahm die Röchling-Gruppe 1956 mit Unterstützung des damaligen Bundeskanzlers Konrad Adenauer die Aktienmehrheit an der Rheinmetall-Borsig AG und nahm zeitgleich mit der Aufstellung der Bundeswehr mit dem Maschinengewehr MG 42 die wehrtechnische Produktion wieder auf. 1964 folgte die Wiederaufnahme der Geschützrohr- und Lafettenfertigung.

Das interessante, breit angelegte Industriepraktikum führte mich durch die zahlreichen Produktionsstätten des Unternehmens, das damals in Düsseldorf noch umfangreiche Fertigungshallen für die Produktion der Maschinengewehre MG 3, der 20 mm Maschinenkanonen und 105 mm Panzerkanonen sowie für die Integration der Kampfpanzertürme des LEOPARD 1 hatte. Heute befindet sich in Düsseldorf nur noch die Konzernzentrale des zwischenzeitlich auf über 23 000 Mitarbeiter gewachsenen Unternehmens. 1992 gab Rheinmetall die Rüstungsproduktion in Düsseldorf auf und verlagerte die Fertigungskapazitäten nach Unterlüß bei Celle. Dort verfügt Rheinmetall in der Lüneburger Heide über ein 50 Quadratkilometer großes Erprobungszentrum mit einem Schießplatz für die Erprobung der Waffen und der Munition sowie über umfangreiche Produktionsanlagen und Servicebereiche.

Vor Beginn des Studiums wurde nach dem Industriepraktikum noch ein zweimonatiges kraftfahrtechnisches Praktikum als Voraussetzung zum Militärkraftfahrschulleiter im Versorgungsbataillon 316 in Delmenhorst eingeschoben. Höhepunkt war eine routinemäßig angelegte Übung des Bataillons auf dem Truppenübungsplatz Augustdorf bei Bielefeld. Dieser Übungsplatzaufenthalt erhielt aber eine unerwartete, von tiefen Sorgen geprägte Wende, als wir am 21. August 1968 morgens um sechs Uhr im Zelt mit der alarmierenden Nachricht geweckt wurden, dass Truppen des Warschauer Paktes mit etwa 500 000 Soldaten, jedoch ohne die Nationale Volksarmee der DDR, in die Tschechoslowakei einmarschiert waren. Plötzlich stand die besorgte Frage im Raum: „Wie wird die NATO reagieren, wird es Krieg geben?" Mit dieser Invasion wurden den Bemühungen der tschechoslowakischen Kommunistischen Partei unter Alexander Dubček, mit dem „Prager Frühling" ein Liberalisierungs- und Demokratisierungsprogramm durchzusetzen, ein gewaltsames Ende bereitet. Die Partei beschloss, keinen militärischen Widerstand zu leisten. Auch die NATO mischte sich nicht in die in-

neren Angelegenheiten der Tschechoslowakei ein. Dubček wurde festgenommen, nach Moskau gebracht und zugunsten des linientreuen Kommunisten Gustáv Husák entmachtet.

1968 begann ich mein Maschinenbaustudium an der Akademie des Heeres in Darmstadt, ein fester Bestandteil der Laufbahn der Offiziere der Technischen Truppe Instandsetzung. Nach erfolgreichem Abschluss dieses staatlich anerkannten Studiums erhielten wir die Berechtigung, den Titel Diplom-Ingenieur zu tragen. Erst später machte Verteidigungsminister Helmut Schmidt mit der weitblickenden

LEOPARD 1 Panzerturmmontage bei Rheinmetall in Düsseldorf

Entscheidung ein Studium generell zur Grundlage für alle länger dienenden Offiziere der Bundeswehr und steigerte damit die Attraktivität und Qualität des Offizierberufes. So begannen 1973 die Universitäten der Bundeswehr in Hamburg und München ihren Lehrbetrieb.

Während meines Studiums war die politische Entwicklung der Bundesrepublik von zwei Ereignissen geprägt: von der Ostpolitik Willy Brandts und von der Protestbewegung der 68er Generation. Ich war damals, wie die mir politisch nahestehende CDU, ein entschiedener Gegner dieser Ostpolitik. Insbesondere der faktische Verzicht auf die Gebiete östlich der Oder-Neiße-Linie und Anerkennung der Westgrenze Polens im Warschauer Vertrag taten mir als Schlesier, und noch mehr meinen Eltern, weh. Dabei war unsere Einstellung insbesondere emotional geprägt vom schmerzlichen Verlust der Heimat, nicht vom persönlichen Anspruch auf die Ostgebiete in Schlesien, auf den früheren Besitz, wo jetzt Polen lebten und wir uns sicher nicht wieder niedergelassen hätten.

Ich hoffte damals immer auf eine europäische Lösung in einem vereinten Europa ohne Grenzen, so dass ich, stark verärgert über die bundesdeutsche Politik, in einem in der Wochenzeitung DIE ZEIT veröffentlichten Leserbrief am 4. Februar 1970 schrieb: „Ein Jahr sozialdemokratische Euphorie und politischer Dilettantismus, 25 Jahre bundesrepublikanische Gleichgültigkeit und Ungeduld haben durch den deutsch-polnischen Vertrag Brücken zerstört, die in einer siebenhundertjährigen deutschen Geschichte entstanden sind." Nicht veröffentlicht wurde die ergänzende Aussage: „So ist in einer Zeit, in der man in Europa den Abbau der Grenzen, Freizügigkeit und Niederlassungsrecht erreicht hat, bzw. anstrebt, der absurde Anachronismus der Errichtung einer neuen Grenze entstanden, die möglicherweise für die Zukunft ein Neben- und Miteinander von Polen und Deutschen verbaut wird."

Heute, 36 Jahre danach, hat mich die politische Entwicklung überzeugt, dass die Ostpolitik Willy Brandts der richtige Weg zur Aussöhnung mit Ländern Mittel- und Osteuropas war und dass die Konferenz über Sicherheit und Zusammenarbeit in Europa entscheidend zur Wiedervereinigung Deutschlands und zu den gutnachbarlichen Beziehungen zu Polen beitrug.

Führungsverantwortung in der Truppe

Nach Beendigung meines Maschinenbaustudiums war ich erfreut, als ich im Oktober 1971 in die Instandsetzungskompanie 750 nach Bruchsal versetzt wurde, um als Instandsetzungsoffizier erstmals nach mehr als sechs Jahren Ausbildung und Studium als Vorgesetzter in der Truppe Führungsverantwortung zu übernehmen. Und ich war glücklich, weil meine damalige Freundin Iris Mecklenburg nur rund 20 Kilometer entfernt in Karlsruhe-Durlach wohnte. Diese Kompanie übernahm ich zwei Jahre später als Kompaniechef, eine selbständige und die einzige Instandsetzungskompanie des Wehrbereichskommandos V in Stuttgart, das eine nationale Kommandobehörde war.

Die Bundeswehr hatte damals eine Stärke von 486 000 Soldaten, der Verteidigungshaushalt belief sich auf 21,8 Milliarden Mark, umgerechnet 14,2 Milliarden Euro. Befehlshaber des Wehrbereichskommandos war Generalmajor Dr. Ferdinand von Senger und Etterlin, ein dynamischer, mutiger Panzeroffizier, der im Krieg achtmal verwundet wurde und dabei seinen rechten Arm verlor. Schwerpunkt seiner Arbeit im Territorialkommando war die Zusammenarbeit mit zivilen Behörden, den Ministerien des Landes und mit der Bundeswehrverwaltung sowie die Mobilmachung der Reservisten. Er hatte ein starkes Interesse für die Wehrtechnik und mehrere wehrtechnische Bücher veröffentlicht. Das Standardwerk „Taschenbuch der Panzer/Tanks of the World", von dem er sechs Ausgaben als Autor und Herausgeber gestaltet hat, erscheint auch heute weiterhin, mittlerweile in der neunten Auflage. Er war auch maßgeblich an der Erprobung des ersten deutschen Kampfpanzers LEOPARD 1 beteiligt.

So hatte dieser hochbegabte militärische Operateur und technische Manager viel Verständnis für den Auftrag und die Organisation meiner Instandsetzungskompanie. Manchmal besuchte er sie sogar unangemeldet und ließ sich mit gezielten Fragen in den Auftrag, die Instandsetzungsabläufe, technische und logistische Sachverhalte eingehend einweisen, nahm verständnisvoll Probleme auf. Am nächsten Tag liefen dann die Telefonleitungen zwischen seinem Stab in Stuttgart und Bruchsal heiß, weil seine Stabsoffiziere von ihm mit entsprechenden Prüfaufträgen beauflagt wurden. Vielleicht stimmt das Urteil seines Biografen, das ich persönlich in Hinblick auf meine Kompanie aber nicht bestätigen konnte: „Als militärischer Führer hatte Senger – bei aller Brillanz - Schwächen, die auf dem Gebiet der Menschenführung lagen. Aber auch die Stabsarbeit litt unter seiner sprunghaften und unerschöpflichen Ideenfülle, die Kräfte und Mittel band, jedoch oft nicht umgesetzt werden konnte."

Am 1. Juli 1974 übernahm Senger das Kommando über die 7. Panzerdivision in Unna. Dieser hochgebildete, vielseitige, strategisch und technisch versierte General, promovierter Jurist, wurde 1979 als Krönung seiner Laufbahn Oberbefehlshaber der Alliierten Streitkräfte Europa Mitte und zum Vier-Sterne-General befördert. Er trat 1983 in den Ruhestand und starb 1987 im Alter von nur 63 Jahren.

1972 wurde die Kompanie dem am 13. März 1972 neu aufgestellten Heimatschutzkommando 17 in Böblingen unterstellt. Sie hatte den Auftrag, Schadmaterial instandzusetzen, bzw. in zivile Instandsetzungseinrichtungen zu vergeben, um so die materielle Einsatzbereitschaft der zu unterstützenden Truppenteile und Dienststellen zu erhalten oder wiederherzustellen. Dies bedeutete, den militärischen Auftrag mit den wirtschaftlichen und organisatorischen Erfordernissen eines modernen Dienstleistungsbetriebes in Einklang zu bringen. Die Instandsetzungskompanie hatte einen regional großen und materiell umfangreichen Unterstützungsbereich zu versorgen, der fast ganz Baden-Württemberg abdeckte. 137 Truppenteile und Dienststellen der Wehrbereiche V und VI, des II. Korps und der 1. Luftlandedivision wurden mit ihren rund 4 000 Fahrzeugen, 30 000 Waffen, 3 100 Fernmeldegeräten und 1 000 Aggregaten an 29 Standorten betreut.

Der Dualismus dieser Kompanie bestand zum einen in der Durchführung militärischer Ausbildung, wie sie in jeder Einheit der Bundeswehr erforderlich ist, zum anderen in dem vorrangig ökonomischen Auftrag, mit dem vorhandenen Personal, den vorgegebenen Betriebs- und Organisationsmitteln rationell zu arbeiten und eine möglichst hohe Instandsetzungsleistung zu erzielen. Hierin lag ein echter Zielkonflikt, weil die zunehmende Erfüllung des einen Zieles eine wachsende Nichterfüllung des anderen Zieles bewirkte. So galt es, ein Optimum zu finden. Besondere wirtschaftliche Bedeutung kommt einer Instandsetzungskompanie auch deshalb zu, weil der Anteil der Aufwendungen für die Materialerhaltung im Verteidigungshaushalt überproportional gestiegen war. Die Preisentwicklung und Komplexität moderner, technisch komplizierter Waffensysteme führten zu einer verstärkten Erhöhung der Materialerhaltungskosten.

Die Kompanie hatte eine planmäßige Stärke von 103 Soldaten und Zivilbediensteten. Die Einheit war neben der Kompanie- und Instandsetzungsführung in zwei Instandsetzungszüge und mehrere Gruppen und Trupps gegliedert. Darüber hinaus waren ihr vier Instandsetzungslenkgruppen unterstellt, die die Aufgabe hatten, nach einer Überprüfung das Schadmaterial in zivile Werkstätten zu vergeben. Nach dem Stellenplan bestand die Führung aus vier Offizieren und 50 Unteroffizieren, eine Sollstärke, die jedoch bei weitem nicht erreicht wurde. Es gab auch damals bereits einen erheblichen Nachwuchsmangel in der Bundeswehr. Die Organisationsform einer Instandsetzungskompanie zeichnete sich durch die Vielzahl und Mannigfaltigkeit der Spezialteileinheiten aus.

Nach der zweijährigen Tätigkeit als Instandsetzungsoffizier übernahm ich 1973 diese Kompanie als Kompaniechef von Hauptmann Volker Rathje. Als Kompaniechef, der grundsätzlich ein Ingenieur ist, war ich für die Personalführung, die militärische und technische Ausbildung, Erziehung und den Einsatz sowie für die Erfüllung des Versorgungsauftrages und die Leistung meiner Kompanie verantwortlich. Mir unterstand auf der Instandsetzungsseite ein Instandsetzungsoffizier, ebenfalls ein Ingenieur, der mit der Instandsetzungsführungsgruppe und den Organisationsmitteln nach Weisung des Kompaniechefs die Instandsetzung führt, lenkt und überwacht. Der Instandsetzungsoffizier wiederum erteilt seine Aufträge an die Instandsetzungszugführer.

Auf der Kompanieführungsseite wird der Kompaniechef in starkem Maße von dem Kompaniefeldwebel, auch „Spieß" oder „Mutter der Kompanie" genannt, unterstützt. Durch das stark differenzierte Personalgefüge kommt der Personalplanung und -führung sowie der zielgerichteten technischen und militärischen Aus- und Weiterbildung eine entscheidende Bedeutung zu. Dennoch hat ein Kompaniechef oder Bataillonskommandeur aufgrund der starren Vorschriften und der Zentralisierung der Personalführung in der Bundeswehr verglichen mit der Industrie nur geringe Spielräume bei der Stellenbesetzung, der -dotierung und Beförderung seiner Untergebenen.

Mit Hilfe der Organisationsmittel war die geforderte Instandsetzungsleistung objektiv messbar und überprüfbar. Zur Erfüllung dieser geforderten

Instandsetzungsleistung bedurfte es einer ständigen Leistungs- und Erfolgs-
kontrolle. Verglichen mit den heutigen Möglichkeiten der Datenverarbei-
tung waren in den 70er Jahren die Organisationsmittel noch sehr bescheiden, ihre Handhabung sehr aufwendig. Computer gab es damals in der
Truppe noch nicht.

Ein erhebliches Problem bei der Erbringung der Instandsetzungsleistungen bestand darin, dass die fachliche Struktur und der Umfang der Instandsetzungssoldaten und der Zivilbediensteten nicht dem tatsächlichen Arbeits-
aufkommen entsprachen. So lag bei der Kfz-Instandsetzung das Arbeitsauf-
kommen 60 Prozent über der ausgewiesenen Personalkapazität, bei der
Waffen- und Geräteinstandsetzung hingegen nur bei 47 Prozent der vorgegebenen Personalkapazität. Ein alltägliches Managementproblem, das ein
Geschäftsführer in einem zivilen Service-Unternehmen kurzfristig durch
Umschichtungen und Neueinstellungen lösen könnte, nicht so in einem
Staatsbetrieb mit festgeschriebenem Stellenplan und vorgegebener Dotie-
rung.

Diese von mir im Jahresinstandsetzungsbericht an die vorgesetzte Dienst-
stelle und in meiner Veröffentlichung „Die Instandsetzungskompanie im
Territorialbereich" in der Zeitschrift TRUPPENPRAXIS dargestellte Problematik brachte keine Abhilfe, sondern nur folgende, zur Lösung des Struk-
turproblems ungeeignete Stellungnahme des Heeresamtes in Köln: „Der
Verfasser schildert eine Situation in einem Wehrbereich, die nicht repräsen-
tativ sein kann und nur einen Momentausschnitt aus einer schrittweisen
Entwicklung hin auf eine Instandsetzungskonzeption für das Territorialheer
darstellt, aus seiner Sicht. Die Gedanken sind z.T. durchaus konstruktiv,
zeigen jedoch, daß der Verfasser das angestrebte Prinzip der raumdecken-
den Versorgung aus der Gesamtschau nicht kennt, was ihm nicht zum Vorwurf gemacht werden kann." Ich fragte mich damals, wie auftragsgerecht
ohne Zielvorgaben eine Kompanie geführt werden kann, und warum die
vorhandene Struktur organisatorisch und betriebswirtschaftlich nur „aus der
Gesamtschau" nachvollziehbar sei.

Neben der Technik darf trotz der vorrangigen Erfüllung des Versorgungsauftrages nicht die militärische Seite der Kompanie vernachlässigt
werden. Ein ausgewogenes Verhältnis zwischen den technischen und den
militärischen Belangen ist erforderlich, damit zum einen wirtschaftliche

Leistung produziert wird und zum anderen die militärische Einsatzfähigkeit garantiert ist. In diesem Sinne ist eine Instandsetzungskompanie in erster Linie eine militärische Einheit, die zwar nach zivilen Normen produktiv tätig ist und vorrangig einen Versorgungsauftrag hat, aber zugleich in der Lage sein muss, die militärischen Anforderungen, wie etwa Sicherung und Verteidigung im Gefecht, zu erfüllen.

Das Führungsverständnis des Soldaten der Bundeswehr wird durch das Leitbild der Inneren Führung geprägt, dem seit 1972 eine Zentrale Dienstvorschrift, die ZDv 10/1, zugrunde liegt und jetzt „Innere Führung. Selbstverständnis und Führungskultur" heißt. Verfassungsrechtlich beruht die Innere Führung auf den Werten und Normen des Grundgesetzes, den Prinzipien von Freiheit, Demokratie und Rechtstaatlichkeit, die die hierarchische Ordnung auf Grundlage des Soldatengesetzes anerkennt und eine verantwortungsbewusste, vertrauensvolle und kameradschaftliche Menschenführung im Dienst einfordert. Sie ist ein fortlaufender Prozess, in dem sich zeitgemäßes soldatisches Handeln und Haltung gestalten, getragen vom Leitbild des Staatsbürgers in Uniform. Dabei bilden die politischen, gesellschaftlichen und technologischen Entwicklungen den Rahmen für die Auftragserfüllung des Soldaten.

Auch in einer Instandsetzungskompanie steht der einzelne Mensch als Soldat oder Zivilbediensteter durch seine Arbeit und Pflichterfüllung im Mittelpunkt. Die Vielfältigkeit der Arbeitsplätze, die zahlreichen, verschiedenen Teileinheiten und der hohe Spezialisierungsgrad erfordern vom Soldaten selbständiges Handeln. Dazu bedarf es seiner Einsicht. Jeder trägt viel eigene Verantwortung, weil nicht jede Tätigkeit, nicht jeder Handgriff überwacht oder befohlen werden kann.

Ein Kompaniechef befindet sich an einer entscheidenden Schnittstelle, an der er Erwartungen und Forderungen von oben und von unten zu erfüllen hat. Es ging mir dabei nicht um eine einseitige Orientierung, bei der ich entweder nur autoritärer Befehlsübermittler war oder mich ausschließlich nach den Interessen der Kompanie richtete. Mir ging es im Sinne der Inneren Führung um eine harmonische Orientierung des kooperativen Führungsverhaltens nach oben und unten. Das Verhältnis des Kompaniechefs zu seinen Untergebenen bestimmt entscheidend den Leistungsstand und das zwischenmenschliche Klima in der Kompanie. Der Vorgesetzte erhält seine

Autorität in erster Linie aus seinem fachlichen Können, was wiederum nicht heißt, dass er in der Lage sein muss, alle Funktionen und Handlungen selbst nachzuvollziehen. Wichtig war für mich als Kompaniechef, den Informationsfluss richtig zu steuern und die erforderlichen Entscheidungen sachgerecht zu fällen.

Eine Instandsetzungskompanie muss kooperativ geführt werden, dem Einzelnen muss die Möglichkeit gegeben werden, an Entscheidungen mitzuwirken, um so das unterschiedliche Fachwissen sinnvoll zu nutzen. Der Wehrpflichtige wiederum hatte die Möglichkeit, seine Fachkenntnisse zu erweitern, an berufsfördernden Maßnahmen teilzunehmen. Und die meisten Soldaten konnten am Ende ihrer Dienstzeit auf die menschlich wichtigen Erfahrungen in einer militärischen, auf Kameradschaft begründeten Gemeinschaft bauen.

Die Disziplin meiner wehrpflichtigen Soldaten, die damals 15 Monate Wehrdienst ableisteten, war neben der sozialen insbesondere nach ihrer regionalen Herkunft sehr unterschiedlich ausgeprägt. Während die Soldaten aus der Schwarzwaldregion sehr diszipliniert und äußerst fleißig waren, gab es mit den Soldaten aus den sozialen Brennpunkten der Region Ludwigshafen-Mannheim weitaus mehr Probleme, die hin und wieder zur Verhängung von Disziplinarstrafen, in schärfster Form zum Arrest, führten.

In der Bruchsaler Eichelberg-Kaserne, die heute General-Dr. Speidel-Kaserne heißt, waren neben meiner Kompanie auch der Stab der 1. Luftlandedivision und ein Luftlandefernmeldebataillon stationiert. Ich muss gestehen, dass das dienstliche Verhältnis der Fallschirmjäger zu uns Instandsetzungssoldaten nicht immer spannungsfrei war. Zu abweichend waren die Auffassungen über das Ausmaß militärischer Disziplin, zu unterschiedlich das soldatische Rollenverständnis der sich als Elitesoldaten verstehenden Fallschirmjäger gegenüber den von technischem und betriebswirtschaftlichem Denken geleiteten Spezialisten einer Instandsetzungskompanie. Der damalige Leiter Öffentlichkeitsarbeit der 1. Luftlandedivision, Oberstleutnant Klaus Neumann, beschrieb die Instandsetzer in einem Artikel folgendermaßen: „Eigenwilliges Denken zeichnet sie aus. Und wenn sie auch von den Kampftruppen ob ihrer Kleidung, ihres Auftretens oder ihrer Verwendung gern über die Schulter angeschaut werden, Könner sind die Soldaten der Instandsetzungsdienste der Bundeswehr allesamt."

Das bedeutete keineswegs, dass die militärische Ausbildung in einer Instandsetzungskompanie keine Rolle spielte. Sie war die zweite Säule neben dem Instandsetzungsauftrag und den jährlich nachzuweisenden Instandsetzungsstunden. Hierbei standen militärisches Grundwissen, staatsbürgerlicher Unterricht sowie die Förderung der körperlichen und sportlichen Leistungsfähigkeit im Vordergrund.

Persönlich hatte ich zu den Fallschirmjägeroffizieren ein gutes Verhältnis. Wir trafen uns regelmäßig im Offizierskasino, machten gemeinsamen Offizierssport, und ich veröffentlichte regelmäßig Beiträge in der Divisionszeitschrift „fallschirm". Anlässlich der Übergabe der Kompanie an meinen Nachfolger wies ich auf die „enge Verbundenheit der Instandsetzungskompanie 750 mit der 1. Luftlandedivision, die nicht auf ein Unterstellungsverhältnis, sondern auf der Gemeinsamkeit des militärischen Auftrages beruht", hin. Diese Verbundenheit habe ich auch viele Jahre danach noch persönlich und geschäftlich mit vielen Offizieren der Luftlandetruppe gepflegt, wie mit den Generalleutnanten Hans-Heinrich Dieter und Friedrich Riechmann sowie Generalmajor Wolfgang Schade.

Nach der Übernahme der Kompanie als Kompaniechef im Herbst 1973 habe ich die Beziehungen zur französischen Partnerschaftskompanie, der 552. Compagnie Renforcée de Réparation du Matériel, wiederbelebt und mit den französischen Kompaniechefs, Commandant Hornez, und mit seinem Nachfolger, Commandant Bouday, enge kameradschaftliche und persönliche Beziehungen aufgebaut sowie den Austausch der Soldaten zwischen den beiden Instandsetzungskompanien gefördert. Der Informationsaustausch über die unterschiedlichen logistischen Verfahren und Arbeitsabläufe, zahlreiche gemeinsame militärische Übungen sowie Sportwettkämpfe, aber auch gesellige Veranstaltungen, bei denen auch die charmanten französischen Ehefrauen und Partnerinnen einbezogen wurden, trugen zum beiderseitigen deutsch-französischen Verständnis bei. In Publikationen der Bundeswehr und der französischen Armee wurde mehrfach über diese enge Partnerschaft berichtet, die damals in der Bundeswehr noch eine Ausnahme war.

Durch diese Zusammenarbeit wurde zugleich mein Interesse an der französischen Sicherheitspolitik und an den französischen Streitkräften geweckt. In den Bundeswehrzeitschriften „Truppenpraxis" und „fallschirm" veröffentlichte ich Beiträge über die französische Sicherheitspolitik und die Nu-

*Der Generalin-
spekteur der Bun-
deswehr, Admiral
Armin Zimmer-
mann, überreicht
mir einen Buch-
preis, verbunden
mit einer zweiwö-
chigen Ausbil-
dungsreise in die
USA*

klearstreitmacht.

Neben dem herausfordernden Tagesgeschäft als Instandsetzungsoffizier und Kompaniechef setzte ich mich intensiv mit Zeitgeschichte und politischen Themen auseinander. 1972 wurde ich vom Generalinspekteur der Bundeswehr, Admiral Armin Zimmermann, für eine Arbeit über das Thema „Tendenzen der gegenwärtigen Sicherheitspolitik europäischer Staaten" mit einem Geldpreis und einer achttägigen Preisträgerreise nach Kreta ausgezeichnet. Dort wurden wir auf dem NATO-Raketenschießplatz NAMFI untergebracht. Auf dem Informationsprogramm stand neben einem Raketenschießen auch der Besuch des deutschen Soldatenfriedhofes Maleme, 18 Kilometer westlich der Hafenstadt Chania gelegen. Er erinnert an den heldenhaften Kampf der deutschen Fallschirm- und Gebirgsjäger im Mai 1941. Erschüttert stand ich vor den schlichten Gräbern der 4 465 gefallenen, zumeist blutjungen deutschen Soldaten.

1973 wurde ich wiederum vom Generalinspekteur Zimmermann für eine Arbeit über das Thema „Grundlegende Veränderungen seit Mao Tse-tung" ausgezeichnet, für die ich mich erstmals intensiv mit China befasste. In diesem Jahr bestand die Auszeichnung aus einem Geldpreis und einer zweiwöchigen Ausbildungsreise nach El Paso in den USA. Ich war fasziniert von meinem ersten Flug mit dem Regierungsflugzeug, einer vierstrahligen Boeing 707 der Flugbereitschaft der Bundeswehr mit der Bezeichnung „10-01", über die Weiten des Atlantiks. Atemberaubend der Blick auf die riesi-

47

gen, zerklüfteten Eisfelder Grönlands. Heutzutage sind durch die gewaltige Zunahme des Flugverkehrs Interkontinentalfüge über den Atlantik nichts Außergewöhnliches, die Kosten für Reisen in die USA erschwinglich.

In El Paso befand sich damals das Taktische Aus- und Weiterbildungszentrum der Flugabwehrraketen der Luftwaffe. Hier wurden wir in die Raketenflugabwehr eingewiesen, besichtigten das nahegelegene Test- und Schießgelände White Sands Missile Range, ein weitläufiges Wüstengebiet, wo während der Entwicklung der Atombombe am 16. Juli 1945 der erste amerikanische Nukleartest durchgeführt wurde.

An dieser Ausbildung nahmen die ebenfalls für ihre Arbeit ausgezeichneten Leutnante Klaus Wittmann und Kersten Lahl sowie Hauptmann Rainer Jung teil. Die Verbindung ist zu ihnen nach diesem ersten, prägenden USA-Aufenthalt bis heute nicht abgebrochen. Jung war von 1995 bis 1998 Kommandeur der Gebirgsdivision und bis zu seinem Ausscheiden aus der Bundeswehr als Generalmajor Stellvertretender Befehlshaber des Unterstützungskommandos der Bundeswehr. Lahl war in seiner letzten Verwendung als Generalleutnant Befehlshaber des Streitkräfteunterstützungskommandos der Präsident der Bundesakademie für Sicherheitspolitik und Brigadegeneral Dr. Wittmann Direktor am NATO Defense College in Rom.

Nach Dienstschluss besuchte ich hin und wieder auch die mexikanische Grenzstadt Juarez, die heute durch die Drogenkartelle und das organisierte Verbrechen ein äußerst gefährliches Pflaster geworden ist. Es empfahl sich aber auch damals, seine Wertsachen bei der liebenswürdigen Mexikanerin Mama Cita abzugeben, die eine Kneipe betrieb, die Stammlokal der deutschen Soldaten war, äußerlich sofort erkennbar an den schwarz-rot-goldenen Pfosten beiderseits der Eingangstür, einem deutschen Wachpostenhaus gleich. Sogar Helmut Schmidt und Franz Josef Strauß sollen bei Mama Cita ihre Visitenkarte hinterlassen haben. Sie war die gute Seele für viele deutsche Soldaten, die in El Paso stationiert waren, und hatte manchen Deutschen aus einer schwierigen Lage befreit. 1997 fanden Polizisten die Leiche der 74jährigen auf einer Müllhalde. Deutsche Soldaten haben ihr später eine Ehrentafel errichtet.

Im NATO-Hauptquartier – Exkursion und Exkurs

Die NATO bildet seit der Zeit der Abschreckung, als der Friede der Ernstfall war, für die Bundeswehr den bündnispolitischen Rahmen. Sie spielte aber damals während des Kalten Krieges in der Offizierausbildung und im täglichen Truppendienst keine besondere Rolle. Für den Soldaten in der Truppe, insbesondere im Heer, gab es zur damaligen Zeit im Allgemeinen nur wenige Berührungspunkte zum Atlantischen Bündnis und zu unseren Bündnispartnern, anders als heute, wo die Bundeswehr an der Seite ihrer Alliierten an gemeinsamen internationalen Einsätzen teilnimmt.

Es gab zwar bereits zu Zeiten des Ost-West-Konfliktes in der NATO multinationale Streitkräfte, so das Korps LANDJUT in Rendsburg mit deutschen und dänischen Truppenteilen und die Allied Mobile Force AMF, eine „NATO-Feuerwehr" zum Schutz der militärisch schwachen Flanken von Nordnorwegen bis in die Türkei. Aber Multinationalität war beim Heer noch die Ausnahme. Diese hat jedoch seit dem Ende des Kalten Krieges im Rahmen internationaler Kriseneinsätze eine neue politische, strategische und militärische Bedeutung erhalten. So entschieden die Staats- und Regierungschefs des Nordatlantikrats im Juli 1990 in London hinsichtlich der Struktur der Streitkräfte: „Das Bündnis wird sich zunehmend auf multinationale Korps abstützen, die sich aus nationalen Einheiten zusammensetzen." Erst durch die internationalen Kriseneinsätze, insbesondere durch den Balkan-Krieg und den Afghanistan-Einsatz, ist die NATO Bestandteil des täglichen Dienstes des Soldaten in der Truppe geworden und stärker in das Bewusstsein unserer Gesellschaft gelangt. 2002 wurde die AMF außer Dienst gestellt und durch die NATO Response Force ersetzt.

Im August 1973 hatte ich erstmals die Gelegenheit, mit dem Leiter Öffentlichkeitsarbeit der 1. Luftlandedivision, Oberstleutnant Klaus Neumann, das Hauptquartier der NATO in Brüssel zu besuchen, um mit dem Vorsitzenden des Militärausschusses, General Johannes Steinhoff, ein Interview zu führen. „Wir sind in diesem Hause", erklärte General Steinhoff einleitend, „kein NATO-Generalstab, sondern wir sind eine Komponente der NATO-Oberstruktur unter dem Generalsekretär: das Militärkomitee." Dieses Hauptquartier ist nicht identisch mit dem NATO-Oberkommando Europa, dem SHAPE im belgischen Casteau. „Der Militärausschuss", fuhr der Ge-

Im NATO-Hauptquartier in Brüssel bei General Johannes Steinhoff, Vorsitzender des Militärausschusses, rechts Oberstleutnant Klaus Neumann

neral fort, „berät den NATO-Rat in militärischen Fragen und erteilt Richtlinien an die drei Strategischen NATO-Oberbefehlshaber Atlantik, den SACLANT, Europa, den SACEUR und Ärmelkanal, den CINCHAN, weil wir hier keine Kommandofunktion haben."

Heute hat die Militärorganisation der NATO eine völlig neue, den militärischen Erfordernissen angepasste schlankere Struktur. Der Militärausschuss besteht weiterhin, doch es gibt nur noch die beiden strategischen Kommandos, das Allied Command Operations, das ACO in Casteau in Belgien, und das Allied Command Transformation, das ACT mit Sitz in Norfolk in den USA. Das ACO ist für die Planung und Durchführung aller NATO-Operationen zuständig, während das ACT für die Transformation der NATO verantwortlich ist. SHAPE, das Supreme Headquarters Allied Powers Europe, ist das Hauptquartier des ACO und wird vom SACEUR, dem Supreme Commander Europe, geführt, der immer ein US-General ist. Ferner sind dem ACO das Joint Force Command Brunssum in den Niederlanden und das Joint Force Command Naples in Italien sowie neun Rapidly Deployable Corps Headquarters zugeordnet.

1967 unternahm die NATO mit der Verabschiedung des Harmel-Berichtes über die zukünftigen Aufgaben der Allianz durch den Rat einen wichtigen Schritt, um zu einer Entspannung im Ost-West-Konflikt beizutragen. Dabei sollte die NATO in einer Doppelfunktion zum einen ausreichende militärische Fähigkeiten für die Abschreckung und Verteidigung aufrechterhalten, zum anderen im Rahmen dieser militärischen Sicherheit dauerhafte Ost-West-Beziehungen herstellen, mit deren Hilfe die Ursachen der Spannungen beseitigt werden können. Militärische Sicherheit und die Politik der Entspannung waren also die beiden Seiten einer Medaille.

Zu diesem Dualismus erklärte Steinhoff: „Die NATO hat sich seit dem Harmel-Report um die Frage gekümmert, ob es bei Beibehaltung der militärischen Stärke möglich sein könnte, die Entspannung einzuleiten, die als politische Zielsetzung die Konfrontation in Mitteleuropa auflockert." Die Entspannung zwischen Ost und West hat den Weg frei gemacht für die Konferenz über Sicherheit und Zusammenarbeit in Europa in Helsinki und für die Wiener Konferenz über beiderseitige Truppenreduzierung in Europa, die MBFR. „Wir müssen uns damit abfinden", fuhr General Steinhoff fort, „dass die USA in absehbarer Zeit über MBFR reduzieren werden; aber nur in der Gestalt, dass sie eine äquivalente Reduzierung der Sowjets verlangen werden."

Aber nicht nur die Entspannung würde starke Rückwirkungen auf das Bündnis haben. Schon damals war ersichtlich, dass wirtschaftliche Probleme, ständig steigende Kosten Einfluss auf die Verteidigungspolitik haben werden. Auf meine Anmerkung, durch eine erhöhte Standardisierung den wirtschaftlichen Druck zu reduzieren, antwortete der General: „Natürlich hat Standardisierung eine Kostensenkung zur Folge. Von Standardisierung wird in der NATO gepredigt seit ihrer Existenz. Sie ist in ganz wenigen Fällen realisiert worden. Es unterliegt keinem Zweifel, dass die europäischen Nationen wesentlich enger zusammenarbeiten müssen als bisher. Bisher gibt es nur winzige Versuche dessen, was möglich ist. Warum soll es nicht in der nächsten Generation für bestimmte Länder dasselbe Flugzeug, denselben Panzer geben?"

Auf eine mögliche Spezialisierung und Aufgabenteilung im Bündnis angesprochen antwortete Steinhoff: „Eine gewisse Spezialisierung und Aufgabenteilung im Bündnis wird unvermeidlich werden. Wenn wir das nicht tun, verplempern die Nationen ihr Geld." Anschließend bekräftigte der Vorsitzende des NATO-Militärausschusses die Integration der Bundeswehr im Bündnis: „Wir machen Übungen mit der AMF, mal im Norden, mal im Süden. Wir halten Seemanöver vor dem Nordkap unter Teilnahme von Deutschen ab; wir haben Luftwaffenmanöver. Das ist keine Allianz, die sich nur innerhalb der Grenzen der Bundesrepublik Deutschland rotierend bewegt. Diese Allianz ist stark."

Die von General Steinhoff 1973 bemängelten Probleme der unzureichenden Standardisierung im Bündnis und die notwendige Aufgabenteilung bestehen bis heute in der NATO. Mehr als vier Jahrzehnte nach diesem Interview ist in dieser Hinsicht erschreckend wenig erreicht worden. Neuerdings wird versucht, mit neuen, wohlklingenden Schlagwörtern, wie „Pooling und Sharing" und „Smart Defence", Lösungsmöglichkeiten aufzuzeigen, doch seitens der Politik sind kaum signifikante Erfolge im Bündnis erkennbar.

Beim Signieren seines Buches „Die Straße von Messina" am Ende des Interviews antwortete General Steinhoff auf meine abschließende Frage, ob er nach seinem Ausscheiden aus dem militärischen Dienst weitere Bücher schreiben werde: „Ich schreibe gerade ein zweites Buch, die Fortsetzung des Buches „Die Straße von Messina", das sich mit der Zeit nach dem Kriege befasst und retrospektiv die letzten Tage des Krieges mit überdeckt. Aber ich werde keine Flugzeuge verkaufen und die Regierung nicht in militärischen Fragen beraten."

Steinhoff war mit 993 Einsätzen und 176 Luftsiegen einer der erfolgreichsten Jagdflieger des Zweiten Weltkrieges. Er wurde als 29jähriger Hauptmann 1942 mit dem Eichenlaub zum Ritterkreuz und 1944 mit dem Ritterkreuz des Eisernen Kreuzes mit Eichenlaub und Schwertern dekoriert. Ein Dutzend Mal wurde er abgeschossen. 1945 stürzte er zu Beginn eines Einsatzes gegen amerikanische Bomber mit dem ersten Düsenjäger, der Me 263, ab. Er erlitt schwerste Verletzungen im Gesicht. Dreizehnmal wurde er im Gesicht operiert, und so sagte er während unseres Gespräches: „Ich trage meinen Hintern im Gesicht."

Steinhoff trat 1952 in das „Amt Blank" ein und arbeitete an der neuen Konzeption und am Aufbau der Luftwaffe, um 1955 als Oberst in die neu geschaffene Luftwaffe einzutreten. 1966 wurde er vom Verteidigungsminister Kai-Uwe von Hassel zum Inspekteur der Luftwaffe ernannt und bewältigte die Starfighter-Krise. Er habe damit, wie der Generalinspekteur de Maizière anlässlich der Verabschiedung als Inspekteur sagte, „der Luftwaffe in der deutschen und ausländischen Öffentlichkeit Vertrauen und Ansehen zurückerworben".

Am 1. April 1971 wurde Steinhoff auf Vorschlag von Verteidigungsminister Helmut Schmidt zum Vorsitzenden des NATO-Militärausschusses gewählt. Am 1. April 1974 schied er wegen Erreichens der Altersgrenze aus dem Militärdienst aus. 1994 ist der hochdekorierte Viersterne-General im Alter von 80 Jahren verstorben. Die Bundeswehr ehrt ihn noch heute als Namensgeber des Taktischen Luftwaffengeschwaders 73 „Steinhoff" und mit der „General-Steinhoff-Kaserne".

Nach dem Ende des Kalten Krieges war die NATO aufgrund der veränderten sicherheitspolitischen Rahmenbedingungen gezwungen, neue Ziele, Inhalte und Strukturen zu definieren. Bereits im Juli 1990 leitete das Atlantische Bündnis auf der NATO-Konferenz in London mit der Londoner Erklärung eine Revision der NATO-Strategie ein und schuf auf dem Gipfel in Rom im November 1991 mit der Verabschiedung eines neuen Strategischen Konzeptes die Grundlage für eine Neue NATO.

Das auf der Gipfelkonferenz der Staats- und Regierungschefs der 19 NATO-Partner im April 1999 zum 50. Jahrestag der Allianz verabschiedete neue Strategische Konzept des Bündnisses wurde dem sich entwickelnden Sicherheitsumfeld jedoch nicht mehr gerecht. Deshalb wurde ein neues Strategisches Konzept am 19. November 2010 auf dem Gipfeltreffen in Lissabon beschlossen.

Das Streitkräftedispositiv der NATO muss mit Hilfe geeigneter Strukturen in der Lage sein, wirksam abzuschrecken und zu verteidigen sowie Krisenreaktionseinsätze durchzuführen, die nicht unter Artikel 5 des Washingtoner Vertrages fallen. Konfliktverhütung und Krisenbewältigung wurden zur Hauptaufgabe des Bündnisses gemacht und darauf aufbauend neue Anforderungen an die Fähigkeiten der NATO-Streitkräfte festgelegt. Mit der Defence Capabilities Initiative vereinbarte die NATO, in welchen Bereichen der Bündnisverteidigung und Krisenbewältigung die militärischen Fähigkeiten zu verbessern sind: Führung, Einsatzwirksamkeit, Verlegefähigkeit und Mobilität, Überlebensfähigkeit, Durchhaltefähigkeit und Logistik.

Die NATO öffnete sich seit 1991 gegenüber den ehemaligen Gegnern schrittweise. Die Feinde wurden zu Verbündeten, Freunden oder Partnern. Die Mitgliedschaft und die Partnerschaft bilden eine entscheidende Grundlage zur Stabilität und somit zum Frieden in Europa. Die Entscheidung der NATO auf ihrer Tagung in Madrid im Juli 1997, die drei ostmitteleuropäischen Staaten Polen, Tschechische Republik und Ungarn zu Beitrittsverhandlungen einzuladen und am 12. März 1999 den Beitritt zu vollziehen, war ein wichtiger Meilenstein in den Beziehungen der ehemaligen Warschauer-Pakt-Staaten zur NATO. Diese NATO-Osterweiterung kennzeichnet das Ende von Jalta und bildet eine unverzichtbare Grundlage für die Gestaltung einer neuen europäischen Sicherheitsarchitektur.

Mit der Aufnahme der Länder Bulgarien, Estland, Lettland, Litauen, Rumänien, Slowenien und der Slowakei am 29. März 2004 und der Länder Albanien und Kroatien am 1. April 2009 in die NATO ist Europa in eine weitere Phase sicherheitspolitischer Stabilität getreten. Die NATO-Erweiterung war ein historischer Erfolg. Auf dem NATO-Gipfel in Straßburg/Kehl im April 2009 erklärte das Bündnis, dass es auch zukünftig offen bleibt für alle europäischen Demokratien. So wurde der Balkanstaat Montenegro 2017 als 29. Staat aufgenommen.

Am 27. Mai 1997 wurde in Paris die „Grundakte zwischen der Nordatlantikvertrags-Organisation und der Russischen Föderation" und am 9. Juli 1997 in Madrid die „Charta über eine ausgeprägte Partnerschaft zwischen der Nordatlantikvertrags-Organisation und der Ukraine" unterzeichnet.

Vor dem Hintergrund der Ukraine-Krise hat die NATO im September 2014 beschlossen, eine Very High Readiness Joint Task Force, die sogenannte „NATO-Speerspitze", aufzustellen. Diese schnelle Eingreiftruppe in Brigadestärke mit 5 000 bis 7 000 Soldaten wird vom Multinationalen Korps Nordost in Stettin geführt. Sie kann in wenigen Tagen einsatzbereit sein, erste Truppenteile sollen bereits nach 48 Stunden abmarschbereit sein.

Die Staats- und Regierungschefs haben auf dem Treffen des Nordatlantikrats am 21. November 2002 in Prag entschieden, NATO-Reaktionskräfte, die sogenannte NATO Response Force NRF, aufzustellen, die sich aus hochmodernen, flexiblen, dislozierbaren, zur Interoperabilität tauglichen und durchhaltefähigen Truppenteilen zusammensetzen. Sie umfassen Land-, See- und Luftkontingente und stehen bereit, um nach Entscheidung durch den Rat schnell dorthin zu verlegen, wo sie benötigt werden.

Die Beziehungen der NATO zur Europäischen Union sind von großer Bedeutung, nicht nur weil 22 der 29 NATO-Staaten zugleich Mitglied in der EU sind, sondern insbesondere dadurch, dass die Gemeinsame Sicherheits- und Verteidigungspolitik der Europäischen Union auch die NATO stärkt. Beide Organisationen müssen eine enge Partnerschaft entwickeln, um entsprechend ihrer Interessen und Kapazitäten einen wirkungsvollen Beitrag zur internationalen Krisenbewältigung zu leisten. Am 7. Juli 2016 unterzeichneten auf dem NATO-Gipfel in Warschau der Kommissionspräsident Jean-Claude Juncker mit dem NATO-Generalsekretär, Jens Stoltenberg, und dem Präsidenten des Europäischen Rates, Donald Tusk, eine gemeinsame Erklärung über die Zusammenarbeit zwischen der EU und der NATO, in der die „strategische Partnerschaft" bekräftigt wurde.

Sitzung des NATO-Rates im NATO-Hauptquartier in Brüssel. Generalsekretär war 1973, als die NATO aus 15 Mitgliedern bestand, Joseph Luns. Heute sind 29 Staaten Mitglied der NATO. Oben rechts am Tisch in Uniform General Steinhoff, der Vorsitzende des Militärausschusses (NATO-Foto)

55

Abschied vom Soldatenrock

Die Führung einer Kompanie ist, wie das Kommando eines Bootes der Marine oder einer Staffel der Luftwaffe, sicherlich die interessanteste Aufgabe für einen jungen Offizier, verbunden mit einer großen Verantwortung in der Menschenführung. Sie erfordert eine hohe geistige und körperliche Einsatzbereitschaft sowie technisches und organisatorisches Verständnis, Eigenschaften, die natürlich entsprechend der Aufgabenstellung der Kompanie unterschiedlich ausgeprägt sind.

Ich war nach meiner jahrelangen, kostenintensiven Ausbildungszeit und dem Studium sowie nach den ersten interessanten Verwendungen in der Truppe zur Überzeugung gelangt, in der Bundeswehr zu bleiben. Im Dezember 1973 stellte ich deshalb den Antrag auf Übernahme in das Dienstverhältnis eines Berufsoffiziers. Nach meinen Beurteilungen und Auszeichnungen sowie den Personalgesprächen bei dem für die Personalführung zuständigen Personalstammamt hatte ich nicht die geringsten Zweifel, zum Berufsoffizier übernommen zu werden.

In einem Zwischenbescheid wurde mir von der Personalabteilung im Verteidigungsministerium im März 1974 mitgeteilt, dass eine Entscheidung über meine Übernahme zum Berufssoldaten erst im September möglich sei. Im September erfolgte dann ein weiterer Bescheid, dass über meinen Antrag erst im Februar 1975 entschieden werden könne. Doch auch dieser Termin wurde nicht eingehalten. Und dann erlebte ich nach 19 Monaten Wartezeit eine sehr tiefe Enttäuschung, als ich mit einem Schreiben vom 21. Juli 1975 einen ablehnenden Bescheid erhielt mit folgender Begründung: „Der Bedarf an Berufsoffizieren Ihres Geburtsjahrganges ist jedoch unter Berücksichtigung Ihres Ausbildungs- und Leistungsstandes voll gedeckt."

Ich reichte beim Wehrbeauftragten des Deutschen Bundestages Beschwerde ein. Er hat als Anwalt der Soldaten die Aufgabe, möglichen Grundrechtsverletzungen bei den Soldaten oder Verletzungen der Grundsätze der Inneren Führung nachzugehen und dem Parlament über den inneren Zustand der Bundeswehr zu berichten. Neuer Wehrbeauftragter war seit dem 20. März 1975 Willi Berkhan. Der Sozialdemokrat Berkhan war wie Helmut Schmidt in Hamburg geboren, mit ihm seit der Studentenzeit politisch stets eng verbunden und, wie Schmidt schrieb, „sein fröhlicher Freund,

(…) der für Ausgleich und Kompromiß sorgte". Beim Abschied vom Amt sagte Helmut Schmidt: „Unser Abschied gilt einem Manne, dessen zehnjährige Amtszeit ein Glücksfall der parlamentarischen Willensbildung war. Willi Berkhan ist ein Wehrbeauftragter par excellence gewesen; er hat in seiner Person verkörpert, was die Väter dieser parlamentarischen Institution sich in den 50er Jahren vorgestellt hatten."

In seiner mit dickem, grünem Filzstift unterschriebenen Stellungnahme schrieb mir der Wehrbeauftragte am 27. Oktober 1975: „In den Jahren 1973 und 1974 wurden die Soll-Zahlen für die Übernahme von Offizieren in das Dienstverhältnis eines Berufssoldaten neu berechnet und festgelegt. Dies hatte zur Folge, daß das Soll an Berufssoldaten in den Geburtsjahrgängen bis einschließlich 1943 überschritten und für 1944 erfüllt war. (…) Ich stimme Ihnen zu, daß der ablehnende Bescheid vom 21. Juli 1975 in Ihrem Interesse zu einem früheren Zeitpunkt hätte ergehen sollen. Sie hätten sich dann rechtzeitiger auf die Übergabe Ihrer Kompanie vorbereiten können. Ich werde den Bundesminister der Verteidigung hierauf hinweisen."

Ich hatte bereits begonnen, mich bei diversen Unternehmen zu bewerben. Im Nachhinein betrachtet wurde die Personalentscheidung der Bundeswehr für mich zu einem erfolgreichen Scheitern. Sie eröffnete mir ein interessantes, neues Tätigkeitsfeld in der Wirtschaft. Eine 2012 gefällte Entscheidung des Bundesverwaltungsgerichtes zu diesem rechtswidrigen Auswahlverfahren, das Bewerber zum Berufssoldaten auf vorgegebene Geburtsjahrgänge beschränkt, kam für mich jedoch einige Jahrzehnte zu spät. 2013 wurde im Jahresbericht des Wehrbeauftragten auf dieses rechtswidrige Auswahlverfahren hingewiesen: „Für die Übernahme in das Dienstverhältnis eines Berufssoldaten stehen regelmäßig mehr Bewerber zur Verfügung als nach den Strukturvorgaben gebraucht werden. Aus diesem Grunde werden einmal pro Jahr entsprechende Auswahlverfahren durchgeführt. Bisher erfolgte die Auswahl immer auf der Basis von Geburtsjahrgängen. Dazu wurden jeweils nur bestimmte Jahrgänge sowie Ausbildungs- und Verwendungsreihen zur Auswahl herangezogen. Gehörten Bewerber nicht dem aufgerufenen Bewerberkreis an, wurde die Bewerbung von vornherein abgelehnt. Diese Verfahrensweise hat das Bundesverwaltungsgericht für rechtswidrig erklärt. In seiner Entscheidung führte das Gericht unter anderem aus, dass nach bisher geltendem Recht nur Eignung, Befähigung und fachliche

Leistung als Auswahlkriterien herangezogen werden dürften. Eine Auswahl auf der Grundlage von Jahrgängen dagegen sei mangels gesetzlicher Grundlage rechtswidrig."

So lag 1975 nach zehneinhalb Jahren Dienst in der Bundeswehr ein neuer Lebensabschnitt vor mir. Da im Rahmen der Berufsförderung 75 Prozent meines Gehaltes noch 36 Monate weiter liefen, und ich noch das Zwanzigfache meines Monatsgehaltes als Abfindung, erhalten würde, schaute ich damals finanziell unbesorgt in die ungewisse Zukunft. Ich fragte mich aber auch als Staatsbürger, ob es wirtschaftlich vertretbar ist, einen Offizier in einem Verpflichtungszeitraum von 12 Jahren acht Jahre mit hohen Kosten auszubilden und seinen Dienst nur vier Jahre in der Truppe zu nutzen.

Bei meinem Ausscheiden aus dem aktiven Dienst in der Bundeswehr und der Übergabe meiner Kompanie im September 1975 an meinen Nachfolger waren zu meiner großen Freude auch der französische Regimentskommandeur, Oberstleutnant Lombard, der Chef der Partnerschaftskompanie, Commandant Bouday, und eine Abordnung französischer Soldaten anwesend. Ich sagte in meiner Rede auf Deutsch und Französisch: „Ich hoffe, dass die Beziehungen fortbestehen, weil der Friede in Europa die internationale Zusammenarbeit erfordert." Es war für mich ein bewegender Moment als zum Abschluss der feierlichen Zeremonie die französische und die deutsche Nationalhymne gespielt wurden. Die Bruchsaler Rundschau berichtete darüber in einem ausführlichen Artikel mit der Überschrift: „Er hat militärische und technische Führungsqualitäten bewiesen. Kompaniechef Dieter Hanel auf dem Eichelberg offiziell verabschiedet."

Übergabe meiner Instandsetzungskompanie und Verabschiedung von der Bundeswehr in Anwesenheit von Offizieren der französischen Partnerschaftskompanie

Manager in der Rüstungsindustrie

Stellungswechsel in die Wirtschaft

Mit dem enttäuschenden Bescheid der Personalabteilung des Verteidigungsministeriums im Juli 1975, mich nicht zum Berufsoffizier zu übernehmen und der nicht hilfreichen Stellungnahme des Wehrbeauftragten war meine Karriereplanung in der Bundeswehr zunichte. Ich fiel aber nicht in eine persönliche Krise, sondern begann sofort ab August meine Initiativbewerbungen bei mehreren gezielt ausgewählten Industrieunternehmen einzureichen. Mein Bewerbungsschreiben war nur eine Seite lang, es enthielt aber die wesentlichen Informationen, die für einen ersten Eindruck und für eine Entscheidung über eine Einladung zu einem Vorstellungsgespräch ausreichten. Ich war über die positive Resonanz, die zahlreichen, erfolgreichen Einstellungsgespräche und Stellenangebote bei mehreren Unternehmen sehr erfreut. Die Kombination der Offizierslaufbahn mit einem akademischen Studium und die Führungsverantwortung in jungen Jahren als Kompaniechef waren dabei sicherlich ausschlaggebend.

Ich bewarb mich auch beim Wehrtechnik-Unternehmen Rheinmetall in Düsseldorf, bei dem ich bereits 1968 vor dem Maschinenbaustudium ein achtmonatiges Industriepraktikum absolviert hatte. Mein Schreiben landete auf dem Schreibtisch von Dr.-Ing. Ludwig Hockel, seit 1971 für die Wehrtechnik zuständiges Vorstandsmitglied der Düsseldorfer Rheinmetall AG, der es an den Entwicklungschef, Dr.-Ing. Raimund Germershausen, weiterleitete, am Rande mit violettem Buntstift mit der Bemerkung versehen: „Für Sie geeignet?"

Das Vorstellungsgespräch bei Dr. Germershausen verlief sehr positiv, seine Fragen konzentrierten sich auf die Bereiche Menschenführung und Technik. Insbesondere erinnere ich mich an seine Frage, ob ich als Assistent Dinge durchsetzen könne, ohne Vorgesetzter zu sein. Ich bejahte dies mit der Begründung, dass dies Voraussetzung erfolgreicher Arbeit in Stäben der Bundeswehr sei und der Führungsgehilfe dabei zugleich seine eigene Person zurückstellen müsse.

Und so entschied ich mich nach einer kurz darauf erfolgten Zusage ohne große Überlegungen für Rheinmetall in Düsseldorf. Ausschlaggebend war dabei für mich neben der Attraktivität der Stelle als Assistent des Entwicklungschefs, dass ich dieses Unternehmen bereits von meinem achtmonatigen Industriepraktikum her recht gut kannte sowie weiterhin meine umfangreichen militärischen und wehrtechnischen Kenntnisse anwenden konnte. Diese Tätigkeit, insbesondere die Weiterbildung in den einzelnen Entwicklungsabteilungen, wurde im Rahmen der Berufsförderung der Bundeswehr anerkannt.

Das im Rheinmetall-Konzern für die Wehrtechnik zuständige Unternehmen Rheinmetall GmbH machte 1975 einen Wehrtechnik-Umsatz in Höhe von umgerechnet 190 Millionen Euro, davon rund 20 Prozent im Export, und beschäftigte 3 011 Mitarbeiter, davon rund 2 300 auf dem Werksgelände in Düsseldorf. Rund 600 arbeiteten in der Forschung und Entwicklung sowie 700 auf dem werkseigenen Schießplatz und in der Munitionsfertigung in Unterlüß bei Celle. Vergleicht man diese Unternehmensdaten mit dem Wehrtechnik-Umsatz von Rheinmetall im Jahr 2016 in Höhe von 2 946 Millionen Euro und mit dem Personalbestand in Höhe von 10 002 Mitarbeitern, dann wird deutlich, welche erfolgreiche Entwicklung das mittlerweile global agierende und international breit aufgestellte Unternehmen in der Wehrtechnik seit dieser Zeit genommen hat. Sie war begleitet von permanenten Umstrukturierungen. So ist heute in Düsseldorf nur noch die Konzernzentrale beheimatet, während der Standort Unterlüß immer mehr aufgebaut wurde und rund 1 600 Mitarbeiter beschäftigt.

Das Unternehmen war damals übersichtlich in vier Geschäftsbereiche, Entwicklung, Produktion, Vertrieb und Verwaltung sowie Zentralbereich, gegliedert. Der Bereich Entwicklung bestand aus der Hauptabteilung Konstruktion und Forschung mit sieben Abteilungen sowie aus der Hauptabteilung Prototyp-Fertigung und Erprobung und einer Abteilung Programmmanagement Panzerhaubitze 155-1.

Meine erste umfangreiche wehrtechnische Studienarbeit „Entwicklung von Kampfpanzern und deren Komponenten – Waffenanlagen und Munition" war Teil einer umfassenden Studie, die die Bundeswehr an das Ingenieurbüro Hopp vergeben hatte, das wiederum Rheinmetall für dieses Kapitel beauftragt hatte. In dieser im März 1976 erstellten Untersuchung habe ich mich erstmals mit der konstruktiven Auslegung von Kampfpanzern befasst und die technischen Lösungen von 12 damals international bedeutenden Kampfpanzern bewertet. Heute sind von diesen Waffensystemen nur noch der deutsche LEOPARD 2 und der amerikanische M1 ABRAMS im Einsatz. Dies war der Beginn meiner bis heute andauernden beruflichen und publizistischen Beschäftigung mit Panzerfahrzeugen und mit der Panzerindustrie. Später habe ich über diese Thematik zwei Bücher veröffentlicht.

Eine weitere interessante wissenschaftliche Arbeit war eine 1977 vom Bundesamt für Wehrtechnik und Beschaffung, zumeist nur BWB genannt, beauftragte Studie „Zusammenfassende Erkenntnisse über sowjetische Waffen und Munitionsarten schweres Maschinengewehr 14,5 mm, Maschinenkanone 23 mm und Maschinenkanone 30 mm mit Gegenüberstellung vergleichbarer Waffen und Munitionsarten". Bei dieser Arbeit hatte ich erstmals Kontakt mit dem BWB in Koblenz, das 2013 im Rahmen der Neuausrichtung der Bundeswehr in Bundesamt für Ausrüstung, Informationstechnik und Nutzung umbenannt und mit neuen Aufgaben versehen wurde. Für diese Studie konnte ich auf der Erprobungsstelle der Bundeswehr für Waffen und Munition in Meppen mit Erprobungsingenieuren Informationen hinsichtlich der technischen Bewertung austauschen und die sowjetischen Waffen begutachten.

Ich kam in der Studie zu folgendem zusammenfassenden Ergebnis: „Die betrachteten sowjetischen Waffen haben nicht den waffentechnischen Leistungsstand vergleichbarer westlicher Waffen. Die Fertigungsgenauigkeit entspricht nicht westlichen Maßstäben und führt zu beträchtlichen Leistungsschwankungen. Die großen Fertigungstoleranzen gestatten jedoch den Einsatz unter extremen Umweltbedingungen." Später konnte ich feststellen, dass diese Konstruktionsprinzipien und die Fertigungstechnik bei zahlreichen sowjetischen Waffensystemen, so bei den gepanzerten Fahrzeugen und den militärischen Nutzfahrzeugen, bis heute Anwendung finden.

Als Raimund Germershausen, gerade 40 Jahre alt, 1976 zum Geschäftsführer des Unternehmens ernannt wurde, war meine Freude groß, als er mir eröffnete, dass er mich auf die Stelle des Assistenten der Geschäftsführung mitnehmen wolle. Eine Anerkennung meiner bisherigen Arbeit. So zog ich mit ihm in das 1915 errichtete imposante Gebäude an der Ulmenstraße, das Sitz der Geschäftsführung von Rheinmetall war. Germershausen war ein durch und durch von der Technik und den Naturwissenschaften geprägter und geleiteter Manager. Er hatte in Braunschweig Physik, Chemie und Mathematik studiert und 1962 als wissenschaftlicher Assistent am Institut für Chemische Technologie an der Technischen Hochschule Clausthal zum Dr.-Ing. promoviert.

Ein Jahr später trat er bei Rheinmetall ein und machte im Bereich Entwicklung eine steile Karriere. Mit seiner hohen Intelligenz und wissenschaftlichen Begabung durchdrang er schnell die anstehenden technischen Fragestellungen, leitete zielführend die Besprechungen mit seinen Konstrukteuren und war in der Lage, komplexe physikalische und mathematische Zusammenhänge aufzuzeigen. Diese sachliche Klarheit war aber zugleich, insbesondere bei industriepolitischen und personellen Aussagen, gepaart mit einer schwer zu durchschauenden Sphynxhaftigkeit. Er war ein harter Arbeiter, begann seine Arbeit im Büro stets mit einer großen „Early Morning Coke", rauchte täglich 60 bis 70 Zigaretten und trank Unmengen an Kaffee. Selten gönnte er sich ein paar Tage Urlaub. Leider ist Raimund Germershausen am 14. März 1997 im Alter von nur 62 Jahren verstorben. Sein kräftezehrender Arbeits- und sein ungesunder Lebensstil forderten viel zu früh ihren hohen Tribut.

Meine Aufgaben als Assistent der Geschäftsführung bestanden insbesondere in der Vorbereitung von Geschäftsführungsentscheidungen, in der Koordination von technischen und administrativen Aktivitäten im Entwicklungsbereich und in der Zusammenarbeit mit den anderen Geschäftsbereichen. Von besonderer Bedeutung waren die Vorbereitungen der vierteljährlichen Berichte für den Aufsichtsrat und für die Aufsichtsratssitzungen. Diese verlangten einen hohen Arbeitseinsatz, und ich verstand, was Germershausen beim Einstellungsgespräch mit der Frage meinte, ob ich Dinge durchsetzen könne, ohne Vorgesetzter zu sein.

1965 begann bei Rheinmetall in enger Zusammenarbeit mit der Bundeswehr unter der Federführung von Germershausen die Forschungs- und Entwicklungsarbeit für eine neue 120 mm Glattrohrkanone, die beim zukünftigen Kampfpanzer LEOPARD 2 zum Einsatz kommen sollte. Diese zukunftsweisende Panzerwaffe und die zugehörige Munition sollten mich den nächsten Jahren als sein Assistent stark beschäftigen.

Waffen und Munition waren bei Rheinmetall die dominierenden Geschäftsfelder. Sie sind technisch und naturwissenschaftlich hochspezialisierte Bereiche, bei denen die Physik und die Chemie, die Thermodynamik, die Aerodynamik und der Maschinenbau bei der Forschung, Entwicklung und Produktion der wehrtechnischen Produkte eine große Rolle spielen. Bedeutende Rheinmetall-Produkte waren zu dieser Zeit die Artilleriegeschütze Feldhaubitze 70 und Panzerhaubitze 70 mit den zugehörigen 155 mm Waffenanlagen und der Munition, die 120 mm Panzerkanone und 120 mm Munition sowie das 20 mm Zwilling-Flugabwehrgeschütz.

Ab 1978 zeichnete sich für den Entwicklungsbereich durch den Auslauf einer Reihe von Großprojekten eine besonders schwierige Situation ab. Dazu gehörten das 20 mm Zwillingsgeschütz, das 20 mm Turmsystem für den Spähpanzer LUCHS, die Feldhaubitze 70 und die 120 mm Panzerbordkanone für den LEOPARD 2. Ab 1971 wurde das Entwicklungspersonal kontinuierlich von 1 000 auf 590 im Jahr 1977 reduziert. Es bestand die große Sorge, dass weitere technische Spezialisten auf dem Gebiet des Waffen- und Lafettenbaus, der Munitionstechnologie und der Ballistik verlorengehen könnten.

So hieß es in einer Stellungnahme von Germershausen an das Verteidigungsministerium: „Darüber hinaus dürfen wir daran erinnern, daß die zum großen Teil ganz ausgeprägte Spezialisierung unserer Mitarbeiter – wie sie die Waffentechnik nun einmal verlangt – nicht auf andere Gebiete übertragbar ist. Es dauert eine lange Zeit und erfordert das Sammeln vieler Erfahrungen, um einen guten Ingenieur oder Wissenschaftler auf dem Hintergrund eines breiten Spektrums von Fachdisziplinen (Maschinenbau, Elektrik, Elektrotechnik, Mechanik, Festigkeitslehre, Werkstofftechnologie, Thermodynamik, Aerodynamik, Physik, Chemie u.a.) zu einem qualifizierten Waffenbauer zu qualifizieren." Das gilt auch noch heute für weite Bereiche der wehrtechnischen Industrie. Rheinmetall konnte erfreulicherweise diese Krise durch rechtzeitig eingeleitete Umstrukturierungen und Personalabbau sowie mit neuen Produkten überwinden.

Insbesondere die 120 mm Glattrohrkanone des Kampfpanzers LEOPARD 2 und die zugehörige Munition sind bis heute eine tragende Säule des Unternehmens. Am 28. April 1977 hatte Verteidigungsminister Georg Leber in einem Schreiben an den Vorsitzenden des Verteidigungsausschusses des Deutschen Bundestages, Dr. Manfred Wörner, die beabsichtigte Beschaffung von 1 800 Kampfpanzern LEOPARD 2 mitgeteilt. Er begründete dies mit dem „deutlichen Anwachsen des landgestützten Offensivpotentials des Warschauer Paktes" und damit, dass die in der Bundeswehr eingesetzten Kampfpanzer den sich „zu stellenden Anforderungen nicht mehr gewachsen" seien. Dazu wurden eine Bedarfsberechnung für 14 Panzerbrigaden aufgestellt sowie die Kosten in Höhe von umgerechnet 3,3 Milliarden Euro, der Haushalt und der Zulaufplan aufgeschlüsselt. Daraufhin billigten der Verteidigungs- und der Haushaltsausschuss des Deutschen Bundestages die Beschaffung des LEOPARD 2 mit der 120 mm Waffenanlage. Insgesamt wurden von 1979 bis 1992 für die Bundeswehr 2 125 Kampfpanzer produziert. Am 24. Oktober 1979 konnte ich bei Krauss-Maffei in München die Übergabe des ersten LEOPARD 2 an die Truppe miterleben, nicht ahnend, dass dieser leistungsfähige, bis jetzt von 18 Ländern beschaffte Kampfpanzer international einmal so erfolgreich sein und mich bis heute so stark beschäftigen würde.

Die USA lehnten zunächst die 120 mm Glattrohrkanone ab. Bei einem trilateralen Vergleichsschießen der deutschen 120 mm Glattrohrkanone mit einer 105 mm US- und einer britischen 110 mm Kanone im Jahr 1975 und einer Wiederholung Ende 1976 zeigte sich jedoch die eindeutige Überlegenheit der Rheinmetall-Waffenanlage. Aufgrund dieser Ergebnisse leitete der US-Heeresminister Clifford L. Alexander jr. 1978 dem Kongress den Entschluss der US Army zu, für den M1 ABRAMS die deutsche 120 mm Kanone zu verwenden. Damit war ein wichtiger Schritt zu einer internationalen Standardisierung der Panzerbewaffnung getan. Die leistungsfähige Rheinmetall Kanone ersetzte später die eingeführte 105 mm Kanone. Lizenznehmer wurde das US-Unternehmen General Dynamics.

1978 zeigte ich in einem Artikel in der Fachzeitschrift WEHRTECHNIK unter dem Titel „Überlegene Waffe setze sich durch" diese Entwicklung auf. Heute sind die meisten Kampfpanzer der westlichen Welt, einschließlich der japanischen, südkoreanischen und israelischen Typen, mit einer 120 mm Glattrohrkanone ausgerüstet.

Eine interessante Aufgabe als Assistent war stets die Vorbereitung von Besuchen hochrangiger Gäste aus Politik, Militär und Wirtschaft. So bin ich im Juni 1978 im Zusammenhang mit der Vorbereitung und Durchführung des Besuchs des israelischen Generalmajors Israel Tal persönlich erstmals mit Israelis in Verbindung gekommen. Als ich in Bonn die Botschaft Israels besuchte, um mit dem Verteidigungsattaché, Oberst Avidad, die Details des Besuches des Generals abzustimmen, war ich von den umfangreichen Sicherheitsvorkehrungen überrascht. Heute sind derartige Kontrollen, wie Sicherheitsschleusen am Eingang, Scanner und gezielte Befragungen, durch den internationalen Terrorismus leider alltäglich und vielerorts sichtbarer Bestandteil unserer Sicherheitsvorsorge geworden.

General Tal war als legendärer Kommandeur einer Panzerdivision ein bedeutender Truppenführer im Sechstagekrieg und von 1974 bis 1978 Sicherheitsberater von Verteidigungsminister Shimon Peres. Er wird auch „Vater des MERKAVA" genannt, weil er ab 1970 maßgeblich an der Entwicklung dieses leistungsfähigen israelischen Kampfpanzers mitgewirkt hat, der ab 1979 in die israelische Armee eingeführt wurde. Bei seinem Rheinmetall-Besuch beeindruckte er während der Präsentation des Kampfpanzers LEOPARD 2 durch sein enormes Wissen über die Panzertechnologie, in dem sich umfassende praktische militärische Erfahrung im Einsatz und technische Kenntnisse in der Konstruktion von Kampfpanzern vereinten. Bemerkenswert war die hohe Bedeutung, die er dem Schutz der Soldaten beimaß, eine Forderung, die seit dem Einsatz unserer Soldaten in Krisengebieten auch in der Bundeswehr höchste Bedeutung erhalten hat. So befindet sich beim MERKAVA im Gegensatz zum LEOPARD 2 das Panzertriebwerk vorne, was neben dem erhöhten Schutz zusätzlich den Vorteil hat, dass die Besatzung im Heck aussteigen kann.

2010 konnte ich erstmals auf der Wehrtechnik-Messe in Paris den MERKAVA IV besichtigen, der im Ausland sein Debut hatte, und in der Fachzeitschrift „Military Technology" darüber berichten. Israelische Industriemanager und Offiziere äußerten sich hoch anerkennend über General Tal und informierten mich umfassend über die Panzerentwicklung in Israel. Wenige Monate später ist General Tal am 8. September 2010 im Alter von 85 Jahren verstorben.

Am 13. Oktober 1978 wurden in Anwesenheit des sozialdemokratischen Verteidigungsministers, Hans Apel, und hochrangiger Militärs die ersten drei für die Streitkräfte Großbritanniens, Italiens und Deutschlands von 1968 bis 1975 entwickelten und bis 1982 produzierten 456 Feldhaubitzen 155-1 an die Truppe übergeben. Dabei wurde mir erstmals das permanente Spannungsverhältnis zwischen Politik und wehrtechnischer Industrie in der komplexen Frage des Rüstungsexportes deutlich.

Frank Bär, Vorsitzender der Rheinmetall-Geschäftsführung, sprach sich in seiner Einführungsrede auf dem Rheinmetall-Schießplatz in Unterlüß für eine Liberalisierung des Rüstungsexportes aus: „Dieser Wunsch nach mehr Liberalisierung wird einerseits begründet durch die Notwendigkeit, Arbeitsplätze zu erhalten und andererseits mit dem Hinweis auf die Fähigkeit, durch den Export wehrtechnischer Produkte ein Machtgleichgewicht herzustellen, das nach aller Erfahrung eher Konflikte verhindert als fördert. Wenn der Export von Erzeugnissen der Verteidigungswirtschaft nicht die Ursache von Spannungen sei", fuhr Bär fort, „so scheint der Begriff des „Spannungsgebietes", der den Export deutscher wehrtechnischer Produkte bestimme, neu zur Disposition gestellt. Eine weitgehende Einschränkung der Exporte beeinträchtigt auch unseren Wunsch, im Rahmen der NATO den Umfang der partnerschaftlichen Zusammenarbeit militärisch wirkungsvoll, wirtschaftlich erfolgreich und sozial verantwortlich weiter auszubauen. Die Feldhaubitze 155-1 zeigt, dass diese internationale Zusammenarbeit im gemeinsamen Sicherheitsinteresse begonnen werden konnte. Es liegt aber nicht unwesentlich auch im Verantwortungsbereich von Parlament und Regierung, ob dieser Weg gleichermaßen fortgesetzt werden kann."

Ich sah, wie sich der Verteidigungsminister während dieser Rede erregt zu seinem Adjutanten umdrehte und sich den vereinbarten Redetext reichen ließ. Als Apel, dem „das Militärische fremd" war, an das Rednerpult trat, wies er mit scharfen Worten die Rüstungsexportausführungen des Rheinmetall-Vorsitzenden Bär zurück. „Wir denken nicht daran, heute und in Zukunft die Regelungen, die wir politisch für geboten halten, für den Waffenexport zu verändern. Die Bundesrepublik ist gut beraten, die bisherige Praxis beizubehalten." In der Sache werde sich die Bundesrepublik „so restriktiv wie möglich" verhalten. Dabei spiele, so Apel, neben den innen- und außenpolitischen Gesichtspunkten eine besondere Rolle, dass die Wehrtechnik weder für die Konjunktur- noch für die Strukturpolitik ein geeignetes Objekt sei. „Damit hört mein Interesse am Rüstungsexport auch schon auf", unterstrich der Minister. Es war erkennbar, was der „Spiegel" im Dezember 1988 über ihn schrieb: „Hans Apel werkelte mit seiner Verachtung für alles Militärische lustlos vor sich hin."

Zu dieser Zeit arbeiteten in der Bundesrepublik 200 000 Beschäftigte direkt in der Rüstungsindustrie, das waren 0,8 Prozent der Gesamtbeschäftigten. Der Rüstungsexport, der sich bis 1978 auf weniger als umgerechnet eine halbe Milliarde Euro belief und 1977 nur einen Anteil von 0,4 Prozent hatte, ist also nicht in erster Linie arbeitsmarkt-, sondern sicherheitspolitisch zu bewerten. Darauf wird später noch eingegangen.

1979 erhielt ich eine Einladung vom Kommandeur der Schule Technische Truppe in Aachen, Oberst Hans Hermann Schwede, der mich seit meiner Studentenzeit in Darmstadt kannte, einen Vortrag vor Offizieren der Technischen Truppe zu halten. Er bat mich, darin als ehemaliger Offizier die berufliche Tätigkeit in der Bundeswehr und in der Industrie zu vergleichen. Ziel dieser von dem in der Personalabteilung des Verteidigungsministeriums zuständigen Brigadegeneral Edgar Trost geleiteten Veranstaltung war es, junge Zeitoffiziere, zumeist im Dienstgrad Hauptmann, am Ende ihrer Dienstzeit als Zeitoffizier für die Laufbahn zum Berufsoffizier zu gewinnen. Ich zitiere hier wesentliche Aussagen meines Vortrages, weil sie auch heute trotz der dramatisch veränderten sicherheitspolitischen Lage und des Auftrags der Bundeswehr weitgehend Gültigkeit haben:

„Der berufliche Wechsel eines Offiziers in die Industrie ist ein tiefgreifender Schritt im persönlichen Werdegang, der, wie alle wichtigen Entscheidungen, mit erheblichen Chancen, aber auch mit Risiken behaftet ist. Deshalb sollte ein derartiger Schritt von einer gründlichen Abwägung getragen sein, welche Ziele ich in der Industrie verfolge, und welche Vor- und Nachteile beide Berufe bieten sowie eine nüchterne Bewertung der Zukunftsperspektiven vorgenommen werden. Unzufriedenheit im derzeitigen Beruf, Ärger mit Vorgesetzten oder die Perspektive, mehr Geld zu verdienen, sind schlechte Ratgeber für einen Wechsel, zumal davon ausgegangen werden muss, dass ein Offizier seinen Beruf aus Erwägungen, wie staatsbürgerliche Verantwortung oder Menschenführung, ergriffen hat, die in der Industrie nicht den entsprechenden Stellenwert haben. Und der Offizier sollte sich bei einem Berufswechsel im Klaren sein, welche Tätigkeit, welchen Verantwortungsbereich er in der Industrie anstrebt und in welcher Unternehmensgröße, Gesellschaftsform und Branche diese ausgeübt werden soll.

Eine weitere wichtige Überlegung ist die nüchterne, realistische Einschätzung der beruflichen und fachlichen Fähigkeiten als Offizier in Hinblick auf das Anforderungsprofil in der Industrie. Aus Sicht der Industrie liegen die beruflichen Fähigkeiten des Offiziers vor allem in der bereits in jungen Jahren übertragenen Verantwortung in der Menschenführung, in der Bereitschaft, Verantwortung zu übernehmen, die Fähigkeit zum militärstrategischen und operativen Denken, Organisationstalent, in der Kenntnis komplexer militärischer Waffensysteme, internationale Erfahrung und Sprachenkenntnisse sowie die zumeist vorhandene akademische Ausbildung an einer Bundeswehruniversität.

Diese breit angelegten Fähigkeiten dürfen jedoch nicht darüber hinwegtäuschen, dass in der hochspezialisierten Berufswelt der Industrie dem Offizier weite Berufsfelder verschlossen bleiben oder ihm keine entsprechenden Perspektiven bieten. Verallgemeinert dargestellt sind dies die Forschung und Entwicklung, die Produktion, das Finanzwesen. Gute Möglichkeiten bieten sich im Marketing, Vertrieb, Versuch, Projektmanagement und Kundendienst sowie in der Logistik und im Personalmanagement. Bekannte Fälle eines erfolgreichen Berufswechsels in diesen Bereichen bestätigen dies. Der Offizier muss sich jedoch stets vor Augen halten, dass sein Studium vier bis sechs Jahre zurückliegt, und er in der Industrie mit Bewerbern oder am Arbeitsplatz mit Kollegen konkurriert, die entweder viel jünger sind oder einer längere fachliche Erfahrung haben.

Bei einem Wechsel in die Industrie ist hinsichtlich der Bewertung der zukünftigen berufliche Tätigkeit außerdem die Komplexität der Unternehmensorganisation zu berücksichtigen. Die Organisation in Industrieunternehmen unterscheidet sich wesentlich von der Bundeswehr. Sie ist zugleich von Unternehmen zu Unternehmen oft sehr unterschiedlich, die Wertigkeit einzelner Bereiche kann stark voneinander abweichen. In vielen Unternehmen ändert sich die Unternehmensorganisation durch den Zwang der Anpassung an die veränderten Markt- und Wettbewerbsbedingungen häufig. Unternehmenszusammenschlüsse und Rationalisierungsmaßnahmen erhöhen das Risiko des Arbeitsplatzes.

In der Unternehmensorganisation spielen nur selten wirtschaftstheoretische Überlegungen eine Rolle, sondern die Marktorientierung und Kostenüberlegungen. Häufig wird sie aber auch ausgerichtet nach unternehmensinternen Macht- und Interessensfragen oder personellen Rücksichtnahmen. Das natürliche Spannungsverhältnis zwischen den Bereichen Technik, Vertrieb, Produktion und Controlling muss in die Beurteilung der individuellen beruflichen Handlungsfreiheit einbezogen werden.

In der Industrie ist es daher von großer Bedeutung, den zukünftigen Arbeitsplatz realistisch hinsichtlich der hierarchischen Einordnung, der Entscheidungsbefugnisse, der personellen und budgetmäßigen Verantwortung sowie der Wirkungsmöglichkeiten zu bewerten. Andererseits ist anzumerken, dass in der Industrie die Wertigkeit einer Position nicht mit der personellen Verantwortung eines Offiziers im Truppendienst zu vergleichen ist. Die Führung einer Einheit von 100 bis 150 Menschen durch einen Kompaniechef im Rang eines Hauptmanns wird in der Industrie, die Produktion ausgenommen, nur in besonders herausgehobenen Verantwortungsbereichen erreicht.

Die Kenntnisse der Informations- und Entscheidungsprozesse in einem Industrieunternehmen sind eine wichtige Voraussetzung für erfolgreiches berufliches Wirken. Sie sind in ihren Abläufen sowohl zwischen den Organisationseinheiten als auch in den Hierarchien sehr komplex, werden nicht am „Schwarzen Brett" und selten mit schriftlichen Anordnungen geregelt. In jedem ordentlich geführten Unternehmen gibt es ein geregeltes Berichtswesen, Mitarbeiterinformationen, eine strategische und operative Planung, eine Umsatz- und Auftragseingangs- sowie Personalplanung, doch im beruflichen Alltag spielt die eigene Informationsgewinnung, zumeist auf informellem Weg, und die Kenntnis der Meinungsbildner und „Macher" eine unverzichtbare Rolle. Hierbei ist zu berücksichtigen, dass in der Industrie die Auseinandersetzung um den Arbeitsplatz, der innerbetriebliche Konkurrenzkampf sehr ausgeprägt ist und oft von persönlichen und nicht von Unternehmensinteressen geleitet ist. Hier hat der Offizier in der Bundeswehr den Vorteil, dass er seinen unmittelbaren Konkurrenten im Allgemeinen nicht kennt, und die Position des Vorgesetzten zumeist nicht die seiner nächsten Verwendung ist. Dies prägt neben der Kameradschaft auch das Verhältnis der Offiziere untereinander.

Bei einem Berufswechsel spielen auch Verhaltensfragen in einem völlig neuen Umfeld eine wichtige Rolle. So scheitern immer wieder Offiziere in der Industrie, weil sie zu sehr in Hierarchien, Befehls- und Gehorsamsstrukturen denken und handeln, hierarchisch unabhängiges Expertenwissen und berufliche Erfahrungen der Kollegen nicht angemessen berücksichtigen und manchmal der „Ton" nicht angemessen ist. Natürliches Selbstbewusstsein, eine bisher von zumeist hoher personeller und materieller Verantwortung geprägte Tätigkeit in der Bundeswehr und eine breit angelegte Ausbildung bieten gute Voraussetzungen für eine erfolgreiche Tätigkeit in der Industrie."

Soweit in Auszügen meine damaligen Ausführungen. Heute spielen bei der Frage Bundeswehr oder Industrie weitere, damals noch nicht bekannte Kriterien eine wesentliche Rolle: die zahlreichen, langen, oft gefährlichen Auslandseinsätze, häufige, nicht immer begründbare Versetzungen, die unzulängliche Unterbringung. Hinzu kommen die ständigen, weniger von der sicherheitspolitischen Lage, sondern in hohem Maße von finanziellen Erwägungen geleiteten Reformen der Bundeswehr, stets begleitet von umfangreichen Standortschließungen oder -verkleinerungen.

Mit dem Astronauten Thomas Reiter auf dem Reichstagsgebäude: als ehemaliger Jagdbomberpilot hat er an der Universität der Bundeswehr Luft- und Raumfahrt studiert, wurde Astronaut und als beurlaubter Brigadegeneral ESA-Direktor (©Euroforum)

Rüstungsindustrie und Streitkräfte

Die Bundeswehr benötigt für die Landes- oder Bündnisverteidigung sowie für weltweite friedensschaffende, friedenserhaltende oder humanitäre Einsätze eine Ausrüstung, die dem Auftrag, insbesondere den vielschichtigen Bedrohungen und den Umweltbedingungen, gerecht wird. Eine moderne, wettbewerbs- und leistungsfähige nationale Rüstungsindustrie sowie der Erhalt nationaler wehrtechnischer Schlüsseltechnologien sind für Deutschland sicherheitspolitisch, technologisch und arbeitsmarkpolitisch notwendig, um bedarfsgerecht und wirtschaftlich die materielle Ausstattung der Bundeswehr zu beschaffen. Sie bildet mit der Bundeswehr strategisch die unverzichtbare Grundlage für unsere Sicherheitsvorsorge, verhindert ungewünschte Abhängigkeiten auf dem Rüstungssektor und ist eine zwingende Voraussetzung zur internationalen Rüstungskooperation.

Die industrielle und technologische Basis ist ein unverzichtbares Element der Glaubwürdigkeit deutscher Verteidigungspolitik. Die deutsche wehrtechnische Industrie ist ein wichtiges Gestaltungsinstrument im Rahmen der europäischen und transatlantischen Rüstungsbeziehungen. Dabei muss insbesondere die System-, Kooperations-, Beurteilungs- und Dialogfähigkeit erhalten bleiben. Sie ist eine wichtige Verhandlungsgrundlage im europäischen Konsolidierungsprozess, denn nur, wer etwas einbringt kann erfolgreich in Verhandlungen seine Position vertreten. In Deutschland muss deshalb weiterhin die sicherheits-, wirtschafts- und technologiepolitische Zielsetzung bestehen bleiben, angemessene wehrtechnische Kapazitäten und Fähigkeiten zu erhalten, die der politischen und wirtschaftlichen Bedeutung unseres Landes und unseren Bündnisverpflichtungen gerecht werden.

Die Rüstungsindustrie ist somit neben den Streitkräften ein unverzichtbares Element der Sicherheitspolitik und hat den Unternehmenszweck, Rüstungsgüter zu entwickeln, zu erproben, zu produzieren und zu vermarkten sowie die logistische Unterstützung in Form von Dokumentationen, Ersatzteilversorgung, Kundendienst, Instandsetzung und Ausbildung sicherzustellen. Für die Rüstungsindustrie sind die Streitkräfte der Markt, die Beschaffungsbehörden der Kunde und die Truppe als Bedarfsträger der Endverbraucher. Die wehrtechnischen Unternehmen sind entweder privatwirtschaftlich organisiert oder Staatsbetriebe. In Deutschland sind die rund 200 direkt in der Wehrtechnik engagierten Unternehmen mit ihren 140 000 in der Wehrtechnik beschäftigten Mitarbeitern privatwirtschaftlich organisiert und in das System der Marktwirtschaft eingebettet.

Sektoral lässt sich die Rüstungsindustrie in die Produktmärkte Panzerfahrzeuge, militärische Nutzfahrzeuge, Luft- und Raumfahrt, Marineschiffbau und Marinetechnik sowie Waffen und Munition, Elektrotechnik und Elektronik, Feinmechanik, Optik und Optronik einteilen. Dabei gibt es hinsichtlich der Systematik und der Geschäftsfelder erhebliche Überschneidungen. So sind die Produkte der Waffen- und Munitionsindustrie, der Elektrotechnik und Elektronik sowie der Feinmechanik, Optik und Optronik entsprechend dem Einsatzzweck in unterschiedlichem Umfang in den Produkten der Panzerindustrie, der Luftfahrt und im Marineschiffbau integriert.

Man unterscheidet hauptsächlich in System- und Teilsystemfirmen sowie Komponentenlieferanten und Dienstleistungsunternehmen. Dem Unternehmenszweck entsprechend decken diese mit unterschiedlicher Tiefe und Breite die Bereiche Forschung und Entwicklung, Produktion, Projektmanagement, logistische Unterstützung und Service ab.

Seit dem Aufbau vollzog die deutsche Rüstungsindustrie, bedingt durch die veränderte sicherheits- und wirtschaftspolitische Lage, einen ständigen, oft tiefgreifenden Wandel. Zur Standortsicherung der wehrtechnischen Industrie in Deutschland sowie zum Erhalt der nationalen und internationalen Wettbewerbsfähigkeit wurden und werden auch weiterhin von den Unternehmen entsprechend der Marktposition unterschiedliche Strategien verfolgt. Von besonderer Bedeutung sind dabei der Erhalt der Systemfähigkeit und die Ausrichtung auf technologische Kernkompetenzen.

Die Systemfähigkeit der wehrtechnischen Unternehmen ist im weitesten Sinne durch eine große Breite wirtschaftlicher, technischer und managementorientierter Leistungsmerkmale gekennzeichnet. Zu diesen gehören die Konzeption technologisch komplexer, innovativer und aufgabengerechter wehrtechnischer Produkte und darauf aufbauend die Entwicklung und Konstruktion des Gesamtsystems. Es bedarf der Fähigkeit, mit modernen Fertigungseinrichtungen komplexe Versuchsträger, Truppenversuchsmuster und Seriengeräte zu produzieren und zu erproben. Bis zur Einführung der ersten Seriengeräte ist die Versorgungsreife herzustellen. Darunter versteht man das Vorhandensein der Vorschriften, der Ersatzteile, der Sonderwerkzeuge und Ausbildungsmittel. Anschließend sind die entwicklungstechnische und logistische Betreuung des Systems in der Nutzungsphase, einschließlich der Durchführung von kampfwerterhaltenden Maßnahmen, zu gewährleisten. Dies erfordert eine leistungsfähige Managementorganisation.

Die deutsche wehrtechnische Industrie verfügt somit über eine tiefe Wertschöpfungskette, die von der Systemfirma bis zu den Komponentenlieferanten und dem Servicebereich reicht. Zugleich haben die breit aufgestellten Unternehmen die Kompetenz, die in vielen Ländern geforderte, in den gesetzlichen Offsetbestimmungen festgelegte Kompensation zu erfüllen.

Heutzutage hat sich die Rüstungsindustrie durch die veränderte sicherheitspolitische Lage und durch die knappen Haushaltsmittel strategisch neu auszurichten. Erforderlich ist die nationale Konsolidierung zum Erhalt der Schlüsseltechnologien und der internationalen Wettbewerbsfähigkeit sowie die Entwicklung und Produktion von einsatzgerechten Produkten im marktgerechten Zeit- und Kostenrahmen. Dabei sind die industriellen Prozesse an die erhöhten Anforderungen bei der Entwicklung und Beschaffung von Wehrmaterial anzupassen. Überdies müssen neue Märkte gefunden und entwickelt werden – wie etwa für Produkte für die innere und maritime Sicherheit. Die veränderten sicherheitsrelevanten Rahmenbedingungen lassen die Grenzen zwischen innerer und äußerer Sicherheit zunehmend verschwimmen. Die damit verbundene Gefahrenabwehr erfordert leistungsfähige Sicherheitskräfte mit einer missionsgerechten Ausstattung. Sicherheitstechnologien sind Hochtechnologien. Aufgrund ihrer technologischen Kompetenz ergeben sich für die deutsche wehrtechnische Industrie somit erhebliche Marktpotenziale.

Der Wettbewerb muss insbesondere in der Europäischen Union unter gleichen Bedingungen gestaltet werden, und es bedarf gemeinsamer Vorschriften für das öffentliche Auftragswesen. Hier besteht erheblicher politischer Handlungsbedarf. Dies gilt umso mehr vor dem Hintergrund der nationalen Umsetzung des verabschiedeten European Defence Packages, welches u.a. die nationalen Märkte im Rüstungsbereich dem europäischen Wettbewerb öffnet. Darüber hinaus bestehen erhebliche Schwierigkeiten, bei internationalen Kooperationen im Rahmen des worksharings und juste retour den grenzüberschreitenden Wettbewerb aufrecht zu erhalten.

Die technologische Kompetenz, die Flexibilität der zumeist mittelständisch geprägten Unternehmen der wehrtechnischen Industrie und eine erfolgreiche Ausrichtung auf zugängliche Auslandsmärkte haben die positive Entwicklung in Deutschland beeinflusst. Darüber hinaus verfügen die Unternehmen über ein breites Spektrum nationaler wehrtechnischer Kernfähigkeiten. Die „Gemeinsame Erklärung des Bundesministeriums der Verteidigung und des Ausschusses Verteidigungswirtschaft im Bundesverband der Deutschen Industrie zu Nationalen Wehrtechnischen Kernfähigkeiten" vom 20. November 2007 definiert diese folgendermaßen:

> „Nationale wehrtechnischen Kernfähigkeiten sind die Fähigkeiten, auf die künftig nicht verzichtet werden kann aus sicherheitspolitischen, industriepolitischen, technologischen oder rüstungswirtschaftlichen Gründen unter Berücksichtigung einer zukunftsfähigen europäischen Ausrichtung auf der Basis der dazu notwendigen industriellen Wettbewerbs- und Durchsetzungsfähigkeit."

Der hohe im Ausland erwirtschaftete Umsatz von 50 bis 70 Prozent verdeutlicht, dass die Mindestkapazitäten und die wesentlichen Kernfähigkeiten der wehrtechnischen Industrie durch Bundeswehraufträge allein nicht mehr aufrechterhalten werden können. Das Ausland hat als Markt für die deutsche wehrtechnische Industrie stark an Bedeutung gewonnen, nicht nur durch die drastische Verringerung des Umfanges der Bundeswehr, sondern auch durch die Erfordernisse verstärkter internationaler Rüstungskooperation. Zugleich ist die rüstungswirtschaftliche Zusammenarbeit in der Europäischen Union eine wichtige Säule der gemeinsamen Sicherheitspolitik und Grundlage für den sich entwickelnden europäischen Rüstungsmarkt.

Trotz des hohen Auslandsanteils der wehrtechnischen Industrie in Deutschland bedarf es aufgrund der verstärkten europäischen und transatlantischen Rüstungskooperationen zur Sicherung der Chancengleichheit im internationalen Wettbewerb dringend einer Harmonisierung der europäischen Rüstungsexportbestimmungen. Nur so kann die Kooperationsfähigkeit dieser Branche erhalten und eine Ausgrenzung vermieden werden. Es ist weiterhin eine verstärkte Exportförderung durch Politik und Bundeswehr zur Verbesserung der Marktchancen im Ausland und der internationalen Wettbewerbsfähigkeit erforderlich.

Mein berufliches Engagement und öffentliches Eintreten als Offizier in der Bundeswehr und als Manager in der Rüstungsindustrie waren stets von der Überzeugung bestimmt, dass Deutschland eine auftragsgerechte und einsatzfähige Bundeswehr sowie eine leistungsfähige wehrtechnische Industrie benötigt. Meine berufliche Arbeit war geprägt von dem großen Interesse an hochtechnologischen Systemen und an komplexen Managementorganisationen sowie von der vielseitigen Tätigkeit im internationalen Rahmen.

Mir war aber stets bewusst, dass die Tätigkeit als Soldat und in der Rüstungsindustrie durch die sowohl todbringenden als auch schutzgewährenden Waffen ambivalente Berufe sind. Der Einsatz von Militär sowie die Entwicklung, Produktion und Vermarktung eines ambivalenten Rüstungsguts können zum einen in homöopathischer Dosis eine unverzichtbare Schutzfunktion erfüllen, aber auch in Händen von gewissenlosen Politikern, Soldaten und Managern sowie Kriminellen zu einem äußerst toxischen Instrument des Unrechts werden.

Es entspricht meiner tiefen, von den Realitäten in unserer heutigen Welt geprägten Überzeugung, dass es der bewaffneten Macht, des „Schwertes" bedarf, damit ein Staat seiner verfassungsgemäßen Verpflichtung nachkommen kann, seine Bürger zu schützen, die Unverletzlichkeit seines Territoriums und die Souveränität des Landes sichern kann. Die Charta der Vereinten Nationen billigt ausdrücklich das Recht auf Selbstverteidigung und wirksame Kollektivmaßnahmen. Die UNO hat außerdem die Pflicht zu einer militärischen Schutzverantwortung, eine Responsibility to Protect, im Falle eines Massensterbens und einer ethnischen Säuberung anerkannt.

Während des Kalten Krieges war die Strategie der Abschreckung gegen die kommunistische Bedrohung die erfolgreiche Politik, die uns im Bündnis über Jahrzehnte Frieden und Freiheit gesichert hat. Und heute ist mir ein wehrhafter Staat mit einer leistungsfähigen Armee angesichts des breiten Spektrums weltweiter Bedrohungen und Risiken, insbesondere durch den internationalen Terrorismus, wichtiger und dem Frieden dienlicher als die frommen Wünsche, eine Welt ohne Waffen zu schaffen und „Schwerter zu Pflugscharen" zu machen.

Eine verantwortungsethische Politik braucht durchsetzungsfähige Handlungsmittel, zu denen auch Streitkräfte mit einer aufgabengerechten Ausrüstung gehören, damit sie den Verpflichtungen zur Einhaltung des Rechts nachkommen kann. Das kategorische Nein zu militärischer Gewalt und Raushalten aus militärischen Konflikten sowie Wehrlosigkeit sind keine staatlichen Handlungsoptionen. Der frühere Bundespräsident Richard von Weizsäcker hat einmal zu Recht gesagt: „Ein Staat ohne Streitkräfte ist nicht politikfähig."

Auch mit einer gesinnungsethischen, pazifistischen Haltung kann man schuldig werden. Und mit der Bibel in der Hand kann man keine vernünftige Politik machen, auch wenn es immer wieder Geistliche, insbesondere in der protestantischen Kirche, verkünden und uns glauben machen wollen. Wenn die ehemalige evangelische Bischöfin und Luther-Botschafterin des Rates der Evangelischen Kirche in Deutschland, Margot Käßmann, im „Spiegel" sagte, „ich fände es gut, wenn die Bundesrepublik auf eine Armee verzichten könnte wie etwa Costa Rica", dann zeugt das von unglaublicher politischer und gesellschaftlicher Naivität. Margot Käßmann betreibt einen Gesinnungsimperialismus, indem sie mit ihren Aussagen, wie „Nichts ist gut in Afghanistan" oder „Entrüstet Euch", ihre persönliche pazifistische Auffassung im Namen der Religion der Gesellschaft aufzwingen will. Sie nimmt damit die Spaltung der christlichen Gemeinde billigend in Kauf, fördert die Abkehr andersdenkender Gläubiger von der Kirche.

Käßmann will Frieden ausschließlich zu ihren Bedingungen und vertritt damit, wie viele andere Geistliche und Pazifisten, eine Richtung, die irrt, wenn sie glaubt, „dass der vom Evangelium gewiesene Weg ausschließlich der Pazifismus sei". Es kann in der Krise geboten sein, dass das staatliche Gewaltmonopol, wie die individuelle Notwehr, das christliche Gebot, nicht zu töten, außer Kraft setzt. „In Luthers Verständnis", schrieb der ehemalige Generalinspekteur der Bundeswehr, General a.D. Klaus Naumann, „hat der Christ für sich selbst Unrecht zu erleiden und Übel zu erdulden, aber für andere sollte er Recht, Schutz und Hilfe bieten und zur Abwehr des Bösen alles leisten, dessen er fähig ist".

Wenn wir unter Friedensethik den moralisch besten Weg, einen Frieden zwischen den Staaten oder den Völkern zu sichern, verstehen, dann gehört dazu auch der Dienst mit der Waffe. Jeden Dienst mit der Waffe unter Berufung auf die Bergpredigt abzulehnen ist nach Max Weber eine „sozial sinnlose Zumutung". Und Helmut Schmidt vertrat die realitätsbezogene Auffassung, dass man mit der Bergpredigt keine Politik machen könne.

Internationale Kooperationen

Internationale Kooperationen haben in der Rüstung, insbesondere in einer Bündnisarmee, wie es die Bundeswehr ist, sowohl für die Streitkräfte als auch für die wehrtechnische Industrie eine erhebliche Bedeutung. Sie sind in vielen Bereichen unverzichtbar. Militärisch ermöglichen sie eine weitgehende Standardisierung und Interoperabilität, fördern eine Vereinheitlichung der operativen Führung sowie eine gemeinsame Ausbildung und logistische Versorgung. Rüstungswirtschaftlich tragen sie zu erheblichen Kostenreduzierungen in der Entwicklung, Beschaffung und Nutzung von Wehrmaterial bei.

Bei internationalen Kooperationen verfolgen die Regierung und die Unternehmen jedoch zumeist unterschiedliche Ziele. Regierungsseitig steht an oberster Stelle der politische Wille zur rüstungswirtschaftlichen Zusammenarbeit, mit der die Kostensenkung durch gemeinsame Entwicklung und Beschaffung sowie die Standardisierung und Interoperabilität der Ausrüstung erreicht werden soll. Bei den Unternehmen wiederum spielen neben der ebenfalls wichtigen Kostensenkung durch gemeinsame Entwicklung und Produktion insbesondere der Zugang zu ausländischen Märkten über die nationale Industrie, der Zugang zu Drittmärkten über den ausländischen Kooperationspartner, die Erzielung technologischer und wirtschaftlicher Synergien, die Erweiterung des Produktspektrums durch gemeinsame Entwicklung, Produktion oder Nachbau eine entscheidende Rolle. Außerdem müssen zumeist regierungsseitige Auflagen, die nationale ausländische Industrie bei Rüstungsbeschaffungen angemessen zu beteiligen, in Kooperationen umgesetzt werden.

So unterscheidet man beim Zustandekommen von Kooperationen in der wehrtechnischen Industrie zwischen regierungsseitig initiierten Kooperationen, die im Rahmen von Regierungsvereinbarungen bei der Entwicklung und Beschaffung von Wehrmaterial entstehen und unternehmerischen, zumeist auf eigenständiger Entscheidung begründeter industrieller Zusammenarbeit. Häufig haben regierungsseitige Kooperationen die Zusammenarbeit der wehrtechnischen Industrie, Unternehmenszusammenschlüsse oder Joint Venture zur Folge. Dies geschah richtungsweisend in der Luftfahrtindustrie, in der zahlreiche multinationale Gemeinschaftsunternehmen entstanden sind. In der Landsystemindustrie war dies insbesondere beim gepanzerten Fahrzeug BOXER bei den beteiligten deutschen und niederländischen Unternehmen der Fall. So wurde 1999 in München das Joint Venture ARTEC gegründet, das die Aufgabe hat, dieses bilaterale Projekt zu managen. Im Zusammenhang mit diesem Projekt hatte Rheinmetall 2008 das niederländische Unternehmen Storck PWV, das heute unter Rheinmetall Nederland firmiert, erworben. Anders als in der Landsystemindustrie sind insbesondere in der Luftfahrtindustrie zahlreiche multinationale Gemeinschaftsunternehmen entstanden.

Kooperationen bilden vielfach eine entscheidende Grundlage zum erfolgreichen Markteintritt und zur Vermarktung eines Produktes. Sie haben das Ziel, die Wettbewerbsfähigkeit und die Wirtschaftlichkeit zu erhöhen. Dabei können Unternehmen horizontal und vertikal kooperieren. Vielfach ist die Kooperation eine Vorstufe zur Fusion oder Bildung von Joint Venture Unternehmen.

Das Produktspektrum und die Organisationsform haben entscheidenden Einfluss auf die Kooperationspotenziale der Unternehmen. In den privatwirtschaftlichen Unternehmen steht die Profitabilität an oberster Stelle und bestimmt das Engagement in der Wehrtechnik unter Berücksichtigung der Marktchancen. Dagegen dominieren in den Staatsbetrieben in erster Linie sicherheits- und arbeitsmarktpolitische Vorgaben.

Eine Vielzahl von kooperationsfördernden Rahmenbedingungen haben die Notwendigkeit zur internationalen Kooperation in den letzten Jahren verstärkt, dazu zählen insbesondere die knappen Haushaltsmittel für die Verteidigung und der verstärkte, insbesondere der durch die US-Industrie hervorgerufene Kosten- und Wettbewerbsdruck. Aber auch die Verringerung des Marktvolumens durch den Streitkräfteabbau, die Aufstellung multinationaler Streitkräfte sowie eine langfristige Rüstungsplanung und die internationale Abstimmung bei den militärischen Forderungen mit den Bündnispartnern tragen wesentlich zur internationalen Rüstungskooperation bei.

Wenn auch immer wieder die Notwendigkeit zu verstärkter internationaler Kooperation hervorgehoben wird, so muss doch festgestellt werden, dass es neben den kooperationsfördernden immer noch erhebliche kooperationshemmende Rahmenbedingungen gibt. Zu ihnen zählt insbesondere der

Artikel 346 des Vertrages von Lissabon, der frühere Artikel 296 des EU-Vertrages, in dem es heißt, „jeder Mitgliedstaat kann die Maßnahmen ergreifen, die seines Erachtens für die Wahrung seiner wesentlichen Sicherheitsinteressen erforderlich sind, soweit sie die Erzeugung von Waffen, Munition und Kriegsmaterial oder den Handel damit betreffen". Zumeist sind es aber nationale Bestrebungen, eigene wehrtechnische Kapazitäten zu erhalten, die weit über die notwendige Sicherung der Schlüsseltechnologien und Mindestkapazitäten hinausgehen.

Die Unterschiede im strategischen Konzept sowie in den nationalen taktischen und technischen Forderungen an das wehrtechnische Gerät sowie Abweichungen in der zeitlichen Planung erschweren ebenfalls die internationale Kooperation. Insbesondere die restriktive deutsche Rüstungsexportpolitik ist, wie ich es oft bei Marketingaktivitäten im Ausland erlebt habe, ein weiteres Kooperationshemmnis, wenn ausländische Partner sich bei der Vermarktung ihrer Produkte nicht von einer deutschen regierungsseitigen Zustimmung abhängig machen wollen.

Darüber hinaus gibt es noch eine Vielzahl weiterer Kooperationshemmnisse, wie unterschiedliche Rechtsvorschriften, Rechtsunsicherheit in einigen Ländern, unterschiedliche Verfahren zur Entwicklung und Beschaffung von Wehrmaterial, wirtschaftliche Risiken beim Kooperationspartner durch eine geringe Eigenkapitalbasis oder fehlende Profitabilität, unzureichende Erfahrungen in der internationalen Zusammenarbeit und nicht zu allerletzt Sprachenprobleme.

Führungsverantwortung als Rüstungsmanager

Nach drei Jahren herausfordernder, interessanter Tätigkeit als Geschäftsführungsassistent, die mir an einer wichtigen Schaltstelle einen umfassenden Überblick über das Unternehmen und viele persönliche Verbindungen verschaffte, war ich bestrebt, in der Linie selbst Führungsverantwortung zu übernehmen. Aufgrund meiner beruflichen Vergangenheit in der Instandsetzungstruppe der Bundeswehr und konzeptioneller Arbeiten zur Materialerhaltung der Rheinmetall-Produkte lag es nahe, dass mir von meinem Geschäftsführer, Raimund Germershausen, nach einer Erörterung verschiedener Optionen die Leitung einer neu zu bildenden Abteilung zur Herstellung der Versorgungsreife der Rheinmetall-Produkte übertragen wurde.

Die Versorgungsreife eines neuen Waffensystems ist hergestellt, wenn die Materialgrundlagen, also die Technischen Dienstvorschriften, der Ersatzteilerstbedarf, Sonderwerkzeuge, Prüf- und Messgeräte sowie die Ausbildungsunterlagen und -geräte bei der Truppe sind. Ferner muss das Personal ausgebildet und in der Truppe verfügbar sein.

Germershausen erkannte frühzeitig als Geschäftsführer, zuständig für den Entwicklungsbereich, die wirtschaftliche Bedeutung dieser Geschäftsaktivitäten für Rheinmetall und für die Kundenorientierung. 1978 schrieb er im Anschluss an ein Symposium über die Zielvorstellungen des Heeres in einem intern verteilten Vermerk: „In den Ausführungen des Bedarfsträgers nahm die Materialerhaltung einen sehr breiten Raum ein, und zwar gerade auch unter dem Aspekt, die Materialerhaltung von vornherein bei der Entwicklung in vollem Umfange zu berücksichtigen. Wir müssen in Zukunft auf diesen Punkt sicher noch viel stärker achten!"

So fällte er die aufbauorganisatorisch notwendige, aber personell unpopuläre Entscheidung, die in einzelnen Abteilungen des Unternehmens vorhandenen Arbeitsgebiete der logistischen Unterstützung auszugliedern und organisatorisch zu einer neuen Abteilung zusammenzuführen, eine Maßnahme, die bei meinen betroffenen Abteilungsleiterkollegen nicht gerade Freude ausgelöst hatte. Diese neue Abteilung bestand dann aus den Gruppen Materialgrundlagen, Zuverlässigkeit und Materialerhaltbarkeit, Produktsicherung sowie Dokumentation.

In der Gruppe Materialgrundlagen wurden die technischen Handbücher für die Bedienung, Instandsetzung und Ersatzteilkataloge für die Rheinmetall-Produkte erstellt. Die Zuverlässigkeits- und Materialerhaltbarkeitsanalysen dienten dem Nachweis, dass die von der Truppe gestellten Forderungen bei der Entwicklung des Wehrmaterials erfüllt werden. Zuverlässigkeit und Materialerhaltbarkeit sind bauformbestimmende Eigenschaften, die in das Wehrmaterial hineinkonstruiert und nach Abschluss der Entwicklung nachgewiesen werden müssen. Aus dieser komplexen Analysemethodik wurde in Verbindung mit dem Materialerhaltungskonzept Fehlerarten und Häufigkeiten ermittelt, Bereiche unzulänglicher Zuverlässigkeit identifiziert und kritische Systemkomponenten konstruktiv geändert sowie die Materialerhaltbarkeit verbessert. Ferner wurden damit Werte für die Materialgrundlagen ermittelt, Ersatzteilbedarfsprognosen erstellt und die benötigten Werkzeuge erfasst.

Das bedeutendste und umfangreichste Projekt meiner neuen Abteilung wurde das internationale Gemeinschaftsprojekt Panzerhaubitze 70 für die deutschen, britischen und italienischen Streitkräfte. Ich konnte bei der Bundeswehr umfangreiche Aufträge für die Erstellung der technischen Dokumentation, der Zuverlässigkeits- und Materialerhaltbarkeitsanalysen sowie zur Produktsicherung akquirieren.

Die Panzerhaubitze 70, in der Kurzform auch PzH 70 oder nach dem Kaliber Panzerhaubitze 155-1 genannt, war das erste internationale Projekt, in dem ich ab 1980 beruflich engagiert war und persönlich viel über die grenzüberschreitende Zusammenarbeit gelernt habe. Dabei kamen mir auch meine Sprachkenntnisse zugute. Dieses Artilleriegeschütz war seit Anfang der 70er Jahre ein trilaterales Gemeinschaftsvorhaben, das die 1963 von der NATO festgelegten Forderungen an die Rohrartillerie der Zukunft erfüllte. Es sollte der Nachfolger für die in den drei Ländern eingeführte amerikanische Panzerhaubitze M 109 sein und setzte zugleich technisch und militärisch das erfolgreiche Projekt dieser drei Nationen, die Feldhaubitze 155-1, fort. 1973 begann nach Abschluss einer Regierungsvereinbarung die trinationale Entwicklung. 1986 sollte das erste Seriengerät geliefert werden.

Die komplexe internationale Projektorganisation entsprach den regierungsseitigen, militärischen und industriellen Zuständigkeiten und den nationalen Interessen. An der Spitze stand auf ministerieller Ebene ein trilateraler Lenkungsausschuss, das Joint Management Board, darunter das regierungsseitige Executive Committee mit den entsprechenden Arbeitsgruppen und darunter das Technical Project Management Team mit Vertretern der Industrie unter dem Vorsitz meines Kollegen Dieter Stefaniak sowie der staatlichen britischen Agentur RARDE, der Royal Army Research and Development Agency. Die Entwicklungspakete wurden 1973 auf der Basis eines trilateralen Memorandum of Understandings, einer Regierungsvereinbarung, aufgeteilt. Jede Nation war für ihren Entwicklungsanteil verantwortlich.

Die Konstruktion der PzH 70 zeichnete sich durch zahlreiche technische Neuerungen aus, wie die Fähigkeit, über Heck zu schießen, durch einen Ladeautomaten und eine Salvenfeuermöglichkeit, die es ermöglichte, drei Schuss 155 mm Munition in zehn Sekunden abzufeuern. Das Projekt war jedoch von beträchtlichen technischen Problemen begleitet. Die komplexe Organisationsstruktur erschwerte das Management dieses anspruchsvollen, trilateralen Rüstungsvorhabens. Deutschland war zwar Pilotnation, hatte aber nicht die Verantwortung für das gesamte Projekt und keine Durchgriffsmöglichkeiten gegenüber den ausländischen Partnern.

Im Oktober 1985 stand fest, dass die PzH 70 insbesondere hinsichtlich des Munitionsflusses nicht funktionsfähig war und mit diesem Konstruktionsstand nicht eingeführt werden würde. Über ein neues, durchgreifend geändertes Konzept wurde jedoch keine Einigung erzielt. Dies führte dazu, dass 1986 die Zusammenarbeit in diesem europäischen Vorhaben aufgekündigt wurde. Mit dem Scheitern dieses Projektes war für Rheinmetall zugleich der Verlust der marktführenden Stellung als Systemhaus für Artilleriegeschütze verbunden, die an die Firma Wegmann in Kassel ging.

Die drei Nationen setzten eigenständig die Entwicklung einer neuen Panzerhaubitze auf nationaler Ebene fort. So entstand in Deutschland die Panzerhaubitze 2000, von der die Bundeswehr von 1998 bis 2002 vom Generalunternehmer Wegmann mit Rheinmetall als Unterauftragnehmer 185 Geschütze beschafft hat, in Italien die PALMARIA und in Großbritannien die AS90. Das Projekt PzH 70 gehörte zu den ersten der vielen danach gescheiterten europäischen Rüstungskooperationen. Es scheint, als seien Erkenntnisse aus dem Scheitern dieses internationalen Projektes nicht konsequent in späteren europäischen Rüstungsvorhaben berücksichtigt worden.

Logistische Unterstützung – ein neues Geschäftsfeld

In der Aufbauphase der Bundeswehr legte Rheinmetall den geschäftlichen Schwerpunkt in die Entwicklung und Produktion von neuen Waffensystemen. Die Betreuung dieser Produkte, die logistische Unterstützung, war nach Auslieferung an die Bundeswehr damals in erster Linie eine Angelegenheit der Truppe. Die wirtschaftliche Bedeutung dieses Geschäftsfeldes wurde damals noch nicht erkannt, weil durch die starke Umsatzorientierung auf Serienprodukte der hohen Wertschöpfung im Servicebereich wenig Beachtung geschenkt wurde.

Der Begriff Logistik, dessen Ursprung umstritten ist, war ursprünglich nur auf die materielle Versorgung der Streitkräfte, auf das Materialwesen, den Nachschub und den Transport beschränkt. Sie wurde insbesondere durch die US-Streitkräfte neben der Strategie und Taktik zu einem wichtigen militärischen Organisationsbereich und Gebiet der Stabsarbeit.

In zahlreichen Veröffentlichungen und Vorträgen setzte ich mich mit dem Thema Logistik in den Streitkräften auseinander und definierte in einem Beitrag für das „Lexikon Maschinenbau" des VDI in Anlehnung an eine Bundeswehr-Vorschrift Logistik folgendermaßen: „Es ist die Lehre von der Planung, der Bereitstellung und vom Einsatz der für militärische Zwecke erforderlichen Mittel und Dienstleistungen zur Unterstützung der Streitkräfte und/oder die Anwendung dieser Lehre. (…) Die Funktionen der Logistik erstrecken sich u. a. auf die Materialwirtschaft, die die Materialplanung, Materialbedarfsdeckung, Materialbewirtschaftung und Materialerhaltung umfasst, sowie auf das Transport- und Verkehrswesen."

Mein militärischer Werdegang und die Leitung der Logistik-Abteilung im Entwicklungsbereich führten dazu, dass mir 1983 die Leitung der neu gebildeten Vertriebsabteilung Logistik übertragen wurde. Hierzu gehörten die Ersatzteile, Sonderwerkzeuge, Mess- und Prüfmittel, Ausbildungseinrichtungen sowie die vertriebliche Organisation der Instandsetzungsleistungen. Diese Abteilung erarbeitete Konzeptionen für die logistische Unterstützung der Rheinmetall-Produkte. Damit sollte die materielle Einsatzbereitschaft der wehrtechnischen Produkte sichergestellt werden. Der Zustand des Wehrmaterials bestimmt weitgehend die materielle Einsatzbereitschaft, somit den Einsatzwert der Streitkräfte und beeinflusst entscheidend die Kampfkraft.

Der beamtete Staatssekretär im Verteidigungsministerium und Wirtschaftswissenschaftler, Professor Dr. Manfred Timmermann, der 1984 von Verteidigungsminister Manfred Wörner aufgrund der ökonomischen Kenntnisse in das Amt berufen wurde, erkannte die Bedeutung der Logistik für die Bundeswehr. Logistische Forderungen und Betriebskostenaspekte würden seiner Meinung nach zu wenig berücksichtigt. Und so lud er 1985 zu einem zweitägigen Arbeitsgespräch zum Thema „Beteiligung der Logistik am Entstehungsgang der Entwicklung und Beschaffung von Wehrmaterial" in das Schloss Gracht bei Köln, das Universitätsseminar der Wirtschaft, ein. An dieser Klausurtagung nahm ich als Vertreter von Rheinmetall mit rund 30 Vertretern aus Wirtschaft, Wissenschaft und Bundeswehr teil.

In seiner Einleitung ging Timmermann auf die wesentlichen Problembereiche ein. Die Betriebskosten für Materialerhaltung und Betrieb seien in den letzten zehn Jahren gegenüber den Investitionen überproportional gestiegen und betrügen etwa 22 Prozent des Verteidigungshaushaltes. Dabei beläuft sich das Verhältnis der Kosten von Entwicklung, Beschaffung und Nutzung auf 1:3:6. Er bemängelte, dass der Stellenwert der Logistik gegenüber der Taktik und Technik in seiner wirtschaftlichen Bedeutung nicht angemessen erkannt würde. Insbesondere in einem Punkt bestätigte sich aus heutiger Sicht sein Weitblick, indem er ausführte, dass die demografische Entwicklung dazu führe, dass weniger Soldaten in der Logistik eingesetzt würden und die Industrieinstandsetzung erhöht würde.

Zu den wesentlichen in den acht Arbeitsgruppen vorgelegten Ergebnissen gehörte die Forderung, dass bei der Entwicklung von Wehrmaterial die logistischen Aktivitäten bereits in der Konzeptphase vermehrt und in den Lastenheften als verbindliche Forderung eingebracht werden müssten sowie verstärkt industrielle Verfahren bei der Bedarfsermittlung, Beschaffung und Lagerhaltung von Ersatzteilen in der Bundeswehr eingeführt werden sollten. Und es wurde ein verbesserter Informationsfluss von technisch-logistischen Nutzungsdaten eingeführter Waffensysteme der Bundeswehr zur Industrie gefordert. Ein zielgerichteter Vorschlag war die Übertragung amtsoriginärer Aufgaben an die Wirtschaft, der in hohem Maße umgesetzt wurde.

Im Gespräch mit dem Staatssekretär im Verteidigungsministerium, Prof. Dr. Manfred Timmermann, von 1984 bis 1999 beamteter Staatssekretär im Verteidigungsministerium. Als Wirtschaftswissenschaftler erkannte er früh die Bedeutung der Materialwirtschaft für die Bundeswehr

In meinem Bericht über diese richtungsweisende Veranstaltung schrieb ich an die Geschäftsführung von Rheinmetall, „dass zahlreiche andere Unternehmen – insbesondere in der Luftfahrtindustrie – die sich bietenden Marktchancen durch entsprechende Organisationsformen und Marketingstrategien stärker als Rheinmetall nutzen. Dies gilt insbesondere für Unterstützungsleistungen für den Bedarfsträger, wie Instandsetzungen, Bereitstellung von firmeneigenen Lägern, Erarbeitung von logistischen Konzepten, Übernahme von Managementaufgaben im Rahmen der Technisch-Logistischen Betreuung von Waffensystemen".

Der Vorsitzende der Geschäftsführung, Frank Bär, griff diese Thematik unverzüglich auf und ließ die Konsequenzen für Rheinmetall prüfen. Kurz zuvor hatte ich im März 1985 der Geschäftsführung ein strategisches Konzept und einen Organisationsvorschlag für eine Produktgruppe Logistik vorgelegt. Dafür wurden eine umfassende Analyse des Marktes und des Absatzpotentials durchgeführt sowie die Ablauf- und Aufbauorganisation des Unternehmens untersucht. Das Umsatzvolumen dieses neuen Bereiches, bestehend aus den Abteilungen Versorgungsreife, Materialerhaltung und Vertrieb, wurde mit umgerechnet 25 bis 30 Millionen Euro sowie eine hohe Wertschöpfung mit 12 bis 15 Millionen Euro prognostiziert. Durch diese vorgeschlagenen Maßnahmen würde Rheinmetall, wie ich schrieb, in die Lage versetzt, personell und fachlich im Wettbewerb am wachsenden Logis-

tik-Markt partizipieren und den steigenden Anforderungen an eine Systemfirma gerecht werden.

Dieses Konzept wurde von der Geschäftsführung ohne Abstriche angenommen und im folgenden Jahr umgesetzt. Ich hatte mir jedoch keine Gedanken über die damals noch nicht besonders relevante Standortfrage gemacht und deshalb nicht damit gerechnet, dass mit dieser vorgeschlagenen
Neuorganisation zugleich eine Verlagerung aller Logistikaktivitäten und
meine Versetzung von Düsseldorf nach Unterlüß in die Lüneburger Heide
verbunden waren. Und es kam die Enttäuschung hinzu, dass mir nicht, wie
erhofft, die Leitung dieses neuen Bereiches übertragen wurde.

So führten die für mich nicht akzeptable Personalpolitik und die ange-
kündigte Versetzung an den unattraktiven Einödstandort zu meiner Entscheidung, das Unternehmen zu verlassen. Im Herbst 1986 entschied ich
mich, die angebotene Stelle als Exportleiter bei Krupp MaK Maschinenbau
in Kiel anzunehmen und somit weiterhin in der Wehrtechnik tätig zu bleiben. Dieses Unternehmen und zahlreiche Mitarbeiter kannte ich seit einigen
Jahren durch die enge Zusammenarbeit im internationalen Projekt Panzerhaubitze 70.

Kruppianer in einer „Waffenschmiede"

Am 4. Januar 1987 hatte ich in Kiel meinen ersten Arbeitstag als Exportleiter bei der Krupp MaK. Ich war jetzt einer der 65 205 Kruppianer der Essener Konzernholding Fried. Krupp GmbH, die in diesem Jahr einen Umsatz von umgerechnet 7,2 Milliarden Euro machte. Der Mythos Krupp ist im Positiven und Negativen so eng wie bei keinem anderen Unternehmen mit der Industriegeschichte Deutschlands und mit der Rüstung verbunden.

Sie begann 1811 in Essen mit der Gründung einer Gussstahlfabrik durch Friedrich Krupp. Das Unternehmen erlebte im Rahmen der Industrialisierung Deutschlands einen rasanten wirtschaftlichen Aufstieg, wurde ein Unternehmen mit Weltgeltung. 1847 wurde die erste neu entwickelte Gussstahlkanone produziert und 1851 auf der Londoner Weltausstellung einer großen Öffentlichkeit vorgestellt. Krupp wurde als „Waffenschmiede des Reiches" mit der Entwicklung Preußens, mit dem Kaiser und dem Deutschen Reich identifiziert, war eng verstrickt mit dem Nationalsozialismus. In den Wirtschaftswunderjahren nach dem Zweiten Weltkrieg erlebte Krupp seinen Wiederaufstieg zum Weltkonzern.

1951 hatte Alfried Krupp von Bohlen und Halbach erklärt: „Ich hoffe, nie wieder gezwungen zu sein, Waffen zu produzieren." Dies ließ sich jedoch mit der Wiederbewaffnung Deutschlands nicht aufrechterhalten. 1964 erwarb die Fried. Krupp GmbH zwei Wehrtechnik-Unternehmen, die später als Krupp Atlas Elektronik und Krupp MaK firmierten. Damit begann bei Krupp wieder die Produktion von Rüstungsgütern. Die Werksgeschichte des 1948 gegründeten Kieler Unternehmens MaK Maschinenbau Kiel AG geht bis in das Jahr 1866 zurück, als sich an dem Standort in Friedrichsort ein Artillerie-Depot befand, das Über- und Unterwasserwaffen entwickelte und produzierte.

1958 begann das Kieler Unternehmen in einer Arbeitsgemeinschaft mit Porsche, Jung, Luther & Jordan mit der Entwicklung des Kampfpanzers LEOPARD 1. Generalunternehmer für die 1963 begonnene Serienfertigung des LEOPARD 1 wurde jedoch Krauss-Maffei in München. Am 9. September 1965 wurde der erste LEOPARD 1 in Anwesenheit des Verteidigungsministers Kai-Uwe von Hassel und des Generalinspekteurs Ulrich de Maizière in München an die Bundeswehr übergeben. In diesem Jahr wurde bei

MaK mit der Entwicklung der Unterstützungsfahrzeuge für den LEOPARD 1, der Berge-, Brücken- und Pionierpanzer, angefangen, von denen das Unternehmen anschließend 969 Fahrzeuge für die Armeen von sieben Staaten produzierte. Und 1970 begann in diesem Werk die Endmontage von 975 Schützenpanzern MARDER für die Bundeswehr. Die Fertigung von 969 deutschen und 167 niederländischen LEOPARD 2 Kampfpanzern lief 1980 im Kieler Werk an.

1987 waren im Krupp-Konzern die Unternehmen Krupp Atlas Elektronik in Bremen mit 4 163 Mitarbeitern und umgerechnet 396 Millionen Euro Umsatz, Krupp MaK mit 3 994 Mitarbeitern und umgerechnet 392 Millionen Euro Umsatz sowie in Teilbereichen die GST, Gesellschaft für Systemtechnik, in Essen in der Wehrtechnik tätig. Der Wehrtechnikumsatz der Krupp MaK belief sich 1987 im Geschäftsbereich Landsysteme auf umgerechnet 145,7 Millionen Euro.

Mit Übernahme der Exportleitung begann ich, mir Kenntnisse über die Produkte des Unternehmens anzueignen, soweit ich diese von meiner bisherigen Tätigkeit noch nicht kannte. Zu ihnen zählten das leichte gepanzerte Fahrzeug WIESEL 1, die Berge-, Pionier- und Brückenlegepanzer. Darüber hinaus verschaffte ich mir einen ersten Überblick über die Auslandsmärkte. Dazu führte ich intensive Gespräche mit den neuen Kollegen aus den Entwicklungsabteilungen, aus der Produktion und Qualitätssicherung. Eingehend informierte ich mich natürlich bei meinen neuen Mitarbeitern, die mit Ausnahme der mir ebenfalls zugeordneten Werbung eine regionale Zuständigkeit bei der Marktbearbeitung hatten. Insgesamt waren wir zu dieser Zeit weltweit in rund 25 Ländern tätig. Schwerpunkte lagen in den NATO-Staaten, in den südostasiatischen Ländern und Südkorea sowie in der Golfregion. Die wichtigsten Bundeswehraufträge waren die seit 1979 laufende Serienfertigung von LEOPARD 2 Kampfpanzern und die Umrüstung der Bergepanzer 2 und Pionierpanzer 1 in 141 Pionierpanzer 2 DACHS.

1986 wurde der 1943 geborene Dr. Gerhard Cromme von Bertold Beitz, dem Aufsichtsratsvorsitzenden der Krupp-Stiftung, die sich als Verwalter des magischen Krupp-Erbes versteht, in den Krupp-Konzern geholt. Am 7. Dezember 1988 wurde der strategisch denkende, ideenreiche, umtriebige und als ehrgeizig bezeichnete Manager Mitglied der Geschäftsführung, und am 1. März 1989 übernahm er den Vorstandsvorsitz der Fried. Krupp

GmbH. Wenige Monate, nachdem Gerhard Cromme den Vorsitz von Krupp übernommen hatte, erhielt die Geschäftsführung von Krupp MaK, wie auch andere bedeutende Unternehmen des Konzerns, den Auftrag, eine strategische Planung nach einem konzerneinheitlichen Format für den Zeitraum 1988 bis 1997 zu erarbeiten. Für den wehrtechnischen Geschäftsbereich wurde mir als „Primärverantwortlicher" die Leitung des Arbeitsteams, das aus drei weiteren Kollegen aus der Entwicklung, der Logistik und dem Controlling bestand, übertragen.

1989 ließ sich Cromme, der mit dem fast vollzähligen Vorstand angereist war, an einem Tag das Ergebnis vorstellen. So hatte ich bei der Präsentation erstmals die Gelegenheit, diesen Spitzenmanager kennenzulernen. Der hochgewachsene Gerhard Cromme, seine Beine schlaksig unter dem Besprechungstisch ausgestreckt, dominierte den Besprechungsverlauf, erkannte schnell die Schwachstellen im Unternehmen. Cromme war jedoch nur wenig an den Produkten und überhaupt nicht an der Wehrtechnik, sondern nur am betriebswirtschaftlichen Ergebnis und an der strategischen Ausrichtung interessiert. So kritisierte er in freundlichem, aber bestimmtem Ton den Wehrtechnik-Bereichsleiter Alois Fietzek „Herr Fietzek, Ihnen wird immer eine Begründung einfallen, warum es bei der Beschaffung des LEOPARD 2 zwischen dem siebten und dem achten Los eine Lücke gibt. Ich will von Ihnen wissen, welche Maßnahmen Sie ergriffen haben." Fietzek, 15 Jahre älter als Cromme, ein ungehobelter schlesischer Dickschädel mit großer Bauernschläue, autoritär in seinem Führungsstil, tat sich sichtbar schwer, mit Crommes forschen, jugendlichen Auftreten.

1990 nahm ich mit 25 Kollegen aus dem Krupp-Konzern an einem hochkarätigen vierzehntägigen Führungskräfteseminar „Grundlagen der Unternehmensführung" am Universitätsseminar der Wirtschaft im Schloss Gracht bei Köln teil. Umso überraschter war ich von der Entscheidung der Kruppschen Konzernleitung, sich 1990 von der Wehrtechnik in Kiel und Bremen zu trennen. Heute ist Thyssen-Krupp nur noch mit Thyssen-Krupp Marine Systems in der Rüstung engagiert, veröffentlicht jedoch nicht in der Defense News ihre Wehrtechnik-Umsätze in der jährlichen Statistik „Top 100". Mit umgerechnet 1,7 Milliarden US-Dollar stünde sie an Rang 44. Rüstung ist im Konzern wohl immer noch ein ungeliebtes, aber profitables Geschäftsfeld.

Marketing von Rüstungsgütern

Für das Marketing von Rüstungsgütern bedarf es umfassender Kenntnisse der sicherheitspolitischen Rahmenbedingungen des Staates, der Militärpolitik, seines Verteidigungshaushalts, der Streitkräftestrukturen, der taktisch-technischen Forderungen, der Beschaffungswege, der politischen und militärischen Entscheidungsträger sowie der industriepolitischen Bedeutung der nationalen Rüstungsunternehmen. Beschaffungen von technologisch komplexem Wehrmaterial durchlaufen aufgrund der politischen Bedeutung, des hohen Finanzvolumens, nationaler und bündnispolitischer Interessen sowie der langfristigen Auswirkungen auf die Streitkräfte einen komplexen politischen, militärischen und wirtschaftlichen Entscheidungsprozess.

Die sicherheitspolitische Lage, politische Rahmenbedingungen, militärische Forderungen, wirtschaftliche Ressourcen, der technologische Fortschritt und der Wettbewerb sind die bestimmenden Faktoren des Rüstungsmarktes. Sie bilden die sechs Eckpunkte des rüstungswirtschaftlichen Hexagons, wirken auf die wehrtechnische Industrie ein und bestimmen so den Rüstungsmarkt, das Marktpotenzial, die Produktpolitik, die Wettbewerbsposition und die Kooperationsstrategien der Unternehmen.

Die globale sicherheitspolitische Lage ist geprägt von neuen, vielschichtigen, globalen Risiken und Bedrohungen, wie vom internationalen Terrorismus, vom Zerfall zahlreicher Staaten sowie von der territorialen Annexion, wie wir in der Ukraine erfahren mussten, und vom Aufkommen neuer Mächte, insbesondere in Ostasien.

Die politischen Rahmenbedingungen werden durch die Verpflichtung des Staates bestimmt, die Unverletzlichkeit des Territoriums, die Souveränität sowie die innere und äußere Sicherheit zu gewährleisten. Sie sind in Europa zugleich durch den Willen geprägt, eine europäische Friedensordnung zu schaffen. Hierzu soll eine entsprechende Sicherheitsarchitektur dienen, deren wesentliche Elemente die NATO, die EU und die OSZE bilden.

Die sicherheitspolitische und geografische Lage sowie die außenpolitischen Interessen des Landes bestimmen neben den verfügbaren Haushaltsmitteln in erster Linie den Umfang und die Struktur der Streitkräfte und damit ihre Ausrüstung. In der Ausrüstung muss die Fähigkeit zur Erfüllung des von der Politik vorgegeben Auftrages im gesamten Krisen- und Konfliktspektrum gegeben sein.

Die militärischen Forderungen und die Bereitschaft eines Landes, das Wehrmaterial zu entwickeln und zu beschaffen, das die Soldaten zur Erfüllung ihres Auftrages benötigen, sind eine entscheidende Antriebskraft für die Leistungsfähigkeit der wehrtechnischen Industrie. Die Harmonisierung der militärischen Forderungen sowie die nationale Einführungsplanung wiederum sind eine wichtige Grundlage für eine internationale Rüstungskooperation. Die militärischen Forderungen sind von der wehrtechnischen Industrie bei der Konzeption, Entwicklung und Fertigung von Wehrmaterial unter Einbeziehung von internationalen Kooperationsmöglichkeiten technisch, terminlich und kostenmäßig zu berücksichtigen.

Die wirtschaftlichen Ressourcen werden derzeit in den meisten Ländern durch erhebliche Wirtschafts- und Finanzprobleme beeinflusst, die zu verringerten Verteidigungsausgaben, insbesondere bei Beschaffungen führen. Und es werden in den Haushalten zumeist in anderen Bereichen höhere Prioritäten als in der Verteidigung und militärischen Sicherheit gesetzt.

Die Weiterentwicklung zukunftsweisender Technologien und die Umsetzung in marktfähige Produkte bestimmen die Wettbewerbsfähigkeit und das Kooperationspotenzial eines Unternehmens. Insbesondere die Elektronik wird bei den Rüstungsprodukten eine stark wachsende Bedeutung erhalten, sowohl technologisch als auch hinsichtlich der Wertschöpfung. Zum Erhalt der technologischen Spitzenposition ist es erforderlich, dass auch zukünftig genügend Haushaltsmittel für Forschung und Entwicklung zur Verfügung stehen. Die Verwendung firmeneigener Mittel kann die Wettbewerbsfähigkeit erhöhen und sichert Nutzungsrechte. Die technologische und industrielle Basis ist die Voraussetzung für eine leistungsfähige und wettbewerbsfähige europäische Rüstungspolitik.

Der Wettbewerb ist die wichtigste Triebfeder für die Modernisierung und Umgestaltung der Rüstungsindustrie. Er zwingt zur Entwicklung und Produktion leistungsfähiger Produkte, zur Kostensenkung, zu wirtschaftlichem Handeln und ermöglicht der Regierung die Beschaffung von Wehrmaterial nach dem Prinzip „best value for money". Unternehmen, die dem staatlichen Protektionismus unterliegen, werden langfristig nicht profitabel und nicht wettbewerbsfähig bleiben. Staatlich subventionierte Firmen sind ein

Hindernis für internationale Kooperationen sowie für Unternehmensbeteiligungen und -zusammenschlüsse. Der Wettbewerb muss jedoch insbesondere in der Europäischen Union unter gleichen Bedingungen gestaltet werden. Hierzu bedarf es gemeinsamer Vorschriften für das öffentliche Auftragswesen und der Harmonisierung des Rüstungsexports.

Aufgrund der komplexen Rahmenbedingungen wird deutlich, dass das Marketing von Rüstungsprodukten im Verfahrensablauf ein komplexer iterativer Prozess ist, der grundsätzlich mit einer Marktanalyse beginnt, anschließend den politischen Bereich umfasst und Industriebeziehungen zu nationalen Unternehmen einschließt. Er mündet dann in eine Marketingkonzeption, auf die anschließend die konkreten Marketingaktivitäten aufbauen, die schließlich bei positivem Verlauf in die Angebots- und Vertragsphase führen und mit einem Vertrag abschließen.

Die Informationsgewinnung geschieht im Wesentlichen durch einen ständigen Dialog des Unternehmens mit der Politik, den Streitkräften und den Beschaffungsorganisationen, der Auswertung von Veröffentlichungen in wehrtechnischen Zeitschriften und Datenbanken sowie des Informationsmaterials anderer Unternehmen, sonstiger Publikationen und der Bulletins, in denen Ausschreibungen veröffentlicht werden sowie durch Internetrecherchen. Darüber hinaus bieten Kundendienstberichte, Informationsanfragen der Beschaffungsbehörden, der Besuch von Messen und internationalen Konferenzen, die Einschaltung von Vertretern oder Beratern im Ausland und Gespräche mit den deutschen Militärattachés im Ausland oder mit den in Deutschland akkreditierten ausländischen Militärattachés sowie der Meinungsaustausch innerhalb der Industrie wichtige Erkenntnisse.

Nach einer erfolgversprechenden Marktanalyse erfolgt die Akquisition des Produktes in erster Linie in Form von Präsentationen, an die sich bei Interesse am Produkt in der Regel umfangreiche Erprobungen im Land zur Bewertung der militärischen und technischen Leistungsfähigkeit anschließen. Die Einbindung der nationalen Industrie, die Bereitschaft zum Knowhow-Transfer und zur wirtschaftlichen Kompensation hat auf die Beschaffungsentscheidung einen wachsenden Einfluss, weil sich in vielen Ländern wehrtechnische Produkte nur durch nationale Beschäftigungs- und Technologieförderung erfolgreich vermarkten lassen.

Da die zumeist langwierigen Akquisitionen und aufwendigen Erprobungen im Ausland stets sehr hohe Kosten verursachen, die in den meisten Ländern von den akquirierenden Unternehmen getragen werden müssen, bedarf es einer gründlichen Analyse des Marktes und der realistischen Bewertung der Absatzchancen. Sie bilden die entscheidende Grundlage für die erfolgreiche Vermarktung des Produktes. Dabei spielt insbesondere die richtige Einschätzung der Interessenlage der Politiker eine große Rolle, also welchen politischen oder wirtschaftlichen Nutzen kann die Politik aus der Beschaffung bei diesem ausländischen Lieferanten ziehen. Wichtig ist ebenfalls die Berücksichtigung der Bewertung der Militärs für das Produkt, also welche Fähigkeiten hat es, wie erfüllt es die militärisch-technischen Forderungen, wie hoch sind die Beschaffungs- und Nutzungskosten und welche sicherheitspolitischen und militärischen Beziehungen bestehen zwischen den Streitkräften beider Länder. Die nationale Wirtschaft wiederum ist daran interessiert, durch Know-how-Transfer und Fertigungsbeteiligung, eventuell durch Vermarktungsrechte im Ausland, angemessen am Rüstungsprogramm beteiligt zu werden.

In der Marketingkonzeption des Unternehmens sind bei der Vielzahl der potentiellen Auslandsmärkte und des begrenzten Marketingbudgets eine Priorisierung der Märkte sowie eine Abschätzung der Kooperationspotenziale mit der nationalen Industrie erforderlich. Darauf aufbauend sind dann auch die Werbeaktivitäten zu konzipieren. Dazu gehören der Auftritt auf wehrtechnischen Messen, die Anzeigenschaltung und die Veröffentlichung in Fachzeitschriften.

Wehrtechnikmessen bieten der wehrtechnischen Industrie die Möglichkeit, einen Leistungsnachweis ihrer Produkte und des Unternehmens einem fachlich interessierten Publikum, den potenziellen Auftraggebern und der Industrie zu bringen sowie Informationen über Konkurrenzprodukte zu erhalten. Dabei ist zwischen Messen mit internationaler und nationaler oder regionaler Bedeutung zu unterscheiden. Sie dienen der Bildung, dem Erhalt und der Verbesserung des Images des Unternehmens und bieten die Möglichkeit, bestehende Kundenkontakte zu festigen und neue zu knüpfen sowie Kooperationsmöglichkeiten zu erschließen.

Die klassische Aufgabe von Messen, Geschäftsabschlüsse zu tätigen, findet auf wehrtechnischen Messen nur ausnahmsweise bei politisch spektakulären Projekten statt. Vertragsabschlüsse oder ihre Ankündigung sollen dann zur internationalen Attraktivität eines Marktes oder der von der Regierung geförderten Messe dienen. Die Teilnahme an einer Messe ist immer dann erforderlich, wenn in dem Land ein bedeutendes Beschaffungsvorhaben läuft oder ansteht, zumal viele Messen von der Politik und den Militärs des Landes organisiert oder zumindest maßgeblich gesteuert werden.

Eine aktuelle Einschätzung bestehender oder neuer potenzieller Märkte kann auf Messen vor Ort gewonnen werden. Zugleich ist es möglich, die Aktivitäten von Mitbewerbern auf diesen Märkten zu beobachten. Eine sorgfältige Vorarbeit in Hinblick auf die Zielgruppen seitens der Marktverantwortlichen führt zu größerer Effektivität der Messeaktivitäten und ist daher gezielt und rechtzeitig in die Messeplanung mit einzubeziehen. Die stark angestiegene Zahl weltweiter, teilweise konkurrierender Wehrtechnikmessen und die erheblichen Kosten machen eine gründliche Entscheidungsvorbereitung erforderlich. Daher hängt die Teilnahme ab von der Relevanz des Marktes bzw. der potenziellen Absatzchancen, den sich aus der Marktposition des Unternehmens ergebenden Verpflichtungen, insbesondere bei laufenden Projekten, und den verfügbaren Finanzen. Viele Länder treten auf wehrtechnischen Messen mit einem nationalen Pavillon auf. Die deutsche wehrtechnische Industrie präsentiert sich international unter dem Markenzeichen „German Defence Technology" und wird dort durch die Gruppe Wehrtechnische Messen e.V. vertreten.

Ein wichtiger Bestandteil der Marketingaktivitäten ist die vertrauensvolle Zusammenarbeit mit den in- und ausländischen Fachverlagen. Sie umfasst die Informationspolitik und Pressearbeit, das Platzieren von Veröffentlichungen und die Anzeigenschaltung. Dies gilt insbesondere im Vorfeld und Nachgang von Messen. Als Export- und Marketingleiter bei Krupp MaK und Rheinmetall Landsysteme war mir auch die Werbung zugeordnet. So hatte ich durch das Anzeigengeschäft und durch meine zahlreichen Veröffentlichungen regelmäßig Kontakt mit den Verlagen.

Ich freute mich, als mir Ende 2007 nach meinem Ausscheiden aus dem aktiven Berufsleben bei Rheinmetall Manfred Sadlowski, Verleger der Mönch Publishing Group, das Angebot machte, als freier Mitarbeiter für den Verlag als Sonderkorrespondent und internationaler Redakteur tätig zu werden. Er schrieb mir, auf meinen beruflichen Werdegang in der Bundeswehr und Industrie, im Unternehmensverband und auf meine zahlreichen Veröffentlichungen Bezug nehmend: „Es ist wirklich zu schade um Dich, wenn Du nach Deinem Ausscheiden bei Rheinmetall in der Versenkung verschwindest". Ich kannte Sadlowski, der 1967 die Führung des Verlages übernommen hatte, bereits seit 1976 als Assistent der Geschäftsführung von Rheinmetall in Düsseldorf. Auf den internationalen Wehrtechnikmessen und Konferenzen begegnete ich ihm häufig und tauschte mit ihm gerne vertrauensvoll Informationen aus. Neben dem Geschäftlichen kam noch etwas hinzu, was uns in unserer Vita persönlich verband und eine gute Voraussetzung für eine vertrauensvolle Zusammenarbeit war: Wir sind beide Schlesier, waren Zeitoffizier in der Bundeswehr.

Zu seiner Verlagsgruppe zählen renommierte, international weit verbreitete, mehrsprachige wehrtechnische Zeitschriften, wie die deutschsprachige WEHRTECHNIK, die englischsprachigen Military Technology und Naval Forces, die spanischsprachige Tecnología Militar, die türkische Savunma Ve Havacilik, die italienische Rivista Italiana Difesa, die arabischsprachige Al Defaiya und die zwischenzeitlich eingestellte NATO´s Nations. Ich hatte seit 1978 eine Vielzahl von Beiträgen in seinen Zeitschriften veröffentlicht, und in seinem renommierten Bernard & Graefe Verlag waren bis dahin meine beiden Bücher, „Die Panzerindustrie" und „Die Bundeswehr und die deutsche Rüstungsindustrie" erschienen. 2012 folgte das Buch „Streitkräfte und Rüstung. Die Panzerindustrie".

Manfred Sadlowski war, als er noch im operativen Geschäft tätig war, ein umtriebiger, durchsetzungsstarker, sehr ideenreicher und äußerst geschäftstüchtiger Verleger. Immer wieder hatte er neue, erfolgreiche Vorschläge wie sich die Unternehmen in seinen Zeitschriften darstellen könnten, etwa in Beilagen mit einem umfangreichen Firmenprofil, in Interviews oder Firmenportraits. Sadlowski verfügte über ein weites Netz an internationalen Kontakten und über gute Beziehungen bis in die höchsten Spitzen von Politik, Militär und Wirtschaft. Diese setzte er geschickt ein, die menschlichen Eitelkeiten in der medialen Präsenz nutzend.

Die redaktionelle Tätigkeit im Mönch-Team mit den internationalen Redakteuren und Vertriebsleuten war für mich als Freelancer, als freier Mitarbeiter, insbesondere auf den Messen sehr interessant. Jetzt konnte ich die

Unternehmenspolitik und Öffentlichkeitsarbeit der wehrtechnischen Industrie aus Sicht der Medien beobachten. Ich erlebte erhebliche qualitative Unterschiede in der Pressearbeit der einzelnen Unternehmen, wie mehr oder weniger professionell die Pressemitteilungen, das Informationsmaterial, Pressekonferenzen und Unternehmenspräsentationen vorbereitet waren. Und ich erfuhr, wie schwer sich manche Unternehmen im Umgang mit den Medien taten.

Ich trennte meine redaktionelle Arbeit stets von den Marketingaktivitäten des Verlages. Die Redaktion ist jedoch, was bei Fachzeitschriften verständlich ist, sehr stark vertriebsgesteuert, denn die Anzeigenkunden legen Wert darauf, dass ihr Unternehmen und die Produkte entsprechend in den Zeitschriften platziert und hervorragend dargestellt werden. Dadurch kommt leider die kritische Berichterstattung zu kurz.

Für die fest angestellten Redakteure und Vertriebsmitarbeiter ist die Arbeit in dem Verlag eine große Herausforderung, insbesondere der zeitliche Druck und der erhebliche Aufwand für saubere Recherchen. Das Anzeigengeschäft leidet immer mehr durch die angespannte Lage in der wehrtechnischen Industrie aufgrund sinkender Verteidigungsausgaben und durch die Konsolidierung zahlreicher Unternehmen, die einen Wegfall von Einzelanzeigen zur Folge hat.

2013 endete meine regelmäßige Mitarbeit in der Verlagsgruppe. Ich war darüber nicht unglücklich, war doch der zeitliche Aufwand, insbesondere für meine englischen und spanischen Beiträge, erheblich. Aber hin und wieder schreibe ich noch einen redaktionellen Beitrag über ein mich interessierendes Thema.

Manfred Sadlowski, Herausgeber der Mönch Verlagsgruppe, informiert sich auf dem Rheinmetall-Messestand. In der Mitte Dr. Josef Jörg, mein Stellvertreter und Nachfolger bei Rheinmetall

Militärattachés

Das völkerrechtliche Wiener Übereinkommen über diplomatische Beziehungen vom 18. April 1961 regelt die Entsendung, die Vorrechte und Immunitäten sowie die Aufgaben des Militärattachés. Ausdrücklich heißt es im Artikel 7: „Bei Militär-, Marine- und Luftwaffenattachés kann der Empfangsstaat verlangen, daß ihm ihre Namen vorher zwecks Zustimmung mitgeteilt werden." Militärattachés werden aufgrund bilateraler Vereinbarungen in entsprechenden Gastländern auf Veranlassung des Verteidigungsministeriums über das Auswärtige Amt notifiziert. Dazu sind an den jeweiligen Botschaften Militärattachéstäbe mit einem Verteidigungsattaché als Dienststellenleiter eingerichtet. In Großbotschaften können zusätzlich Wehrtechnische Attachés tätig sein und dem Verteidigungsattaché weitere Heeres-, Luftwaffen- und Marineattachés unterstellt werden. Gegenwärtig sind 194 deutsche Militär- und Wehrtechnische Attachés an den Botschaften in 64 Ländern und in weiteren 69 Ländern in Nebenakkreditierung vertreten.

Nach Artikel 3 d) des Wiener Übereinkommens besteht die Aufgabe des Militärattachés darin, „sich mit allen rechtmäßigen Mitteln über Verhältnisse und Entwicklungen im Empfangsstaat zu unterrichten und darüber an die Regierung des Entsendestaats zu berichten". Sie arbeiten mit diplomatischem Status als Mediatoren und Ansprechpartner zwischen den Verteidigungsorganisationen der Gastländer und der Bundeswehr, beraten den Botschafter in Fragen der Sicherheits- und Militärpolitik, der Streitkräfte und der Rüstungsindustrie des Gastlandes und berichten hierzu dem Verteidigungsministerium. Dazu analysieren sie die sicherheitspolitische Lage, bewerten die Fähigkeiten der Streitkräfte, begleiten Rüstungsvorhaben und nehmen an Truppenbesichtigungen, Konferenzen und wehrtechnischen Messen teil. Sie sind zugleich ein „Sensor für die Krisenfrüherkennung". Dabei ist den deutschen Militärattachés jedoch jegliche nachrichtendienstliche Tätigkeit untersagt, Spionage gehört grundsätzlich nicht zu ihrem Tätigkeitsfeld. Der Militärattaché ist zugleich der Ansprechpartner für die eigenen Streitkräfte und für die wehrtechnische Industrie im akkreditierten Land.

So waren bei meinen internationalen Export- und Marketingaktivitäten die Kontakte zu den deutschen Militärattachés im Ausland und zu den ausländischen Attachés in Deutschland stets von besonderer Bedeutung. 1988

referierte ich erstmals als Vertreter von Krupp MaK auf einer Einweisungs-
veranstaltung für die angehenden deutschen Verteidigungs- und Militärattachés beim Bundesverband der Deutschen Industrie, dem BDI, zum Thema
„Auslandsinteressen der deutschen Industrie und deren Wahrnehmung
demonstriert am WIESEL und anderen Kampffahrzeugen". Diese erfolgreichen, bis heute durchgeführten Einweisungsveranstaltungen für die angehenden deutschen Verteidigungs- und Militärattachés, die damals noch beim
BDI stattfanden, jetzt vom Bundesverband der Deutschen Sicherheits- und
Verteidigungsindustrie, dem BDSV, durchgeführt werden, haben das Ziel,
die Offiziere über die Situation der deutschen wehrtechnischen Industrie
und ihren Auslandsaktivitäten zu informieren. Im Anschluss daran finden
Industriereisen zu wehrtechnischen Unternehmen in Deutschland statt.

In meinem Vortrag zeigte ich die Bedeutung des Auslandes als Markt
und die Randbedingungen des Auslandsmarketings für die deutsche wehrtechnische Industrie auf, erläuterte die markt- und wettbewerbsbestimmen-
den Faktoren und stellte das Produktspektrum der Landsystemindustrie
vom Kampfpanzer LEOPARD 2 bis zum leichten luftverladbaren WIESEL
dar. Abschließend bewertete ich die Bedeutung der Zusammenarbeit mit
den deutschen Militärattachés.

Später hielt ich diese Präsentationen nicht nur für Rheinmetall, sondern
auch als Vertreter des Verbandes Deutscher Maschinen und Anlagenbau,
des VDMA, unter dem branchenspezifischen Titel „Die Panzerindustrie".
Weitere Referenten vertreten bei diesen für die Bundeswehr und die Industrie förderlichen Veranstaltungen die Branchen Luft- und Raumfahrtindustrie, Marineschiffbau, Automobilindustrie, Elektroindustrie, Optik- und Opt-
ronikindustrie sowie Informationswirtschaft und Telekommunikation. In
meinen Vorträgen konzentrierte ich mich besonders auf die Situation und
die Interessenlage der Industrie in den jeweiligen Ländern, in denen die
angehenden Attachés akkreditiert wurden, weil sie sich überwiegend für die
industrielle und rüstungswirtschaftliche Sicht über ihr zukünftiges Gastland
interessierten. Es macht wenig Sinn, wie es in manchen Präsentationen der
Fall war, die Offiziere mit technischen, für ihre Tätigkeit unwichtigen Pro-
duktdetails zu überfüttern.

Es war auch nicht geschickt, die Offiziere mit politischen Problemen der
Bundeswehr und mit der Kritik an den deutschen Rüstungsexportbestim-

mungen zu konfrontieren, für die sie nicht verantwortlich sind und die sie auch nicht ändern können.

Diese für die angehenden deutschen Militärattachés und für die Vertreter der Industrie sinnvollen Informationsveranstaltungen und Einweisungen gaben mir zugleich die Möglichkeit, erste persönliche Kontakte zu den Offizieren zu knüpfen, die ich anschließend auf meinen Reisen in diese Länder zum beiderseitigen Nutzen vertiefen konnte und die oft sehr hilfreich waren. Die vertrauensvolle Zusammenarbeit mit den deutschen Diplomaten im Ausland kann bei der Beurteilung des Landes von großem Wert sein. Dies gilt insbesondere hinsichtlich der sicherheits- und militärpolitischen Situation, der Bewertung der Streitkräfte und ihrer Organisationen, der Beschaffungsbehörden sowie der Relevanz der Entscheider, der Erörterung von Beschaffungsvorhaben, des Verteidigungshaushaltes, der technisch-taktischen Forderungen an das zukünftige Wehrmaterial sowie der Marktstellung der einheimischen Rüstungsindustrie. In bestimmten Kulturkreisen ist es darüber hinaus außerordentlich wichtig, sich in die jeweilige Kultur der Gesprächs- und Verhandlungsführung einweisen zu lassen. Dabei ist es bei konkurrierenden Aktivitäten deutscher Unternehmen im Land jedoch stets geboten, den Attaché nicht in eine Situation zu bringen, die zu einer Verletzung seiner Neutralitätspflicht führen könnte.

Auf der anderen Seite kann der Industrievertreter den Attaché mit industrieseitigen Informationen über ein Beschaffungsvorhaben im Lande auf dem Laufenden halten und über die aktuelle Marktsituation in Deutschland berichten. Da die ausländische Industrie verstärkt zu Kooperationen und zur Beteiligung der einheimischen Industrie verpflichtet ist, bietet das Urteil des Attachés über die Leistungsfähigkeit und Marktstellung der Rüstungsunternehmen im Lande einen wichtigen Beitrag für die Kooperations-, Investitions- und Vergabeentscheidungen. Die Auffassung des Militärattachés ist zugleich eine wichtige Ergänzung zur Bewertung des Unternehmensvertreters im Lande, der manchmal seine eigenen Interessen über die des Unternehmens stellt. So führte ich immer auf meinen Auslandsreisen, wenn sich die Möglichkeit ergab, ein Informationsgespräch mit dem deutschen Militärattaché, oft auch in Gegenwart des Wirtschaftsattachés.

Rüstungsexport – eine deutsche Befindlichkeit

Es liegt nahe, dass ich als Mitarbeiter eines Rüstungsunternehmens, insbesondere als Exportleiter von Rüstungsgütern, und auch als Vorsitzender eines Arbeitskreises der wehrtechnischen Industrie im Unternehmensverband in Schleswig-Holstein mich beruflich und öffentlich regelmäßig mit der Problematik des Rüstungsexportes auseinandersetzen musste. Der Rüstungsexport ist politisch, rechtlich und ethisch ein sensibler Bereich, der insbesondere in Deutschland extrem kontrovers diskutiert und politisch sehr restriktiv gehandhabt wird.

In meiner beruflichen Tätigkeit in der Rüstungsindustrie war ich zum einen stets mit den gesetzlichen Bestimmungen und der politischen Problematik des Rüstungsexportes befasst, zum anderen in die gesellschaftliche Auseinandersetzung eingebunden. Rechtlich werden die Herstellung, der Handel oder die Vermittlung sowie die Ausfuhr von Kriegswaffen in den strengen Bestimmungen des Kriegswaffenkontrollgesetzes geregelt und Verstöße in der Regel mit hohen Freiheitsstrafen geahndet. Dieser Gefahr wollte ich mich beruflich zu keiner Zeit leichtfertig aussetzen.

Von einigen gesellschaftlichen Bewegungen, oft mit dem suggerierenden Zusatz „Frieden" ein fragwürdiges Monopol beanspruchend, und von bestimmten kirchlichen Gruppierungen wird das Verbot von Rüstungsexporten wie eine Abrüstungsverheißung verkündet. Wer will schon etwas gegen den Frieden einwenden? Um ihrem Anliegen noch mehr Nachdruck zu verleihen, werden von den Gegnern dieser Branche der Rüstungsexport in diffamierender Weise häufig als „Geschäft mit dem Tod" bezeichnet und in ihrer Argumentation oft zweifelhafte Statistiken herangezogen.

Ich habe mich stets dieser Diskussion gestellt, konnte mich deren oft weltfremden Auffassungen nicht nur aus beruflichen Interessen selten anschließen, weil eine unverhältnismäßig restriktive Rüstungsexportpolitik Deutschlands sicherheitspolitisch, rüstungstechnologisch, militärisch und arbeitsmarktpolitisch nicht zu verantworten ist. Sie würde unsere übergeordneten vitalen und strategischen außen- und sicherheitspolitischen und wirtschaftlichen Interessen sowie unsere bündnispolitischen Verpflichtungen außer Acht lassen, uns international erheblich schaden und zu einem großen Vertrauensverlust führen. Staaten, die unsere Bündnispartner sind, die für uns von strategischer, sicherheitspolitischer und wirtschaftlicher Bedeutung sind, haben ein Recht, von uns die Waffen zu erwerben, die sie für die Sicherung ihrer Souveränität und Unverletzlichkeit ihrer Grenzen sowie zur Terrorismusbekämpfung benötigen.

Die Auslandsaktivitäten der deutschen wehrtechnischen Industrie richten sich nach den gesetzlichen Bestimmungen der Bundesrepublik Deutschland, die die Ausfuhr wehrtechnischer Produkte äußerst restriktiv regeln. Der Rüstungsexport ist politisch zu bedeutsam, als dass man ihn allein der Industrie überlassen kann, er ist aber zugleich wirtschaftlich und technologisch zu wichtig, als ihn ausschließlich unter politischen und ethischen Gesichtspunkten zu bewerten. So steht der Rüstungsexport unter dem Zielkonflikt, dass einerseits die Freiheit des Welthandels zu gewährleisten ist und andererseits die Notwendigkeit besteht, durch politische Maßnahmen das friedliche Zusammenleben der Völker zu sichern.

Der Rüstungsexport wird in Deutschland im Grundgesetz in der Präambel und im Artikel 26 geregelt, in dem es heißt: „Handlungen, die geeignet sind und in der Absicht vorgenommen werden, das friedliche Zusammenleben der Völker zu stören, insbesondere die Führung eines Angriffskrieges vorzubereiten, sind verfassungswidrig. Sie sind unter Strafe zu stellen. Zur Kriegsführung bestimmte Waffen dürfen nur mit Genehmigung der Bundesregierung hergestellt, befördert und in Verkehr gebracht werden."

Aus dieser verfassungsrechtlichen Regelung leitet die Bundesregierung die restriktive Exportpolitik ab, die auf zwei Rechtsgrundlagen beruht: Erstens, das KWKG, das Gesetz über die Kontrolle von Kriegswaffen vom 20. April 1961 einschließlich Kriegswaffenliste regelt die Herstellung, Inverkehrbringung und Beförderung von Kriegswaffen und zweitens, das Außenwirtschaftsgesetz, AWG, und die Außenwirtschaftsverordnung, AWV, vom 28. April 1961 einschließlich Ausfuhrliste regeln u. a. die Ausfuhr von militärischer Technologie und Rüstungsgütern. Das KWKG ist unterteilt in Festlegung des Kriegswaffenbegriffs, Genehmigungsteil, Strafvorschriften und Kriegswaffenliste.

Die „Politischen Grundsätze der Bundesregierung für den Export von Kriegswaffen und sonstigen Rüstungsgütern" vom 19. Januar 2000 haben in verschärfter Form die alte unter Bundeskanzler Helmut Schmidt beschlossenen „Politischen Grundsätze der Bundesregierung für den Export von

Kriegswaffen und sonstigen Rüstungsgütern" vom 28. April 1982 ersetzt. Dieses neue Dokument bildet die Grundlage für die Bundesregierung zum Rüstungsexport. Dort heißt es, dass Rüstungsexporte in NATO-Länder, EU-Staaten und NATO-gleichgestellte Länder, das sind derzeit Australien, Japan, Neuseeland und die Schweiz, „grundsätzlich nicht zu beschränken" und zu genehmigen sind. Der Export von Kriegswaffen in sonstige Länder „wird nicht genehmigt, es sei denn, dass im Einzelfall besondere außen- oder sicherheitspolitische Interessen der Bundesrepublik Deutschland unter Berücksichtigung der Bündnisinteressen für eine ausnahmsweise zu erteilende Genehmigung sprechen". Eine Endverbleibsklausel vereinbart mit dem Empfängerland einen Einfluss der Bundesregierung auf einen unerwünschten Weiterexport.

Die Genehmigung von Rüstungsexporten obliegt der Exekutive. Der geheim tagende Bundessicherheitsrat ist ein ressortübergreifender Kabinettsausschuss, der bedeutsame Einzelfälle des Rüstungsexportes berät und über die Genehmigung entscheidet. Den Vorsitz führt die Bundeskanzlerin, sieben Bundesminister sind ständige Mitglieder. Es sind dies der Außen-, Wirtschafts-, Verteidigungs-, Innen-, Justiz-, Finanz- und der Entwicklungshilfeminister.

Aufgrund der sicherheitspolitischen Interessen Deutschlands, der schutzwürdigen Interessen des Auftraggebers und der Industrie ist Vertraulichkeit geboten. Im jährlichen Rüstungsexportbericht werden die Genehmigungen, die zu einem Vertragsabschluss geführt haben, und die Rüstungsexporte veröffentlicht und damit dem Deutschen Bundestag und der Öffentlichkeit offen gelegt. Mit der unverzüglichen Unterrichtung des Parlaments nach erfolgtem Vertragsabschluss und mit der Vorlage eines jährlichen Rüstungsexportberichtes ist eine ausreichende Transparenz gegeben. Somit ist eine oft geforderte parlamentarische Kontrolle der deutschen Rüstungsexporte trotz kontroverser Auffassungen über den Rüstungsexport nicht gerechtfertigt. Das bisherige Genehmigungsverfahren hat sich grundsätzlich bewährt. Der Koalitionsvertrag zwischen Union und SPD nach der Bundestagswahl 2013 trug dem Rechnung: unverzügliche Unterrichtung des Deutschen Bundestages nach der abschließenden Genehmigungsentscheidung des Bundessicherheitsrates, „Vorlage des jährlichen Rüstungsexportberichtes noch vor der Sommerpause des Folgejahres und eines zusätzlichen Zwischenberichtes".

Es war für mich stets klar, dass es nicht im Interesse der wehrtechnischen Industrie liegen kann, durch einen hemmungslosen wehrtechnischen Export dem Ansehen der Bundesrepublik Deutschland im Ausland zu schaden, die Instabilität in der Welt zu fördern oder die Aggressionsfähigkeit bestimmter Staaten zu unterstützen. In dieser Hinsicht haben mich meine Arbeitgeber auch nie in eine Konfliktsituationen gebracht. So konnte ich aus sicherheits- und bündnispolitischen, aus wirtschaftlichen und geostrategischen sowie aus verantwortungsethischen Erwägungen die Vermarktung der wehrtechnischen Produkte der Unternehmen stets mittragen.

Sorgen machten mir hingegen die, im Gegensatz zu zahlreichen Ländern in der EU, der deutschen Rüstungsindustrie aufgrund der restriktiveren Exportgesetzgebung auferlegten erheblichen Wettbewerbsbeschränkungen. Diese haben seitens der wehrtechnischen Industrie immer wieder zu berechtigten Klagen geführt. Diese Branche ist in Deutschland, anders als in vielen anderen Staaten, privatwirtschaftlich organisiert und freiwillig, ohne staatlichen Zwang in der Rüstung tätig. Die Unternehmen werden sich jedoch nur solange in der Wehrtechnik engagieren, wie ein angemessener wirtschaftlicher Erfolg erzielt wird und für das unternehmerische Handeln Planungssicherheit besteht. Das erwarten die Anteilseigner, insbesondere bei börsennotierten Unternehmen. Der wirtschaftliche Erfolg, der Erhalt der Mindestkapazitäten und das technologische Know-how können angesichts der reduzierten Inlandsnachfrage nur durch den Export aufrecht erhalten werden. Dieser beläuft sich in Deutschland auf 50 bis 70 Prozent des Umsatzes.

Die deutsche wehrtechnische Industrie hat einen berechtigten Anspruch innerhalb der Europäischen Union die gleichen Wettbewerbsbedingungen wie die ausländischen Unternehmen vorzufinden. Deshalb sollte die Bundesregierung weiterhin auf eine Harmonisierung auf europäischer Ebene im Rahmen der Gemeinsame Sicherheits- und Verteidigungspolitik drängen. Nur so kann die Chancengleichheit im internationalen Wettbewerb gesichert und die Kooperationsfähigkeit der deutschen wehrtechnischen Industrie erhalten sowie eine Ausgrenzung vermieden werden. Die ausländischen Staaten und deren Rüstungsindustrie sind nicht bereit, sich an einen unkalkulierbaren Partner zu binden, der fallweise aufgrund gesetzlicher Vorschriften oder öffentlicher Meinung eine Blockade des Exports ihrer Produkte bewirken könnte. Dieser deutsche Industriezweig läuft Gefahr, international ins Abseits zu geraten. Deshalb sollte bei Kooperationsprogrammen der Staat über die Ausfuhr entscheiden, in dem der Systemführer seinen Sitz hat.

Ein weiterer wichtiger Grund, die Rüstungsexportbestimmungen in der EU zu harmonisieren, liegt in dem Zwang zu verstärkter europäischer und transatlantischer Rüstungskooperation. Bereits 1994 wurde im deutschen Weißbuch des Bundesministeriums der Verteidigung folgende Erklärung abgegeben: „Die Beschlüsse von Maastricht und die dort abgegebene Erklärung der WEU-Staaten unterstreichen ausdrücklich den Willen, die Rüstungszusammenarbeit zu verstärken. Dabei wird auch eine gemeinsame Rüstungsexportpolitik notwendig. Bei sinnvoller Aufgabenteilung bietet der europäische Markt gute Chancen für wirtschaftliche Stückzahlen und Produktion. Dies setzt Harmonisierungsbestrebungen aller Beteiligten voraus."

Auf dem Berliner Welt am Sonntag-Forum „Bundeswehr und Gesellschaft" im Juni 1997 brachte ich in einem Diskussionsbeitrag gegenüber dem Verteidigungsminister Volker Rühe meine Sorge zum Ausdruck, „daß wir aufgrund der Haushaltsprobleme in Deutschland und aufgrund der restriktiven Exportgesetzgebung als internationaler Partner industriell immer weniger kooperationsfähig sind und unsere Leistungsfähigkeit nicht mehr einbringen können". Rühe hat darauf geantwortet: „Was die Rüstungsexportbestimmungen angeht, hat es schon eine Entwicklung gegeben. Dort, wo deutsche Firmen kooperieren, wo wir diese Möglichkeit auch unterstützen wollen, hat es eine eindeutige Verbesserung gegeben. Daß wir immer noch keine gemeinsamen Richtlinien haben, das ist richtig."

Im Weißbuch 2006 heißt es hierzu: „Aus Sicht der Bundesregierung sollten (…) die noch existierenden Wettbewerbsverzerrungen und Hemmnisse im europäischen Rüstungsmarkt abgebaut werden. Dazu zählen insbesondere die einheitliche Ausgestaltung der Exportbestimmungen." Leider sind in dieser Hinsicht seit mehr als ein Jahrzehnt keine nennenswerten Fortschritte in der Europäischen Union erreicht worden.

Der starke Anstieg der Kosten von Waffensystemen, verbunden mit der drastischen Kürzung der Verteidigungsetats und erheblichen Stückzahlreduktionen, machen über Standardisierungsforderungen hinaus verstärkte Rüstungskooperationen zwingend erforderlich. Die Entwicklungs- und Beschaffungsvorhaben des Bundes sind wertmäßig überwiegend bi- oder multilaterale Programme. Zugleich ist die rüstungswirtschaftliche Zusammenarbeit in der EU ein wichtiges Element der gemeinsamen Sicherheitspolitik und Grundlage für einen europäischen Rüstungsmarkt. Durch die Einbringung der deutschen technologischen Fähigkeiten in internationale Kooperationen wird der Einfluss und die Mitsprache bei Fragen der Sicherheitspolitik sowie der Rüstungsplanung und Rüstungsbeschaffung gewährleistet. Dies entspricht deutschen bündnispolitischen Interessen.

Der Bundesverband der Deutschen Industrie, der BDI, hat bereits 1991 in dem „Memorandum zur Situation der deutschen wehrtechnischen Industrie" und in seinen „Thesen zum wehrtechnischen Export bei Kooperationen im Bündnis" im Jahr 1992 auf die Konsequenzen einer Ausgrenzung für die Wirtschaft, Bundesregierung und Parlament hingewiesen. Diese sind im Wesentlichen die Gefahr einer „Abseitsposition" für Deutschland und seiner wehrtechnischen Industrie, die drohende Aussperrung im europäischen Markt für Verteidigungsgüter und der Verlust der Partnerschaftsfähigkeit. Bei der Frage der Angleichung der Rüstungsexportpolitik geht es also keineswegs um eine ungezügelte Ausfuhr von Wehrmaterial, sondern um die Wiederherstellung der Bündnis- und Kooperationsfähigkeit der Bundesrepublik Deutschland und seiner wehrtechnischen Industrie.

Viele Länder sehen den Rüstungsexport als ein unverzichtbares Instrumentarium ihrer Außen- und Wirtschaftspolitik an, mit dem politischer und ökonomischer Einfluss in dem Empfängerland ausgeübt werden kann und Beistandsverpflichtungen wahrgenommen werden. Sie erkennen an, dass diese Staaten ein Recht auf individuelle und kollektive Selbstverteidigung nach Artikel 51 der UN-Charta haben. In diesem Sinne ist eine nationale Rüstungsexportpolitik Ausdruck der Souveränität. Alles deutet derzeit darauf hin, dass die Mitgliedsländer der Europäischen Union und der NATO nicht den hohen deutschen Standard der Exportkontrollen übernehmen werden. Kommt es aber nicht zu Abstrichen in Deutschland, so bleibt Deutschland isoliert. Die Wirtschaft erleidet erhebliche Nachteile durch diese Unsicherheiten im Exportgeschäft.

Im internationalen Wettbewerb wird die deutsche restriktive Exportpolitik von der ausländischen Konkurrenz zugleich als Bestandteil ihrer Marketing- und Exportanstrengungen aktiv genutzt, um unliebsame deutsche

Wettbewerber auszuschließen. Konkurrenten schwächen die Wettbewerbsposition der deutschen Unternehmen mit dem Hinweis „German-free Product". Es muss das politische Ziel sein, die einseitigen Wettbewerbsnachteile für die deutsche Industrie in den Exportregelungen zu beseitigen. Dies bedeutet, dass sich die deutsche Seite bewegen, auf eine Fortsetzung des Alleingangs verzichten und an der Realität des europäischen Binnenmarktes orientieren muss.

Bei der Bewertung und Genehmigung von Rüstungsexporten in autoritäre Staaten muss die Menschenrechtssituation eine wichtige, aber nicht die einzige Rolle spielen. Bei der Gesamtabwägung sind insbesondere die deutschen vitalen und strategischen Interessen zu berücksichtigen. Die rüstungswirtschaftlichen deutschen Exportrestriktionen können zugleich der zivilen Wirtschaft außerordentlich schaden, weil viele Länder nicht verstehen, warum sie unsere zivilen Industriegüter kaufen sollen, ihnen aber das für ihre Landesverteidigung notwendige wehrtechnische Gerät vorenthalten wird. Oft habe ich mir auf meinen Auslandsreisen, insbesondere in der arabischen Welt, diesen berechtigten Vorwurf anhören müssen.

Als der Außenminister Klaus Kinkel 1996 in Begleitung des Bundesjustizministers und Kieler Bundestagsabgeordneten Edzard Schmidt-Jortzig sowie des FDP-Bundestagsabgeordneten Jürgen Koppelin beim Arbeitskreis Wehrtechnik in Kiel zu Gast war, wies ich als Vorsitzender darauf hin, dass die Wehrtechnik ohne Rüstungsexport nicht überlebensfähig ist und formulierte überspitzt: „Es kann doch nicht sein, dass wir in der Europäischen Union die Bananenfrage zum Verdruss der Bürger regeln, den sensiblen Rüstungsexport jedoch ausklammern." Kinkel äußerte Verständnis für die Sorgen der wehrtechnischen Industrie. Die Regierung werde auch weiter auf eine europäische Harmonisierung der Rüstungsexportbestimmungen drängen, allerdings werde dieser sensible Bereich mit Sicherheit noch lange von den nationalen Interessen der EU-Staaten geprägt sein. Er sollte Recht behalten. Mehr als zwei Jahrzehnte danach hat sich hier auf europäischer Ebene nicht viel bewegt.

Beim möglichen Export von U-Booten der Kieler HDW nach Taiwan blieb Kinkel jedoch hart und erklärte: „Ich werde in dieser Frage auch künftig eine klare Linie fahren: Waffenexporte nach Taiwan wird es mit mir nicht

Mit Bundesaußenminister Dr. Klaus Kinkel

geben." Er begründete seine Haltung mit der Rücksichtnahme auf die politischen Empfindlichkeiten in der Volksrepublik China, die die Interessen der Bundesrepublik Deutschland zur Zeit der Teilung stets massiv unterstützt habe und nun vollkommen zu Recht Entgegenkommen in der Taiwan-Frage erwarte. Die Türkei bezeichnete der Außenminister wegen der Probleme bei der Achtung der Menschenrechte als schwierigen Partner und fügte an, die Bundesrepublik dürfe aber „die Türkei auch nicht in die islamische Welt abdriften lassen". Sehr locker äußerte er sich abschließend: „Wenn Sie etwas exportieren wollen, rufen Sie an oder schicken Sie ein Fax. Man wird Ihnen umgehend sagen, ob etwas geht oder nicht."

Seit Anfang der 80er Jahre wird in regelmäßigen Abständen vom Interesse Saudi-Arabiens am deutschen LEOPARD 2 und von der ablehnenden Haltung der Bundesregierung berichtet. 1981 hatte Bundeskanzler Helmut Schmidt versprochen, deutsche Kampfpanzer zu liefern, doch durch den Regierungswechsel 1982 kam dieses Geschäft mit dem strategisch wichtigen Golfstaat nie zustande, obwohl Deutschland damals 29 Prozent der gesamten Erdöleinfuhren aus Saudi-Arabien erhalten und die Bundesrepublik umfangreiche Kredite in dem arabischen Land aufgenommen hatte. 2013 hingegen schrieb Helmut Schmidt in der ZEIT: „Ich jedenfalls lehne es immer noch ab, dass Panzer an Saudi-Arabien geliefert werden."

Im Oktober 1990 erklärte Bundeskanzler Helmut Kohl dem saudischen Prinzen Saud al Faisal, dass deutsche Waffenlieferungen an Saudi-Arabien derzeit nicht in Betracht kämen. Diente früher die Gefährdung Israels als Argument für eine Ablehnung, so ist es heute der Vorwurf, dass Saudi-Arabien ein autoritäres Regime und der arabische Frühling in Bahrain mit Hilfe der saudischen Militärs blutig niedergeschlagen worden sei. Es ist militärisch unsinnig, den Verkauf des komplexen, teuren LEOPARD 2 oder Patrouillenbooten mit der Begründung zu untersagen, dass mit ihnen innere Unruhen bekämpft werden könnten. Die Regierungen Israels haben sich offiziell nie gegen die Lieferung von deutschen Panzern in das arabische Land ausgesprochen, da sie sicherheitspolitisch an der Stabilität in Saudi-Arabien und in der Region stark interessiert sind.

Die immer wieder auftauchenden Meldungen, dass Saudi-Arabien beabsichtige, deutsche LEOPARD 2 Kampfpanzer zu kaufen, wurden dann in den Medien stets mit reißerischen Aufmachern und entrüsteten Kommentaren versehen. Dies gehört zum bundesrepublikanischen Empörungsritual über Rüstungsexporte. So berichtete der „Spiegel" im Juli 2011 unter Berichtigung einer vorangegangenen Fehlermeldung, dass Deutschland bereit sei, 200 moderne LEOPARD 2 A7+ an Saudi-Arabien zu liefern: „Damit ändert die Bundesregierung ihre jahrzehntealte Linie, dem autoritär geführten Königreich keine schweren Waffen zu liefern." Der Botschafter Saudi-Arabiens in Deutschland, Awwad S. Alawwad, kritisierte zu Recht, dass die Debatte über Rüstungsexporte nach Saudi-Arabien in Deutschland „für interne politische Auseinandersetzungen missbraucht" werde.

Das wahhabitische Königreich, eine auf religiöser Grundlage basierende absolute Monarchie, ist ein politisch stabiles Land und als größte Volkswirtschaft im arabischen Raum mit den weltweit größten Erdölreserven für Deutschland ein wichtiger Handelspartner. Bei den Importen in dem arabischen Land liegt die Bundesrepublik mit rund 11 Milliarden Euro in 2014 an dritter Stelle nach den USA und China. Der neue saudische König Salman bin Abdulaziz Al Saud und der erste Kronprinz, der erst 32 Jahre alte Verteidigungsminister Mohammed bin Salman Al Saud, verkörpern die pragmatische Neuausrichtung des Königreiches.

Wir wollen den zu recht wegen der Missachtung der Menschenrechte kritisierten Golfstaaten unsere zivilen Produkte vermarkten und sind in hohem Maße von Energielieferungen abhängig, verweigern ihnen aber die für die Sicherung der Souveränität und Unverletzlichkeit der Grenzen und Stabilität der Region benötigten Rüstungsgüter. Saudi-Arabien ist der zweitgrößte Importeur von Rüstungsgütern, viele Länder scheinen also die strategische und sicherheitspolitische Bedeutung und innenpolitische Lage dieses für die Stabilität der Region wichtigen Landes anders als Deutschland zu bewerten.

Der Golfstaat ist die Führungsmacht der islamischen Welt, kämpft aktiv gegen den „Islamischen Staat" und hat für die Militärallianz von 34 islamischen Staaten in Riad ein Zentrum zur Führung der Militäroperationen eingerichtet. Dieser militärische Kampf kann nur mit Waffen geführt werden, die aus dem Ausland beschafft werden. Zugleich nimmt Saudi-Arabien an den Wiener Verhandlungen über einen Waffenstillstand in Syrien teil. Eine Destabilisierung des Landes mit den größten Ölvorräten der Welt und ein Sturz des Königshauses können nicht in unserem Interesse sein.

Neben Saudi-Arabien steht Katar bei der Diskussion über Rüstungsexporte aufgrund der Missachtung von Menschenrechten immer wieder in der Kritik, die jedoch unsere geostrategischen und sicherheitspolitischen Interessen nicht hinreichend bewertet. Das aufgrund seiner enormen Gas- und Ölvorkommen extrem reiche Land ist für Deutschland ein wichtiger, eng verflochtener Handelspartner. Seit 2014 ist Katar neben anderen arabischen Staaten ein wichtiger Verbündeter im Krieg gegen den terroristischen „Islamischen Staat". Ohne die im Ausland beschafften Waffen könnte das Land diesen Kampf gegen die Terrororganisation nicht führen, die Grenzen nicht sichern. Dazu dienen auch die Streitkräfte und eine leistungsfähige Ausrüstung. Dem trägt die Bundesregierung mit der Exportgenehmigung von Rüstungsgütern, wie LEOPARD 2 Kampfpanzern und Panzerhaubitzen 2000, trotz der kritischen gesellschaftspolitischen Situation Rechnung. So wurden 2013 Genehmigungen zum Export von Rüstungsgütern in Höhe von 673 Millionen Euro erteilt.

Der internationale Terrorismus hat auch die Bundesregierung im August 2014 gezwungen, erstmals Waffen in ein Kriegsgebiet, an die kurdischen Peschmerga im Irak, zu liefern. „Die Terrorgefahr militärisch abzuwehren, ist absolut erforderlich. Aber auch hier gilt: Dauerhafte Stabilität kann nur mit einer politischen Lösung gelingen", sagte Bundeskanzlerin Merkel am 10. September 2014 in ihrer Erklärung im Bundestag. Damit ist die Regierung nach einem schwierigen Abwägungsprozess vom Vorsatz abgewichen, „grundsätzlich keine Waffen in Kriegs- und Kampfgebiete zu liefern".

Der Rüstungsexport ist seit Jahrzehnten ein in Deutschland äußerst kontrovers diskutiertes Thema. Bei der Bewertung von Rüstungsexporten ist zu bedenken, dass die derzeitigen militärischen, ethnischen und religiösen Konflikte in unserer Welt nicht durch den Export von Waffen entstanden sind. Es geht in der Rüstungsexportpolitik aus industrieller Sicht nicht darum, neue Kapazitäten in Deutschland aufzubauen, sondern die rüstungswirtschaftliche Kooperations- und Bündnisfähigkeit und die für unsere Sicherheitspolitik notwendigen wehrtechnischen Kapazitäten zu erhalten sowie einen Beitrag zur regionalen sicherheitspolitischen Stabilität zu leisten.

In dem Sinne kritisierte ich als Vorsitzender des Arbeitskreises Wehrtechnik Schleswig-Holstein am 26. August 2014 auf der Pressekonferenz die restriktive Haltung des sozialdemokratischen Bundeswirtschaftsministers Sigmar Gabriel zur Rüstungsexportpolitik: „Bei einer Exportquote von 50 bis 60 Prozent kann das verheerende Folgen für die Wehrtechnikindustrie haben. Ohne den Export von wehrtechnischem Gerät ist die nationale Rüstungsindustrie in ihrer Existenz gefährdet und es geht hochtechnologische Kompetenz verloren."

Im neuen „Weißbuch 2016" der Bundesregierung kommen die Komplexität des Rüstungsexportes und die schwierige Entscheidungsfindung zum Ausdruck:

„Die Bundesregierung wird insbesondere mit Blick auf EU-, NATO- und der NATO gleichgestellte Länder Exportaktivitäten nach Einzelfallentscheidung auf der Grundlage der restriktiven Politischen Grundsätze aus dem Jahr 2000 mit dem außenwirtschaftlichen und sonstigen Instrumentarium flankieren und dabei auch speziell verteidigungsindustrielle Schlüsseltechnologien berücksichtigen. Diese Flankierung kann auch auf sogenannte Drittstaaten ausgedehnt werden, wenn im Einzelfall für den Export von Kriegswaffen besondere außen- oder sicherheitspolitische Interessen sprechen oder für den Export sonstiger Rüstungsgüter im Rahmen des Außenwirtschaftsrechts zu schützende Belange des friedlichen Zusammenlebens der Völker oder der auswärtigen Beziehungen nicht gefährdet sind."

Konsolidierung und Erhalt wehrtechnischer Kapazitäten

Der für alle Deutschen in Ost und West unerwartete Fall der Mauer am 9. November 1989 und die Wiedervereinigung Deutschlands am 3. Oktober 1990 mussten für die Bundeswehr und die deutsche wehrtechnische Industrie tiefgreifende Veränderungen zur Folge haben. Unsere Gesellschaft befand sich in einer euphorischen Stimmung und erhoffte eine Ära des Weltfriedens, erwartete eine umfangreiche „Friedensdividende".

Dies war die Situation Anfang der 90er Jahre. Ende der 80er Jahre entschied der Krupp-Konzern, sich von großen Teilen der Wehrtechnik zu trennen, wohl weniger aufgrund der veränderten sicherheitspolitischen Lage und damit wegen des Marktes, sondern um die finanziellen Mittel in andere, für das Unternehmen strategisch bedeutendere Geschäftsfelder zu investieren. Da bot sich für Rheinmetall die Gelegenheit, 1990 durch den Erwerb der Wehrtechnik-Geschäftsaktivitäten von Krupp MaK das bisher im Portfolio fehlende Produktsegment gepanzerte Fahrzeuge zu erwerben.

Eine zuvor von Rheinmetall angestrebte Fusion mit dem Münchener Panzerhersteller Krauss-Maffei war nicht erfolgreich. Mit dieser Akquisition erreichte Rheinmetall mit der bereits vorhandenen Kompetenz bei den Turmsystemen und Rohrwaffen die Systemfähigkeit bei gepanzerten Fahrzeugen, zugleich wurde somit die Wettbewerbsfähigkeit im Ausland und gegenüber Krauss-Maffei erheblich verstärkt. Dieser systemtechnische Verbund der Geschäftsaktivitäten in den Bereichen Fahrzeug, Turm, Waffe, Elektronik und Munition ermöglichte dem Rheinmetall-Konzern die kosteneffektive Entwicklung und Produktion kompletter Systeme sowie die Erhöhung der internationalen Kooperations- und Wettbewerbsfähigkeit im Rahmen des grenzüberschreitenden europäischen Rüstungsmarktes.

Am 14. Dezember 1990 wurde dann durch diese Herauslösung des Wehrtechnikbereiches aus dem Krupp-Konzern das Unternehmen MaK System Gesellschaft mbH mit Sitz in Kiel als Tochtergesellschaft der Rheinmetall GmbH gegründet. So wurde ich nach drei Jahren Kruppianer durch die Konsolidierung unerwartet wieder ein Rheinmetaller. Als ich daraufhin den Vorsitzenden der Rheinmetall-Geschäftsführung, Dr. Raimund Germershausen traf, bei dem ich, wie beschrieben, 1975 als Assistent angefangen hatte, sagte ich zu ihm: „Es war doch nicht erforderlich, ein ganzes Unternehmen zu kaufen, um mich zu Rheinmetall zurückzuholen. Das hätten Sie billiger haben können."

MaK System, eine Systemfirma für die Entwicklung und Fertigung von gepanzerten Fahrzeugen für die Bundeswehr und die verbündeten Streitkräfte, zeichnete sich durch eine breite Produktpalette aus, die aus Kampfpanzern, Unterstützungsfahrzeugen, Schützenpanzern, leichte gepanzerte Rad- und Kettenfahrzeuge sowie Artilleriesysteme bestand. Bis zur Eingliederung im Rheinmetall-Konzern hatte das Unternehmen rund 4 000 gepanzerte Fahrzeuge produziert. Diesen Erwerb musste Rheinmetall aber mit dem Verzicht auf die Generalunternehmerschaft bei der Serienfertigung der Panzerhaubitze 2000 zugunsten von Wegmann erkaufen, um kartellrechtliche Auseinandersetzungen zu vermeiden. Dies bedeutete für MaK und den Rheinmetall-Konzern das Ende der Systemführerschaft bei Artilleriegeschützen, die einmal erfolgreich mit der Feldhaubitze 155-1 und der Panzerhaubitze 155-1 begann.

Vorsitzender der Geschäftsführung der neu gegründeten Gesellschaft MaK System wurde mein ehemaliger Düsseldorfer Kollege Gert Winkler, der in Büderich in der Nachbarschaft wohnte und 1987 auf unserer Abschiedsparty anlässlich unseres Umzugs nach Kiel mit seiner Frau in unser Gästebuch schrieb: „Wir wünschen eine schöne Heimat und viele Exportaufträge." Diesen Wunsch konnte ich ihm drei Jahre später mit seiner Versetzung nach Kiel im gemeinsamen Interesse ohne Abstriche zurückgeben. Im Rahmen der Neuorganisation des Unternehmens wurde mir die Leitung des Marketings und der Strategischen Planung übertragen.

Das Ausbleiben von umfangreichen Entwicklungs- und Beschaffungsaufträgen nach dem Ende des Ost-West-Konfliktes und der Wiedervereinigung Deutschlands führten bei MaK System, wie bei den meisten deutschen Wehrtechnik-Unternehmen, zu erheblichen Personalreduzierungen. Während dieser Geschäftsbereich Wehrtechnik Land 1985 bei Krupp MaK noch 1 200 Mitarbeiter hatte, die einen Umsatz von umgerechnet 400 Millionen Euro erwirtschafteten, so waren 1990 mit der Herauslösung bei MaK System nur noch 690 Mitarbeiter in der Wehrtechnik beschäftigt. 1992 war der Umsatz auf umgerechnet 133 Millionen Euro zurückgegangen.

1988 waren nach Untersuchungen des Münchener Ifo-Instituts in der Rüstungsindustrie 237 000 Mitarbeiter beschäftigt, davon 132 000 direkt und 105 000 indirekt in Zulieferbetrieben. Der Wegfall der unmittelbaren Bedrohung durch den Warschauer Pakt führte seit Beginn der 90er Jahre zu einer drastischen Reduzierung der Streitkräfte und der Verteidigungsausgaben. Dies hatte starke Veränderungen in der materiellen Ausstattung der Streitkräfte mit wehrtechnischem Gerät sowie erhebliche Auswirkungen auf die Rüstungsindustrie zur Folge, verbunden mit umfassender Reduzierung der Kapazitäten und Veränderungen der Strukturen der Unternehmen sowie massivem Abbau der Beschäftigten.

Daraufhin begannen ab 1993 sowohl das Bundesverteidigungsministerium unter Leitung von Staatssekretär Jörg Schönbohm, als auch die wehrtechnische Industrie in Deutschland unter Federführung des BDI mit Untersuchungen zum Erhalt der Kapazitäten und unverzichtbarer Industriefelder in Deutschland. Atmosphärisch gestört wurde die partnerschaftliche, vertrauensvolle Zusammenarbeit zwischen dem Verteidigungsministerium und der Industrie durch die Aussage von Verteidigungsminister Volker Rühe in seiner typisch ruppigen, schulmeisterlichen Art, er sei kein Industrieminister. Dies zeugte von wenig Verständnis für die sicherheitspolitische und strategische Bedeutung nationaler wehrtechnischer Kapazitäten. Die Industrie vertrat damals der Vorsitzende des BDI-Arbeitskreises Verteidigungswirtschaft, Raimund Germershausen, Vorsitzender der Geschäftsführung der Rheinmetall GmbH.

Zu diesem Zweck wurden im März 1993 die Arbeitsgruppen Panzerbau, Munition, Luft- und Raumfahrt mit Militärflugzeugen, Hubschraubern und Flugkörpern, Schiffbau, Informationstechnik/Informatik eingerichtet. Die Federführung für den Panzerbau lag bei Krauss-Maffei, die den Vorsitz in der Arbeitsgemeinschaft Wehrtechnische Systeme Land im Verband Deutscher Maschinen- und Anlagenbau hatte. In dieser Arbeitsgruppe Panzerbau nahmen Vertreter der fünf Systemfirmen der deutschen Panzerindustrie, Krauss-Maffei, Henschel Wehrtechnik, KUKA Wehrtechnik, Wegmann und MaK System, heute Rheinmetall Landsysteme, teil. Der Entwicklungsleiter Achim Wilczek und ich waren für Rheinmetall benannt.

Das Ergebnis war eine Definition und Bewertung der Systemtechnik und eine Beschreibung der Technologien, der einzelnen Aufgabenfelder in den einzelnen Phasen des Werdegangs von Wehrmaterial, der Bedeutung internationaler Kooperationen und der Relevanz des Rüstungsexports. Bei den Untersystemfirmen wurden die Technologiebereiche Panzerschutz, Kette/Laufwerk, Gehäusetechnik, Antriebstechnik einbezogen. Die Panzerhauptbewaffnung, Feuerleitanlage und Führungssysteme sowie die Elektrik, Elektronik, Optik und Optronik wurden in anderen Arbeitsgruppen behandelt.

In einem 1993 erstellten Bericht des Verteidigungsministeriums „über die Untersuchung zum Erhalt wehrtechnischer Industriekapazitäten und zur Benennung unverzichtbarer Industriefelder" heißt es: „Es besteht ein nationales Interesse, die Spitzenstellung der deutschen Panzerindustrie und damit ihre diesbezüglichen Entwicklungs- und Fertigungskapazitäten zu erhalten." Zur großen Verwunderung der Industrie galt dies 2014 für die Verteidigungsministerin Ursula von der Leyen auf einmal nicht mehr.

Ein von Germershausen unterzeichnetes Memorandum vom 10. März 1995 und ein Maßnahmenkatalog sowie ein diesbezügliches Schreiben des BDI-Präsidenten, Olaf Henkel, an den Bundeskanzler Helmut Kohl vom 13. März 1995 konnten den Schrumpfungs- und Konsolidierungsprozess nicht aufhalten. Die vorgeschlagenen Maßnahmen, Rückgewinnung von Planungssicherheit, Erhöhung des investiven Anteils am Verteidigungshaushalt, Neuorientierung der deutschen Exportpolitik und Privatisierung der Bundeswehrinstandsetzung, wurden nur in geringem Umfang in die erforderlichen politischen Entscheidungen umgesetzt. Heute gibt es nach einem tief greifenden Schrumpfungs- und Konsolidierungsprozess von den ehemals fünf Systemfirmen der Panzerindustrie nur noch die beiden Unternehmen Krauss-Maffei Wegmann und Rheinmetall Landsysteme, in der Henschel Wehrtechnik und KUKA Wehrtechnik aufgegangen sind.

Die vom Verteidigungsminister Volker Rühe im Januar 1992 gefällten Planungsentscheidungen der Bundeswehr griffen massiv in das Heer ein und führten mit der abrupten Streichung, Kürzung oder Streckung von Entwicklungs- und Beschaffungsvorhaben zu einer erheblichen Planungsunsicherheit und zu radikalem Personalabbau in der Panzerindustrie. Das Gesamtinvestitionsvolumen wurde umgerechnet um 6,9 Milliarden Euro reduziert. Der Streichung fiel auch das Schützenpanzerprojekt MARDER 2 zum Opfer, obwohl der Schützenpanzer MARDER 1 sich bereits über 20 Jahre in der Truppe befand. Erst einige Jahre später wurde mit der Entwicklung des Nachfolgers PUMA begonnen, der 2015 in die Truppe eingeführt wurde.

Die Aufstellung von Krisenreaktionskräften in der Bundeswehr auf Grundlage des neuen Strategischen Konzeptes der NATO von 1991, um bei Krisen und Konflikten schnell und flexibel reagieren zu können, erforderten als neues Streitkräftedispositiv für ein erweitertes Einsatzspektrum zugleich eine neue, aufgabengerechte Ausrüstung. Diese konzeptionelle Neuausrichtung fand in richtungsweisenden Dokumenten, wie in den Verteidigungspolitischen Richtlinien vom 26. November 1992, im Weißbuch 1994 sowie in der Konzeptionellen Leitlinie der Bundeswehr vom 12. Juli 1994, ihren Niederschlag.

Das „Weißbuch 1994. Zur Sicherheit der Bundesrepublik Deutschland und zur Lage und Zukunft der Bundeswehr" weist zutreffend auf die Notwendigkeit hin, leistungs- und wettbewerbsfähige wehrtechnische Kapazitäten in Deutschland zu erhalten: „Eine nationale Rüstungsbasis ist sicherheitspolitisch begründet. Sie verhindert unerwünschte Abhängigkeiten auf dem Rüstungssektor und ist eine zwingende Voraussetzung zur Rüstungskooperation." Und im Weißbuch 2006 heißt es: „Eigene rüstungstechnologische Fähigkeiten sind die Voraussetzung, um den europäischen Integrationsprozess im Rüstungsbereich mitzugestalten. Sie gewährleisten Kooperationsfähigkeit und sichern Einfluss bei der Entwicklung, Beschaffung und Betrieb von entscheidenden militärischen Systemen. Nur Nationen mit einer leistungsfähigen Rüstungsindustrie haben entsprechendes Gewicht bei Bündnisentscheidungen."

Bis heute setzt sich die Diskussion in Deutschland über die Bedeutung wehrtechnischer Kapazitäten und Schlüsseltechnologien mit unterschiedlicher Intensität und begrifflicher Phantasie fort, wurde das Einvernehmen zwischen der Politik, dem Militär und der Industrie weder kontinuierlich fortgeschrieben, noch europäisch abgestimmt. Erhebliche Irritationen und industrieseitige Proteste rief die in diesem Zusammenhang auf der Grundlage einer KPMG-Studie für die Bundeswehr von Ministerin von der Leyen am 8. Oktober 2014 gemachte Aussage hervor, „wirkliche Schlüsseltechnologien können nur wenige sein. Dazu gehören beispielsweise die Verschlüsselungs-, Aufklärungs- und Führungstechnologie". Bei Panzern, U-Booten und Handfeuerwaffen lägen die „Dinge nicht so eindeutig", um anzudeuten, dass die Bundeswehr bei diesen Produkten auch bei ausländischen Anbietern zurückgreifen könne. Dies löste einen berechtigten Sturm der Entrüstung bei der Industrie, aber auch bei Politikern aus, wie Horst Seehofer von der CSU und Frank-Walter Steinmeier von der SPD.

In einem Interview nahm ich im Oktober 2014 in den Lübecker Nachrichten und Kieler Nachrichten dazu Stellung: „Da frage ich mich, warum gerade diese leistungsfähigen Waffensysteme aus Deutschland weltweit so stark nachgefragt sind. Der Kampfpanzer LEOPARD 2 wurde von 17 Ländern beschafft, unsere konventionellen U-Boote sind weltweit die am stärksten nachgefragten. Daraus lässt sich doch schließen, dass entsprechend qualifizierte Produkte nicht so ohne weiteres auf dem Markt zu haben sind." Die besondere technologische Kompetenz der deutschen Rüstungsindustrie ist gekennzeichnet durch die Fähigkeit zur Lösung komplexer Systemanforderungen, die Anwendung modernster Fertigungsmethoden und -verfahren unter Einsatz neuester Erkenntnisse der Spitzen- und Hochtechnologie. Diese global wettbewerbsfähige Kompetenz gilt es zu erhalten.

Die Ministerin musste einlenken. Auf der Grundlage des Koalitionsvertrages wurde gemeinsam vom Bundeswirtschaftsministerium, Verteidigungsministerium, Auswärtigen Amt und unter Beteiligung des Bundeskanzleramtes das „Strategiepapier der Bundesregierung zur Stärkung der Verteidigungsindustrie in Deutschland" vom 8. Juli 2015 erarbeitet. Darin wurde der neue Begriff „verteidigungsindustrielle Schlüsseltechnologien" eingeführt, der die alte, weitergehende Bezeichnung „wehrtechnische Kernfähigkeit", die über einen technologischen Ansatz hinausgeht, verengt. Mit diesem Strategiepapier werden „nationale verteidigungsindustrielle Schlüsseltechnologien" definiert, deren Verfügbarkeit aus nationalem Sicherheitsinteresse zu gewährleisten ist und konkrete Maßnahmen zu ihrer Sicherung festgelegt. Dazu gehören, wie es in einer Erklärung der Bundesregierung jetzt heißt, „vor allem Technologien in den Bereichen gepanzerter Fahrzeuge und U-Boote".

Die nationalen verteidigungsindustriellen Schlüsseltechnologien, deren Verfügbarkeit aus nationalem Sicherheitsinteresse zu gewährleisten ist, werden schwerpunktmäßig entlang folgender Bereiche identifiziert: Bei der Führung ist es vor allem die Kryptotechnologie, bei der Aufklärung die Sensorik, bei der Wirkung sind es, und das ist nachgesteuert worden, vor allem Technologien in den Bereichen gepanzerte Plattformen sowie Unterwassereinheiten, und bei der Unterstützung sind es in erster Linie die Schutztechnologien. Im Nachsatz heißt es, dass querschnittlich der Aspekt „Systemfähigkeit" zu berücksichtigen sei. Insbesondere die breit angelegte Systemfähigkeit der deutschen wehrtechnischen Industrie bietet die Grundlage für die internationale Leistungs- und Wettbewerbsfähigkeit. Dies zeigt sich in hohem Maße bei der Panzerindustrie und im Marineschiffbau.

Er wäre zu begrüßen, wenn die 1994 zwischen der Bundeswehr und der wehrtechnischen Industrie vereinbarten Schlüsseltechnologien und Kernfähigkeiten, die gemeinsamen Positionspapiere, wie die „Gemeinsame Erklärung zu Nationalen Wehrtechnischen Kernfähigkeiten" vom 20. November 2007, nicht regelmäßig infrage gestellt, sondern entsprechend der sicherheitspolitischen Lage, den geforderten militärischen Fähigkeiten und dem technologischen Fortschritt weiterhin kontinuierlich abgestimmt und einvernehmlich fortgeschrieben würden. Dies würde dem Rüstungsbereich der Bundeswehr und der wehrtechnischen Industrie erhebliche Planungssicherheit geben und unnötige Diskussionen in der Öffentlichkeit ersparen.

Das „Strategiepapier der Bundesregierung" zielt zugleich auf eine Neugestaltung der deutschen und europäischen wehrtechnischen industriellen Basis: „Zum Erhalt notwendiger verteidigungsindustrieller Schlüsseltechnologien im nationalen und europäischen Rahmen auf längerfristiger wirtschaftlicher Basis brauchen wir eine verstärkte industrielle Konsolidierung und Wettbewerbsfähigkeit in der nationalen und europäischen Verteidigungswirtschaft." Die Bundesregierung steht dabei vor dem Dilemma, dass einerseits bei der seit Jahrzehnten gebetsmühlenhaft von ihr geforderte Konsolidierung der europäischen Rüstungsindustrie kaum Fortschritte zu verzeichnen sind, andererseits nationale Kapazitäten sicherheitspolitisch, technologisch und insbesondere arbeitsmarktpolitisch erhalten werden müssen. Die Harmonisierung der militärischen Forderungen kommt nur schleppend voran, und es sind insbesondere im Marineschiffbau und bei der Panzerindustrie nur wenige europäische Kooperationsprogramme zu verzeichnen.

Wehrtechnisches Engagement im Unternehmensverband

1993, wenige Jahre nach dem Fall der Mauer gestaltete sich die wirtschaftliche Situation der wehrtechnischen Industrie in Deutschland äußerst schwierig. So entstand am Rande eines Parlamentarischen Abends von Unternehmern aus Schleswig-Holstein und eines Gespräches mit dem Staatssekretär im Verteidigungsministerium, Jörg Schönbohm, am 6. September 1993 in der damaligen Landesvertretung Schleswig-Holsteins in Bonn die Idee, in Schleswig-Holstein einen Arbeitskreis Wehrtechnik zu gründen. Dieser sollte die veränderte Lage bewerten, einen Erfahrungsaustausch der Unternehmen ermöglichen und gemeinsame Anliegen dieses Wirtschaftszweiges nach außen vertreten.

Am 14. Dezember 1993 fand auf Einladung des Geschäftsführers der Studien- und Fördergesellschaft der Schleswig-Holsteinischen Wirtschaft, Norbert Stock, einer Organisation der Unternehmensverbände in Schleswig-Holstein, ein erstes Treffen statt, an dem Vertreter von acht Wehrtechnik-Unternehmen teilnahmen. Auf dieser konstituierenden Sitzung trug ich meine Vorstellungen über die Zielsetzung des Arbeitskreises vor und führte dann die relevanten, zu behandelnden Themenbereiche auf: die sicherheitspolitische Bedeutung der wehrtechnischen Industrie, eine Bewertung des Marktes, der Wirtschaftsfaktor der Wehrtechnik in Schleswig-Holstein, Rüstungsexport und Konversion.

Daraufhin wurde ich auf Vorschlag des geschäftsführenden Gesellschafters von Autoflug, Dr. Gerhard Sedlmayr, zum Sprecher gewählt, eine Funktion, die ich nach fast 25 Jahren, jetzt als Vorsitzender, immer noch innehabe. Auf der nächsten Sitzung des Arbeitskreises im Januar 1994 habe ich dann einen Entwurf für ein Positionspapier des Arbeitskreises „Zur Standortsicherung der Wehrtechnik in Schleswig-Holstein" vorgelegt, in dem die Zielsetzung, die Bedeutung der nationalen wehrtechnischen Industrie, die wirtschaftliche Situation der Unternehmen, Maßnahmen zur Standortsicherung beschrieben und Unternehmensinformationen dargestellt wurden. Dieses Papier wurde mit ersten detaillierten Unternehmensinformationen im April 1994 verabschiedet und veröffentlicht.

Das Ziel des Arbeitskreises, auf die sicherheitspolitisch, technologisch und beschäftigungspolitisch unverzichtbare Notwendigkeit angemessener wehrtechnischer Kapazitäten in Schleswig-Holstein hinzuweisen, den Beschäftigungs- und Wirtschaftsfaktor der wehrtechnischen Industrie in diesem Bundesland zu verdeutlichen und diese gegenüber den politischen Repräsentanten, dem öffentlichen Auftraggeber, wirtschaftlichen Institutionen und vor der Öffentlichkeit zu vertreten, hat auch heute noch uneingeschränkte Gültigkeit.

Die erstmals erhobenen Wirtschaftsdaten der im Arbeitskreis vertretenen Unternehmen ergaben, dass im Geschäftsjahr 1992 5 270 Mitarbeiter direkt in der Wehrtechnik beschäftigt waren und sich der Wehrtechnik-Umsatz auf umgerechnet 781,6 Millionen Euro belief. Mein Unternehmen, die MaK System, hatte 1992 in der Wehrtechnik 623 Mitarbeiter direkt beschäftigt und einen Umsatz von umgerechnet 133 Millionen Euro gemacht. Der Arbeitskreis erfasst bis heute als einzige Institution in Deutschland kontinuierlich entsprechende Daten, wertet sie aus, schreibt sie fort und veröffentlicht sie in einem Jahresbericht. Mich hat es immer wieder erstaunt, dass die Verbände auf Bundesebene, der BDI, und der Bundesverband der deutschen Sicherheits- und Verteidigungsindustrie, der BDSV, offenbar nicht willens oder nicht in der Lage sind, derartige belastbare Daten über die gesamte deutsche wehrtechnische Industrie zu veröffentlichen. Es liegt aber auch an der Zurückhaltung einiger Unternehmen, die zwar gerne an der Wehrtechnik verdienen, es jedoch vermeiden, sich offen zu ihr zu bekennen, diese mit nebulösen Begriffen, wie Sondertechnik, umschreiben. Mehr Offenheit und Transparenz wäre eine wichtige vertrauensbildende Maßnahme und würde zum Verständnis für die Bedeutung dieser Branche beitragen.

2016 waren in Schleswig-Holstein in 29 Unternehmen 6 200 Mitarbeiter direkt in der Wehrtechnik beschäftigt, der höchste Wert seit 1992. Seit 2001 ist ein Anstieg um 40 Prozent zu verzeichnen. Der Wehrtechnik-Umsatz schwankt abrechnungstechnisch bedingt sehr stark, er beläuft sich auf rund 1 bis 1,5 Milliarden Euro. 2014 belief sich der Wehrtechnik-Umsatz abrechnungstechnisch bedingt sogar auf rund 2,1 Milliarden Euro. Der Exportanteil am Umsatz beträgt rund 50 bis 70 Prozent.

Ein erstes, politisch bedeutendes Informationsgespräch wurde vom Arbeitskreis am 13. Juni 1994 mit der Ministerpräsidentin des Landes, Heidi Simonis, geführt. Dabei war spürbar, dass die Rüstungsindustrie bei ihr kei-

*Ministerpräsiden-
tin Heide Simonis
im „Mercator",
Gästehaus der
Peter Kölln
GmbH von Prof.
Dr. Hans Hein-
rich Driftmann
(Foto: Elmshorner
Nachrichten)*

ne Herzensangelegenheit war. Einleitend bemerkte sie, dass sie „die Wehrtechnik nicht immer im Munde führe". Dennoch zeigte sich die Ministerpräsidentin gegenüber den vorgetragenen Fakten und Argumenten aufge-
schlossen und sagte, dass sie „die wehrtechnische Industrie als Arbeits- und
Technologiefaktor akzeptiere und die Forderung der Unternehmen nach
Planungssicherheit unterstütze".

Heide Simonis sprach sich auch für die Harmonisierung der Exportbestimmungen innerhalb der Europäischen Union aus. Rüstungsexporte sollten nach ihrer Auffassung möglichst nicht stattfinden, in die EU- und
NATO-Staaten sowie in die vom Bundessicherheitsrat definierten
„Nichtspannungsgebiete" jedoch gestattet sein. In diesem Zusammenhang
bezeichnete sie Südkorea als Spannungsgebiet, ohne zu berücksichtigen,
dass dieses Land ein wichtiger Bündnispartner im pazifischen Raum und ein
bedeutender Markt für die deutsche wehrtechnische Industrie, insbesondere
für den Marineschiffbau, ist.

Nach dem Wegfall des Ost-West-Konfliktes stand die wehrtechnische
Industrie in Schleswig-Holstein vor schwierigen strategischen Grundsatz-
entscheidungen über ihre zukünftige Ausrichtung. Dabei mangelte es nicht
an Empfehlungen. So bewerte der damalige Ministerpräsident des Landes,
Björn Engholm, 1989 die Lage folgendermaßen: „Es ist nicht zu leugnen,
daß der Kriegsschiffbau für den verbleibenden Rest unserer Werftindustrie
derzeit noch von teilweise erheblicher Bedeutung ist. Unser politisches Ziel
ist aber ebenso eindeutig, diese Bedeutung zu verringern."

Der schleswig-holsteinische Wirtschaftsminister, Peer Steinbrück, vertrat 1994 folgende Auffassung: „Die Umstellung auf zivile Produkte ist eine aussichtsreiche Strategie, um die vorhandenen Potentiale der wehrtechnischen Industrie zukunftsträchtig zu nutzen, ihre Krisenanfälligkeit zu reduzieren und hochqualifizierte Arbeitsplätze in diesen Unternehmen zu sichern. (…) Einige Unternehmen in Schleswig-Holstein haben die Notwendigkeit der Umorientierung schnell erkannt und die Entwicklung und Vermarktung ziviler Produkte in den letzten Jahren zügig vorangetrieben, wodurch sich ihre Zukunftsperspektiven oft deutlich verbessert haben. Die Landesregierung hält es für richtig, daß möglichst viele Unternehmen in Schleswig-Holstein diesen Weg beschreiten." Hier hatte sich Steinbrück, wie die weitere Entwicklung der Unternehmen bis heute zeigt, gründlich geirrt. Es war eine krasse Fehleinschätzung hinsichtlich der strategischen Ausrichtung der wehrtechnischen Industrie.

Es lag auch im Interesse des Arbeitskreises, nicht nur mit der Politik und mit der Bundeswehr, sondern auch mit den Gewerkschaften den Dialog zu pflegen. Sehr kontrovers gestaltete sich dieser mit dem Vorsitzenden der IG Metall Küste, Frank Teichmüller, der in der Konversion die einzige Chance sah, die Arbeitsplätze der wehrtechnischen Unternehmen langfristig zu erhalten. Er prognostizierte 1996 in einer von der Schleswig-Holsteinischen Landeszeitung mit mir geführten Diskussionsrunde: „Ohne Diversifizierung, ohne Konversionsanstrengung ist die Perspektive völlig aussichtslos."

Doch die meisten Unternehmen konnten sich diesen politischen, oft ideologisch geprägten Empfehlungen zur zukünftigen Ausrichtung nicht anschließen, sondern sahen in zukunftsweisenden Technologien und neuen, missionsgerechten militärischen Produkten sowie in der Internationalisierung des Geschäftes weiterhin Chancen für eine erfolgreiche Ausrichtung im wehrtechnischen Kerngeschäft. So war 1996 der Konkurs von DST Deutsche System-Technik GmbH, ein von der Politik und in den Medien hoch gelobtes Kieler Vorzeigeunternehmen für die Konversion der Wehrtechnik, auch ein Beweis für das Scheitern der Konversionsstrategie und -förderung.

Ein weiterer bedeutender Schritt in der Informationspolitik des Arbeitskreises war am 28. Juni 1994 eine Informationsveranstaltung in Bonn mit 12 Abgeordneten des Deutschen Bundestages und Jörg Schönbohm, Staatssekretär im Bundesministerium der Verteidigung. In meinem Eingangsstatement erläuterte ich kurz unser Positionspapier und bat um Unterstützung bei der Realisierung folgender Ziele:

1. Erhalt der sicherheitspolitisch und wirtschaftlich unabdingbar erforderlichen wehrtechnischen Kapazitäten,
2. Herstellung einer größtmöglichen Planungssicherheit,
3. Harmonisierung der Exportbestimmungen für wehrtechnisches Gerät innerhalb der Europäischen Union,
4. Wettbewerbsgleichheit bei europaweiten und nationalen Ausschreibungen,
5. Privatisierung von Leistungen der Bundeswehr, wo dies militärisch vertretbar und ökonomisch sinnvoll ist,
6. eine mit angemessenen finanziellen Mitteln staatlich geförderte Konversion.

Anschließend nahm Staatssekretär Schönbohm zu meinen Ausführungen Stellung. Seine profunden militärischen und rüstungspolitischen Kenntnisse, sein entschlossenes Auftreten beruhten auf seiner erfolgreichen militärischen Karriere. Er war im Zuge der deutschen Wiedervereinigung ab 1990 als Befehlshaber des Bundeswehrkommandos Ost in Strausberg für die Auflösung der 90 000 Mann starken Nationalen Volksarmee der früheren DDR verantwortlich. 1991 wurde er Inspekteur des Heeres und 1992 vom Verteidigungsminister Gerhard Stoltenberg zum beamteten Staatssekretär für Sicherheitspolitik, Bundeswehrplanung und Rüstung ernannt. Dieses Amt hatte er bis 1996 inne. Danach machte der geradlinige, vom Militär geprägte Schönbohm erfolgreich Karriere in der Landespolitik in Berlin und Brandenburg.

Schönbohm führte mit Weitblick aus, dass er die Forderung nach Planungssicherheit akzeptiere, um nicht Kapazitäten in der wehrtechnischen Industrie abzubauen, die in wenigen Jahren oder bei sich ändernden sicherheitspolitischen Rahmenbedingungen benötigt werden. Aus marktwirtschaftlichen Gründen wird eine möglichst breit gefächerte wehrtechnische Industrie gewünscht, doch durch die Bundeswehr allein ist eine die Kapazitäten auslastende oder sichernde Auftragsvergabe nicht möglich, hier sind Auslandsaufträge notwendig. Er machte aber auch unmissverständlich klar, dass Arbeitsmarkt-, Regional- und Strukturpolitik nicht mit Mitteln des Verteidigungshaushaltes finanziert werden können.

Mit Jörg Schönbohm, Staatssekretär für Rüstung im Bundesministerium der Verteidigung

In der anschließenden, sehr kontrovers geführten Diskussion mit und unter den Bundestagsabgeordneten nahm der Rüstungsexport einen großen Raum ein. Der FDP-Abgeordnete Jürgen Koppelin sah die Gefahr, dass durch zu restriktive Exportbestimmungen wehrtechnisches Know-how ins Ausland abwandere und zu einem späteren Zeitpunkt nicht oder nur mit großem Aufwand rückholbar sei. Der SPD-Abgeordnete Manfred Opel betonte die Notwendigkeit des Rüstungsexports für die Kooperationsfähigkeit Deutschlands, meinte aber zugleich, dass damit die nationalen Probleme der wehrtechnischen Industrie nicht gelöst werden können. Der SPD-Abgeordnete Norbert Gansel vertrat sogar die extreme Auffassung, dass es Exporte von wehrtechnischem Gerät nur in NATO- und EU-Staaten mit Endverbleibserklärung geben dürfe, Exporte in andere Regionen sollten nur dann zulässig sein, wenn diese politisch gewünscht und vom Bundestag mit Zweidrittelmehrheit gebilligt werden.

Abschließend sprach sich der Staatssekretär insbesondere für eine Straffung des Werdegangs von Wehrmaterial aus, eine Problematik im Rüstungsprozess, für die auch heute noch ein dringender Handlungsbedarf besteht. Dann ging er auch noch auf die Rüstungskooperation mit Osteuropa ein. Diese werde, so Schönbohm, derzeit auf Staatssekretärsebene mit dem Auswärtigen Amt abgestimmt, weil die Staaten Mittel- und Osteuropas eine

Reduzierung der Abhängigkeit im rüstungstechnischen Bereich von Russland anstrebten.

Am 8. Februar 1995 führte der Arbeitskreis Wehrtechnik auf Einladung des Wirtschaftsausschusses des Schleswig-Holsteinischen Landtages ein erstes Gespräch mit Landtagsabgeordneten, an dem auch der Wirtschaftsminister Peer Steinbrück teilnahm. Steinbrück erklärte, dass der Arbeitskreis auf die Unterstützung der Landesregierung bauen könne, wenn es darum ginge, Kalkulierbarkeit in der Bundeswehrplanung und eine Erhöhung des investiven Anteils am Verteidigungshaushalt zu erreichen. Wenig Zustimmung fanden wir bei ihm beim Thema Rüstungsexport. Dieser komme für die Landesregierung außerhalb der NATO nicht in Frage und die „Harmonisierung der Exportbestimmungen" solle in der EU auf der Tagesordnung stehen. „Wenn es der wehrtechnischen Industrie um Klimapflege gehe", so Peer Steinbrück, „dann solle sie das Thema Rüstungsexport nicht in das Zentrum ihrer politischen Aktivitäten stellen."

Auch beim Thema Konversion standen sich unterschiedliche Positionen gegenüber. Steinbrück erklärte, dass nach Auffassung der Landesregierung die Überschätzung der Technologie, des personellen Know-hows sowie der vorhandenen Vertriebswege symptomatisch für die wehrtechnische Industrie seien. Die Landesregierung hätte sich mehr Neugier und mehr Interesse im Bereich der Konversion erhofft. Am Ende des Gespräches bot der Minister zu unserer Überraschung an, wohl überzeugt von der technologischen und wirtschaftlichen Bedeutung der wehrtechnischen Unternehmen für Schleswig-Holstein, mit dem Arbeitskreis nach Bonn zu reisen, um im Rahmen einer Präsentation und einer Ausstellung den Unternehmen zur Seite zu stehen.

Der Arbeitskreis Wehrtechnik griff Steinbrücks Vorschlag bereitwillig auf und führte am 24. Oktober 1995 in Bonn mit ihm einen Parlamentarischen Abend zum Thema „Technologische und ökonomische Bedeutung der wehrtechnischen Unternehmen in Schleswig-Holstein" durch, an dem zahlreiche Bundestagsabgeordnete sowie Offiziere und Beamte aus dem Verteidigungsministerium teilnahmen.

In diesem Jahr griff der Arbeitskreis auch die frühere Anregung von Ministerpräsidentin Heide Simonis auf, die technologische Kompetenz der Unternehmen darzustellen, und veröffentlichte eine erste Imagebroschüre mit dem Titel „Wehrtechnik in Schleswig-Holstein. Technologie und Kompetenz".

Nach Ende des Ost-West-Konfliktes gestaltete sich der Wehrtechnik-Markt in Deutschland bis Mitte der 90er Jahre äußerst schwierig. Nominal ging der Verteidigungshaushalt von umgerechnet 27,4 Milliarden Euro in 1991 auf 24,9 Milliarden Euro in 1994 zurück. Die wehrtechnischen Unternehmen mussten insgesamt bis 1996 einen beträchtlichen Personalabbau und Umsatzrückgang verkraften, verbunden mit tiefgreifenden Umstrukturierungen. Die Anzahl der direkt in der Wehrtechnik Beschäftigten ging in Schleswig-Holstein von 1992 bis 1996 um mehr als 1 000 auf 4 266 zurück. 1996 war das Jahr, in dem in Schleswig-Holstein der niedrigste Stand an direkt Beschäftigten in der Wehrtechnik zu verzeichnen war. Es war aber auch das Jahr der Wende, ab dem es jetzt wirtschaftlich wieder bergauf ging. So war es wie ein hoffnungsvolles Signal für eine zukünftig positive Entwicklung der wehrtechnischen Industrie in Schleswig-Holstein, als 1994 die neue Fregatte der Bundeswehr bei HDW in Kiel auf den Namen „Schleswig-Holstein" getauft wurde.

Insbesondere die erteilten Großaufträge der Bundeswehr, wie die vier außenluftunabhängigen U-Boote der Klasse 212A in 1994, die Fregatte der Klasse 124 HAMBURG sowie die 185 Panzerhaubitzen 2000 in 1996, haben bei den beteiligten Unternehmen die wirtschaftliche Lage auf mittlere Sicht stabilisiert. Darüber hinaus war auch der 1994 unterzeichnete Vertrag über den Bau eines dritten israelischen U-Bootes der HDW DOLHIN-Klasse wichtig für die Auslastung des Marineschiffbaus. Anfang 1994 entschied sich Schweden, den deutschen Kampfpanzer LEOPARD 2 zu beschaffen. 1996 erhielt die Flensburger FFG als Hauptauftragnehmer von der Bundeswehr den Auftrag zur Umrüstung von über 600 Transportpanzern M113. Dies war der strategisch wichtige Einstieg des Instandsetzungsunternehmens über die Leistungssteigerung von gepanzerten Fahrzeugen in die Systemfähigkeit.

So trugen nach der Wende drei richtungsweisende strategische Unternehmensentscheidungen entscheidend zur Leistungsfähigkeit der wehrtechnischen Industrie in Schleswig-Holstein bei: Aufrechterhaltung der Wehrtechnik als Kerngeschäft, die Entwicklung technologisch marktführender Produkte und die verstärkte Erschließung von Auslandsmärkten.

Schleswig-Holstein verfügt über eine leistungsfähige wehrtechnische Industrie. Die Unternehmen des Landes sind ein wichtiger Bestandteil der deutschen Rüstungsbasis. Sie wurden erfolgreich umstrukturiert sowie unter Anwendung neuester Technologien mit neuen missionsgerechten Produkten auf neue Märkte ausgerichtet. Die wehrtechnischen Geschäftsaktivitäten dieser Unternehmen sind weit gefächert. Sie zeichnen sich durch ein breites Technologiespektrum sowie technische Kompetenz aus. Von diesen sind heute 14 im Marineschiffbau, neun in der Fahrzeugtechnik, vier in der Luftfahrt, sechs in der Kommunikationstechnik, vier in der Waffen- und Munitionstechnik sowie fünf in der Sensorik und Optik tätig. Dabei sind einige, insbesondere die Systemfirmen, in mehreren Geschäftsfeldern tätig.

Deutschland ist als Industrienation in hohem Maße vom Export abhängig und hat als führendes Exportland erhebliche wirtschaftliche sowie sicherheitspolitische Interessen. Deshalb muss die deutsche Sicherheitspolitik immer eine bedeutende maritime Komponente haben. Unser Land benötigt sicherheitspolitisch, wirtschaftlich und technologisch eine eigene leistungsfähige, global agierende Marineindustrie. In bestimmten Hochtechnologien, wie bei den außenluftunabhängigen Antrieben, Unterwasserwaffen, unbemannten Unterwasserfahrzeugen und Unterwassersensoren nimmt die deutsche Marinetechnik weltweit eine Spitzenstellung ein.

Zur Marineindustrie in Schleswig-Holstein gehören neben den Marinewerften Thyssen-Krupp Marine Systems, ehemals HDW, die Lürssen-Kröger Werft und German Naval Yards sowie die Komponentenhersteller und Zulieferbetriebe. Sie beschäftigten mit wachsendem Umfang 2016 in der Wehrtechnik rund 4 000 Mitarbeiter. Der Wehrtechnik-Umsatz, der abrechnungstechnisch bedingt sehr stark schwankt, belief sich auf 1,2 Milliarden Euro.

Bei Thyssen-Krupp Marine Systems in Kiel werden der starke Wandel und die strategische Neuausrichtung des Schiffbaus in den letzten Jahrzehnten besonders deutlich. Während 1992 in diesem Unternehmen, damals noch HDW, von 4 000 Beschäftigten 600 in der Wehrtechnik arbeiteten, so sind heute auf dem Ostufer bei Thyssen-Krupp Marine Systems und bei German Naval Yards Kiel rund 3 200 in der Wehrtechnik und nur noch wenige im zivilen Schiffbau beschäftigt.

Der Thyssen-Krupp-Konzern hat mit der Veräußerung der Werft-Kapazitäten für den Überwasserschiffbau in Hamburg an die Werft Blohm + Voss, die jetzt zu Lürssen gehört, und in Kiel an German Naval Yards eine strategische Entscheidung mit erheblicher Tragweite getroffen. Eigentümer der German Naval Yards Holdings ist die Privinvest-Gruppe, zu der auch CMN in Frankreich und Isherwoods in Großbritannien zählen. Innerhalb kurzer Zeit ist mit der German Naval Yards Holdings mit den Werften Nobiskrug, German Naval Yards Kiel und Lindenau ein großer Marinekonzern mit rund 1 000 Mitarbeitern entstanden, der mit Thyssen-Krupp Marine Systems einerseits eng kooperiert, so beim Bau der algerischen Fregatten und israelischen Korvetten, zum anderen aber auch ein ernsthafter Konkurrent werden könnte. German Naval Yards Kiel war die Bauwerft der zwei MEKO 200-Fregatten, die 2012 von Algerien bei Thyssen-Krupp Marine Systems beauftragt und 2015 und 2016 ausgeliefert wurden.

Im Bereich der Entwicklung und des Baus konventioneller, d.h. nichtnuklearer U-Boote ist die schleswig-holsteinische Werft Thyssen-Krupp Marine Systems Weltmarktführer. Der U-Bootbau ist ein Wachstumsmarkt. Flotten von 39 Staaten halten heute rund 500 U-Boote in Dienst. Die neuen konventionellen U-Boote der Klasse 212A, die über einen außenluftunabhängigen Brennstoffzellenantrieb verfügen, werden mit der großen Unterwasserreichweite dem erweiterten Auftrag der Deutschen Marine in besonderer Weise gerecht. Bei der Ausrüstung der U-Boote hat die Kommunikationsfähigkeit eine hohe Priorität erhalten. Im Export ist Thyssen-Krupp Marine Systems besonders mit den U-Booten der Klasse 214 erfolgreich, die ebenfalls über einen Brennstoffzellenantrieb verfügen.

Gabler Maschinenbau hat Ausfahrgeräte für über 150 U-Boote in über 20 Nationen geliefert. Raytheon Anschütz hat diese U-Boote mit Datenmanagement, Steuerungs- und Überwachungssystemen ausrüstet und ist führender Hersteller von Navigationsausrüstung für Überwassereinheiten. Hagenuk Marinekommunikation und Wärtsilä ELAC Nautik liefern wesentliche Komponenten für den U-Boot-Bau und die Torpedos von ATLAS ELEKTRONIK sind in mehr als 150 U-Booten in 17 Marinen eingeführt. THALES Electronic Systems produziert Führungs- und Kommunikationssysteme für Marineschiffe. J.P. Sauer & Sohn Maschinenbau ist ein weltweit führender Lieferant für Hochdruckkompressoren. Hagenuk Marinekommunikation ist zugleich einer der führenden Systemintegratoren für Kommuni-

Vertreter der Wirtschaft auf einem Minenräumboot zu Gast bei der Deutschen Marine. Norbert Stock, Hauptgeschäftsführer der Studien- und Fördergesellschaft, Dieter Hanel, Prof. Dr. Hans Heinrich Driftmann, Präsident der Unternehmensverbände Nord, Vizeadmiral Lutz Feldt, Befehlshaber der Flotte (v. li.)

kationssysteme auf U-Booten und Überwassereinheiten.

Die Heeresrüstungsindustrie ist in Schleswig-Holstein ebenfalls weit gefächert und zählt neun Unternehmen. Sie reicht vom Generalunternehmer für gepanzerte Fahrzeuge über Instandsetzungsbetriebe bis zum Komponentenhersteller. Am Gepanzerten Transport-Kraftfahrzeug BOXER und am Schützenpanzer PUMA sind in Schleswig-Holstein Rheinmetall Landsysteme, JENOPTIK Advanced Systems, Autoflug, Rexxon und Dräger maßgeblich beteiligt. Bei den Pioniergeräten verfügen Mecalac, Rheinmetall Landsysteme und die FFG Flensburger Fahrzeugbau Gesellschaft über ein leistungsfähiges Produktspektrum.

Die Luft- und Raumfahrtindustrie hat in Schleswig-Holstein eine relativ geringe Bedeutung. In der Wehrtechnik sind nur rund 300 Mitarbeiter mit technologisch anspruchsvollen Produkten in den Unternehmen Autoflug, Jenoptik und Rheinmetall Landsysteme beschäftigt.

Im Produktsegment Waffen- und Munition sind in Schleswig-Holstein ATLAS ELEKTRONIK, Newco, Rheinmetall Waffe Munition in Trittau und SIG Sauer mit einem breiten Leistungsspektrum von der Pyrotechnik, kleinkalibrige Waffen und Munition bis zu Torpedos tätig.

Seit 1990 haben fast alle Unternehmen umfangreiche Veränderungen erfahren, bedingt durch umfassende Umstrukturierungen, neue Eigner, Eingliederung in neue Konzernstrukturen, Auflösung als eigenständige Gesellschaft, Verlagerung des Firmensitzes, Ausgliederung von Produktsegmenten bis hin zu Änderungen des Namens und des Außenauftritts.

Auf der Achten Nationalen Maritimen Konferenz im April 2013 bezeichnete der sozialdemokratische Wirtschaftsminister Schleswig-Holsteins, Reinhard Meyer, in seiner Grundsatzrede den Marineschiffbau als einen stabilisierenden Sektor: „Hier können wir leistungsfähige nationale Marineschiffbauindustrie bieten und damit attraktive Arbeitsplätze sichern." Und im selben Jahr schrieb der Ministerpräsident des Landes Schleswig-Holstein, Torsten Albig: „Trotz erheblicher Umstrukturierungen und tiefer Einschnitte im Wehretat hat die Branche es geschafft, sich erfolgreich am Markt zu behaupten und sogar weiter zu wachsen. Die meist mittelständischen Unternehmen zeigen sich als äußerst flexibel, setzen auf technologische Kompetenz, das Know-how ihrer gut ausgebildeten Fachkräfte sowie auf entwicklungsfähige High-Tech-Produkte. Die wehrtechnische Industrie also ist ein Erfolgsmodell."

Ein Höhepunkt der Arbeit des Arbeitskreises Wehrtechnik war 2013 die Jubiläumsveranstaltung zum 20jährigen Bestehen des Arbeitskreises, an der 250 Gäste aus Wirtschaft, Wissenschaft, Politik und Verwaltung sowie der Bundeswehr teilnahmen. Bundesaußenminister Dr. Guido Westerwelle hielt im Kieler Schloss den Festvortrag. Er sprach sich in seiner Grundsatzrede „zu aktuellen Aspekten der deutschen Außen- und Sicherheitspolitik" dafür aus, dass wir Europäer stärker als bisher die Verantwortung für unsere Nachbarschaft selbst in die Hände nehmen müssten und fuhr dann fort: „Die Vereinigten Staaten von Amerika sind zu der Überzeugung gekommen, dass Europa nach einigen Jahrzehnten selbst in die Lage gekommen sein müsste, die Sicherheit und Stabilität eigenständig zu organisieren. Das ist eine selbstverständliche Entwicklung. Wir werden uns darauf einstellen müssen, durch eine eigene Außen-, Sicherheits- und Verteidigungspolitik als Europäer die Verantwortung für uns wahrnehmen zu müssen." Europa müsse, so Westerwelle, in der Verteidigungspolitik die Aufgaben stärker koordinieren, die Ressourcen stärker auf Effizienz hin vernetzen, in Hinblick auf die Aufgaben stärker koordinieren und arbeitsteiliger organisieren.

Der Außenminister bezeichnete „Pooling und Sharing", die Initiative der Gemeinsamen Sicherheits- und Verteidigungspolitik in der Europäischen Union, als Ansatz den wir weiter voranbringen müssten. „Deshalb ist es

Als Vorsitzender des Arbeitskreises Wehrtechnik Schleswig-Holstein begrüße ich den Bundesaußenminister Dr. Guido Westerwelle

auch richtig, dass wir in der Außen-, Sicherheits- und Verteidigungspolitik enger zusammenrücken." Zugleich plädierte Westerwelle für eine Kultur der militärischen Zurückhaltung. „Damit ist gemeint", so der Außenminister, „dass wir das militärische Instrument besonders prüfen. Militärische Lösungen sind erst dann sinnvoll, wenn sie politische Lösungen unterstützen."

Mit den schleswig-holsteinischen Bundestags- und Landtagsabgeordneten sowie den Ministern und Staatssekretären des Wirtschaftsministeriums des Landes pflegt der Arbeitskreis einen vertrauensvollen, kooperativen Informationsaustausch. Insbesondere der SPD-Abgeordnete und Vorsitzende des Verteidigungsausschusses, Dr. Hans-Peter Bartels, setzte sich in Schleswig-Holstein stark für die Belange der Bundeswehr ein, wusste um die Bedeutung der wehrtechnischen Industrie, vertrat engagiert, sachlich und kompetent seine Positionen. Hans-Peter Bartels, 1961 in Düsseldorf geboren, war enger Mitarbeiter des Ministerpräsidenten Björn Engholm, wurde später Büroleiter der Ministerpräsidentin Heide Simonis, zog 1988 als Abgeordneter in den Bundestag ein und engagierte sich besonders auf dem Gebiet der

130

Sicherheitspolitik. 2014 wurde er Vorsitzender im Verteidigungsausschuss des Deutschen Bundestages. Seine Ansichten zur Sicherheitspolitik, Bundeswehr und Wehrtechnik vertrat Bartels immer geradlinig, sachlich kompetent und ohne ideologische Vorurteile, was in der vom linken Landesvorsitzenden, Ralf Stegner, geführten Landespartei nicht immer leicht war.

Bartels kritisierte zu Recht die untypische Vorgehensweise des Verteidigungsministers zu Guttenberg bei der Neuausrichtung der Bundeswehr, bei der, wie er sagte, „ohne eine umfassende sicherheitspolitische Analyse an zu vielen Schrauben gedreht" wurde. Insbesondere sah er die Reform zu einseitig auf Auslandseinsätze und zu wenig auf zukünftige Unwägbarkeiten der Landes- und Bündnisverteidigung ausgerichtet. Die kritischen Ereignisse in der Ukraine und der daraus erforderliche Nachsteuerungsbedarf in der Bundeswehr bestätigten seine Auffassung. Am 21. Mai 2015 wurde Bartels Wehrbeauftragter des Deutschen Bundestages, ein Amt, für das er hervorragende Voraussetzungen mitbringt.

Im August 2014 kritisierte ich öffentlich die restriktive Haltung des Bundeswirtschaftsministers Sigmar Gabriel zur Rüstungsexportpolitik, weil „sie langfristig Arbeitsplätze in der Wehrtechnik gefährdet". Ich führte aus, dass ich diese geostrategisch und wirtschaftspolitisch nicht für vertretbar halte und sie populistisch bezeichnet. Auch sei de facto die politisch gewollte Rüstungskooperation mit anderen europäischen Staaten nicht möglich, wenn gemeinsam entwickelte Waffen nicht exportiert werden dürften.

Daraufhin lud am 7. Oktober 2014 der Wirtschaftsminister von Schleswig-Holstein, Reinhard Meyer, zu einer Besprechung ein, um sich, wie er sagte, „aufgrund der derzeitigen Debatte über Rüstungsexporte, die viel Interpretationsspielraum lässt, einen Überblick über die Lage der wehrtechnischen Industrie in Schleswig-Holstein und die Bedeutung des Rüstungsexportes zu verschaffen". Es sei sein Ziel, erklärte Meyer, auf der anstehenden Konferenz der Wirtschaftsminister der Länder im Dezember diese Thematik auf die Tagesordnung zu bringen und auch die Position gegenüber Wirtschaftsminister Gabriel zu vertreten.

Ich gab einleitend einen kurzen Überblick über die wirtschaftliche Lage der 28 im Arbeitskreis vertretenen Wehrtechnikunternehmen und über die wirtschaftliche Bedeutung des Rüstungsexportes. Andreas Burmester, Vorsitzender der Geschäftsführung von Thyssen-Krupp Marine Systems, forderte Zuverlässigkeit in der Exportpolitik und die Notwendigkeit positive Entscheidungen in der Voranfrage einzuhalten, damit Zusagen gegenüber dem Kunden eingehalten und Vorlaufkosten vermieden werden können. Dabei brachte er mit dem U-Boot-Export nach Ägypten ein aktuelles Beispiel, bei dem Verzögerungen oder gar eine verweigerte Genehmigung des Beschaffungsvorhabens erhebliche negative Auswirkungen auf einen im Konzern anstehenden zivilen Großauftrag haben könnten.

Anschließend erarbeitete der Arbeitskreis auf Vorschlag von Wirtschaftsminister Meyer das Positionspapier „Die Bedeutung der Schlüsseltechnologien und der Kernfähigkeiten sowie des Exportes für die Wehrtechnik-Unternehmen in Schleswig-Holstein". Die Aussagen bildeten eine wesentliche Grundlage für den Beschluss der Wirtschaftsminister auf der Wirtschaftsministerkonferenz der Länder im Dezember 2014. Der vom Wirtschaftsminister Meyer vorgelegte Beschlussvorschlag „Situation und Perspektiven der deutschen Verteidigungs- und Sicherheitsindustrie" wurde angenommen.

Für mein Engagement als Vorsitzender des Arbeitskreises Wehrtechnik Schleswig-Holstein wurde mir „in Anerkennung langjähriger ehrenamtlicher Tätigkeit zum Wohle der Allgemeinheit" vom Ministerpräsidenten des Landes Schleswig-Holstein, Peter Harry Carstensen, 1996 die Ehrennadel des Landes verliehen. In der Laudatio heißt es:

> „Er war 1993 Impulsgeber und Gründer des Arbeitskreises Wehrtechnik Schleswig-Holstein und wurde in der konstituierenden Sitzung zum Sprecher gewählt. Dieter Hanel hat mit der Gründung dieses Arbeitskreises die Unternehmen zusammengeführt und ihre Interessen koordinierend sowohl untereinander als auch im In- und Ausland aktiviert. Hierdurch konnten die international anerkannte Hochtechnologie und zahlreiche damit verbundenen Arbeitsplätze in Schleswig-Holstein erhalten bleiben."

Die Kieler Nachrichten titelten die Verleihung mit der Überschrift „Lobbyist für Schleswig-Holstein".

Streitkräfte und Rüstung – der Rüstungsmarkt

Europa – ein sicherheitspolitisches Stiefkind

Europa hat sich unter dem Schutzschirm der Vereinigten Staaten erst sehr spät der Verteidigungspolitik angenommen, und auch heute ist die Europäische Union militärisch kaum handlungsfähig. Die EU hat bisher noch nicht angemessen auf die Notwendigkeit einer stärkeren sicherheitspolitischen, militärischen und rüstungswirtschaftlichen Zusammenarbeit reagiert und sich insbesondere noch nicht auf die schwierigen finanziellen Rahmenbedingungen in den Haushalten der meisten Länder eingestellt. Während des Kalten Krieges haben sich die Europäer über Jahrzehnte auf die NATO, dabei insbesondere auf die Vereinigten Staaten, verlassen. Die Europäische Union war institutionell während des Ost-West-Konfliktes nicht für die äußere Sicherheit zuständig. Erst der Balkankrieg, zahlreiche Konflikte außerhalb Europas, der Terrorismus, die Piraterie und die enormen Haushaltsprobleme sowie die Hinwendung der Vereinigten Staaten in den für sie sicherheitspolitisch wichtigeren pazifischen Raum zwangen die europäischen Staaten, sich verstärkt dieser Thematik zu widmen.

Nach dem Fall der Berliner Mauer am 9. November 1989 und der Wiedervereinigung Deutschlands am 3. Oktober 1990 ist mit dem Niedergang des Kommunismus, dem Zusammenbruch der Sowjetunion und der Auflösung des Warschauer Pakts nach über vier Jahrzehnten der Teilung der Einigungsprozess Europas in eine grundlegend neue Phase getreten. Höchstes Ziel muss eine gerechte und dauerhafte Friedensordnung in ganz Europa sein, die auf einer europäischen Sicherheits- und Verteidigungsidentität beruht.

Dabei sind die NATO, die Europäische Union, der Europarat und die OSZE die wesentlichen, einander ergänzenden Institutionen zur Erreichung dieses Zieles. Sie bilden die Grundlage für eine europäische Sicherheitsarchitektur. Eine europäische Sicherheits- und Verteidigungsidentität ist zugleich die Voraussetzung zur Errichtung eines europäischen Pfeilers in der NATO. Sie trägt zur atlantischen Solidarität bei. Bereits 1991 heißt es im Kommuniqué der Tagung der Staats- und Regierungschefs des Nordatlantikrates: „Die Schaffung einer europäischen Sicherheitsidentität und Rolle in der Verteidigung, reflektiert in der Stärkung des europäischen Pfeilers im Bündnis, wird nicht nur den Interessen der europäischen Staaten dienen, sondern auch die Integrität und Wirksamkeit des Bündnisses insgesamt verstärken." Dies wurde im Strategischen Konzept der NATO 2010 bekräftigt.

Die „Petersberger Aufgaben" wurden im Juni 1992 durch die Petersberger Erklärung anlässlich einer Tagung des Ministerrats der Westeuropäischen Union, der WEU, als integraler Bestandteil der Europäischen Sicherheits- und Verteidigungspolitik ins Leben gerufen. Diese wurden in Artikel 17 des Vertrages über die Europäische Union festgeschrieben und betreffen humanitäre Aktionen oder Evakuierungsmaßnahmen, friedenserhaltende Maßnahmen und Kampfgruppeneinsätze für das Krisenmanagement, einschließlich Maßnahmen zur Wiederherstellung des Friedens.

Im Dezember 2003 wurde durch den Europäischen Rat die Europäische Sicherheitsstrategie angenommen. Sie beschreibt die Hauptbedrohungen für die Sicherheit Europas sowie die globalen Herausforderungen und benennt das Aufgabenspektrum, das humanitäre Rettungseinsätze, friedenserhaltende Aufgaben, Kampfeinsätze bei der Krisenbewältigung und Befriedung umfasst. 2008 wurde zwar ein „Bericht über die Umsetzung der Europäischen Sicherheitsstrategie" veröffentlicht, doch heute bestimmen andere große Herausforderungen die sicherheitspolitische Agenda.

Mit der veränderten sicherheitspolitischen Lage muss Europa die Fähigkeit zur Konfliktverhütung und zum Krisenmanagement entwickeln und Entschlossenheit zum Handeln zeigen. Im Vertrag von Lissabon von 2009 hat die Europäische Union die europäische Gemeinsame Außen- und Sicherheitspolitik im Titel V entscheidend erweitert. So sieht er eine gegenseitige Verteidigungsverpflichtung und die Möglichkeit vor, dass der Rat einer Gruppe von Mitgliedsstaaten, die sich dazu bereit erklären und die Kapazitäten besitzen, die Durchführung von Missionen überträgt. „Die Gemeinsame Sicherheits- und Verteidigungspolitik umfasst die schrittweise Festlegung einer gemeinsamen Verteidigungspolitik der Union. Diese führt zu einer gemeinsamen Verteidigung, sobald der Europäische Rat dies einstimmig beschlossen hat."

Das zusammenwachsende Europa wird nur dann geopolitisch eine entscheidende Rolle spielen, wenn es ihm gelingt, das im Vertrag von Lissabon formulierte Ziel einer Gemeinsamen Außen- und Sicherheitspolitik der Europäischen Union in praktische Politik umzusetzen und die erforderlichen organisatorischen Voraussetzungen zum entschlossenen Handeln zu schaffen. Hierzu gehört auch die Bereitstellung von militärischen Fähigkeiten. Nur so wird in Europa dauerhaft Frieden und Sicherheit gewährleistet, die Abhängigkeit von den USA verringert und ein nennenswerter Beitrag zum Frieden in der Welt geleistet. Zugleich wäre dies ein positiver Beitrag zur Lastenverteilung im Bündnis.

Mit der friedlichen Überwindung der Teilung sind der Frieden und die Sicherheit in Europa stabiler geworden. Die Außengrenze der EU ist mit der Aufnahme neuer Mitglieder weiter nach Osten verschoben worden. Die aus 28 Mitgliedsländern bestehende Europäische Union zählt heute 511 Millionen Einwohner. Sie muss sich jedoch über die Finalität einig werden, wo zukünftig die Grenzen liegen sollen. Der Zuwachs an Größe führt nicht automatisch zu mehr politischer, wirtschaftlicher und militärischer Stärke.

Zu Beginn des 21. Jahrhunderts stellen sich durch die tiefgreifend veränderte sicherheitspolitische Lage grundlegend neue Anforderungen an die europäische Sicherheitspolitik und somit zugleich an die Streitkräfte. Eine existenzgefährdende Bedrohung der Staaten der Europäischen Union durch eine groß angelegte Aggression mit konventionellen Mitteln ist in absehbarer Zeit zwar höchst unwahrscheinlich. Doch die Wahrung von Sicherheit und Stabilität in Europa nach Ende des Ost-West-Konfliktes, die völkerrechtswidrige Aggression Russlands in der Ukraine, der internationale Terrorismus und der Syrienkonflikt sowie die Notwendigkeit, den zunehmenden Verpflichtungen zur internationalen Konfliktverhütung und Krisenbewältigung nachzukommen, führen zu neuen Aufgaben und Anforderungen an die Streitkräfte. Sie machen eine umfassende strukturelle, personelle und materielle Neuausrichtung der Streitkräfte der 28 Staaten der Europäischen Union mit ihren 1,5 Millionen Soldaten erforderlich.

Das am 1. Oktober 1993 in Anwesenheit der Verteidigungsminister Deutschlands, Frankreichs und Belgiens offiziell in Dienst gestellte Eurokorps mit Sitz in Straßburg besteht aus den Rahmennationen Frankreich, Deutschland, Spanien, Belgien, Luxemburg und Polen, das 2016 dem Eurokorps als sechste Rahmennation beigetreten ist. Das Korps ist nicht der NATO unterstellt, sondern ein Einsatzverband der EU. Das SACEUR-

Abkommen vom 21. Januar 1993 stellt aber zugleich die Einbindung des Eurokorps in die Strukturen der NATO sicher.

Im Rahmen der Gemeinsamen Sicherheits- und Verteidigungspolitik wird der EU das Eurokorps als Eingreifverband für Krisenfälle zur Verfügung gestellt. Auf dem EU-Gipfel in Köln am 3. und 4. Juni 1999 wurde beschlossen, die Fähigkeiten der Europäischen Union zur Intervention zu verbessern und Eingreifkräfte für den Krisenfall bereitzustellen. Diese Entscheidung wurde auf dem EU-Gipfel in Helsinki im Dezember 1999 bekräftigt und weiter entwickelt. Heute ist dieser multinationale Großverband ein Krisenreaktionskorps für die EU und die NATO. Dem Korpsstab sind heute nur noch eine Command Support Brigade und die 1989 aufgestellte Deutsch-Französische Brigade unmittelbar unterstellt. Im Jahr 2002 wurde das Eurokorps als High Readiness Force, ein Verband mit hohem Bereitschaftsgrad, zertifiziert.

Schwierigkeiten bei der Aufstellung wirklich einsatzfähiger Kampftruppen in der Größenordnung eines Korps im Rahmen des „European Headline Goal" mündeten dann in das EU Battlegroup-Konzept, das für schnelle Kriseneinsätze Kampfverbände in der Größenordnung von 1 500 Soldaten vorsieht. Der Hauptzweck der EU-Kampftruppen besteht darin, dass sie innerhalb von fünf Tagen nach Zustimmung des Rates einsatzfähig und innerhalb von zehn Tagen nach Entscheidung über den Beginn eines Einsatzes vor Ort sein können.

Dieses Konzept wurde von den EU-Verteidigungsministern offiziell am 22. November 2004 auf der Konferenz „Military Capability Commitment" mit dem Dokument „Declaration on European Military Capabilities" gebilligt. Auf dieser Konferenz haben sich Mitgliedstaaten verpflichtet, Battlegroups aufzustellen. Von 2015 bis 2017 wurden insgesamt 41 EU Battlegroups aufgestellt, an denen Deutschland bisher zehnmal beteiligt war. Seitdem war jedoch noch keine Battlegroup im Einsatz, ein Zeichen sicherheitspolitischer Unentschlossenheit der EU.

Die Europäische Union bildet noch keinen europäischen Rüstungsmarkt im Sinne einer eigenständigen supranationalen Beschaffungspolitik. Dieser besteht derzeit aufgrund nationaler Beschaffungsentscheidungen und finanzieller Ressourcen aus den jeweiligen Märkten der Einzelmitglieder. Der

Vertrag von Lissabon erlaubt nach Artikel 346, bei der Beschaffung von Waffen und Verteidigungsgütern im Interesse der nationalen Sicherheit von den üblichen EU-Regeln der europaweiten Ausschreibung abzuweichen. Dies führt zu unzureichendem Wettbewerb und damit zu hohen Kosten und soll zukünftig durch den gemeinsamen Verteidigungsgütermarkt vermieden werden. Die Schaffung eines europäischen Rüstungsmarktes muss folglich eine Einschränkung der nationalen Alleinverantwortung der Länder für die Ausrüstung ihrer Streitkräfte zur Folge haben. Gleichzeitig sollen die Unternehmen einen erweiterten Marktzugang und damit bessere Marktchancen erhalten. Doch es zeichnet sich langfristig infolge des Einigungsprozesses und der gegründeten Organisationen, der eingeleiteten Strukturen und der grenzüberschreitenden, auf Wettbewerb beruhenden Beschaffungsverfahren die Bildung eines einheitlichen Rüstungsmarktes in der EU ab.

Im Vertrag über die Europäische Union sind im Artikel 42 und 45 die Aufgaben der Europäischen Verteidigungsagentur, der EDA, vereinbart. Dazu gehören die Ermittlung des operativen Bedarfs und die Förderung von Maßnahmen zur Bedarfsdeckung. Dies trägt zur Stärkung der industriellen und technologischen Basis des Verteidigungssektors bei. Die EDA „beteiligt sich an der Festlegung einer europäischen Politik im Bereich der Fähigkeiten und der Rüstung und unterstützt den Rat bei der Beurteilung der Verbesserung der militärischen Fähigkeiten".

Ferner soll die EDA „auf eine Harmonisierung des operativen Bedarfs sowie die Festlegung effizienter und kompatibler Beschaffungsverfahren" hinwirken und „multilaterale Projekte zur Erfüllung der Ziele im Bereich der militärischen Fähigkeiten" vorschlagen und „für die Koordinierung der von den Mitgliedstaaten durchgeführten Programme sowie die Verwaltung spezifischer Kooperationsprogramme" sorgen. Aufgabe der Europäischen Verteidigungsagentur ist es, (…) „dazu beizutragen, dass zweckdienliche Maßnahmen zur Stärkung der industriellen und technologischen Basis des Verteidigungssektors und für einen wirkungsvolleren Einsatz der Verteidigungsausgaben ermittelt werden, und diese Maßnahmen gegebenenfalls durchzuführen".

Zu den Aufgaben der Agentur zählen daher die Erarbeitung eines umfassenden und systematischen Ansatzes bei der Festlegung und Deckung der Bedürfnisse der Gemeinsamen Sicherheits- und Verteidigungspolitik, die

Förderung der Zusammenarbeit der Mitgliedstaaten der EU im Bereich der Verteidigungsgüter; Hilfestellung bei der Entwicklung und Umstrukturierung der europäischen Verteidigungsindustrie und in enger Zusammenarbeit mit der Kommission die Mitwirkung an der Entwicklung eines international wettbewerbsfähigen Marktes für Verteidigungsgüter in Europa.

Am 21. November 2005 haben die Verteidigungsminister von 22 der 24 Mitgliedsstaaten der Europäischen Verteidigungsagentur mit der Unterzeichnung des Grundlagendokuments „Code of Conduct on Defence Procurement" die Schaffung eines gemeinsamen Marktes für Verteidigungsgüter in Europa entscheidend vorangebracht und die Leistungsfähigkeit des europäischen Rüstungsmarktes erhöht. Ergänzt werden diese Regelungen durch den „Code of Best Practice in the Supply Chain", der einen fairen Wettbewerb insbesondere für kleine und mittelständische Unternehmen als Unterauftragnehmer für große Rüstungsprojekte garantiert und ihnen entsprechende grenzüberschreitende Marktchancen einräumt.

Die 2010 begonnene Initiative „Pooling und Sharing" wurde von der Europäischen Verteidigungsagentur EDA entwickelt mit dem Ziel, bei den EU Mitgliedstaaten die berechtigten Forderungen nach einer verstärkten militärischen Integration und internationalen Rüstungskooperation zu erfüllen sowie die militärischen Fähigkeiten zusammenzulegen, Pooling genannt, oder als Sharing zu teilen.

Die Verteidigungsminister aus Deutschland, Frankreich, Italien und Großbritannien beschlossen am 12. November 1996 eine Vereinbarung zur Rüstungskooperation und gründeten die Institution für Rüstungskooperation OCCAR, „Organisme Conjoint de Coopération en matière d'Armement". Diese Organisation soll mit Sitz in Bonn die multinationalen Rüstungsaktivitäten in der Forschung, Entwicklung, Serienreifmachung, Fertigung, Indienststellung und logistische Betreuung koordinieren, leiten und fördern.

Am 9. September 1998 wurde zwischen den vier Ländern der Staatsvertrag für eine gemeinsame Rüstungsagentur unterzeichnet, der der OCCAR eine eigene Rechtspersönlichkeit und damit die Voraussetzung gibt, eigenständig Verträge für gemeinsame Rüstungsvorhaben zu schließen. Die OCCAR steht auch weiteren Partnern offen. 2001 hat die OCCAR mit der OCCAR Convention ihren legalen Status erhalten. Gegenwärtig leitet sie 13

Gemeinschaftsprogramme; bei den gepanzerten Fahrzeugen ist es mit dem deutsch-niederländischen BOXER nur ein Vorhaben.

2005 beteiligte ich mich an einer von der EDA beauftragten, 2006 eingereichten Studie über Armoured Fighting Vehicles und zeigte insbesondere die Fragmentierung des Marktsegments der gepanzerten Fahrzeuge, die Unternehmensstrukturen sowie die zahlreichen nationalen Programme auf. Seitdem wurden in diesem Marktsegment nur geringe Fortschritte bei der Konsolidierung der europäischen Panzerindustrie erreicht und nur wenige Gemeinschaftsprogramme erfolgreich auf den Weg gebracht. Eines ist, wenn auch mit erheblichen Problemen, das gepanzerte Fahrzeug BOXER.

Im neuen Weißbuch 2016 der Bundesregierung wird einmal mehr bemängelt, dass „die Verteidigungsindustrie in Europa nach wie vor vorwiegend national ausgerichtet und stark fragmentiert" ist und der Forderung Ausdruck verliehen: „Europa braucht eine eigene leistungs- und wettbewerbsfähige Verteidigungsindustrie, wenn es gemeinsam sicherheitspolitische Verantwortung übernehmen will."

Mit der Ständigen Strukturierten Zusammenarbeit unter den EU-Mitgliedsstaaten, auch PESCO genannt, wurde 2017 auf der Grundlage des Vertrages von Lissabon ein neuer, ambitionierter und verbindlicher Prozess in Gang gesetzt, der zu einer engeren Kooperation im Rahmen der Gemeinsamen Sicherheits- und Verteidigungspolitik führen soll. Langfristige Perspektive ist eine Europäische Sicherheits- und Verteidigungsunion. PESCO bietet die „Möglichkeit, bei der kooperativen Entwicklung und Bereitstellung der Fähigkeiten für militärische Missionen und Operationen im europäischen Rahmen gemeinsam voranzugehen". Damit verpflichten sich interessierte Staaten, ausgewählte Verteidigungsprojekte gemeinsam umzusetzen. So sollen die vorhandenen Ressourcen in der Europäischen Union effektiver genutzt werden.

Fallstudie BOXER – beinahe ein europäischer K.o.

Das Gepanzerte Transport-Kraftfahrzeug BOXER ist für die Landsystemindustrie, so wie der A400M für die Luftfahrtindustrie, ein Negativbeispiel
für die vielschichtigen politischen, militärischen und industriellen Probleme
in der internationalen Zusammenarbeit bei europäischen Rüstungsprojekten.
Dabei waren Mitte der 90er Jahre bei diesem größten europäischen Vorhaben auf dem Gebiet der gepanzerten Fahrzeuge die militärpolitischen und
rüstungswirtschaftlichen Bedingungen zu Beginn sehr günstig.

Die Erweiterung der Einsatzbedingungen der Streitkräfte, in entfernten
Räumen unter erschwerten klimatischen Bedingungen zu operieren, erforderte ein neues, leistungsfähigeres Fahrzeug, das den erhöhten Forderungen
an Überlebensfähigkeit, Beweglichkeit und Schutz entspricht. Dieser neue,
einsatzbedingte und länderübergreifende Bedarf bot eine gute Voraussetzung für eine internationale Zusammenarbeit der immer noch stark national
ausgerichteten europäischen Panzerindustrie. So unterzeichneten am 18.
März 1993 der deutsche Inspekteur des Heeres und sein französischer Kollege die Gemeinsamen Militärischen Forderungen für das deutsch-
französische Projekt, das Gepanzerte Transport-Kraftfahrzeuge GTK und
das Véhicule Blindé Modulaire VBM. Das Programm sah zwei gemeinsame
Versionen, einen Gruppentransportpanzer und ein Führungsfahrzeug, sowie
zahlreiche nationale Varianten vor.

Entsprechend den Richtlinien der Western European Armaments Group,
der WEAG, erfolgte im August 1994 in Deutschland im Bulletin 55 die
Ankündigung, sich bis zum 31. Mai 1995 für die Entwicklung dieses Vorha-
bens zu bewerben. Diese Ausschreibung schrieb ein französisches Unternehmen als Partner vor, das den Erhalt der Systemfähigkeit in Frankreich
garantieren sollte. Diese Ausschreibung wurde in Frankreich jedoch nie
veröffentlicht. Frankreich setzte aus industriepolitischen Überlegungen von
vornherein das Unternehmen GIAT Industries, heute Nexter, als französischen Hauptauftragnehmer. Da sich GIAT vertraglich jedoch bereits an
Krauss-Maffei gebunden hatte, konnten demzufolge andere deutsche Unternehmen, wie Thyssen Henschel, Wegmann, Rheinmetall und MaK, keinen französischen Partner finden.

So war der vom deutschen Staatssekretär Jörg Schönbohm mit Schreiben vom 20. Januar 1995 geforderte Wettbewerb wegen der exklusiven Bindungen des in Frankreich als Hauptauftragnehmer gesetzten Unternehmens GIAT Industries nicht möglich. Deshalb wurde in Deutschland entschieden, ein Ausschreibungsverfahren mit einer nationalen Aufforderung zur Abgabe des Angebotes im Wettbewerb vorzuschalten. Am 29. Januar 1996 erhielt die deutsche Industrie die Angebotsaufforderung.

Dieses bilaterale Vorhaben wurde durch die Entscheidung Großbritanniens am 22. Juli 1996, in diesem Programm am Wettbewerb teilzunehmen, zu einem trilateralen Programm. In Großbritannien bestand für das gepanzerte Fahrzeug MRAV, das Multi-role Armoured Vehicle, ein Bedarf von 2 200 Fahrzeugen, von denen jeweils eine Hälfte Rad- und Kettenfahrzeuge sein sollte.

Die deutsche Industrie erhielt die Auflage, mit einem britischen Unternehmen ein Konzept und ein Angebot bis Ende März 1997 vorzulegen, das in Deutschland, Großbritannien und Frankreich tragfähig sein sollte. Für diesen Auftrag bewarben sich daraufhin in Deutschland in Konkurrenz zwei Konsortien. Das Team International bestand aus den deutschen Unternehmen Henschel und KUKA, den britischen Firmen Vickers Defence und Alvis sowie der französischen Firma Panhard. Das Eurokonsortium wurde von der ARGE GTK mit Krauss-Maffei, MaK/Rheinmetall und Wegmann sowie mit der britischen Firma GKN Defence gebildet. Diesem Konsortium schloss sich die französische Firma GIAT an.

Im Rahmen der Angebotsbearbeitung und der Vertragsverhandlungen des Eurokonsortiums wurde in München ein trilaterales Team mit Mitarbeitern aus den deutschen, britischen und französischen Unternehmen gebildet, in dem ich in Zweitfunktion neben meiner Aufgabe als Leiter Marketing und Unternehmensstrategie als Vertreter für MaK Stellvertreter des kaufmännischen Projektleiters von Wegmann war. Dies war mit jeweils einem Schreibtisch in Kiel und in München 1997 und 1998 eine erhebliche Doppelbelastung.

Am 22. April 1998 fand die Auswahlentscheidung der Verteidigungsministerien Deutschlands, Großbritanniens und Frankreichs im ersten europäischen Großprogramm GTK/MRAV/PWV auf dem Gebiet der gepanzerten Fahrzeuge statt. Wegen der taktischen, technischen und wirtschaftlichen

Vorteile erhielt das Angebot des Eurokonsortiums den Zuschlag. Am 23. Mai 1998 erfolgte die parlamentarische Billigung durch den Deutschen Bundestag. Am 17. Dezember 1998 wurde das regierungsseitige trilaterale Memorandum of Understanding, die Absichtserklärung, unterzeichnet. Danach schied Frankreich jedoch aus diesem Vorhaben aus und entwickelte den nationalen VBCI.

Der Entwicklungsvertrag wurde am 5. November 1999 unterzeichnet. Am 5. Februar 2001 traten dann die Niederlande dem Vorhaben bei. Das Anfang 1999 neu entstandene Unternehmen Krauss-Maffei Wegmann und Rheinmetall Landsysteme gründeten für das trilaterale Fahrzeugprogramm mit der britischen Firma Alvis Vehicles und der niederländischen Stork die ARTEC GmbH in München. Die Briten zogen sich jedoch später aus dem Projekt BOXER zurück, und so wurde im November 2004 der Ausstieg Großbritanniens vertraglich vereinbart. Die immer wieder am Rande des Scheiterns stehende europäische Fahrzeugkooperation von vier Nationen war so zu einem bilateralen deutsch-niederländischen Programm mutiert.

Der Serienvertrag wurde am 19. Dezember 2006 unterzeichnet. Das enttäuschende Ergebnis dieser europäischen Rüstungszusammenarbeit ist heute ein deutsch-niederländischer BOXER, von dem 16 Jahre nach Unterzeichnung der militärischen Forderungen 2009 das erste Fahrzeug an die Truppe übergeben wurde, und ein französischer VBCI. Die britische Armee hat nach mehreren gescheiterten Projektanläufen bis heute noch kein entsprechendes Fahrzeug. Im September 2017 zeigten die Briten wieder Interesse für den BOXER als Mechanised Infantry Vehicle.

Der VBCI konnte bisher noch nicht außerhalb Frankreichs und der BOXER nur in Litauen vermarktet werden, während zwischenzeitlich mit der Vermarktung von rund 3 200 Schweizer, österreichischen und finnischen Fahrzeugen dieses Typs in 13 Ländern der Markt in Europa weitgehend gesättigt ist. Insgesamt gibt es heutzutage sechs verschiedene gepanzerte 8x8 Radfahrzeuge europäischer Unternehmen.

Ein Lichtblick im deutschen Markt war der Vertragsabschluss am 18. Dezember 2015, aufgrund der „geänderten Sicherheitslage, insbesondere bezogen auf den europäischen Rahmen", von 2017 bis 2020 weitere 131 BOXER für 620 Millionen Euro zu beschaffen.

Deutschland: „Bundeswehr. Richt Euch – neu aus!"

Nach Ende des Kalten Krieges, dem Zusammenbruch der Sowjetunion und der Auflösung des Warschauer Paktes im Jahr 1991 war Deutschland auf absehbare Zeit zwar keiner äußeren Gefährdung durch seine Nachbarn ausgesetzt, doch die veränderte sicherheitspolitische Lage wird seit dem Wegfall des Ost-West-Konfliktes durch die Bedrohungen des internationalen Terrorismus, der organisierten Kriminalität, der Piraterie, durch die Weiterverbreitung von Massenvernichtungswaffen und deren Trägermittel sowie durch die Auswirkungen regionaler Krisen und Konflikte bestimmt. Dabei sind die Grenzen zwischen äußerer und innerer Sicherheit fließend.

Die Wahrung von Sicherheit und Stabilität in Europa sowie die Notwendigkeit, den zunehmenden Verpflichtungen zur internationalen Konfliktverhütung und Krisenbewältigung nachzukommen, führten nach der Wende zu neuen Aufgaben und Anforderungen an die Bundeswehr, erforderten ein erweitertes Fähigkeitsprofil.

Diese veränderte sicherheitspolitische Lage mit neuen globalen Risiken und Gefährdungen, aber auch die wirtschaftlichen, finanziellen, demografischen und technologischen Rahmenbedingungen machten für die Bundeswehr einen gewaltigen Prozess der Veränderungen in den Strukturen und in der Mannschaftstärke notwendig. Dieser seit mehr als zweieinhalb Jahrzehnten laufende Prozess ist zu einem Dauerthema geworden, begleitet von sechs nie zu Ende geführten Bundeswehrreformen. Er brachte bis heute neben den laufenden Einsätzen beträchtliche Belastungen für die Angehörigen der Bundeswehr. Und er hatte auch jedes Mal erheblichen Einfluss auf die Kapazitäten und Strukturen der deutschen wehrtechnischen Industrie.

Die deutsche Sicherheitspolitik basiert grundlegend auf einer internationalen Sicherheitsarchitektur, die aus den multinationalen Organisationen, den Vereinten Nationen, der NATO, der Europäischen Union und der Organisation für Sicherheit und Zusammenarbeit in Europa, der OSZE, besteht. Dabei trugen die Erweiterung der NATO und der Europäischen Union wesentlich zur sicherheitspolitischen Stabilisierung Europas bei.

Die Bundeswehr ist ein Instrument der deutschen Sicherheitspolitik, deren Aufgabe sich aus ihrem verfassungsrechtlichen Auftrag sowie den

Werten, Zielen und Interessen der deutschen Sicherheits- und Verteidigungspolitik ableiten. Nach der Wiedervereinigung Deutschlands und dem Ende des Ost-West-Konfliktes werden in den Weißbüchern 1994, 2004 und 2016 der Auftrag und die Aufgaben der Bundeswehr beschrieben. Entsprechend der veränderten sicherheitspolitischen Lage ist in diesen Dokumenten sowohl eine Erweiterung als auch eine Verschiebung der Prioritäten zu verzeichnen.

Während es im Grundgesetz im Artikel 87a nur heißt „Der Bund stellt Streitkräfte zur Verteidigung auf", lautet im Weißbuch 2004 der Auftrag der Bundeswehr, die außenpolitische Handlungsfähigkeit Deutschlands zu sichern, einen Beitrag zur Stabilität im europäischen und globalen Rahmen zu leisten, die nationale Sicherheit und Verteidigung zu gewährleisten, zur Verteidigung der Verbündeten beizutragen und die multinationale Zusammenarbeit und Integration zu fördern.

Im neuen „Weißbuch 2016 zur Sicherheitspolitik und zur Zukunft der Bundeswehr" besteht der Auftrag darin, Deutschlands Souveränität und territoriale Integrität zu verteidigen und seine Bürgerinnen und Bürger zu schützen; zur Resilienz von Staat und Gesellschaft gegen äußere Bedrohungen beizutragen; die außen- und sicherheitspolitische Handlungsfähigkeit Deutschlands abzustützen und zu sichern; gemeinsam mit Partnern und Verbündeten zur Abwehr sicherheitspolitischer Bedrohungen für unsere offene Gesellschaft und unsere freien und sicheren Welthandels- und Versorgungswege beizutragen; zur Verteidigung unserer Verbündeten und zum Schutz ihrer Staatsbürger beizutragen; Sicherheit und Stabilität im internationalen Rahmen zu fördern und europäische Integration, transatlantische Partnerschaft und multinationale Zusammenarbeit zu stärken.

Aus diesem Auftrag abgeleitet nimmt die Bundeswehr folgende Aufgaben wahr: Landes- und Bündnisverteidigung im Rahmen der NATO und der EU, internationales Krisenmanagement einschließlich aktiver militärischer und zivil-militärischer Beiträge, Heimatschutz, nationale Krisen- und Risikovorsorge und subsidiäre Unterstützungsleistungen in Deutschland, Partnerschaft und Kooperation auch über EU und NATO hinaus, humanitäre Not- und Katastrophenhilfe.

In dem neuen Weißbuch hat die Verteidigung von Deutschlands Souveränität und territoriale Integrität sowie die Landes- und Bündnisverteidigung wieder höchste Priorität. Deutschland hat aufgrund seiner geostrategischen Lage als Kontinentalmacht sowie als wirtschaftlich und bevölkerungsmäßig stärkstes Land in Zentraleuropa gemeinsam mit seinen Bündnispartnern einen angemessenen Beitrag zur Landes- und Bündnisverteidigung sowie zur internationalen Krisenbewältigung zu leisten. Hierfür benötigen die Streitkräfte eine Ausrüstung, die dieser veränderten Lage und dem erweiterten Auftrag gerecht wird. Die deutsche wehrtechnische Industrie leistet hierzu mit ihren leistungsfähigen Produkten einen wichtigen Beitrag.

Wir haben mit der gewalttätigen Annexion der Krim durch Russland und den militärischen Auseinandersetzungen im Osten der Ukraine in unserer mittelbaren Nachbarschaft erleben müssen, wie durch militärische Gewalt die Souveränität eines Staates und die Unverletzlichkeit der Grenzen missachtet wurden, was wir uns in Europa nicht mehr vorstellen konnten. Zugleich verzeichnen wir weltweit das Aufkommen neuer militärischer Mächte und die langfristigen Veränderungen der geopolitischen Machtverhältnisse. Und wir mussten erkennen, wie die Terrororganisation „Islamischer Staat" mit ihrem barbarischen Vorgehen im Irak und in Syrien, ihren Attentaten in Europa auch unsere Sicherheit bedroht.

Dieser sicherheitspolitische Wandel erfordert ein angepasstes Fähigkeitsprofil für die Bundeswehr. Während im Weißbuch 2004 die sechs miteinander verzahnten Fähigkeitskategorien Führungsfähigkeit, Nachrichtengewinnung und Aufklärung, Mobilität, Unterstützung und Durchhaltefähigkeit, Überlebensfähigkeit und Schutz sowie Wirksamkeit im Einsatz gefordert werden, sind es im Weißbuch 2016 nur noch die vier Kategorien Führung, Aufklärung, Wirkung und Unterstützung. Es fragt sich, warum die Mobilität, von der die Einsatzfähigkeit der Bundeswehr abhängt, sowie Überlebensfähigkeit und Schutz als „unabdingbare Grundvoraussetzungen für die Auftragserfüllung und Ausdruck der Fürsorgeverpflichtung" entfallen sind. In der Ausrüstung muss die Fähigkeit zur Erfüllung des von der Politik vorgeben Auftrages im gesamten Krisen- und Konfliktspektrum mit möglichst geringem Risiko für die Soldaten gegeben sein.

In den Verteidigungspolitischen Richtlinien von 1992 wurden erstmals die Auslands- und Kriseneinsätze als aktuelle Aufgaben der Bundeswehr dokumentiert. Seitdem nimmt die Bundeswehr in wachsendem Umfang an Auslandseinsätzen im Rahmen der UN, NATO und EU teil. Diese reichten von den humanitären Einsätzen, wie in Somalia, über stabilisierende Einsätze auf dem Balkan und später in Somalia, bis zu Kampfeinsätzen im ehemaligen Jugoslawien und in Afghanistan sowie seit 2013 in Mali und seit Ende 2015 im Syrienkonflikt.

Das Urteil des Bundesverfassungsgerichtes vom 12. Juli 1994 über die Zulässigkeit von Auslandseinsätzen der Bundeswehr, also die Feststellung, dass die Bundeswehr auch zu Friedensmissionen im Auftrag internationaler Organisationen eingesetzt werden darf, stellte in Hinblick auf den deutschen Beitrag weitgehend die sicherheitspolitische Normalität in der NATO und EU wieder her. Seitdem hat sich die Bundeswehr kontinuierlich zu einer Armee im Einsatz entwickelt. Mit diesen oftmals gefährlichen Auslandseinsätzen betraten nicht nur unsere Soldaten Neuland, auch auf die wehrtechnische Industrie kamen durch die veränderten, extremen Einsatzbedingungen erhebliche neue Anforderungen an die Entwicklung und Fertigung der Ausrüstung zu.

Im Januar 2012 waren rund 7 100 deutsche Soldaten im Auslandseinsatz. Im Oktober 2017 ist der Umfang auf 3 743 Soldaten in 14 Einsatzgebieten zurückgegangen. Dabei bleibt das deutsche Engagement grundsätzlich multinational eingebettet. Dies dokumentiert sich zunehmend in der Beteiligung an multinationalen Verbänden, wie an der NATO Response Force und an den EU Battlegroups.

Von August 1993 bis zum März 1994 fand unter dem UN-Mandat UNOSOM II der erste bewaffnete Auslandseinsatz der Bundeswehr in Somalia statt. Der Fallschirmjäger-Oberst Hartmut Harff, ein erfahrener und aufgrund seiner Geradlinigkeit geachteter Troupier, führte als erster Kommandeur diesen Unterstützungsverband SOMALIA bis Dezember 1993. Bei dieser Mission wurden auch unsere weiß angestrichenen und mit „UN" beschrifteten MaK-Produkte, der Pionierpanzer 2 DACHS und der lufttransportfähige Waffenträger WIESEL, erstmals erfolgreich im Ausland eingesetzt.

1994 nutzte ich die Gelegenheit, Oberst Helmut Harff, der damals Kommandeur der Luftlandebrigade 26 – „SAARLAND" war, vor seinem Vortrag über UNOSOM II an der Kieler Hermann-Ehlers-Akademie in mein Unternehmen einzuladen, wo er uns wertvolle Einsatzerfahrungen und Bewertungen über die MaK-Produkte vermittelte. Insbesondere die Lufttransportfähigkeit des leichten gepanzerten Fahrzeugs WIESEL befähigte die Truppe, Operationen über große Entfernungen schnell durchzuführen. Ein weiteres bestimmendes Leistungsmerkmal war die Nachtsichtfähigkeit des Fahrzeuges. Er berichtete aber auch über die Schwächen der zehn eingesetzten WIESEL, die je Fahrzeug 4 000 Kilometer gefahren und 1 200 Betriebsstunden gelaufen sind, wie die fehlende Klimaanlage und der häufig erforderliche Kettenwechsel.

1994 war das historische Jahr, in dem die Stärke der gesamtdeutschen Bundeswehr vertragsgemäß auf einen Friedensumfang von 370 000 Soldaten zu reduzieren war. Dies wurde beim Treffen zwischen Bundeskanzler Kohl und Präsident Gorbatschow im Juli 1990 im Kaukasus im Rahmen der Vereinbarung der Modalitäten der deutschen Wiedervereinigung festgelegt.

Seit 1992 griffen mehrere tiefgreifende, weder von einer gründlichen Analyse noch von einer langfristigen sicherheitspolitischen Strategie getragene Planungsentscheidungen der politischen Führung der Bundeswehr massiv in die Streitkräfte ein. Seit Ende des Kalten Krieges wurden die sechs Bundeswehrreformen mehr von der Finanzsituation des Bundes als von der sicherheitspolitischen Lage bestimmt. Diese Strukturentscheidungen hatten grundlegend veränderte Strukturen, stark reduzierte Personalumfänge sowie abrupte Streichungen, Kürzungen oder Streckungen von Entwicklungs- und Beschaffungsvorhaben zur Folge. Sie führten in der Bundeswehr und in der Rüstungsindustrie zu einer Planungsunsicherheit und zu radikalem Personalabbau. Die Unternehmen bemängelten immer wieder die unzureichende Einbindung in die Planung und die unzureichende gemeinsame Vereinbarung „zukunftsfähiger technologischer Kernfähigkeiten".

1992 fanden alleine in einem Jahr zwei Strukturentscheidungen der Bundeswehr statt, im Januar unter Verteidigungsminister Gerhard Stoltenberg und im Dezember unter Volker Rühe. Diese hatten eine Rückführung auf 370 000 Soldaten zur Folge, davon im Heer auf 257 800, in der Luftwaffe auf 83 200 und in der Marine auf 29 000 Soldaten.

Die wehrtechnische Industrie war insbesondere von der starken Reduzierung des investiven Anteils im Verteidigungshaushalt unter Gerhard Stoltenberg von 34,8 Prozent auf 25,2 Prozent sowie von der Streichung umfangreicher Rüstungsvorhaben betroffen. Die Anzahl der Beschäftigten ging von 280 000 im Jahr 1988 auf 140 000 im Jahr 1994 zurück. Von diesen

Im Gespräch mit Verteidigungsminister Dr. Gerhard Stoltenberg, der von 1989 bis 1992 dieses Amt bekleidete; davor war er von 1971 bis 1982 Ministerpräsident des Landes Schleswig-Holstein, von 1982 bis 1989 Bundesfinanzminister

Strukturentscheidungen der Bundeswehr war auch mein Unternehmen, die MaK System in Kiel, heute Rheinmetall Landsysteme, in hohem Maße betroffen. Bei den gepanzerten Fahrzeugen belief sich infolge der Strukturentscheidung im Januar 1992 das Reduzierungsvolumen beim LEOPARD 2 auf umgerechnet 870 Millionen Euro, beim Schützenpanzer MARDER 2 auf 185 Millionen Euro, bei der Panzerhaubitze 2000 auf 470 Millionen Euro und beim Bergepanzer 3 BÜFFEL auf 250 Millionen Euro.

Minister Rühe zeigte 1992 mit seiner flapsigen Aussage, „Deutschland ist von Freunden umzingelt", angesichts der sich in der Folgezeit entwickelnden zahlreichen globalen Krisenherde wenig sicherheitspolitischen Weitblick und nur geringes Verständnis für Rüstungsfragen. Unter Rühe wurde in diesem Jahr auf den MARDER 2 völlig verzichtet, eine konzeptionelle Fehlplanung, die erst viel später durch die Beschaffung des neuen Schützenpanzers PUMA zeitaufwendig und mit hohen Zusatzkosten korrigiert wurde. Mehr als zwei Jahrzehnte später wurde der erste PUMA am 24. Juni 2015 offiziell der Bundeswehr übergeben. Vorgesehen ist nun, den Zulauf aller 350 PUMA bis 2020 zu erreichen.

Aufgrund der sich nach Ende des Ost-West-Konfliktes abzeichnenden kritischen Entwicklung für den Erhalt der Kapazitäten der deutschen Rüstungsindustrie wurde bereits 1992 im Rheinmetall-Konzern eine unternehmensübergreifende Task Force M2000 eingerichtet, in der ich für die Fahrzeugplattformen zuständig war. Aufgabe dieser Arbeitsgruppe war es, neue wehrtechnische Produkte zu konzipieren, die der veränderten sicherheitspolitischen Lage gerecht wurden. Im Mittelpunkt unserer Überlegungen standen dabei Systeme, die die neuen Anforderungen an Krisenreaktionskräfte erfüllten. So wurde neben mehreren Vorschlägen ein mobiles, lufttransportfähiges Mörsersystem konzipiert. 2001 erhielt Rheinmetall Landsysteme einen Vertrag zur Lieferung von acht leichten Panzermörsern auf Basis des luftverladbaren, gepanzerten Fahrzeuges WIESEL 2. Weitere missionsgerechte Produkte waren ein leichtes, luftverladbares Flugabwehrsystem und neue Munitionsarten.

Für die MaK System waren in dieser kritischen Zeit die Beschaffung von 75 Bergepanzern 3 BÜFFEL für die Bundeswehr und 25 für die Niederlande in den Jahren 1992 bis 1997, die 185 Fahrgestelle der von 1998 bis 2002 ausgelieferten Panzerhaubitzen 2000 sowie die Entscheidung Schwedens Anfang 1994, 120 deutsche Kampfpanzer LEOPARD 2 und 14 Bergepanzer 3 BÜFFEL zu beschaffen, entscheidende Aufträge für die Auslastung der Kapazitäten.

Am 8. Juli 1994 verabschiedete die Bundesregierung die „Konzeptionelle Leitlinie zur Weiterentwicklung der Bundeswehr", die eine weitere Reduzierung des Friedensumfangs auf 340 000 Soldaten sowie eine Aufteilung in Hauptverteidigungs- und Krisenreaktionskräfte mit einer Stärke von 50 000 Soldaten vorsah. Mit diesen Vorgaben wurde im Ressortkonzept vom 15. März 1995 die Bundeswehr auf 338 000 Soldaten, das Heer auf 233 400, die Luftwaffe auf 77 400 und die Marine auf 27 700 Soldaten, verringert. Dies war verbunden mit der Auflösung zahlreicher Großverbände und einem neuen Stationierungskonzept.

Krisenreaktionskräfte waren ein neues Element der Streitkräfte. Mit der Aufstellung von Krisenreaktionskräften für das NATO-Bündnis wurde die militärpolitische Forderung nach präsenten und schnell einsatzbereiten Truppenteilen erfüllt. Das Anforderungsprofil an die Streitkräfte wurde in höherem Maße von der Fähigkeit zur Krisenbewältigung bestimmt. Humanitäre, friedenerhaltende und friedenschaffende Einsätze erforderten neue Streitkräftestrukturen und teilweise eine andere materielle Ausstattung. Krisenreaktionskräfte zeichnen sich aus durch Mobilität und Schnelligkeit im Hinblick auf eine globale Verlege- und Einsatzfähigkeit, Vielseitigkeit von leichten und schweren Kräften bezogen auf den Einsatz, Stoßkraft mechanisierter Bodentruppen sowie Durchhalte- und Überlebensfähigkeit.

Nur fünf Jahre später war im Jahr 2000 eine weitere umfassende personelle und materielle Umstrukturierung der Bundeswehr erforderlich und an der Schwelle zum 21. Jahrhundert von der Bundesregierung die Transformation der Bundeswehr eingeleitet. „Transformation ist (…) die Gestaltung eines fortlaufenden, vorausschauenden Anpassungsprozesses an die sich ändernden Rahmenbedingungen, um die Wirksamkeit der Bundeswehr im Einsatz zu erhöhen und auf Dauer zu erhalten.“

Im Jahr 2000 wurde dann die „Erneuerung der Bundeswehr von Grund auf" auf den Weg gebracht. Die Stärke der Bundeswehr wurde schließlich auf 285 000 Soldaten und auf 80 000 bis 90 000 Zivilbedienstete festgelegt. Die Bundesregierung gab für diesen gewaltigen Umbauprozess einen Zeitrahmen bis 2006 vor, der sich jedoch insbesondere aufgrund der unzureichenden Finanzmittel bis 2009 hinauszog. Die Aufteilung in Krisenreaktionskräfte und Hauptverteidigungskräfte wurde wieder aufgegeben und 150 000 Soldaten den Einsatzkräften sowie 108 000 der Grundorganisation neu zugeordnet. Zugleich wurden die neuen Organisationsbereiche „Streitkräftebasis" mit 52 000 und „Zentraler Sanitätsdienst der Bundeswehr" mit 26 500 Soldaten neu aufgestellt. Das Heer, das nicht einsatzbezogene Aufgaben an diese Bereiche abgegeben hatte, leitete wiederum eine neue Strukturreform, das „Heer der Zukunft", ein und reduzierte damit den Personalumfang auf 134 000 Soldaten. Der Umfang der Luftwaffe wurde auf 51 000 und der der Marine auf 20 000 Soldaten festgelegt.

In der Ministerweisung vom 29. Juni 2000 heißt im Kapitel „Rüstungsbereich": „Die Bedarfsdeckung orientiert sich an den zukünftigen Aufgaben und Fähigkeiten der Streitkräfte. Streitkräftegemeinsame Lösungen haben Vorrang vor anderen, Systembeschaffung hat Vorrang vor Komponentenauswahl. Vorhaben sind durch integrierte Teams aus Bedarfsträgern und Bedarfsdeckern zu realisieren. (…) Als Teil des Leitungscontrollings wird ein Rüstungscontrolling eingerichtet.“

Diese Reform der Bundeswehr beinhaltete neben einer neuen Struktur der Streitkräfte auch eine Modernisierung der Ausrüstung. Sie sollte der veränderten Lage und den geforderten Fähigkeiten im Rahmen eines kontinuierlichen Prozesses zur Weiterentwicklung angepasst werden. Dabei steht die Einsatzfähigkeit des Systems Bundeswehr im Mittelpunkt. Im Rahmen einer umfassenden Modernisierung der Ausrüstung der Bundeswehr wurden dem strategischen Lufttransport und der strategischen Aufklärung sowie der Verbesserung der Interoperabilität der Führungssysteme und –mittel Priorität eingeräumt.

Die schrecklichen Terroranschläge in den USA am 11. September 2001 hatten den Krieg in Afghanistan zur Folge. Die NATO rief erstmals seit ihrem Bestehen den „Bündnisfall" nach Artikel 5 aus. Bundeskanzler Gerhard Schröder bekundete die „uneingeschränkte Solidarität" Deutschlands, und im Dezember 2001 wurde die vom Sicherheitsrat der Vereinten Nationen mandatierte International Security Assistance Force, kurz ISAF, von der NATO und den Bündnispartnern für den Einsatz in Afghanistan aufgestellt. Diese ISAF-Mission dauerte bis Ende 2014 und wurde durch die NATO-Mission Resolute Support abgelöst, an der sich die Bundeswehr mit bis zu 980 Soldaten beteiligt. Ziel ist es, die afghanischen Streitkräfte, die die Verantwortung für die Sicherheit im Land übernommen haben, zu unterstützen.

Der Afghanistan-Einsatz stellte auch erheblich neue Forderungen an die wehrtechnische Industrie bei der Entwicklung einer einsatzgerechten Ausrüstung. Wegen der starken Gefahr durch improvisierte Sprengfallen, auch IED, Improvised Explosive Device, genannt, musste der Schutz gepanzerter Fahrzeuge erheblich verbessert werden. Dies erforderte einen völlig anderen konstruktiven Ansatz und technologisch neue Materialien.

Zeitgleich lief mit den zahlreichen Auslandseinsätzen die Umstrukturierung der Bundeswehr weiter. Bis heute sind es „Reparaturen im laufenden Betrieb". In den Verteidigungspolitischen Richtlinien vom 21. Mai 2003 wurden die internationale Konfliktverhütung und Krisenbewältigung, einschließlich des Kampfes gegen den internationalen Terrorismus, an die oberste Stelle des Aufgabenspektrums der Bundeswehr gestellt. Auf der Grundlage des Kabinettsbeschlusses „Die Bundeswehr auf dem Weg ins 21. Jahrhundert. Eckpfeiler für eine Erneuerung von Grund auf" vom 14. Juni 2004 wurde dann in der am 9. August 2004 erlassenen Konzeption der Bundeswehr die Stärke auf einen Zielumfang von 252 500 Soldaten und von 75 000 zivilen Dienstposten reduziert. Zugleich wurden die drei Kräftekategorien Eingreifkräfte mit 35 000, Stabilisierungskräfte mit 70 000 und Unterstützungskräfte mit 147 000 Soldaten eingeführt.

Mit Verteidigungsminister Franz Josef Jung. Am 9. Mai 2017 wurde er in den Aufsichtsrat der Rheinmetall AG bestellt

Auf dem 4. Wehrtechnik-Dialog des Arbeitskreises Wehrtechnik Schleswig-Holstein, der 2002 in Kiel stattfand, berichtete Dr.-Ing. Ernst-Otto Krämer, Präsidiumsmitglied des BDI und Vorsitzender des BDI-Ausschusses Verteidigungswirtschaft sowie Vorstandsvorsitzender der Rheinmetall DeTec AG, kritisch über die Lage der deutschen wehrtechnischen Industrie. „Mit den derzeitigen Planungen", so Krämer, „ist eine Modernisierung der Bundeswehr nicht zu erreichen" und fuhr dann fort, dass die derzeitigen Mittel nicht ausreichten, um eine nationale Rüstungsbasis zu erhalten. Er forderte ein konkretes rüstungswirtschaftliches Konzept und klare, zukunftsfähige Entscheidungen sowie Zuverlässigkeit.

Im April 2007 konnte ich den Bundesminister der Verteidigung, Dr. Franz Josef Jung, in Kiel über die Situation der wehrtechnischen Industrie in Schleswig-Holstein umfassend informieren und auf dringende Handlungsfelder in der Politik, insbesondere auf die unzureichenden Mittel für Investitionen im Verteidigungshaushalt und auf die Wettbewerbsverzerrungen hinweisen. Der Verteidigungsminister sprach sich für eine faire Chancengleichheit der wehrtechnischen Industrie in Europa, für eine Harmonisierung der Rüstungsexportbestimmungen und für die Abschaffung der wettbewerbsverzerrenden Offsetbestimmungen aus. Er sah eine Erhöhung der Verteidigungsausgaben aufgrund der zu erwartenden Aufgaben der Bundeswehr im internationalen Krisenmanagement und zur Finanzierung einer verbesserten Ausrüstung, insbesondere zum Schutz der Soldaten, als dringend erforderlich an.

2010 wurde der noch unvollendete Transformationsprozess der Bundeswehr von der eingeleiteten „Neuausrichtung der Bundeswehr" abgelöst, die Kräftekategorien wurden wieder aufgegeben und das Heer in die neue Struktur „Neues Heer" umgegliedert.

Am 12. April 2010 setzte der neue, ab 28. Oktober 2009 amtierende Verteidigungsminister, Karl-Theodor Freiherr zu Guttenberg, eine Strukturkommission mit dem Auftrag ein, Vorschläge für wirksamere und stärker auf die Erfordernisse der Einsätze ausgerichtete Strukturen der Bundeswehr zu erarbeiten. Diese Strukturkommission unter Leitung von Frank-Jürgen Weise, Vorstandsvorsitzender der Bundesagentur für Arbeit, übergab dann am 26. Oktober 2010 den Abschlussbericht „Vom Einsatz her denken – Konzentration, Flexibilität, Effizienz". Im Vorwort heißt es: „Hauptaufgabe dieser Reform ist es, die Konzentration auf Kernaufgaben, mehr Flexibilität und höhere Effizienz in der Bundeswehr zu erzielen und dadurch die Bundeswehr als wirksames Instrument unserer Sicherheits- und Verteidigungspolitik zu stärken."

Im September 2010 kritisierte der Generalinspekteur, General Volker Wieker, der ranghöchste Soldat der Bundeswehr, in seinem 62-seitigem „Bericht des Generalinspekteurs der Bundeswehr zum Prüfauftrag aus der Kabinettsklausur" den gesamten Beschaffungsprozess äußerst scharf. „Zersplitterte Zuständigkeiten, bestehende Verfahren und Prozesse, Einflussnahme von außen und unzureichende Finanzausstattung", so Wieker, „schränken den Handlungsspielraum der Streitkräfte seit geraumer Zeit ein". Alle großen Rüstungsprojekte der Bundeswehr, heißt es im Bericht, „fallen aus dem Kostenrahmen" und brächten „nicht einmal das geforderte Fähigkeitsspektrum". Milliarden Steuergelder werden also für Projekte ausgegeben, die nicht schnell genug geliefert werden, den Anforderungen für den Einsatz nicht entsprechen und deutlich mehr kosten als geplant. „Hierfür tragen Bundeswehr und Auftragnehmer in der Wirtschaft gleichermaßen Verantwortung." Zugleich beklagte der General die „bestehende Unterfinanzierung" und stellte für die Verhandlungen mit der Industrie und Wirtschaft die Forderung: „Hier gilt es, die Interessen der Bundeswehr klar und deutlich zu artikulieren und den Auftragnehmern gegenüber nachdrücklich zu vertreten."

Es wurde industrieseitig begrüßt, dass der stellvertretende Vorsitzende der Strukturkommission und Präsident des Deutschen Industrie- und Handelskammertages, Professor Dr. Hans Heinrich Driftmann, auch die wehrtechnische Industrie, wie den Arbeitskreis Wehrtechnik Schleswig-Holstein, in den Beratungsprozess eingebunden und am 28. Juni 2010 in Berlin mehr als 40 hochrangige Wirtschaftsvertreter zu einer Informationsveranstaltung eingeladen hatte. An dieser nahm ich als Vorsitzender des Arbeitskreises Wehrtechnik teil. Dabei wurden konkrete Verbesserungsvorschläge für die wirtschaftsrelevanten Tätigkeitsbereiche der Bundeswehr erarbeitet: Verbesserung des Beschaffungsprozesses der Bundeswehr, Optimierung der Beschaffung für den Einsatz und Aufbau eines kooperativen Beschaffungsprozesses.

Am 15. Februar 2011 lud DIHK-Präsident Driftmann in Berlin die Wirtschaftsvertreter zu einer weiteren Informationsveranstaltung ein. Einleitend berichtete er über die Einbringung der am 28. Juni 2010 mit diesem Kreis diskutierten Möglichkeiten zur Verbesserung der Beschaffungsprozesse in die Arbeit der Strukturkommission, die am 26. Oktober 2010 dem Verteidigungsminister zu Guttenberg den Abschlussbericht vorgelegt hatte.

Anschließend informierte Staatssekretär Dr. Walther Otremba über die Umsetzung der Reformvorschläge. Am 15. Dezember 2010 wurden die Eckpunkte von der Bundesregierung festgelegt. Über die Gesamtstärke von 185 000 Soldaten bestünde, so Otremba, ein breiter Konsens, von dem jedoch die Finanzpolitiker noch zu überzeugen seien. „Die am 20. November 2007 zwischen dem BDI und dem BMVg abgestimmten nationalen Kernfähigkeiten", so Otremba, „bestehen weiterhin fort." Hinsichtlich der Rolle der Industrie im Rüstungsprozess forderte er, dass diese sich an den Einsatzerfordernissen ausrichten, Zeit-, Leistungs- und Kostenrahmen einhalten, Lebenszyklen von Entwicklung bis Ausphasung berücksichtigen und das Risikomanagement als gemeinsame Aufgabe wahrnehmen müsste. Dabei soll der Rüstungsprozess zu einer klaren Trennung von ministeriellen Steuerungs- und amtsseitigen Durchführungsaufgaben führen.

Dann führte der Staatssekretär aus, dass der Vorschlag der Strukturkommission, eine Rüstungsagentur einzurichten, von den Abgeordneten abge-

*In einer Gesprächs-
runde mit Verteidi-
gungsminister Thomas
de Maizière*

lehnt wurde, da diese sich verselbständigen würde. Außerdem seien die Abgeordneten nicht bereit, das Instrument der „25 Millionen Euro-Vorlage"
aus der Hand zu geben. Diese regelt, dass Beschaffungsvorhaben mit einem
Wert ab 25 Millionen Euro der parlamentarischen Zustimmung des Haus-
haltsausschusses des Deutschen Bundestages bedürfen.

In der Diskussionsrunde sprach ich die Bedeutung der bisher noch ungeklärten Stärke und Struktur der Truppenteile für die Auftragserfüllung der
Bundeswehr und für das zukünftige Marktpotenzial der wehrtechnischen
Industrie an, worauf der Staatssekretär als Termin für Festlegung den Juni
2011 nannte. Danach solle der Prozess der Priorisierung der Ausrüstung
aufgenommen werden. Am 4. März 2011 wurde Otremba jedoch vom neu-
en Verteidigungsminister Dr. Thomas de Maizière, ein Tag zuvor als Nachfolger des zurückgetretenen Karl-Theodor zu Guttenberg ernannt, ohne
Angaben von Gründen in den einstweiligen Ruhestand versetzt.

Mit dem Kabinettsbeschluss vom 15. Dezember 2010 wurde die zukünftige Stärke der Bundeswehr dann auf bis zu 185 000 Soldaten und 55 000
zivile Mitarbeiter festgelegt. Mit den Eckpunkten vom 18. Mai 2011 legte
Verteidigungsminister de Maizière die zentralen Vorgaben und Handlungsfelder der Neuausrichtung der Bundeswehr fest. Es ist die sechste und um-
fassendste Reform der Bundeswehr. Mit dieser Neuausrichtung und den
neuen Verteidigungspolitischen Richtlinien vom 27. Mai 2011 soll der sicherheitspolitischen Entwicklung Rechnung getragen werden. Die Bundeswehr veränderte tiefgreifend ihren Umfang und ihre Strukturen, um so den
vielschichtigen sicherheitspolitischen Anforderungen und den veränder-

2011 wurde der Beschaffungsumfang der Eurofighter für die Bundeswehr von 177 auf 140 Stück verringert (Foto: Bundeswehr EADS)

ten Einsatzbedingungen gerecht zu werden. Dazu gehörte insbesondere die Überprüfung aller gegenwärtigen Beschaffungs- und Ausrüstungsvorhaben auf ihre Vereinbarkeit mit der Neuausrichtung. Am 21. Oktober 2011 wurde dann die zukünftige materielle Ausstattung der Bundeswehr gebilligt, die massive Kürzungen beim Bestand und bei den Beschaffungen von Großgerät vorsieht. So werden von den 410 geplanten Schützenpanzern PUMA nur 350 beschafft. Der Bestand der LEOPARD 2 Kampfpanzer wurde von 350 auf 225 verringert. 2015 wurde jedoch als Konsequenz aus der Ukraine-Krise diese kurzsichtig beschlossene Reduzierung der LEOPARD 2 Kampfpanzer rückgängig gemacht und entschieden, die Stückzahl auf 328 zu erhöhen, von denen 320 in Dienst gestellt und acht für Demonstrationszwecke genutzt werden. Diese 103 Kampfpanzer aus ehemaligen Beständen der Bundeswehr werden für 22 Millionen Euro zurückgekauft und ab 2017 modernisiert.

Auch bei den Luftfahrzeugen gibt es erhebliche Reduzierungen. Die Stückzahl von 177 Eurofighter wird auf 140, der NH 90 von 122 auf 80, der TIGER von 80 auf 40, der Marinehubschrauber von 43 auf 30 und der A400M um 13 auf 40 verringert.

Am 18. Oktober 2011 wurde vom Verteidigungsminister de Maizière ein neues Stationierungskonzept vorgelegt. Nur ein Jahrzehnt nach dem Stationierungskonzept von 2001 und dem Stationierungskonzept von 2004 wurden die Truppe, der einzelne Soldat und die betroffenen Standorte wiederum erheblichen Belastungen ausgesetzt. Die Bundeswehr wurde so nicht nur eine Armee im Einsatz, sondern auch eine Armee von Pendlern.

Mit der Konzeption Heer2011 wird die Neuausrichtung der Bundeswehr strukturell im Heer umgesetzt, das auf eine Stärke von nur 57 000 Soldaten schrumpfen wird. Das Heer verfügt nur noch über drei statt fünf Divisionen und acht statt zwölf Brigaden. Dies ist seit der Wiedervereinigung mit der 1990 eingeleiteten Heeresstruktur 5 die sechste Umgliederung des Heeres, verbunden mit starkem Personalabbau, Auflösung zahlreicher Verbände und Standortschließungen, bei gleichzeitiger Erweiterung des Aufgabengebietes und drastischer Zunahme sicherheitspolitischer Risiken.

Auf der Grundlage des in den Verteidigungspolitischen Richtlinien festgelegten Auftrags der Bundeswehr beschreibt die am 1. Juli 2013 erlassene „Konzeption der Bundeswehr" wie diese ihre Aufgaben erfüllt und gibt Vorgaben für die Gestaltung der Streitkräfte.

In dem Bericht des Verteidigungsministeriums zum „Stand der Neuausrichtung der Bundeswehr" vom 8. Mai 2013 heißt es im Kapitel Ausrüstungs- und Nutzungsprozess:

„Der neue Ausrüstungs- und Nutzungsprozess schafft die Voraussetzungen für eine zeit- und kostengerechte sowie einsatzreife Bereitstellung und Nutzung der für die Einsatzfähigkeit der Bundeswehr erforderlichen Ausrüstung. Er umfasst die Verfahren zur Beschaffung materieller Lösungen und Dienstleistungen nach dem novellierten Customer Product Management, CPM (nov.), zur Beschaffung komplexer Dienstleistungen und betriebsbedingter Bedarfe und regelt zudem die Ausgestaltung und Umsetzung internationaler Rüstungskooperationen."

Der von mir geleitete Arbeitskreis Wehrtechnik Schleswig-Holstein bezog in seinem Jahresbericht 2014 nochmals Position zur Bundeswehrreform:

„Bei der 2010 eingeleiteten Neuausrichtung der Bundeswehr hat der Erhalt eines breiten Fähigkeitsspektrums eine erhebliche Bedeutung für die Sicherung wehrtechnischer Kernkompetenzen. Die Schaffung eines neuen Organisationsbereiches Ausrüstung, Informationstechnik und Nutzung im BMVg mit einem neuen, effizienten und einheitlichen Ausrüstungs- und Nutzungsmanagement soll zu einer wirkungsvolleren Zusammenarbeit zwischen Bundeswehr und wehrtechnischer Industrie führen.

Dabei gilt es, eine engere Verzahnung der Zusammenarbeit zwischen der Truppe als Bedarfsträger, dem Bedarfsdecker und der Industrie zu erreichen, um so militärische Forderungen, Beschaffungsverfahren sowie rüstungswirtschaftliche und industrielle Fähigkeiten einsatzgerecht, zeitlich, finanziell und organisatorisch besser in Einklang zu bringen, nationale Sonderlösungen und überhöhte Spezifikationen zugunsten internationaler Standards zu vermeiden, um so eine höhere Kosteneffizienz und eine bessere internationale Vermarktung zu erzielen und eine integrierte Ressourcenplanung unter Einbeziehung des Bundeswehrplanes, der Rüstungs- und Haushaltsplanung einzuführen."

Nach der Bundestagswahl 2013 setzte sich die CDU-Politikerin, Dr. Ursula von der Leyen, gegen ihren Vorgänger de Maizière durch und übernahm am 17. Dezember im neuen Kabinett Merkel als erste Frau die Leitung des Verteidigungsministeriums. Noch keine zwei Tage im Amt als Verteidigungsministerin entließ sie den in weiten Kreisen hoch geschätzten Staatssekretär Rüdiger Wolf, der 31 treue Dienstjahre in der Bundeswehr verbracht hatte.

Zahlreiche Berichte über die unzureichende Einsatzbereitschaft des Bundeswehrmaterials, Ausfälle bei Einsätzen, insbesondere bei Hubschraubern und Flugzeugen, über Jahre verspätete Lieferungen von Rüstungsgütern, verbunden mit erheblichen Kostensteigerungen offenbarten eine über Jahrzehnte sich hinziehende Verschleierung der deutschen Rüstungspolitik. Die Ursachen sind vielschichtig: Unzureichende und falsche Zuteilung der Haushaltmittel führten zu einer dramatischen Überalterung der Ausrüstung. Erforderliche Ersatzteile wurden nicht oder zu spät beschafft und die notwendige Instandsetzung nicht durchgeführt. Entwicklungs- und Beschaffungsvorhaben verzögerten sich über Jahre, weil die Komplexität der militärischen Forderungen unterschätzt wurde, weil es immer wieder neue Forderungen gab und die Stückzahlen reduziert wurden. So wurden am Transportflugzeug A400M nach Vertragsabschluss umfangreiche vertragsrelevante Änderungen eingebracht.

Ein weiterer wesentlicher Grund liegt, insbesondere bei Großprojekten, in der enormen Komplexität der Organisation, der Strukturen und des Beschaffungsprozesses von Rüstungsgütern, die in den letzten Jahrzehnten mehrfach verändert wurden, aber nicht die erforderliche Transparenz hervorgebracht haben. Und es fehlt an international abgestimmte Verfahren und Zulassungsvorschriften.

Aufgrund der massiven Probleme im Rüstungsbereich forderte Ministerin von der Leyen einen Statusbericht über die größten und bedeutendsten Rüstungsprojekte an. Nachdem ihr im Februar 2014 die Kostensteigerungen und terminlichen Verzögerungen nicht plausibel erklärt wurden, entließ sie den zweiten beamteten Staatssekretär Stéphane Beemelmans und löste den Abteilungsleiter Rüstung, Detlef Selhausen, ab.

Die kritische Situation bei den 15 größten Rüstungsprojekten der Bundeswehr und die Tatsache, dass die Bundesministerin die im Rüstungsboard vorgelegten Statusberichte wegen fehlender Plausibilität nicht billigte, hatten zur Folge, dass die Wirtschaftsprüfungsgesellschaft KPMG am 27. Juni 2014 beauftragt wurde, eine „umfassende Bestandsaufnahme und Risikoanalyse zentraler Rüstungsprojekte" vorzunehmen.

Das Ergebnis der Anfang Oktober 2014 vorgelegten 1 500 Seiten umfassenden Studie zum Stand von neun großen Rüstungsvorhaben bestätigt viel Bekanntes, was in früheren Kommissionen und Berichten bereits bemängelt wurde: Zu optimistische Kosten- und Terminplanungen, veränderte oder neue Forderungen, unausgereifte Technologien, das starre Haushaltsrecht, eine aufwendige Bürokratie sowie komplexe Schnittstellen zwischen den beteiligten Ämtern und Abteilungen. Damit zeigte dieser Bericht mit seinen Verfahrensvorschlägen zugleich erhebliche Unzulänglichkeiten im neuen Ausrüstungs- und Nutzungsprozess des CPM (nov.) auf.

Wenn man jedoch die seit langem bestehenden, im Jahr 2014 massiv zutage getretenen Ausrüstungsmängel der Bundeswehr, den Bericht von General Wieker vom September 2010 und die Ergebnisse der von Verteidigungsministerin von der Leyen beauftragten Wirtschaftsprüfungsgesellschaft KPMG betrachtet, so kommt man zu dem Ergebnis, dass organisatorisch die Verfahren und die Prozesse sowie das Controlling über Jahre versagt haben. Eine einseitige Schuldzuweisung verbietet sich. An dieser Misere sind die verantwortlichen Vertreter aus Politik, Bundeswehr und Rüstungsindustrie gleichermaßen schuldig.

Mit einer 2014 verabschiedeten Agenda Rüstung sollen jetzt die Reformvorschläge umgesetzt und eine bessere Kontrolle der Rüstungsprojekte erreicht werden. Diese Agenda verfolgt sechs Stoßrichtungen: klarer rüstungspolitischer Kurs, Verbesserung von Rüstungsmanagement und Transparenz, Fähigkeitslücken schließen, Stärkung der Einsatzbereitschaft, Rüstung zukunftsfähig und innovativ denken, Steuerungsfähigkeit herstellen.

Seit der Wiedervereinigung ist Deutschland fest in ein zusammenwachsendes Europa und in ein sich erweiterndes transatlantisches Bündnis in Frieden und Freiheit eingebettet. Mit dem vereinigten Deutschland sind aber auch das politische und wirtschaftliche Gewicht in der internationalen Politik und damit seine Verpflichtungen gewachsen, denen Deutschland nicht immer im angemessenen Umfang nachkommt. Und so sind die Ausführungen unseres Bundespräsidenten, Joachim Gauck, am 31. Januar 2014 auf der Münchner Sicherheitskonferenz zu begrüßen, in denen er forderte: „Die Bundesrepublik sollte sich als guter Partner früher, entschiedener und substantieller einbringen." Dann fuhr er fort: „Auch wer nicht handelt, übernimmt Verantwortung. Es ist trügerisch sich vorzustellen, Deutschland sei geschützt vor den Verwerfungen unserer Zeit – wie eine Insel. Denn Deutschland ist so tief verwoben mit der Welt wie wenige andere Staaten. Somit profitiert Deutschland besonders von der offenen Ordnung der Welt. Und es ist anfällig für Störungen im System. Eben deshalb können die Folgen des Unterlassens ebenso gravierend wie die Folgen des Eingreifens sein – manchmal sogar gravierender."

Der deutsche Außenminister, Frank-Walter Steinmeier, forderte auf dieser Münchner Sicherheitskonferenz ebenfalls ein stärkeres deutsches Engagement: „Deutschland muss bereit sein, sich außen- und sicherheitspolitisch früher, entschiedener und substanzieller einzubringen." Und er ergänzte: „Der Einsatz von Militär ist ein äußerstes Mittel. Bei seinem Einsatz bleibt Zurückhaltung geboten. Allerdings darf eine Kultur der Zurückhaltung für Deutschland nicht zu einer Kultur des Heraushaltens werden. Deutschland ist zu groß, um Weltpolitik nur von der Außenlinie zu kommentieren."

Und auch die Rede der Verteidigungsministerin von der Leyen reihte sich auf der Konferenz in diesen sicherheitspolitischen Kontext ein, indem sie sagte, dass Abwarten keine Option sei. „Wenn wir über die Mittel und Fähigkeiten verfügen, dann haben wir auch eine Verantwortung, uns zu engagieren" und ergänzte, dass Gleichgültigkeit für ein Land wie Deutschland keine Option sei, weder aus sicherheitspolitischer noch aus humanitärer Sicht. „Als eine bedeutende Volkswirtschaft und als ein Land von erheblicher Größe", so die Ministerin, „haben wir ein starkes Interesse an internationalem Frieden und Stabilität. Vor diesem Hintergrund nimmt die Bundesregierung ihre internationale Verantwortung wahr."

Die kurz darauf eingetretenen Ereignisse, wie die Ukraine-Krise, die Bedrohungen durch den „Islamischen Staat" und die Ebola-Epidemie in Afrika, offenbaren die Notwendigkeit entschlossenen Handelns der internationalen Gemeinschaft, aus der sich Deutschland nicht heraushalten konnte.

Deutschland nimmt aufgrund seiner wirtschaftlichen und politischen Stärke, seiner Bevölkerungszahl und geostrategischen Lage derzeit die Führungsrolle in Europa ein. Als eine „große" Mittelmacht findet dies jedoch weder im sicherheitspolitischen und militärischen Engagement noch im Bewusstsein seiner Bevölkerung über die Bedeutung der Bundeswehr ihren Niederschlag. Die Zeiten, in denen die Bundesrepublik ihre Zurückhaltung gegenüber den Bündnispartnern historisch mit den Verbrechen im Dritten Reich und aktuell mit der Teilung Deutschlands rechtfertigen konnte, sind vorbei. So war es unvermeidbar, dass die Bundesregierung am 1. Dezember 2015 beschloss und der Bundestag am 4. Dezember dem Antrag des Kabinetts zustimmte, Frankreich und die internationale Allianz im Kampf gegen den „Islamischen Staat" mit bis zu 1 200 Soldaten, sechs TORNADO-Aufklärungsflugzeugen, einem Tankflugzeug und einer Fregatte militärisch zu unterstützen, ohne jedoch selbst an Kampfeinsätzen teilzunehmen.

Deutschland ist nach der Wende einen mühseligen Weg von den humanitären Einsätzen bis zum Krieg in Afghanistan gegangen. Es hat sich mit dem militärischen Engagement in Syrien im Kampf gegen den „Islamischen Staat" an die Seite der Verbündeten gestellt und Frankreich, wie Bundeskanzlerin Merkel im November 2015 versicherte, „jedwede Unterstützung" zugesagt. Damit tritt Deutschland nach vier Jahren Bürgerkrieg in Syrien unter Anwendung des EU-Beistandsartikels in eine neue kriegerische Auseinandersetzung ein.

Eine Politik der Enthaltung bei internationalen Friedensmissionen, der überzogenen Parlamentsvorbehalte und der restriktiven Rüstungsexportbestimmungen sind nicht besonders hilfreich, um die Verpflichtungen im Bündnis wahrzunehmen. Es wird zukünftig von großer Bedeutung sein, welche sicherheitspolitische, militärische und rüstungswirtschaftliche Ausrichtung die Bundesregierung hinsichtlich internationaler strategischer Kooperationen einnehmen wird. Die Forderungen nach einer verstärkten militärischen Integration und internationaler Rüstungskooperation in Europa sowie nach „Pooling und Sharing" sind nur allzu berechtigt.

Darüber hinaus sollte eine stärkere Verzahnung von äußerer und innerer Sicherheit zu einem Gesamtsicherheitskonzept und eine Unterstützung durch die Bundeswehr mit ihren besonderen personellen, technischen und organisatorischen Fähigkeiten im Bereich der inneren Sicherheit angesichts des terroristischen Bedrohungsspektrums möglich gemacht werden.

Zugleich benötigen wir, wie vom Generalinspekteur Volker Wieker gefordert, einen „integrierten europäischen Planungsprozess, eine abgestimmte Verteidigungsplanung zu Streitkräften ohne Fähigkeitsredundanzen". Die Fähigkeiten der Bundeswehr müssen sich am politisch vorgegebenen Auftrag und den daraus abgeleiteten Aufgaben orientieren. Bei der eingeleiteten Neuausrichtung der Bundeswehr hat der Erhalt eines breiten Fähigkeitsspektrums mit dem Rational „Breite vor Tiefe" eine erhebliche Bedeutung für die Sicherung wehrtechnischer Kernkompetenzen.

Eine organisatorische und operative Fehlentscheidung war jedoch das neue Konzept der „Einsatzorientierten Ausrüstungsplanung Heer", mit dem, wie es schönfärberisch heißt, „eine Modernisierung im Fähigkeitsprofil des Heeres hin zur Verbesserung der Einsatzfähigkeit gelingen" sollte. Mit der Einführung eines „Dynamischen Verfügbarkeitsmanagements" sollte den knappen finanziellen Ressourcen Rechnung getragen, eine Abkehr von der Vollausstattung der Truppenteile und eine Reduzierung des Großgeräts auf rund 70 bis 80 Prozent ermöglicht werden. Die Folge war jedoch, dass vor Einsätzen und Übungen bundesweit Ausrüstung aufwendig herbeigeschafft werden musste, um die Einsatzbereitschaft eines Truppenteils zu gewährleisten.

Der Verteidigungshaushalt setzt jährlich den finanziellen Rahmen für die Auftragsvergabe der Bundeswehr für Material und Dienstleistungen. 2018 beläuft er sich auf 37,5 Milliarden Euro, das sind 11,4 Prozent des Bundeshaushalts. Die investiven Ausgaben betragen 7,7 Milliarden Euro, das sind

20,0 Prozent des Verteidigungshaushalts. Davon belaufen sich die militärischen Beschaffungen auf 5,4 Milliarden Euro, also 14,0 Prozent. Der Anteil der Verteidigungsausgaben der Bundesrepublik Deutschland liegt mit 1,2 Prozent des Bruttoinlandsprodukts an 16. Stelle der NATO-Mitgliedsstaaten und unter den im Bündnis vereinbarten zwei Prozent. Und bei den auf dem NATO-Gipfel 2014 in Wales vereinbarten 20 Prozent des Verteidigungshaushalts für Ausrüstung, Forschung und Entwicklung liegen wir mit 13,7 Prozent an 17. Stelle. Dies ist der politischen und militärischen Bedeutung sowie der wirtschaftlichen Größe des Landes derzeit keineswegs angemessen. Das neue Weißbuch sagt jedoch nichts darüber aus, wie und wann diese Ziele erreicht werden sollen.

Die Bundeswehr muss mit der derzeitigen und zukünftigen Struktur und insbesondere mit der finanziellen Ausstattung personell und materiell als Bündnispartner ihren vielfältigen internationalen Verpflichtungen gerecht werden, damit die deutsche Außen- und Sicherheitspolitik nicht an Einfluss und Glaubwürdigkeit und die Streitkräfte als ein Instrument dieser Politik nicht an Bedeutung verlieren.

In seinem ersten Jahresbericht 2015 hat der neue Wehrbeauftragte, Hans-Peter Bartels, den desolaten Zustand der Bundeswehr kritisiert und gravierende Ausrüstungsmängel festgestellt; er kommt zu dem niederschmetternden Ergebnis, dass die materielle Einsatzbereitschaft der Bundeswehr nicht der sicherheitspolitischen Lage gerecht wird.

In dem am 27. Januar 2016 von der Verteidigungsministerin von der Leyen vorgelegten Rüstungsplan wurde zu Recht eine erhebliche Aufstockung der Beschaffungsmittel im Verteidigungshaushalt sowie eine Erhöhung der erst vor wenigen Jahren von de Maizière veranlassten Reduzierung der großen Waffensysteme der Bundeswehr und damit eine „Trendwende Material" eingeleitet.

Jetzt steht in der Bundeswehr entsprechend den „Vorläufigen konzeptionellen Vorgaben für das künftige Fähigkeitsprofil der Bundeswehr" bis 2032 wiederum eine grundlegend neue Ausrichtung an. Diese sieht eine Abkehr von der Neuausrichtung von 2011 und einen Vorrang der Landes- und Bündnisverteidigung vor. Neben einer neuen Struktur ist damit auch eine neue Ausrüstung zur Erfüllung der veränderten Fähigkeitsforderungen erforderlich.

Daniel Günther, seit 2017 Ministerpräsident von Schleswig-Holstein bot mir 2011 den Vorsitz des CDU-Landesfachausschusses Sicherheit und Verteidigung an (Foto: Matthias Masch)

2011 bot mir der Landesgeschäftsführer der CDU Schleswig-Holstein, Daniel Günther, der 1995 bei mir im Unternehmen Rheinmetall ein mehrwöchiges Praktikum absolviert hatte, den Vorsitz des CDU-Landesfachausschusses Sicherheit und Verteidigung an. Ich nahm als Nachfolger des leider mit 65 Jahren sehr früh verstorbenen, von mir wegen seiner Geradlinigkeit außerordentlich geschätzten Generalmajors a.D. Heinz-Georg Keerl dieses Amt gerne an. Ich sah darin eine sinnvolle Ergänzung zu meinem Verbandsengagement für die wehrtechnische Industrie und eine wirkungsvolle Möglichkeit, sicherheitspolitische und rüstungswirtschaftliche Positionen in die politischen Entscheidungsprozesse einzubringen sowie einen politischen Informationsaustauch mit den Mandatsträgern zu pflegen. Damit nahm ich mein aktives Engagement in der Partei, das ich als Ortsvorsitzender und Stellvertretender Kreisvorsitzender der Jungen Union in Düsseldorf begonnen und später als Stellvertretender Landesvorsitzender der Wirtschafts- und Mittelstandsvereinigung der CDU in Schleswig-Holstein von 1995 bis 2001 fortgesetzt habe, wieder auf.

In der konstituierenden Sitzung am 21. September 2011 vereinbarte ich mit den Mitgliedern, die als Vertreter aus Politik, Bundeswehr, Wissenschaft und Wirtschaft ein breites gesellschaftliches Spektrum und ein große Kompetenz abdecken, die Aufgaben des Landesfachausschusses: Aufbereitung von sicherheits- und verteidigungspolitischen Daten, Informationen und Fachwissen von Themen, die mit Blick auf die Landespolitik relevant sind, bzw. werden können und Bereitstellung dieses Wissens für Funktionsträger und andere Interessierte in der Partei. Dabei stimmte ich mich eng mit dem CDU-Bundestagsabgeordneten Ingo Gädechens ab, den ich als Vorsitzender des Arbeitskreises Wehrtechnik bereits seit seiner ersten Wahl 2009 in den Bundestag gut kannte.

Der Landesfachausschuss erarbeitete das Positionspapier „Unsere Bundeswehr als Partner Schleswig-Holsteins". Es wurde auf dem Landesparteitag am 3. März 2012 ohne Gegenstimmen angenommen. Es wurde betont, dass die exponierte geografische Lage unseres Landes mit den hohen Risiken von Katastrophen - insbesondere an den Küsten von Nord- und Ostsee – eine enge Zivil-Militärische Zusammenarbeit erforderlich macht. Die CDU begrüßt den Erhalt der Landeskommandos sowie das klare Bekenntnis der Bundeswehr zum subsidiären Hilfeeinsatz u.a. bei Katastrophen und Großschadensereignissen. Sie fordert und unterstützt den Erhalt sowie den weiteren Ausbau der Zivil-Militärischen Zusammenarbeit und die Erhöhung der Fähigkeit mit Personal und entsprechendem Gerät zu subsidiären Hilfeleistungen bei Katastrophen und Unglücksfällen auf militärischer, insbesondere aber auf ziviler Seite. Hierzu gehört auch der verstärkte Aufbau von Reservisteneinheiten.

Auf dem Landesparteitag der CDU Schleswig-Holstein brachte ich als Vorsitzender dieses Landesfachausschusses am 15. November 2014 in Neumünster das aus zehn Punkten bestehende Positionspapier „Für eine verantwortungsvolle Sicherheitspolitik Deutschlands" ein. Ich begründete dies damit, dass sich der Landesfachausschuss von dem Aufruf unseres Bundespräsidenten Gauck Anfang des Jahres auf der Münchner Sicherheitskonferenz leiten lässt, „die Bundesrepublik sollte sich als guter Partner früher, entschiedener und substantieller einbringen", und wir mit diesem Antrag zeigen wollen, dass die CDU Schleswig-Holstein die dringend erforderliche gesellschaftliche Debatte über Deutschlands sicherheitspolitische Rolle aufgreift. Dieses Positionspapier wurde von den Delegierten ohne Gegenstimme angenommen. Wesentliche Punkte sind die bessere Verdeutlichung der sicherheitspolitischen Risiken und des Auftrages unserer Bundeswehr, Anhebung der Verteidigungsausgaben von derzeit etwa 1,3 Prozent auf die in der NATO vereinbarten zwei Prozent des BIP, verstärkte militärische Integration und Rüstungskooperation sowie einheitliche Gestaltung der Rüstungsexportbestimmungen in der EU, stärkere Verzahnung von äußerer und innerer Sicherheit zu einem vernetzten Gesamtsicherheitskonzept.

Mit Professor Dr. Joachim Krause, Inhaber des Lehrstuhls für Internationale Politik und Direktor des Instituts für Sicherheitspolitik an der Universität Kiel, in einer Diskussionsveranstaltung zum „Weißbuch 2016"

Auf der Bundeswehrtagung im Oktober 2014 kündigte Verteidigungsministerin von der Leyen für 2016 ein neues Weißbuch an. Weißbücher zur Sicherheits- und Verteidigungspolitik bieten die Möglichkeit, die sicherheitspolitische Lage zu schildern und daraus Schlussfolgerungen für die Aufgaben der Streitkräfte, deren Personalstärke, Ausrüstung sowie Ausbildung zu ziehen und mit diesem Grundsatzdokument national wie international transparent zu machen.

Die Erarbeitung des Weißbuchs 2016 sollte in einem öffentlich angelegten Diskussionsprozess erfolgen, sie sollte einen Anstoß zur sicherheitspolitischen Debatte in Deutschland leisten und einen ressortübergreifenden Ansatz verfolgen. Dabei verfolgte der Landesfachausschuss, wie ich in einer Pressemitteilung der CDU erklärte, das Ziel, während des Entstehungsprozesses des Weißbuches am Dialog des Verteidigungsministeriums meinungsbildend mitzuwirken. „Ich erwarte", so hieß es in der Erklärung, „dass das Weißbuch 2016 nicht nur ein Lagebericht ist, kein Bericht nur für die „Sicherheitspolitische Community", sondern in erster Linie für die Gesellschaft sei und dass die Bedrohungsszenarien und die sich daraus ergebenden Folgerungen ungeschönt dargestellt würden." Diese Erwartung hat sich nicht erfüllt.

Am 17. Februar 2015 hatte der Landesfachausschuss Professor Dr. Joachim Krause von der Universität Kiel zu einer Informationsveranstaltung zum Weißbuch 2016 eingeladen. Als Vorsitzender des Arbeitskreises Wehrtechnik Schleswig-Holstein kenne ich ihn bereits seit Anfang 2004. Durch die zahlreichen gemeinsam durchgeführten Veranstaltungen bin ich seit Langem mit ihm freundschaftlich verbunden, schätze seine kompetenten sicherheitspolitischen Analysen, seine Bereitschaft, seine Meinung offen in der Gesellschaft zu vertreten.

Professor Krause war von 2001 bis 2016 Inhaber des Lehrstuhls für Internationale Politik und Direktor am Institut für Politische Wissenschaft der Christian-Albrechts-Universität zu Kiel. Jetzt leitet er weiterhin das ISPK, das Institut für Sicherheitspolitik an der Universität Kiel. Neben seinen früheren wissenschaftlichen Tätigkeiten ist sein beruflicher Werdegang insbesondere durch seine diplomatischen Tätigkeiten geprägt. So war er Mitglied der deutschen Regierungsdelegation bei der UN Konferenz über den Zusammenhang zwischen Entwicklung und Abrüstung, Mitglied der Delegation der Bundesrepublik Deutschland bei der Abrüstungskonferenz in Genf und hat in der UN-Sonderkommission an der Ausarbeitung eines Plans zur langfristigen Überwachung des Iraks in den Jahren 1991 und 1992 mitgewirkt. Und er war Mitglied der deutschen Regierungsdelegation bei der Konferenz der Mitgliedstaaten zur Verlängerung und Überprüfung des Nuklearen Nichtverbreitungsvertrags.

Krause führte in seinem Statement zum Weißbuchprozess aus, dass dieser in eine Phase des grundlegenden internationalen Wandels fällt. Der derzeitige internationale Wandel sei fundamentaler als der von 1989/90, weil sich die internationalen Rahmenbedingungen erheblich verschlechtert haben und wir nicht mehr von der Abwesenheit einer strategischen Konfliktsituation ausgehen können. Tatsächlich hätten wir es heute mit mehreren bestehenden oder entstehenden strategischen Konfliktlagen zu tun, die die bisherige Außen- und Sicherheitspolitik vor große Herausforderungen stellen: der Iran, der „Islamische Staat", Russland und China in Ostasien.

Diese Entwicklungen haben, so Krause, bei der Bundesregierung Verunsicherung hervorgerufen. Der Zerfall der internationalen Ordnungssysteme werde von mehr und mehr Politikern als die größte Herausforderung angesehen. Auch gäbe es wieder militärische Bedrohungen, doch es mangele in

Deutschland an der Bereitschaft, diese als solche wahrzunehmen. Damit fehlt es auch an strategischen Vorgaben, aus denen das Ausrüstungskonzept der Bundeswehr abgeleitet werde müsse.

Von Deutschland wird auch immer mehr eine sicherheitspolitische Führungsverantwortung in Europa erwartet. Diese kann an grundsätzlichen Fragen wie der Notwendigkeit von Abschreckung nicht mehr vorbei gehen und auch die Rolle der Kernwaffen wird thematisiert werden müssen, solange Russland ein derart starkes Gewicht auf diese Waffen legt. Die Debatte um das Weißbuch, so Krause, wird auch die Strukturreform der Bundeswehr auf den Prüfstand stellen und vermutlich sehr weitgehende Änderungen erforderlich machen.

Das neue „Weißbuch 2016. Sicherheitspolitik und zur Zukunft der Bundeswehr" wurde im Juli 2016 von der Bundesregierung herausgegeben. Es gibt eine umfassende Analyse und Bewertung der sicherheitspolitischen Lage, beschreibt die vielschichtigen Risiken und die Politik Russlands, die „die europäische Friedensordnung offen in Frage" stellt. Doch man muss sich fragen, ob die politische Vorgehensweise richtig ist, zuerst eine Bundeswehrreform und ein Stationierungskonzept auf den Weg zu bringen und dann, wie Bundeskanzlerin Angela Merkel im Vorwort schreibt, mit dem Weißbuch, „die Basis für die künftige Ausrichtung der Bundeswehr" zu legen. So sagt das Weißbuch leider wenig zur zukünftigen Organisation der Bundeswehr und welche „moderne strukturgerechte Ausstattung zur Verbesserung der Einsatzbereitschaft und Reaktionsfähigkeit" erforderlich ist, und es enthält keine langfristige Finanzplanung.

Ich habe die Einrichtung der CDU-Landesfachausschüsse begrüßt, weil sie Parteimitgliedern die Möglichkeit geben, sich mit ihrem Fachwissen aktiv in die Parteiarbeit einzubringen. Dennoch habe ich am 23. November 2016 mit meinem Schreiben an den CDU Landesvorsitzenden und Spitzenkandidaten für die Landtagswahl 2017 in Schleswig-Holstein, dem heutigen Ministerpräsidenten Daniel Günther, mein Amt als Vorsitzender des CDU-Landesfachausschusses Sicherheit und Verteidigung niedergelegt.

Ich habe meine Entscheidung mit der unzureichenden politischen Unterstützung und Anerkennung der Bundeswehr durch die Gremien der Landespartei in vier Punkten begründet: erstens, das beantragte Kapitel des Landesfachausschusses „Unsere Bundeswehr als Partner Schleswig-

Holsteins" fand im Entwurf des Wahlprogramms zur Landtagswahl 2017, „Sicher leben in Schleswig-Holstein", keine Berücksichtigung; zweitens, die Bundeswehr mit ihren 17 000 Angehörigen wurde mit keinem Wort im Programmentwurf erwähnt; drittens, die mangelhafte Teilnahme der Mandatsträger und Landtagskandidaten der CDU an einem von mir aufwendig organisierten Workshop mit acht hochrangigen Kommandeuren und Dienststellenleitern der Bundeswehr und viertens, die Nichtberücksichtigung des Landesfachausschusses bei der Formulierung der Aussagen zur Bundeswehr im Leitantrag zum CDU Landesparteitag.

Aufgrund unterschiedlicher Einschätzung über die Bedeutung der Bundeswehr für die Sicherheit in Schleswig-Holstein durch die Gremien der CDU waren für mich die Voraussetzungen für eine zielgerichtete, erfolgversprechende Arbeit als Vorsitzender des Landesfachausschusses nicht mehr gegeben.

Workshop des CDU Landesfachausschusses mit Kommandeuren und Dienststellenleitern der Bundeswehr im Schleswig-Holsteinischen Landtag.
1. Reihe von links: Hans Hinrich Neve, MdL, Dieter Hanel, Ingbert Liebing, MdB, Astrid Dammerow, MdL, Oberst Ralf Güttler, 2. Reihe von links: Oberst Wolfgang Rasquin, Kapitän z.S. Stephan Haisch, Oberst Hauke Hausschild, RegDir Andreas Möller, Oberst Hartmut Zitzewitz, Oberst Thomas Groeters, Oberst Michael Krah

Kampfpanzer LEOPARD 2 und Bergepanzer 3 Produktion bei Krupp MaK in Kiel

Der Kampfpanzer LEOPARD 2, Symbol deutscher wehrtechnischer Schlüsseltechnologie, wurde weltweit von 18 Nationen beschafft (Foto Rheinmetall)

*Verteidigungsminister Hans Apel nach der Übergabe der Feldhaubitze 155-1 im Ge-
spräch mit dem Rheinmetall-Vorstand Hockel (li.), den Geschäftsführern Bär, (re.),
Germershausen sowie mit dem Inspekteur des Heeres, Generalleutnant Hildebrandt*

Das vierachsige, allradangetriebene gepanzerte Fahrzeug BOXER (Foto ARTEC)

Schützenpanzer PUMA (Foto: Rheinmetall)

U-Boot der HDW Klasse 212A und die Fregatte HAMBURG (© thyssenkrupp Marine Systems)

Der luftverladbare WIESEL 1 im UN-Einsatz in Somalia (Foto: Bundeswehr)

Der französische Bergepanzer LECLERC DNG, hier auf der Wehrtechnik-Messe in Abu Dhabi, wurde von GIAT mit systembestimmenden deutschen Komponenten an die Vereinigten Arabischen Emirate verkauft

Die jordanischen Streitkräfte erhalten für den Kampf gegen den internationalen Terrorismus sowie für Grenzsicherungs- und Stabilisierungseinsätze 50 von der Bundeswehr ausgesonderte Schützenpanzer MARDER (Rheinmetall Presse-Foto)

Mit dem schleswig-holsteinischen Wirtschaftsminister Peer Steinbrück und meinem Rheinmetall-Kollegen Paul Zimmermann (li.) im Anschluss auf einem Parlamentarischen Abend zum Thema „Technologische und ökonomische Bedeutung der wehrtechnischen Unternehmen in Schleswig-Holstein"

Wehrtechnik-Dialog mit Vertretern aus Politik, Bundeswehr, Wirtschaft und Wissenschaft (v.re. Prof. Dr. Hans Heinrich Driftmann, Staatssekretär Rüdiger Wolf, Dieter Hanel, Konteradmiral Jens-Volker Kronisch, Generalleutnant Johann-Volker Dora, Prof. Dr. Joachim Krause, Flottillenadmiral a.D. Wolfgang Kalähne)

Die Referenten des Wehrtechnik-Dialogs „Partnerschaft mit Polen" (v. li.): Gert Winkler, Rheinmetall Landsysteme, Konteradmiral Dieter Leder, Wehrbereichskommando I „Küste", Dieter Hanel, Arbeitskreis Wehrtechnik Schleswig-Holstein, Dr. Henryk Knapczyk, OBRUM, Dr. Hans-Heinrich Weise, Bundesverteidigungsministerium, Generalmajor Rolf Schneider, Multinationales Korps Nordost, Dr. Krzysztof Miszczak, Ministerpräsidentenkanzlei, Polen, Michael Rocca, Wirtschaftsministerium Schleswig-Holstein, Prof. Dr. Hans H. Driftmann, Unternehmensverbände Nord

Übernahme deutscher LEOPARD 2 Kampfpanzer durch das polnische Heer

Mit dem polnischen Verteidigungsminister Bronisław Komorowski (li) und dem Präsidenten der Vereinigung der Polnischen Nationalen Verteidigungsindustrie, Slawomir Kulakowski, (mi.) in einer Podiumsdiskussion über Polens zukünftige Panzerwaffe. 2010 wurde Komorowski zum Staatspräsidenten gewählt.

Eine Rheinmetall-Delegation unter Leitung der Bereichsvorstände Detlef Moog und Ernst Odermatt mit General Badalan und rumänischen Partnern auf Einladung von Generalmajor Viorel Birloiu im Cotroceni Palast, der Residenz des Staatspräsidenten

Diskussionsveranstaltung mit den Bundestagsabgeordneten Dr. Hans-Peter Bartels, SPD, Vorsitzender im Verteidigungsausschuss des Deutschen Bundestages, und Ingo Gädechens, Obmann der CDU im Verteidigungsausschuss (re.)

Das schwedische, extrem geländegängige Bv206S Kettenfahrzeug (Foto: Rheinmetall)

Der zur ABC-Abwehr konzipierte Rheinmetall Spürpanzer FUCHS in Abu Dhabi. Anlässlich des Staatsbesuchs von Bundeskanzler Gerhard Schröder erhielt Rheinmetall am 5. März 2005 einen Vertrag zur Lieferung von 32 Spürfüchsen

Der israelische Kampfpanzer MERKAVA IV wurde 2010 erstmals auf einer Wehrtechnik-Messe in Paris in der Öffentlichkeit ausgestellt

Eine chinesische Delegation bei Rheinmetall in Kiel bei der Demonstration des WIE-SEL 2. Seit 1981 reiste ich fünfmal privat durch das Riesenreich China. Mit meiner Frau Marie Rose auf der chinesischen Mauer

Verleihung der Ehrennadel des Landes Schleswig-Holstein durch Ministerpräsident Peter Harry Carstensen, links Jost de Jager, Staatssekretär im Wirtschaftsministerium, von 2009 bis 2012 Wirtschaftsminister des Landes

Frankreich – grandeur und Eigensinn

Unser Nachbar Frankreich ist nach Jahrzehnten der Feindschaft und drei blutigen Kriegen für Deutschland nach dem Zweiten Weltkrieg der wichtigste europäische Partner geworden, politisch, wirtschaftlich und militärisch. Ein bedeutender, heute noch richtungsweisender Meilenstein in den Beziehungen beider Länder war die Unterzeichnung des deutsch-französischen Freundschaftsvertrages am 22. Januar 1963 im Pariser Elysée-Palast durch den französischen Staatspräsidenten Charles de Gaulle und den deutschen Bundeskanzler Konrad Adenauer. Der Elysée-Vertrag leitete eine Ära freundschaftlicher Beziehungen zwischen den Regierungen beider Länder ein. Er sieht eine enge deutsch-französische Zusammenarbeit in den Bereichen Außen- und Sicherheitspolitik vor. Der Deutsch-Französische Verteidigungs- und Sicherheitsrat koordiniert unter Leitung der Staats- und Regierungschefs als ständige Einrichtung die deutsch-französische Zusammenarbeit im Bereich der Sicherheits- und Verteidigungspolitik.

Beim deutschen Bürger wird das Bild von Frankreich, l'image de la France, jedoch nicht von der sicherheitspolitischen und militärischen Zusammenarbeit geprägt, sondern von der ungezwungenen Lebenskunst, vom „savoir-vivre" der Franzosen, der eleganten Mode, den vorzüglichen Restaurants, den sprachgetragenen Chansons, der reichen Kultur und von der wohlklingenden Weltsprache, die für 80 Millionen Menschen die Muttersprache ist und von 220 Millionen Menschen gesprochen wird.

Persönlich sind meine ersten politischen Erinnerungen an das Nachbarland von der völkerverbindenden, versöhnenden Deutschlandreise des französischen Staatspräsidenten Charles de Gaulle im Jahr 1962 geprägt, auf der er nach Bonn am 7. September auch Hamburg besuchte und vom Balkon des Rathauses der begeisterten Menge zurief: „Es lebe Hamburg, es lebe Deutschland, es lebe unsere deutsch-französische Freundschaft!" Da unser Schuldirektor, anders als im Rheinland, uns an diesem historischen Tag nicht unterrichtsfrei gab, um an dieser politisch richtungsweisenden Veranstaltung teilzunehmen, verließen wir unerlaubt die Schule, was prompt einen blauen Brief an die Eltern zur Folge hatte.

Anschließend hielt de Gaulle in Uniform an der Führungsakademie der Bundeswehr in Hamburg-Blankenese vor den Offizieren einen Vortrag, was die Hamburger Regierung vergeblich zu verhindern versuchte. Generalmajor Ulrich de Maizière dankte als Kommandeur der Führungsakademie dem französischen Staatsoberhaupt für die hohe Ehre der Anwesenheit, „die wir zugleich als eine sichtbare Bekräftigung der immer enger werdenden menschlichen und kameradschaftlichen Bindungen zwischen französischen und deutschen Soldaten empfinden". In seiner Rede sagte der französische Staatspräsident: „Unter Soldaten – wie wir sind – hat es immer, trotz der Grenzen und so klaffend die Wunden gewesen sein mögen, einen großen und edlen gemeinsamen Bereich gegeben. Das trifft für die Militärtechnik zu; es gilt aber noch stärker, wenn es sich um das Pflichtbewusstsein handelt." Anschließend warb de Gaulle für eine umfassende militärische Zusammenarbeit zwischen Frankreich und der Bundesrepublik. Heute ist sie der wichtigste Pfeiler der europäischen Sicherheits- und Verteidigungspolitik. General de Gaulle war als strategisch denkender Soldat und weit blickender Politiker für mich immer ein Vorbild, auch wenn ich für manche seiner Handlungen, insbesondere gegenüber den USA und Großbritannien, nur wenig Verständnis aufbringen konnte. Er hatte der französischen Nation das im Zweiten Weltkrieg gebrochene Selbstbewusstsein zurückgegeben.

Direkt nach dem Abitur reiste ich vor Eintritt in die Bundeswehr 1965 erstmals nach Frankreich. In Paris kaufte ich mir mein erstes französischsprachiges Buch, de Gaulles Kriegsmemoiren „Mémoires de guerre. L´Appel 1940-1942". Im Buchladen fiel mir beim Blättern im Buch sofort der erste Satz ins Auge: „Toute ma vie, je me suis fait une certaine idée de la France." Diese felsenfeste Überzeugung von einer bestimmten Vorsehung über die Rolle Frankreichs in der Welt drückt sich einige Zeilen weiter in dem Satz aus, „Bref, à mon sens, la France ne peut pas être la France sans la grandeur – Kurz, nach meinem Verständnis kann Frankreich nicht Frankreich sein ohne seine Größe." Diese oft realitätsferne Sehnsucht nach „grandeur" bestimmt immer noch in hohem Maße die französische Außen-, Sicherheits- und Verteidigungspolitik sowie die technologische Ausrichtung. In Frankreich lebt der Mythos einer unabhängigen Großmacht fort, obwohl das Land seine globale Führungsrolle verloren hat.

Für manche sicherheitspolitische und militärische Positionen Frankreichs konnte ich nur wenig Verständnis aufbringen. Dazu gehörte insbesondere die Aufrechterhaltung einer weitgehend nationalen Eigenständigkeit, die über Jahrzehnte die bestimmende Grundlage der französischen Sicherheitspolitik bildete. Sie fand ihren sichtbaren Ausdruck in dem 1954 unter der Regierung Mendès-France begonnenen und unter de Gaulle intensiv weiter verfolgten Aufbau einer eigenen Nuklearstreitmacht und in dem Austritt aus der militärischen Organisation der NATO im Jahre 1966.

Über die enge Zusammenarbeit meiner Instandsetzungskompanie mit einer französischen Partnerschaftskompanie habe ich bereits berichtet. In dieser Zeit beschäftigte ich mich auch intensiv mit der französischen Atomstreitmacht und veröffentlichte 1977 in der Bundeswehr-Zeitschrift „Truppenpraxis" den Artikel „Französische Atomstreitmacht". Der französische Verteidigungsattaché, Général de division Georges Roudier, hatte in seiner vom Verlag erbetenen Stellungnahme keine Einwände gegen diese Veröffentlichung, bat aber, auf eine Grafik mit der europäischen Landkarte zu verzichten. Auf ihr waren die Reichweiten und Radien der französischen Atomwaffen, die mit 3 300 Kilometern bis hinter Moskau reichten, dargestellt. Sie war ihm wohl zu provokant und zu undiplomatisch. Damals bestand Frankreichs Nuklearstreitmacht noch aus vier Säulen, den Mirage-IV-Bombern, den strategischen Raketen und den Atom-U-Booten, die die strategischen Nuklearstreitkräfte bildeten, sowie aus den taktischen Pluton-Raketen. Heute verfügt Frankreich nicht mehr über diese strategischen und taktischen Raketen.

Erst mit der auf dem NATO-Gipfel am 3. und 4. April 2009 in Straßburg und Kehl vollzogenen Rückkehr in die militärische Struktur des Bündnisses gab Frankreich seine strategische Souveränität und die Strategie des „tous azimuts" sowie die konkurrierende Positionierung gegenüber den USA auf. In der Abschlusserklärung des Gipfels begrüßte die NATO die Entscheidung Frankreichs zur vollständigen Teilnahme in den NATO-Strukturen wärmstens und bewertete diese als einen Beitrag zu einer stärkeren Allianz.

Frankreich engagiert sich besonders in der europäischen Zusammenarbeit sowie in der Stärkung der Gemeinsamen Sicherheits- und Verteidigungspolitik und ist bestrebt, dass Europa in der Lage ist, sich eigenständig und effektiv zu verteidigen. So kann Europa seine eigene Sicherheit garantieren. Die Aufrechterhaltung der Verfügungsgewalt über das nationale Nuklearpotenzial ist dabei ein wesentlicher Teil der französischen Sicherheitsstrategie. Die

182

französische Regierung sieht keinen Wettbewerb zwischen der Europäische Union und der NATO, sondern bewertet beide als komplementäre Organisationen. So verbindet die NATO Nordamerika und Europa in der kollektiven Verteidigung, insbesondere bei Risiken einer größeren Aggression. Die EU wiederum hat die einzigartige Fähigkeit, ein breites Spektrum von Krisenmanagementmaßnahmen auf militärischem, humanitärem, diplomatischem und finanziellem Gebiet einzusetzen. Zugleich fördert das Land die Schaffung eines europäischen Rüstungsmarktes. Diese Fähigkeit zur autonomen Krisenbewältigung wird im neuen Weißbuch zur Verteidigung und zur nationalen Sicherheit 2013, im „Livre blanc sur la Défense et la Sécurité nationale 2013", mit dem geplanten Aufbau von streitkräftegemeinsamen, schnellen Reaktionskräften mit einer Stärke von 5 000 Soldaten, aber auch im starken militärischen Engagement der französischen Armee, bekräftigt.

Der Einsatz im Rahmen der Vereinten Nationen, der NATO oder der EU und die Anwendung der Verteidigungsverträge zugunsten der afrikanischen Partner sind die bestimmenden Einsatzbedingungen der französischen Streitkräfte. Frankreich unterstützt als Ständiges Mitglied des Sicherheitsrates der Vereinten Nationen aktiv UN-Missionen und zeigt neben humanitären Einsätzen eine hohe Bereitschaft zu Militäroperationen, wie wir seit 2013 in Mali und in der Zentralafrikanischen Republik sowie seit 2015 im Syrien-Konflikt sehen. Insbesondere zu den Staaten Afrikas pflegt das Land privilegierte Beziehungen und hat mit zahlreichen Ländern bilaterale Militärabkommen geschlossen. 2017 waren 7 000 französische Soldaten in 11 afrikanischen Staaten stationiert.

Aus der nach Ende des Kalten Krieges veränderten sicherheitspolitischen Lage leitet sich der Auftrag der französischen Streitkräfte ab, den Schutz der vitalen Interessen Frankreichs, die territoriale Sicherheit des Landes und der Bevölkerung zu garantieren sowie internationale Einsätze zu gewährleisten. Die französischen Streitkräfte haben eine Stärke von 202 950 Soldaten, davon beträgt der Umfang des Heeres 109 450, der Marine 35 400 und der Luftwaffe 42 050 Soldaten.

Das neue französische Weißbuch 2013 unterscheidet sich in der Analyse und Bewertung der sicherheitspolitischen Lage nicht wesentlich vom Weißbuch 2008. Die fünf Säulen der Sicherheit Frankreichs haben weiter volle Gültigkeit: Wissen und Vorausschau, Abschreckung, Schutz, Prävention und Intervention. Verändert haben sich die Krisenherde, der „Arabische Frühling", Libyen, die Sahel-Zone und Mali, die sich näher Richtung Europa verschoben haben. Die Ukraine-Krise nahm erst ab November 2013 ihren Anfang. Einen entscheidenden Einfluss auf die Ausrichtung und Struktur der französischen Streitkräfte haben die Haushaltsprobleme und die Forderung der Europäischen Kommission, das Haushaltsdefizit abzubauen. Dazu hat auch der Verteidigungshaushalt seinen Beitrag zu leisten.

Frankreich ist bestrebt, seine militärische Führungsrolle in Europa, sein weltweites Engagement aufrecht zu erhalten und in der NATO eine aktive Rolle zu spielen. Der Verteidigungshaushalt nimmt mit 42,0 Milliarden Euro und 1,8 Prozent des Bruttoinlandsprodukts einen Spitzenplatz bei den europäischen NATO-Staaten ein.

Die veränderte sicherheitspolitische Lage hatte nach dem Wegfall des Ost-West-Konfliktes erhebliche Auswirkungen auf die französische Rüstungsindustrie, in der 1991 noch 284 000 Menschen direkt beschäftigt waren. Sie ist jetzt auf 165 000 Mitarbeiter zurückgegangen, die einen jährlichen Umsatz von 15 Milliarden Euro erwirtschaften. Die industriellen, technologischen und wissenschaftlichen Anstrengungen sind für die Verteidigungskapazität sowie für die damit verbundene Umgestaltung der Industrie- und Forschungsstruktur im nationalen und europäischen Rahmen von großer Bedeutung. Dabei wird von einer neuen Partnerschaft zwischen der Rüstungsindustrie und dem Staat ausgegangen.

Frankreich und Deutschland können auf eine lange sicherheitspolitische, militärische und rüstungswirtschaftliche Zusammenarbeit zurückblicken, die auch zukünftig eine wichtige Grundlage der Gemeinsamen Sicherheits- und Verteidigungspolitik der EU bilden kann. So war das am 9. Dezember 1996 verabschiedete Gemeinsame Deutsch-Französische Sicherheitskonzept ein wichtiges Element des europäischen Einigungsprozesses und der europäischen Sicherheitsarchitektur. Die deutsch-französische Rüstungskooperation könnte eine entscheidende Grundlage für eine zukünftige Vereinheitlichung der materiellen Ausstattung bilden. Deutschland und Frankreich sehen in der militärischen und rüstungspolitischen Kooperation eine wichtige Grundlage für die Gestaltung eines zukünftigen Europas. So haben Verteidigungsministerin von der Leyen und ihr französischer Amtskollege Le Drian

2016 die europäische Initiative für eine Ständige Strukturierte Zusammenarbeit eingebracht.

Die Entscheidung der Verteidigungsminister der beiden Länder im Dezember 1993, eine gemeinsame Rüstungsagentur einzurichten und die deutsch-französische Erklärung zur Rationalisierung der deutsch-französischen Rüstungszusammenarbeit am 7. Dezember 1995 in Baden-Baden, waren bedeutende Schritte in Richtung einer europäischen Zusammenarbeit. Frankreich und Deutschland haben eine lange Tradition in der Rüstungszusammenarbeit, die auf den Elysée-Vertrag zurückgeht, in dem es heißt: „Auf dem Gebiet der Rüstung bemühen sich die beiden Regierungen, eine Gemeinschaftsarbeit vom Stadium der Ausarbeitung geeigneter Rüstungsvorhaben und der Vorbereitung der Finanzierungspläne an zu organisieren."

Diese Kooperation ist besonders ausgeprägt und erfolgreich in der Luftfahrtindustrie, die mit dem Schulflugzeug und leichten Kampfbomber ALPHA JET, den Transportflugzeugen TRANSALL und A400M, den Panzerabwehrlenkflugkörpersystemen MILAN, HOT, PARS 3, dem Flugabwehrraketensystem ROLAND, den Hubschraubern NH 90 und TIGER zahlreiche gemeinsame Projekte realisiert hat. Und weil Frankreich, emotional geprägt und technologieverliebt, mit einer europäischen Luftfahrtindustrie, die sie von den Amerikanern weitgehend unabhängig macht, eine Vision verfolgte. Diese typisch französische Eigenschaft erhielt mit dem deutschen Spiritus Rector, Franz-Josef Strauß, detailbesessen, vehement agierend, mit ausgezeichneten Beziehungen zur Industrie, die notwendige Unterstützung auf der anderen Seite des Rheins. So sind mit Airbus und MBDA erfolgreiche, international agierende, europäische Gemeinschaftsunternehmen entstanden.

Erfolgreich war diese Zusammenarbeit auch, weil Deutschland Frankreich eine Führungsrolle oder zumindest eine vermeintliche Führerschaft zugestanden hat. Und auch Helmut Schmidt bekennt in seinem letzten Buch, dass er als Bundeskanzler dem französischen Präsidenten Valéry Giscard d´Estaing „immer den Vortritt gelassen" habe: „Frankreich ist Atommacht, Frankreich hat einen ständigen Sitz im UN-Sicherheitsrat, und Frankreich hat, als ehemalige Kolonialmacht, in vielen Teilen der Welt großen Einfluss."

Die politischen Vereinbarungen und die erfolgreichen Kooperationsvorhaben, insbesondere in der Luftfahrtindustrie, dürfen jedoch nicht darüber hinwegtäuschen, dass in der Zusammenarbeit im Marineschiffbau und in der Panzerindustrie bisher nur selten Erfolge zu verzeichnen waren. Darüber hinaus wendet sich Frankreich bei der bilateralen militärischen und rüstungswirtschaftlichen Zusammenarbeit in den letzten Jahren verstärkt anderen Bündnispartnern, insbesondere Großbritannien und Italien, zu. Wesentliche Gründe sind Deutschlands „Kultur der militärischen Zurückhaltung" und die restriktive Rüstungsexportpolitik. In dem Lancaster-Vertrag von 2010 vereinbarten Frankreich und Großbritannien eine weitgehende Kooperation auf dem Gebiet der Kampfdrohnen und Raketen, beim Bau der Flugzeugträger sowie bei der Aufstellung einer gemeinsamen Flugzeugträgerkampfgruppe. Und mit Italien produziert Frankreich die gemeinsame FREMM Fregatte.

Insbesondere auf dem Gebiet der Panzerfahrzeuge sind zahlreiche deutsch-französische Projekte gescheitert. Das 1957 zwischen Frankreich und der Bundesrepublik Deutschland abgeschlossene Militärabkommen über die gemeinsame Entwicklung eines Kampfpanzers scheiterte. 1965 wurde der erste LEOPARD 1 an die Bundeswehr, 1966 der AMX 30 an die französische Armee ausgeliefert.

Im Februar 1978 wurden zwischen Deutschland und Frankreich erneut Gespräche zur Entwicklung eines gemeinsamen Kampfpanzers aufgenommen und 1980 eine Vereinbarung von beiden Verteidigungsministern unterzeichnet. Am 13. Januar 1982 wandte sich der französische Präsident François Mitterrand in einem Schreiben an den Bundeskanzler Helmut Schmidt: „Ce programme revêt pour nos deux pays une haute signification politique - Diesem Programm kommt für unsere beiden Länder eine hohe politische Bedeutung zu."

Aber auch dieses zweite Projekt, einen Kampfpanzer gemeinsam zu entwickeln, scheiterte in erster Linie aufgrund erheblicher Differenzen bei den taktischen und technischen Forderungen. Frankreich forderte insbesondere in Hinblick auf die Exportinteressen einen leichteren Panzer. 1982 begann Frankreich eine Eigenentwicklung, die dann in den LECLERC mündete, von dem 406 Stück von 1991 bis 2007 beschafft wurden. Der LECLERC hat ein Gefechtsgewicht von 54,6 Tonnen, eine Besatzung von drei Mann und verfügt über einen automatischen Lader.

Der angestrebte Exporterfolg stellte sich jedoch nicht ein. Während sich weltweit bereits 17 ausländische Streitkräfte für eine Beschaffung des deutschen LEOPARD 2 entschieden haben, konnte der französische Kampfpanzer bisher nur an die Vereinigten Arabischen Emirate verkauft werden. Im Februar 1993 schloss GIAT, die heute unter Nexter firmiert, mit Abu Dhabi einen Vertrag zur Lieferung von 394 Kampfpanzern LECLERC und 46 Bergepanzern mit einem Gesamtwert in Höhe von umgerechnet 3,2 Milliarden Euro ab. 1995 erfolgte die Auslieferung der ersten Fahrzeuge. Diese Fahrzeuge sind auf Wunsch der Araber mit systemrelevanten deutschen Komponenten, dem Eurotriebwerk mit einem MTU-Motor und einem Renk-Getriebe, ausgerüstet, abweichend von der französischen Version, die ein französisches Triebwerk haben.

Für diesen neuen Kampfpanzer LECLERC, der weitaus schwerer als der eingeführte AMX 30 ist, benötigte die französische Armee einen neuen, leistungsfähigen Bergepanzer und zeigte Interesse am deutschen Bergepanzer 3 BÜFFEL, der auch in den Niederlanden eingeführt war. So wurde die MaK 1991 von der französischen Beschaffungsbehörde DGA, der Direction générale de l´armément, zu einer ersten Präsentation nach Paris eingeladen, an der mein Technikkollege Manfred Eggers und ich teilnahmen. Die DGA, zuständig für das Programmmanagement, die Entwicklung und Beschaffung von militärischer Ausrüstung, war von der Leistungsfähigkeit dieses auf einem LEOPARD 2 Fahrgestell basierenden Fahrzeuges sehr beeindruckt und führte anschließend mit einem von der Bundeswehr ausgeliehenen BÜFFEL eine intensive Erprobung durch. Es folgten ein umfangreicher technischer und kaufmännischer Informationsaustausch und die Abgabe eines Angebots.

Doch es gab in Frankreich massive industrielle und politische Widerstände. GIAT hatte es geschafft, dass die DGA von der Beschaffung des deutschen Bergepanzers Abstand nahm. Wir wurden stattdessen aufgefordert, mit GIAT ein Konzept zu erarbeiten, in dem die deutschen bergespezifischen Komponenten in das LECLERC-Fahrgestell integriert wurden, ein Bergepanzerkonzept, das die MaK bereits in Südkorea erfolgreich für den Kampfpanzer K1 vermarktet hatte. So wurde mit GIAT der französische

Bergepanzer LECLERC DNG entwickelt. DNG steht für Dépanneur Nouvelle Génération, Bergepanzer neuerer Generation. Von diesem Fahrzeug beschaffte die französische Armee 18 und Abu Dhabi 46 Stück.

Bei den Besprechungen und Verhandlungen lernte ich die analytische Herangehensweise der Franzosen an komplexe technische Projekte, ihr ausgeprägtes strategisches Denken, ihre starke hierarchische Ausrichtung, die Unterschiede zu uns Deutschen in der Kommunikation und den hohen Wert guter zwischenmenschlicher Beziehungen kennen. Dagegen meinen wir Deutschen oft, allein mit einer ausgefeilten, detaillierten Tagesordnung, einem straffen Besprechungsprogramm, schriftlichen Diskussionsgrundlagen und einer Direktheit, die die Franzosen oft als brüskierend empfinden, zum Erfolg zu kommen. Dabei nehmen wir uns zu wenig Zeit, Verständnis für die Position der anderen Seite zu gewinnen. Den flexibel agierenden Franzosen genügt oft ein Anruf, ein Gespräch unter vier Augen, eine persönliche Einstimmung vor Verhandlungsbeginn.

Neben den beiden deutsch-französischen Kampfpanzerprogrammen sind noch weitere bilaterale Kooperationen gescheitert, wie das 1972 vereinbarte Minenräumpanzer-Projekt, das Minenräumprojekt SYDERA und die Panzerschnellbrücke. Die quatrolaterale Entwicklung einer zukünftigen Kampfpanzerhauptbewaffnung im Kaliber 140 mm zwischen Deutschland, Frankreich, Großbritannien und den USA wurde ebenfalls eingestellt. Das bereits beschriebene ehemals rein deutsch-französische Projekt Gepanzertes Transportkraftfahrzeug, Véhicule Blindé Modulaire, das GTK/VBM, machte die Schwierigkeiten europäischer Rüstungskooperation, die Überbetonung nationaler Interessen und die unterschiedliche Behandlung des Wettbewerbsprinzips in beiden Ländern sehr deutlich.

Nach dem Scheitern dieses gepanzerten Radfahrzeuges stand für das französische Heer die nationale Beschaffung einer neuen Generation von Infanterie-Gefechtsfahrzeugen an oberster Stelle. Dieses vierachsige, allradangetrieben Fahrzeug, VBCI, Véhicule Blindé de Combat d´Infanterie, genannt, wurde von GIAT als Hauptauftragnehmer sowie Renault Trucks Defense als Unterauftragnehmer entwickelt. 630 VBCI wurden von 2008 bis 2015 in den beiden Versionen als Kommando- und Führungsfahrzeug, dem VPC, sowie als Infanterie-Gefechtsfahrzeug, dem VCI, beschafft. Insgesamt belief sich das Volumen für Entwicklung und Beschaffung auf 2,9 Milliarden Euro.

1987, ich hatte gerade meine neue Stelle als Exportleiter bei Krupp MaK in Kiel angetreten, konnte ich meine Geschäftsbeziehungen zu französischen Rüstungsunternehmen, insbesondere zu GIAT und Panhard, aufbauen. Das Heeresrüstungsunternehmen GIAT, heute Nexter, wurde nach immensen Verlusten und staatlichen Kapitalhilfen 1990 aus dem Bereich des französischen Verteidigungsministeriums ausgegliedert und als privatwirtschaftlich organisiertes Unternehmen gegründet. Heute ist GIAT Industries SA eine 100 prozentige Holding von Nexter, die sich voll in französischem Staatsbesitz befindet.

Nexter produziert an zehn Betriebsstätten in Frankreich und dreien im Ausland gepanzerte Fahrzeuge, Artilleriesysteme, Waffen, Munition, Informationssysteme und Ausrüstung. 2015 erwirtschaftete das Unternehmen mit 3 320 Mitarbeitern einen Umsatz von 1,1 Milliarden Euro und lag damit bei den Rüstungsunternehmen weltweit an 54. Stelle. Mehr als 18 000 gepanzerte Fahrzeuge wurden bisher weltweit in 31 Länder geliefert. Nexter hat auch das hauptsächlich von Renault entwickelte gepanzerte 6x6-Radfahrzeug VAB produziert. Mit dem neuen geschützten 4x4 Mehrzweck-Fahrzeug der 12 Tonnen-Klasse ARAVIS erweitert Nexter das Portfolio auf dem Gebiet der mittelschweren Radfahrzeuge. Turmsysteme sowie Rohrwaffen mit der zugehörigen Munition bestimmen mit den Panzerfahrzeugen die Systemfähigkeit und internationale Wettbewerbsposition dieses Unternehmens.

Panhard war mit rund 350 Beschäftigten und einem Umsatz von umgerechnet 100 Millionen Euro im europäischen Maßstab ein relativ kleines Unternehmen, das sich aber mit der Konzentration auf das schmale Produktspektrum leichter gepanzerter Fahrzeuge erfolgreich am Markt behauptete. Seit 2012 ist Panhard ein Unternehmen von Renault Trucks Defense.

Panhard hat mehr als 18 000 Fahrzeuge in 50 Ländern verkauft. Auf dieser Basis suchten die Franzosen einen Kooperationspartner in Deutschland, um so mit ihrem leichten gepanzerten Fahrzeug VBL bessere Absatzmöglichkeiten in der Bundeswehr, die einen entsprechenden Bedarf hatte, zu erschließen. Das vierachsige, allradangetriebene Radfahrzeug VBL M 11, das Véhicule Blindé Léger, das ein Gefechtsgewicht von 3,5 Tonnen hat, ist seit 1981 das geschäftsbestimmende Produkt von Panhard. Bis heute wurden mehr als 2 300 Fahrzeuge in 16 Ländern verkauft, 1 600 für die französische Armee und 700 für das Ausland. Das Fahrzeug entsprach jedoch nicht den deutschen Forderungen, so dass die Zusammenarbeit in diesem Projekt abgebrochen wurde.

Mit Renault versuchte Rheinmetall Landsysteme vergeblich, in dem damals noch deutsch-französischen Projekt GTK/VBM eine Kooperation in Konkurrenz zu GIAT aufzubauen, doch das war im französischen Verteidigungsministerium nicht durchsetzbar. In der Vergangenheit entwickelte und produzierte Renault auf dem Gebiet der gepanzerten Fahrzeuge, insbesondere aufgrund industriepolitischer Vorgaben des französischen Staates, Komponenten für GIAT, bzw. Nexter. Renault Trucks Defense, seit 2001 ein Unternehmensbereich der Volvo Group, verfügt über ein breites Spektrum taktischer, logistischer und gepanzerter Radfahrzeuge. Mit dem Erwerb der Unternehmen Acmat und Panhard konnte das Unternehmen seine Produktpalette auf dem Gebiet der leichten gepanzerten Fahrzeuge sowie seinen internationalen Marktzugang erheblich erweitern. Volvo hat jedoch im Rahmen des Konzernumbaus Renault Trucks Defense 2017 zum Verkauf angeboten.

Am 1. Juli 2014 unterzeichneten das Münchener Unternehmen Krauss-Maffei Wegmann und Nexter eine Grundsatzerklärung, in der die Gründung eines 50:50 Joint Venture beschlossen wurde. Diese am 29. Juli 2015 vertraglich besiegelte Holding hat ihren Sitz in Amsterdam und verfügt über eine deutsch-französische Doppelspitze. Sie firmiert jetzt unter KNDS, KMW+Nexter Defence Systems, und wird mit einem Umsatz von zwei Milliarden Euro rund 6 000 Mitarbeiter haben. Krauss-Maffei Wegmann strebt damit eine europäische Lösung an und erteilte einem nationalen Zusammenschluss mit Rheinmetall eine Absage. „Bei einer deutschen Konsolidierung", so Frank Haun, der Vorsitzende der Geschäftsführung von Krauss-Maffei Wegmann und Ko-Vorsitzender der Holding, „haben sie kein neues Produkt, keine neue Technologie, keine neuen Märkte." Damit ist auch die immer wieder angestrebte deutsche Lösung, ein Zusammenschluss vom Krauss-Maffei Wegmann und Rheinmetall, gescheitert. Wesentliche Gründe waren die Führungsfrage und menschliche Eitelkeiten, aber auch die Unfähigkeit der Bundesregierung, mit ihren Rüstungsaufträgen eine stärkere deutsche Konsolidierung durchzusetzen.

Bisher waren Krauss-Maffei Wegmann und Nexter mit ihren Produkten, bei den Kampfpanzern und gepanzerten Radfahrzeugen, auf den Weltmärkten starke Konkurrenten. Gemeinsame neue Produkte und neue Technologien wird es erst langfristig geben. Dazu gehört auch ein ab 2025 geplanter, gemeinsamer neuer Kampfpanzer. Neue Märkte könnten sich jedoch für den deutschen Partner aufgrund der liberaleren französischen Exportpolitik ergeben. Es bleibt abzuwarten, ob nach zahlreichen gescheiterten Versuchen, auch Rheinmetall verhandelte mehrfach erfolglos mit dem französischen Unternehmen, dieses neue Kooperationsvorhaben erfolgreich verlaufen wird.

In Frankreich wird dem Rüstungsexport, im Gegensatz zu Deutschland, eine erhebliche geostrategische und wirtschaftliche Bedeutung beigemessen. Er ist auch weiterhin „ein Instrument der Außenpolitik und der Präsenz Frankreichs in der Welt". Auf dieser Grundlage betreibt das französische Verteidigungsministerium für die nationale Industrie eine beträchtliche Exportunterstützung. Nach Angaben von SIPRI lag Frankreich bei seinem Rüstungsexport im Zeitraum 2011 bis 2015 weltweit bei einem Anteil von 5,6 Prozent an vierter Stelle. 2015 exportierte Frankreich Rüstungsgüter mit einem Wert von 15 Milliarden Euro.

Die alle zwei Jahre in Paris stattfindende Eurosatory, eine der weltweit größten Wehrtechnikmessen für Landsysteme, verdeutlicht stets den starken Einfluss der französischen Politiker und Militärs auf die französische Rüstungsindustrie, ihr Engagement für die Interessen Frankreichs sowie den globalen Einfluss in vielen Ländern. Die Eurosatory 2016 konnte 55 500 Besucher und 1 572 Aussteller aus 56 Ländern verzeichnen.

Ein besonderes Erlebnis waren für mich während der Eurosatory stets die Einladungen und Ansprachen der deutschen Botschafter in ihrer Residenz Palais Beauharnais. Dieses 1714 errichtete prachtvolle, Gebäude am linken Ufer der Seine, seit 1818 in preußischem und ab 1962 wieder in deutschem Besitz, wurde 1803 von Napoleons Stiefsohn Eugène de Beauharnais erworben. 1862 hatte hier auch Bismarck als Gesandter residiert, bevor er Ministerpräsident von Preußen wurde.

Frankreich wird auch zukünftig sein politisches, diplomatisches und militärisches Gewicht in die internationale Krisenbewältigung einbringen und den

Bündnisverpflichtungen aktiv nachkommen. Das Land wird zugleich weiterhin seine Interessen zum Erhalt der strategisch wichtigen wehrtechnischen Kapazitäten verfolgen und den politisch stark unterstützten Rüstungsexport als ein wichtiges Instrument der Außen- und Wirtschaftspolitik ansehen. Es zeichnet sich jedoch ab, dass der Panzerindustrie im Rahmen der Konsolidierung der europäischen Rüstungsindustrie strategisch nicht mehr die höchste Priorität eingeräumt wird. Diese nehmen immer mehr die militärische Luft- und Raumfahrt- sowie die Elektronikindustrie ein.

Trotz großer Zuneigung für Frankreich und meiner Bewunderung für den auch nach Niederlagen ungebrochenen Nationalstolz bewerte ich die politische, wirtschaftliche und soziale Entwicklung des Landes, den übermäßigen Staatseinfluss und die Unfähigkeit zu großen Reformen sehr kritisch. Sie erschweren die Notwendigkeit, gemeinsam mit Deutschland die erforderlichen Reformen in Europa und den Einigungsprozess voranzubringen. So bleibt der Elysée-Vertrag von 1963 weiterhin ein großes Vermächtnis und eine ständige Verpflichtung für beide Völker.

Empfang des deutschen Botschafters in Paris in seiner Residenz Palais Beauharnais aus Anlass der Wehrtechnik-Messe Eurosatory

192

Großbritannien – zwischen Kooperation und Isolation

Nach dem Verlust der Kolonien und der Weltmachtposition als British Empire ist es dem britischen Königreich gelungen, mit dem Commonwealth ein wichtiges internationales Beziehungsgeflecht und eine bedeutende Stellung in der Völkergemeinschaft zu erhalten. Die Atommacht Großbritannien engagierte sich während des Kalten Krieges als ständiges Mitglied des Sicherheitsrates der Vereinten Nationen, der NATO, der Europäischen Union und der OSZE besonders stark in Fragen der internationalen Sicherheits- und Verteidigungspolitik. Offen ist, wie sich nach dem Referendum am 23. Juni 2016 der Brexit, der Austritt des Vereinigten Königreichs von Großbritannien aus der Europäischen Union, auf die europäische Sicherheitspolitik und Rüstungszusammenarbeit gestalten wird.

Großbritannien stationierte als wichtiger und zuverlässiger Verbündeter mit der Rheinarmee während des Kalten Krieges rund 100 000 Soldaten in Deutschland und leistete so jahrzehntelang einen bedeutenden Beitrag zur Sicherheit Deutschlands. Jetzt sind mit der 20. Panzergrenadierbrigade „The Iron Fist" und anderen Einheiten nur noch rund 4 400 britische Soldaten in Deutschland stationiert. Ihr Abzug ist jedoch bis 2020 geplant.

Oberstes Ziel der britischen Sicherheitspolitik ist die Aufrechterhaltung von Freiheit und territorialer Integrität des Vereinigten Königreiches und der 15 Überseeterritorien sowie die Fähigkeit, die legitimen Interessen im Mutterland und in Übersee wahrzunehmen. Wenn heute für Großbritannien auch keine direkte militärische Bedrohung besteht, so muss das Land den globalen Unsicherheiten, regionalen Risiken und dem raschen Wandel einer zunehmend instabilen Welt gerecht werden, um den Herausforderungen, wie sie sich für die britischen Streitkräfte im Golfkrieg, in Ruanda, in Angola, im ehemaligen Jugoslawien, im Irak und Afghanistan stellten und weiterhin global stellen werden, begegnen zu können.

Darüber hinaus spielen für Großbritannien die engen Beziehungen, die „special relationship", zu den USA eine herausgehobene Rolle. Dies wurde besonders deutlich in der amerikanisch-britischen Zusammenarbeit im Irak-Krieg 2003 und im Krieg gegen das Taliban-Regime in Afghanistan. In der europäischen Außenpolitik des Landes sind Frankreich und Deutschland die wichtigsten europäischen Partner. Die Bedeutung der britisch-französischen

Beziehungen manifestierte sich in dem Gipfeltreffen am 3. und 4. Dezember 1998 in Saint-Malo, wo sich Premierminister Tony Blair und Staatspräsident Jacques Chirac für eine Stärkung der europäischen Verteidigung aussprachen, ohne eine Duplizität zu den vorhandenen Einrichtungen der NATO herbeizuführen. Bei der Gemeinsamen Sicherheits- und Verteidigungspolitik der Europäischen Union legte Großbritannien aber stets besonderen Wert darauf, dass diese NATO-nah gestaltet wird.

In dem 2010 unterzeichneten Lancaster-Vertrag wurde eine enge rüstungswirtschaftliche und militärische Zusammenarbeit zwischen den beiden Atommächten vereinbart. Diese umfasst die Zusammenarbeit beim Bau der Flugzeugträger, von denen Großbritannien zwei der QUEEN ELIZABETH-Klasse beschaffen will, die Bildung einer gemeinsamen Flugzeugträgerkampfgruppe, den Bereich der Kernwaffen, den Aufbau einer gemeinsamen Expeditionsstreitmacht, der Combined Joint Expeditionary Force, und weitere gemeinsame Rüstungsprojekte.

Die dramatisch veränderte sicherheitspolitische Lage und die globalen Einsätze hatten nach dem Ende des Ost-West-Konfliktes maßgeblichen Einfluss auf die Struktur und den Umfang der britischen Streitkräfte, die heute eine Stärke von 152 350 Soldaten haben. Diese haben den Auftrag, den Schutz und die Sicherheit des Vereinigten Königreiches zu gewährleisten, das eigene Land und das der NATO-Verbündeten gegen eine äußere Bedrohung zu schützen, einen Beitrags zum Erhalt der Sicherheitsinteressen des Landes, zum Erhalt des internationalen Friedens und der Stabilität zu leisten sowie Streitkräfte für die NATO, EU und UNO zur Verfügung zu stellen.

Großbritannien hat, anders als Deutschland, regelmäßig auf breiter politischer, gesellschaftlicher und wirtschaftlicher Basis abgestimmte sicherheitspolitische und rüstungswirtschaftliche Dokumente veröffentlicht. Die Strategic Defence and Security Review, SDSR, die 2010 unter dem Titel „Securing Britain in an Age of Uncertainty: The Strategic Defence and Security Review" veröffentlicht wurde, geht davon aus, dass die Sicherheit des Landes nicht losgelöst von der internationalen Sicherheit gewährleistet werden kann. So hatte Großbritannien 2016 rund 12 000 Soldaten im Auslandseinsatz.

Im November 2015 wurde die neue „National Security Strategy and Strategic Defence and Security Review 2015" veröffentlicht. Diese Sicherheits-strategie verfolgt drei Ziele: Schutz der Bevölkerung, die Projektion des globalen Einflusses und die Förderung des Wohlstands. Großbritannien fühlt sich der NATO-Zusage verpflichtet, zwei Prozent des Bruttoinlands-produkts für die Vereidigung auszugeben. 2016 belief sich der Verteidi-gungshaushalt auf 38,3 Milliarden Pfund, das waren die geforderten 2,0 Prozent. Er ist nach den USA, China und Saudi-Arabien der vierthöchste der Welt,

Das Heer verfügt über 86 700 Soldaten und 4 736 gepanzerte Fahrzeuge, darunter 227 Kampfpanzer CHALLENGER 2, 419 Unterstützungsfahrzeu-ge, 3 966 gepanzerte Kampffahrzeuge, 89 Panzerhaubitzen und 35 MLRS-Raketenwerfer. Die britische Marine, die Royal Navy, hat eine Truppenstär-ke von 32 350 Soldaten und ist in der Lage, weltweit maritime Operationen durchzuführen. Sie verfügt über 80 größere Schiffe, darunter zehn U-Boote sowie 19 Zerstörer und Fregatten. Vier atomgetriebene U-Boote der VAN-GUARD-Klasse gehören mit ihren nuklearen Interkontinentalraketen zur Strategischen Streitkraft. Die aus 33 300 Soldaten bestehende britische Luftwaffe verfügt über ein breites Spektrum moderner Kampf- und Trans-portflugzeuge, Flugzeuge zur Luftbetankung und Hubschrauber.

Die leistungsfähige Rüstungsindustrie, die mit 160 000 direkt in der Wehr-technik Beschäftigten sowie weiteren 145 000 in der nachgeordneten Wert-schöpfungskette rund 22 Milliarden Pfund umsetzt, davon 44 Prozent im Export, ist eine wichtige Komponente der britischen Sicherheitspolitik. Sie hat nach dem Ende des Ost-West-Konfliktes eine drastische nationale Kon-solidierung und internationale Neuausrichtung vollzogen. Die britische Re-gierung fördert mit Unterstützung der staatlichen DSO, der Defence & Security Organisation, besonders stark die Exportaktivitäten der Unterneh-men.

Bei meinen Geschäftsbeziehungen zur britischen Rüstungsindustrie erleb-te ich in den letzten drei Jahrzehnten das Scheitern mehrerer deutsch-britischer Heeresprojekte und den Niedergang der einst leistungsstarken, renommierten britischen Panzerindustrie. So sind in den letzten zwei Jahr-zehnten durch die Aufgabe mehrerer Großprojekte und durch die Terminverschiebungen bedeutender Beschaffungsvorhaben relativ wenig neue gepanzerte Fahrzeuge im britischen Heer zugelaufen.

Anfang der 80er Jahre hatte ich erstmals mit dem Projekt Panzerhaubitze 70 geschäftlich Kontakt mit dem Militär und der Industrie in Großbritannien. Ich bewundere seitdem den common sense der Briten, ihren großen Pragmatismus bei der Lösung von Problemen, die Professionalität und das Selbstbewusstsein der Militärs, die enge, vertrauensvolle Kommunikation zwischen den Militärs, den Beschaffungsstellen und der Industrie, insbesondere die Abstimmungen vor den internationalen Verhandlungen.

Mitte der 90er Jahre gab es in Großbritannien mit GKN Defence, Alvis Vehicles, Royal Ordnance, Vickers Defence Systems und VSEL noch fünf Systemfirmen für gepanzerte Fahrzeuge, mit denen Rheinmetall in unterschiedlicher Konstellation und in verschiedenen Projekten kooperierte. In dem Artikel „Die britische Panzerindustrie zwischen Splendid Isolation und internationaler Kooperation" beschrieb ich 1996 in der Zeitschrift WEHRTECHNIK die damalige Lage, die durch einen starken Umbruch gekennzeichnet war. Dieser Prozess setzt sich bis in die heutige Zeit fort und ist, wie in der gesamten britischen Industrielandschaft, von einem Niedergang der traditionellen britischen Panzerindustrie gekennzeichnet. Im selben Jahr präsentierte ich auf der internationalen Konferenz der Jane´s Publishing Group in London in meinen Vortrag zum Thema „Reshaping The European AFV Industry For International Competitiveness" eine umfassende Analyse der Lage der europäischen Panzerindustrie und veröffentlichte sie anschließend in der MILITARY TECHNOLOGY.

Das mit rund 200 Beschäftigten und 72,9 Millionen Pfund Umsatz im Jahr 1997 relativ kleine Unternehmen Alvis Vehicles in Coventry leistete mit einer erfolgreichen Strategie und internationaler Ausrichtung einen wichtigen Beitrag zur Konsolidierung der britischen und europäischen Panzerindustrie. Diese führte aber schließlich unter BAE Systems zum Niedergang dieser Branche in Großbritannien. Der Schwerpunkt der Produktpalette von Alvis lag auf den leichten gepanzerten Fahrzeugen. Mehr als 13 000 Stück wurden insbesondere im Ausland erfolgreich vermarktet.

1997 erwarb Alvis für 975 Millionen Schwedische Kronen, umgerechnet rund 115 Millionen Euro, das schwedische Unternehmen Hägglunds, an dem auch die deutsche Panzerindustrie stark interessiert war, und bildete so eine leistungs- und wettbewerbsfähige neue Gruppe. Die erweiterte, sich ergänzende Produktpalette ermöglichte beiden Unternehmen einen besseren Zugang zu Drittmärkten.

1998 legten Alvis und GKN Defence, marktführende Systemfirma bei leichten und mittelschweren gepanzerten Fahrzeugen, ihre Produktbereiche der gepanzerten Fahrzeuge zusammen. Das kleinere Unternehmen Alvis hatte den größeren Wettbewerber geschluckt.

Vor 2004 waren die Aktivitäten von BAE Systems auf dem Gebiet der Landsysteme nur auf RO Defence beschränkt. Dann übernahm BAE Systems 2004 den britischen Panzerbauer Alvis zu einem Kaufpreis von 355 Millionen Pfund und führte damit in einem letzten Schritt die Konsolidierung aller Systemfirmen der britischen Panzerindustrie herbei. So gingen im Laufe der Jahre diese einst renommierten Unternehmen der Panzerindustrie stufenweise in BAE Systems auf. Dadurch wollte BAE Systems einen besseren Zugang zu den Fahrzeugplattformen, was bei Leistungssteigerungsprogrammen und Neuentwicklungen von erheblicher Bedeutung ist, sowie zum FRES-Programm, eine Familie von mittelschweren, vernetzten gepanzerten Fahrzeugen, erhalten. Mit Alvis erwarb BAE Systems zugleich das schwedische Unternehmen Hägglunds und OMC in Südafrika. Die britische Regierung griff in diesen tiefgreifenden Anpassungsprozess nicht unmittelbar ein.

BAE Systems plc setzte 2016 mit 83 100 Beschäftigten 25,9 Milliarden Pfund um, davon 23,6 Milliarden in der Wehrtechnik. Damit ist BAE Systems nach Lockheed Martin und Boeing das drittgrößte Rüstungsunternehmen weltweit. BAE Systems richtete sich strategisch international neu aus und verstärkte insbesondere durch Akquisitionen seine Präsenz in den USA, dem größten Wehrtechnik-Markt der Welt, wo es rund 30 000 Mitarbeiter beschäftigt. BAE Systems ist somit der einzige europäische Anbieter wehrtechnischer Produkte mit vollständigem Zugang zum Rüstungsmarkt der Vereinigten Staaten.

Großbritannien tat sich nach Ende des Ost-West-Konfliktes außerordentlich schwer, die veränderten sicherheitspolitischen Rahmenbedingungen und militärischen Forderungen in eine realistische Ausrüstungsplanung für das Heer umzusetzen. Dies führte dazu, dass mehrere Programme für gepanzerte Fahrzeuge, wie FFLAV, die Future Family of Light Armoured

Vehicles, TRACER, das Tactical Reconnaissance Armoured Combat Equipment Requirement, MRAV, das Multi Role Armoured Vehicle und FRES – Utility Vehicle, eingestellt oder verschoben wurden. In Großbritannien und in den USA bestand für das 21. Jahrhundert ein Bedarf für ein modernes Aufklärungsfahrzeug. Auch dieses transatlantische Projekt, in Großbritannien TRACER und in den USA FSCS, das Future Scout and Cavalry System, genannt, wurde 2001 eingestellt. Aus dem deutsch-britisch-französischen Vorhaben GTK/MRAV/VBCI schied Großbritannien, wie beschrieben, 2004 aus. Im September 2017 zeigten die Briten, die für ihre beiden neuen Strike Brigaden 500 bis 800 8x8 Mechanised Infantry Vehicles benötigen, wieder Interesse für den BOXER.

Die Kompetenz von MaK System, der heutigen Rheinmetall Landsysteme, auf dem Gebiet der Unterstützungsfahrzeuge, also der Berge-, Brückenlege- und Pionierpanzer führte dazu, dass sich das Unternehmen in den Jahren 1995 und 1996 mit dem britischen Unternehmen GKN bei zwei größeren Beschaffungsvorhaben bewarb. Ich war zu dieser Zeit mit meinen Kollegen aus den Entwicklungsabteilungen häufig in England. Wir waren leider mit unserem britischen Partner nicht erfolgreich. Die britische Armee beschaffte für den CHALLENGER 2 Kampfpanzer und andere schwere gepanzerte, Fahrzeuge 33 neue Brückenlegepanzer TITAN und 33 Pionier- und Minenräumpanzer TROJAN bei Vickers. Diese auf einem Vickers CHALLENGER 1-Fahrgestell konzipierten Unterstützungsfahrzeuge wurden bis 2008 ausgeliefert.

In dem zweiten Projekt hatten wir ein Konzept für den neuen britischen Pionierpanzerprojekt TERRIER entworfen und ein Angebot abgegeben. Der Auftrag ging 2002 ebenfalls an Vickers, heute BAE Systems. 60 Pionierpanzer TERRIER mit einem Auftragswert von rund 300 Millionen Pfund sollten 2008 in Dienst gestellt werden, doch aufgrund von technischen Schwierigkeiten wurden die Fahrzeuge erst von 2011 bis 2015 an das britische Heer ausgeliefert.

Mehrfach sollte eine Leistungssteigerung der von 1994 bis 2002 beschafften 386 CHALLENGER 2 des britischen Heeres durchgeführt werden. In der Strategic Defence and Security Review von 2010 wurde der Bestand an Kampfpanzern im britischen Heer auf 227 festgelegt. Erst Ende 2015 hat das britische Verteidigungsministerium das neue, für 624 Millionen

CHALLENGER 2 Kampfpanzer der britischen Armee (Foto: BAE Systems)

Pfund geplante Leistungssteigerungsprogramm für 227 CHALLENGER 2 LEP, das Life Extension Program, ausgeschrieben.

Bereits 1998 wurde in der „Strategic Defence Review" der britischen Regierung die Forderung nach einem mittelschweren gepanzerten Fahrzeug beschrieben. Aufgrund der veränderten militärischen Forderungen wurden die eingestellten Vorhaben TRACER und MRAV durch das anspruchsvolle Projekt FRES, das Future Rapid Effects System, abgelöst. Die im Dokument „Future Capabilities" vorgegebene Planung der Indienststellung von FRES im Jahr 2007 konnte aufgrund mehrerer Programmänderungen und Verzögerungen bei weitem nicht eingehalten werden.

Zuerst sollte als Radfahrzeug die Variante Utility Vehicle beschafft werden, doch dann wurde dem Kettenfahrzeug SCOUT SV, dem Specialist Vehicle, einem Aufklärungs- und Aufklärungsunterstützungsfahrzeug, Vorrang gegeben. Insgesamt sollen bis zu 1 238 Fahrzeuge mit einem Gesamtvolumen von 4,4 Milliarden Pfund beschafft werden. Das britische Verteidigungsministerium wählte in einer Short List die beiden Unternehmen BAE Systems Global Combat Systems mit dem CV 90 MKIII mit einem neuen Turm und General Dynamics UK mit dem spanisch-österreichischen AS-COD 2 für eine Angebotsaufforderung aus. Am 22. März 2010 fiel die Entscheidung zugunsten des ASCOD 2. Am 3. September 2014 erhielt General

Dynamics UK einen 3,5 Milliarden Pfund Vertrag über 589 SCOUT SV, die jetzt AJAX heißen.

Der AJAX verfügt über einen Lockheed Martin Turm mit einer 40 mm Maschinenkanone. Rheinmetall Landsysteme erhielt 2015 einen Auftrag in Höhe von 130 Millionen Euro und wird für 245 Fahrzeuge die Turmstruktur liefern. Das Fahrzeug hat ein Gefechtsgewicht von 38 Tonnen. Der deutsche Achtzylinder MTU-Motor hat eine Leistung von 600 kW. Die Augsburger Firma Renk liefert das vollautomatische Automatikgetriebe, das auch im deutschen Schützenpanzer PUMA integriert wird. Ab 2017 ist die Lieferung der ersten in Spanien produzierten Serienfahrzeuge geplant, die folgenden AJAX werden bis 2024 in Großbritannien produziert.

Dieser Auftrag an General Dynamics UK war ein weiterer, bedeutender Schritt des Niedergangs von BAE Systems im Geschäftsfeld der gepanzerten Fahrzeuge in Großbritannien, verbunden mit der erfolgreichen Etablierung neuer, zumeist ausländischer Wettbewerber.

BAE Systems konnte mit der Konsolidierung der britischen Panzerindustrie seine Marktposition in Großbritannien nicht festigen, sondern hat erhebliche Marktanteile an andere Wettbewerber verloren. Das weltweit drittgrößte Rüstungsunternehmen BAE Systems verstand es nicht, dass die komplexen Strukturen und Managementorganisationen sowie die Kosten der großen Programme der Luftfahrtindustrie in der Panzerindustrie unweigerlich zum Scheitern führen müssen. Sichtbares Zeichen dieser verfehlten Strategie in Großbritannien war die von BAE Systems 2014 beschlossene Schließung der traditionsreichen ehemaligen Vickers-Panzerfabrik in Newcastle.

Besonders erfolgreich war dagegen BAE Systems mit seiner Akquisitionsstrategie in den USA, indem es 2005 für 4,1 Milliarden US-Dollar, umgerechnet 2,9 Milliarden Euro, das US-Rüstungsunternehmen United Defense Industries übernahm und so das Portfolio, u.a. mit dem US-Schützenpanzer BRADLEY, erheblich erweitern konnte. Heute ist BAE Systems zu einem globalen Rüstungsunternehmen aufgewachsen.

Im Schatten des Rüstungsgiganten BAE Systems sind kleine, wehrtechnische Unternehmen, wie Supacat, Force Protection Europe und Jankel, entstanden, die mit ihrer Flexibilität und niedrigen Kosten innovative Produkte erfolgreich auf den britischen Markt bringen konnten. Supacat entwickelt leichte taktische Unterstützungsfahrzeuge, wie den COYOTE und den JACKAL, die von der Babcock Marine Division produziert werden. Zum Produktspektrum von Jankel gehören ebenfalls leichte gepanzerte Radfahrzeuge wie der HUNTER und das AL-THALAB/FOX Patrouillenfahrzeug.

Force Protection Europe, 2011 von General Dynamics übernommen, entwickelte das 7,5 Tonnen 4x4 Radfahrzeug OCELOT entsprechend den britischen militärischen Forderungen für das Light Protected Patrol Vehicle LPPV. Force Protection Europe ist zugleich britischer Auftragnehmer für die US-Fahrzeuge BUFFALO, CHEETAH und COUGAR.

Seit 2006 wurden aufgrund dringender operationeller Forderungen im Rahmen des UOR-Programms, der Urgent Operational Requirement, kurzfristig neue Beschaffungen und Leistungssteigerungen für die britischen Streitkräfte eingeleitet und realisiert. Der UOR-Prozess ist eine verschlankte Version des standardisierten Beschaffungsprozesses des Verteidigungsministeriums, um zuvor unvorhergesehene, neu entstehende Fähigkeitslücken als Ergebnis laufender oder bevorstehender Operationen zu schließen. So wurden im UOR-Programm die gepanzerten Fahrzeuge MASTIFF, RIDGBACK und WOLFHOUND beschafft.

Großbritannien wird - auch nach einem Austritt aus der Europäischen Union - weiterhin mit seinen Verbündeten eine aktive Friedenspolitik verfolgen und sich in internationalen Friedensoperationen mit seinen Streitkräften stark engagieren. Der britische Rüstungsmarkt, der viertgrößte der Welt, wird trotz erheblicher Haushaltsprobleme auch zukünftig zu den größten der Welt gehören, und das Land wird weiterhin über eine breit angelegte, leistungsfähige Rüstungsindustrie verfügen. Auf der anderen Seite musste das britische Verteidigungsministerium in den letzten 20 Jahren mehrere große Rüstungsvorhaben aufgeben. Großbritannien benötigt insbesondere eine langfristig ausgerichtete, missionsgerechte Beschaffungsstrategie für gepanzerte Fahrzeuge sowie ihre erfolgreiche Umsetzung, um die eingeleiteten, häufig übermäßig komplexen Entwicklungs- und Beschaffungsprogramme zeit- und bedarfsgerecht sowie im Kostenrahmen im britischen Heer einzuführen.

Niederlande – angelehnte Souveränität

Im Rheinmetall-Konzern bildete sich 1999 auf Initiative der regionalen Vertriebsverantwortlichen der Tochterunternehmen die informelle Organisation eines länderorientierten Marketing- und Vertriebsteams für Osteuropa, um eine konzerninterne Abstimmung in diesen neuen Märkten herbeizuführen. Dies war insbesondere deshalb erforderlich, weil wir in diesen Ländern, unseren neuen oder potentiellen NATO- und EU-Partnern, nur geringe Marktkenntnisse hatten. Aus dieser erfolgreichen Zusammenarbeit entstanden dann weitere Länderteams in Schlüsselmärkten, die mit Vertretern der einzelnen Wehrtechnik-Unternehmen des Konzerns besetzt waren.

Diese hatten das Ziel, eine abgestimmte, konzernübergreifende Marktbewertung herbeizuführen, gemeinsame Marketingaktivitäten, insbesondere Konzernpräsentationen, abzustimmen sowie Messeauftritte vorzubereiten und zu leiten. Zu ihrer Aufgabe gehörte auch die Führung des Rheinmetall-Vertreters im jeweiligen Land. In regelmäßigen Abständen hatten die Länderverantwortlichen vor dem Vorstand einen Lagebericht abzugeben sowie für Gespräche des Vorstandes mit hochrangigen politischen, militärischen und wirtschaftlichen Repräsentanten des Landes Informationen bereitzustellen.

Neben meiner originären Aufgabe im Unternehmen als Marketingleiter wurde mir die Leitung des konzernübergreifenden Länderteams Niederlande übertragen, dem auch die Länder Belgien und Luxemburg zugeteilt waren. In diesem Team kooperierten Vertreter aus fünf Konzernunternehmen mit dem von mir vorgegeben Ziel, „Rheinmetall Defence als führendes Systemhaus im niederländischen Markt zu positionieren, die traditionell engen rüstungswirtschaftlichen Beziehungen zu sichern und zu vertiefen, einen relevanten Marktanteil bei den anstehenden Beschaffungsvorhaben zu erzielen sowie zusätzliche Marktanteile durch eine stärkere Marktdurchdringung und Akquisition neuer Projekte zu erreichen". Bei dieser umfangreichen Aufgabe hat mich mein Mitarbeiter Volker Herling mit seinen analytischen und organisatorischen Fähigkeiten hervorragend unterstützt. Rheinmetall Landsysteme hatte, wie der Vorläufer MaK, bereits zahlreiche deutsch-niederländische Projekte erfolgreich realisiert, und ich hatte mich in mehreren Veröffentlichungen mit den niederländischen Streitkräften sowie mit der Rüstungsindustrie auseinandergesetzt.

Im Rahmen dieser Länderteams war ich bis zu meinem Ausscheiden aus dem aktiven Berufsleben bei Rheinmetall als Länderverantwortlicher für die Niederlande Primus inter pares und in der Lage, mit meinen Kollegen aus den Unternehmen in Bremen, in der Schweiz, in Italien und in den Niederlanden auf informeller Basis, partnerschaftlich abgestimmt den niederländischen Markt zu analysieren, die Marktpotenziale zu bewerten und die gemeinsamen Marketingaktivitäten abzustimmen sowie geschlossen den Konzern zu präsentieren. Die Verantwortung für den Auftragseingang und Umsatz in den jeweiligen Märkten lag jedoch, was sinnvoll war, nicht beim Länderverantwortlichen, sondern bei den einzelnen ergebnisverantwortlichen Unternehmen.

Als aber später die Länderverantwortlichen nicht mehr auf informellem Weg miteinander kooperierten, sondern offiziell vom Vorstand ernannt und organisatorisch diesem direkt zugeordnet wurden, leiteten einige daraus ein Durchgriffsrecht in den Konzernunternehmen ab. So kam es schnell zu erheblichen Konflikten, weil sich die Konzerngesellschaften nicht in ihre Verantwortung für das Tagesgeschäft, für Auftragseingang und Umsatz reinreden lassen wollten. In Konzernen mit selbständig agierenden Konzerngesellschaften ist die organisatorische Ausrichtung des Marketings und Vertriebes hinsichtlich zentraler oder dezentraler Marktbearbeitung immer strittig.

Das gleiche Organisations- und Führungsproblem entstand später auch auf der Vorstandsebene von Rheinmetall Defence, als 2008 mit der Berufung des Südafrikaners Shaun Liebenberg eine Position im Bereichsvorstand geschaffen wurde, die für die internationale Geschäftsentwicklung verantwortlich war. „Die Idee war", so drückte es Liebenberg im Juli 2009 in einem Interview aus, „jemanden zu haben, der sich speziell auf internationale Aktivitäten fokussiert – jemand, der sagen kann, was außerhalb Europas geschieht." So waren Zuständigkeitsprobleme in der internationalen Marktbearbeitung mit den selbständigen, von Bereichsvorständen geführten ergebnisverantwortlichen Geschäftsbereichen vorprogrammiert. Nach drei Jahren wurde diese Vorstandsposition wieder abgeschafft. Dies verdeutlicht, dass eine übermäßige organisatorische Zentralisierung der Marktbearbeitung die erforderliche Nähe zum Markt zunichtemachen kann.

Während meiner Tätigkeit als Länderverantwortlicher für die Niederlande haben wir eng und vertrauensvoll mit dem deutschen Verteidigungsattaché in Den Haag, Oberstleutnant i.G. Christian von Blumroeder, zusammengearbeitet. Er brachte als Generalstabsoffizier mit einer zusätzlichen Ausbildung an der Königlichen Niederländischen Militärakademie in Breda sowie durch seine vorangegangene Verwendung im Stab des Deutsch-Niederländischen Korps hervorragende Kenntnisse über die politische und militärische Situation im Land mit. Der regelmäßige Informationsaustausch mit ihm über laufende und anstehende Projekte, über die niederländischen Streitkräfte und Unternehmen war für beide Seiten immer ein Gewinn. In Den Haag habe ich auch oft mit dem mir familiär eng verbundenen, international erfolgreichen Unternehmensberater Wolfgang Haufe politische und wirtschaftliche Themen des Landes erörtert.

Die Niederlande waren für mich stets ein positives Beispiel, dass ein relativ kleines Land unter Beibehaltung seiner Souveränität und Wahrung seiner Interessen erfolgreich mit großen Nationen kooperieren kann. Dazu tragen die jahrhundertealten globalen Erfahrungen als Handelsnation, Weltoffenheit, konsequente Verfolgung eigener Interessen, Verhandlungsgeschick, hervorragende Sprachkenntnisse und ein starkes Selbstbewusstsein bei.

Wie bei allen europäischen NATO-Staaten unterlag die Sicherheitspolitik der Niederlande nach Ende des Ost-West-Konfliktes, und damit auch die Struktur der Streitkräfte, in den letzten Jahrzehnten starken Veränderungen. Die unmittelbare Bedrohung ist weggefallen, die niederländischen Truppen stehen in Deutschland nicht mehr am Eisernen Vorhang. Internationale Einsätze zur Sicherung des Weltfriedens und humanitäre Aktionen sowie seit neuestem wieder die Bündnisverteidigung bestimmen heutzutage vorrangig die Aufgaben der Streitkräfte. „Een andere wereld, en andere Defensie - Eine andere Welt, eine andere Verteidigung" hieß bereits 1993 das heute noch gültige Motto der niederländischen Regierung.

Oberstes Ziel der Sicherheitspolitik der Niederlande ist es, die Unabhängigkeit, Integrität, Stabilität und das Wohlergehen des Landes zu sichern. Die Außenpolitik der Niederlande basiert in hohem Maße auf der aktiven

Mitgliedschaft in den Vereinten Nationen, in der NATO, EU und OSZE. Die NATO bildet die vorbehaltslose Grundlage und wichtigste Säule der niederländischen Sicherheits- und Verteidigungspolitik. Die am 20. November 2013 veröffentlichte Verteidigungsdoktrin, die „Netherlands Defence Doctrine", leitet sich von der NATO-Doktrin ab und bildet die Basis für die Planung, die Vorbereitung und Durchführung militärischer Operationen.

Für die niederländischen Streitkräfte besteht der Auftrag, die Unversehrtheit des niederländischen Staatsgebietes einschließlich der niederländischen Antillen und Aruba sowie der Staatsgebiete der Bündnispartner zu schützen, die internationale Rechtsordnung und Stabilität zu stärken und die zivilen Organe in der Durchsetzung des Rechts, der Katastrophenhilfe und der Leistung humanitärer Hilfe im In- und Ausland zu unterstützen. Die veränderte sicherheitspolitische Lage hatte schrittweise eine drastische Verkleinerung der Streitkräfte und Verringerung der Ausstattung zur Folge, die bis heute zu einer Umstrukturierung der Streitkräfte mit weiterem Personalabbau bei gleichzeitiger Modernisierung der Ausrüstung führt.

Trotz Reduzierung des Verteidigungshaushaltes ist es durch die Verringerung der operativen Kosten gelungen, den investiven Anteil auf relativ hohem Niveau zu halten, um so die verkleinerten Streitkräfte auch zukünftig modern auszustatten. Im Jahr 2016 belief sich der Verteidigungshaushalt auf 8,2 Milliarden Euro. Das waren 1,2 Prozent des Bruttoinlandsprodukts.

Seit 1990 haben die Niederlande den Umfang ihrer Streitkräfte und der Ausrüstung drastisch abgebaut. Heute haben sie nur noch eine Stärke von 35 410 Soldaten, davon 18 860 im Heer, 8 050 in der Luftwaffe und 8 500 in der Marine, darunter 2 650 bei den Marines. Die Land-, See- und Luftstreitkräfte wurden zu größerer Flexibilität und operationeller Wirksamkeit ausgerichtet, um so unter Einbeziehung der verfügbaren Ressourcen im Rahmen der vernetzten Operationsführung streitkräfteübergreifend zur internationalen Krisenbewältigung befähigt zu sein. Damit werden sie in die Lage versetzt, einen Beitrag zu Frieden, Sicherheit und Stabilität in der Welt zu leisten. Die Niederlande haben sich mehrfach an der Aufstellung von EU Battlegroups beteiligt.

Das niederländische Heer verfügt nur noch über drei Brigaden, die 11. und 43. Mechanisierte sowie über die 11. Luftbewegliche Brigade. 1998 hatten die Streitkräfte 2 162 gepanzerte Fahrzeuge, heute sind es nur noch 920.

Seit Anfang der sechziger Jahre arbeiten die Niederlande und Deutschland auf militärischem und rüstungswirtschaftlichem Gebiet eng und erfolgreich zusammen. Am 6. Oktober 1997 wurde zwischen der niederländischen und der deutschen Regierung das Abkommen über das Deutsch-Niederländische Korps mit Sitz in Münster geschlossen. „Multinationale Kommando- und Streitkräftestrukturen (...) schaffen einen Rahmen für kleinere Nationen, ihre begrenzten Streitkräftekontingente weiter wirkungsvoll in die Bündnisse einzubringen." Aufgrund der am 17. September 2013 verkündeten Budgetkürzungen gliederten die Niederlande die Heeresverbände um, schafften schwere Waffensysteme ab, wie den Kampfpanzer LEOPARD 2 und die Panzerhaubitze 2000. Das niederländische Heer integriert seine Verbände zunehmend in das deutsche Heer. Der Verlust von bestimmten Fähigkeiten in den Streitkräften und Sparzwänge machen diese enge Kooperation notwendig. So sind die im Juni 2014 vollzogene Unterstellung der niederländischen 11. Luchtmobielen Brigade, ein 2 100 Soldaten starker, luftbeweglicher Infanterieverband, in der deutschen Division Schnelle Kräfte in Stadtallendorf sowie die im September 2015 vereinbarte Integration der niederländischen 43. Mechanisierten Brigade in die deutsche 1. Panzerdivision richtungsweisende Beispiele für die militärische Zusammenarbeit in der NATO und EU, die mit den Begriffen „Smart Defence" und „Pooling" bezeichnet wird. Dies verdeutlicht zugleich die verteidigungspolitische Relevanz der deutsch-niederländischen Zusammenarbeit, die auch beim deutschen Seebataillon mit dem niederländischen Korps Mariniers sehr intensiv ist.

Die jahrzehntelange enge Zusammenarbeit der Niederlande mit der Bundesrepublik Deutschland auf dem Gebiet der gepanzerten Fahrzeuge führte zu einer weitgehend identischen Ausstattung der Truppenteile mit leistungsfähigen gepanzerten Fahrzeugen. Von 1969 bis 1972 erhielten die Niederlande 468 Kampfpanzer LEOPARD 1 und von 1971 bis 1983 insgesamt 102 Bergepanzer 2, Brückenlegepanzer BIBER und Pionierpanzer 1 von Krupp MaK in Kiel. Weitere gemeinsame Großprojekte waren der Flugabwehrpanzer GEPARD, der Kampfpanzer LEOPARD 2 und der zugehörige Bergepanzer 3 BÜFFEL sowie der Spähwagen FENNEK. Die Panzerhaubitze PzH 2000NL ist ein weiteres deutsches Waffensystem, von dem die Niederlande 57 Stück für 422 Millionen Euro in den Jahren 2004 bis 2009 beschaffte. Ein aktuelles Kooperationsvorhaben ist das deutsch-niederländische gepanzerte Radfahrzeug BOXER.

Mit der Beschaffung einer neuen Generation von Fahrzeugen ist die modern ausgerüstete niederländische Armee auch zukünftig in der Lage, mit den Verbündeten im gesamten Krisenspektrum zu operieren. Dazu zählen die gepanzerten Radfahrzeuge FENNEK und BOXER sowie das Infanteriegefechtsfahrzeug CV 9035. Beim leichten Spähwagen FENNEK, einer niederländisch-deutschen Kooperation, waren die Niederlande Pilotnation. 410 Fahrzeuge wurden für das niederländische Heer beschafft.

Am 5. Februar 2001 traten die Niederlande dem Vorhaben BOXER bei. Neben den deutschen Unternehmen Krauss-Maffei Wegmann und Rheinmetall Landsysteme wurde die niederländische Firma Stork, heute Rheinmetall Nederland, gleichberechtigter Partner in dem industriellen Hauptauftragnehmer-Konsortium ARTEC in München. In diesem Projekt habe ich gerne mit den niederländischen Kollegen zusammengearbeitet. Ich war beeindruckt, wie hervorragend die niederländische Organisation für die Verteidigungsindustrie, die NIDV, während der Ausschreibungsphase des BOXER in den Niederlanden mehrfach Informationsgespräche organisierte, in denen niederländische Unternehmen ihre Kompetenz präsentierten und eine angemessene, von der niederländischen Regierung geforderte Beteiligung erreichen konnten. Die NIDV führt auch jedes Jahr in Rotterdam ein hochrangig besetztes Symposium verbunden mit einer Wehrtechnik-Ausstellung durch.

Die Niederlande beschaffen 200 BOXER in sechs Varianten. Am 19. Dezember 2006 wurde der Vertrag mit einem Wert von 500 Millionen Euro zusammen mit dem Vertrag zur Beschaffung von 272 BOXER für die Bundeswehr geschlossen, die von 2013 bis 2018 an die niederländische Truppe ausgeliefert werden.

Leider wurde die über Jahrzehnte erfolgreiche deutsch-niederländische Zusammenarbeit auf dem Gebiet der gepanzerten Fahrzeuge im niederländischen Schützenpanzerprogramm mit dem deutschen PUMA-Programm nicht fortgeführt. Als wesentliche Gründe wurden Abweichungen im Terminplan und in den militärischen Forderungen, insbesondere bei der Bewaffnung und bei Stärke der Besatzung, sowie der Preis angegeben. Aber es hat auch an einer koordinierten politischen, militärischen und industriellen Kooperationsstrategie gefehlt, die den Interessen beider Länder Rechnung getragen hätte. Hier irrte sich die deutsche Seite mit einer gewissen Überheblichkeit in der holländischen Position, als sie davon ausging, dass den Niederländern letztlich nichts anderes übrig bliebe, als sich für den deutschen PUMA zu entscheiden.

Doch die Niederlande schlossen 2004 mit dem schwedischen Unternehmen BAE Systems Hägglunds einen 749 Millionen Euro-Vertrag über 184 Infanteriegefechtsfahrzeuge IGV CV9035NL ab, die von 2008 bis 2012 geliefert wurden. Das Fahrzeug ist mit einer 35 mm Bushmaster-Maschinenkanone ausgerüstet, während der PUMA eine 30 mm Rheinmetall-Kanone hat. Darüber hinaus beschafften die Niederlande von 2011 bis 2012 bei Rheinmetall Landsysteme zehn mit einem LEOPARD 2 Fahrgestell ausgestattete Pionierpanzer KODIAK für 75,5 Millionen Euro und beauftragten am 20. Dezember 2016 bei Krauss-Maffei Wegmann fünf LEUAN-Brückenlegesysteme auf LEOPARD 2 Fahrgestell.

Die Niederlande veröffentlichten am 10. Dezember 2013 „The Netherlands' Defence Industry Strategy". Sie basiert auf den operationellen Forderungen der Streitkräfte mit dem Ziel, die Industrie so zu positionieren, dass sie einen hohen Leistungsbeitrag erbringen kann sowie auf dem internationalen Markt wettbewerbsfähig ist. Bei Beschaffungsprojekten ist die angemessene Beteiligung der niederländischen Industrie eine wichtige strategische Grundlage der Industriepolitik. So belief sich der niederländische Fertigungsanteil beim LEOPARD 2 auf rund 60 Prozent. In der niederländischen Rüstungsindustrie sind rund 170 leistungsfähige Unternehmen tätig. Das Marktpotential beläuft sich in den Niederlanden auf zwei Milliarden Euro.

Das 2004 gegründete Unternehmen Dutch Defense Vehicle Systems, kurz DDVS, ist eine 100 prozentige Tochtergesellschaft von Krauss-Maffei Wegmann. Es hat den deutsch-niederländischen FENNEK produziert, von dem 612 Fahrzeuge bis Ende 2008 an das niederländische Heer und an die Bundeswehr geliefert wurden. Im März 2008 übernahm Rheinmetall das Unternehmen Stork PWV vom Stork-Konzern und erhöhte damit seinen Anteil an dem deutsch-niederländischen Joint Venture ARTEC auf 64 Prozent. Dieses Unternehmen mit Sitz in Amsterdam, das heute unter Rheinmetall Nederland als Tochtergesellschaft von Rheinmetall MAN Military Vehicles firmiert, hat die Projektverantwortung für die niederländischen gepanzerten Radfahrzeuge BOXER.

Die Niederlande haben leistungsfähige Wehrtechnik-Unternehmen in der Elektronik und im Marineschiffbau. THALES Nederland ist mit 1 800 Mitarbeitern und 500 Millionen Euro Umsatz in 2015 das größte Wehrtechnik-Unternehmen in den Niederlanden. Es entwickelt und produziert elektronische Wehrtechnik-Systeme, Radar-, Beobachtungs-, Waffenführungs- und Gefechtssysteme. Damen Schelde Naval Shipbuilding ist die größte niederländische Marinewerft und vorrangig im Bau von Fregatten und Patrouillenbooten tätig.

TNO Defence, Security and Safety ist als strategischer Partner des niederländischen Verteidigungsministeriums mit mehr als 1 000 Wissenschaftlern ein Geschäftsbereich in der TNO Organisation.

Die niederländische Luftwaffe und Luftfahrtindustrie sind anders als das Heer und die Heeresindustrie stark nach den USA ausgerichtet. So waren die Niederlande 2006 die erste ausländische Nation, die eine Zusammenarbeit beim Joint Strike Fighter vereinbarte. Für die Beteiligung der niederländischen Industrie an diesem Flugzeug, von dem die niederländische Luftwaffe 35 Stück beschaffen will, wurde die Netherlands Industrial Fighter Aircraft Replacement Platform gegründet, an der 37 holländische Unternehmen teilnehmen.

Die verkleinerten niederländischen Streitkräfte sind modern ausgerüstet und werden weiterhin in der Lage sein, ihren Auftrag im Bündnis zu erfüllen und sich im Rahmen der internationalen Krisenbewältigung angemessen zu engagieren. Die Beteiligung der leistungsfähigen niederländischen wehrtechnischen Industrie bleibt bei zukünftigen Rüstungsprojekten eine wichtige strategische Grundlage der nationalen Industriepolitik. So bieten die Niederlande ein hervorragendes Beispiel, wie eine kleine, selbstbewusste Nation sich erfolgreich in internationale Strukturen einbringen sowie militärisch und industriell unter Wahrung weitgehender Souveränität und eigener Interessen mit großen Nationen kooperieren kann.

Italien – flexibles Krisenmanagement

Italien ist für die meisten Deutschen das beliebteste und schönste Reiseland mit faszinierenden Landschaften, ein Land der Sehnsucht. Die vielfältigen Naturschönheiten und die kulturellen Errungenschaften des Landes sowie der bewundernswert elegante, ungezwungene Lebensstil prägen das Bild von Italien. Die konfliktreduzierende Flexibilität der Italiener wiederum bildet die Grundlage für die erfolgreiche Bewältigung der häufigen politischen und wirtschaftlichen Krisen.

Die außergewöhnliche geografische Lage des von den Alpen bis weit in das Mittelmeer ragenden italienischen Stiefels mit seinen traumhaften Küsten bestimmt nicht nur die Faszination des Reisenden, sondern auch die militärstrategische Bedeutung Italiens im Zentrum des Mittelmeeres. Sie ermöglicht darauf basierend an der Südflanke der NATO die Durchführung wirkungsvoller Operationen in Richtung Balkan, in den Ost- und Westteil des von diesem Land in Mitte geteilten, 2 000 Seemeilen breiten Mittelmeeres und nach Nordafrika. Italien liegt zugleich an den beiden Krisenadern, von denen eine vom Balkan in den Kaukasus, eine andere durch Nordafrika, den Vorderen Orient bis an den Persischen Golf reicht.

Italien ist als Gründungsmitglied der Europäischen Wirtschaftsgemeinschaft, dem Vorläufer der EU, sowie der NATO ein wichtiger Bündnispartner, auch wenn politische Eskapaden und finanzielle Schwierigkeiten häufig über die Bedeutung des Landes hinwegtäuschen. Italien verfügt über kompetente Unternehmer, die immer wieder in der Lage sind, trotz der politischen Wirren erfolgreich am Markt zu operieren und oft zu Recht behaupteten, sie kämen auch ohne Regierung aus.

Mit dem neuen, am 21. April 2015 vorgestellten Weißbuch „La nostra Difesa", dem ersten nach 13 Jahren, wendet sich Italien stärker dem Mittelmeer zu und strebt eine euro-mediterrane Führerschaft zur Lösung der erheblichen Probleme an seiner Südflanke an. So steht an erster Stelle die Verteidigung des eigenen Landes, gefolgt von der Verteidigung des euroatlantischen und des euro-mediterranen Raumes. Den globalen internationalen Kriseneinsätzen wird zukünftig eine geringere Bedeutung beigemessen, dennoch stellte das Land 2017 mit 1 077 Soldaten das größte militärische Kontingent Europas bei UN-Einsätzen.

Dabei ist, wie in den letzten Jahren, aufgrund der Haushaltsprobleme weiterhin von geringen Ausgaben für die Verteidigung in Höhe von rund ein Prozent des Bruttoinlandsprodukts auszugehen. 2016 belief sich der Verteidigungshaushalt auf 20,0 Milliarden Euro und lag weltweit an 13. Stelle. In dem neuen Weißbuch wird eine Sechsjahresperiode für die Budgetierung von Beschaffungsvorhaben vorgeschlagen, um Planungssicherheit für die Industrie zu erreichen; und es soll in Dokumenten festgeschrieben werden, welche wehrtechnischen Kapazitäten und Technologien für das Land unverzichtbar sind.

Auftrag der italienischen Streitkräfte ist es, die vitalen Interessen der Nation gegen jede mögliche Aggression zu verteidigen, das europäisch-atlantische Gebiet zu sichern, einen Beitrag zur internationalen Krisenbewältigung zu leisten und Einsätze in Katastrophen sicherzustellen. Sie haben eine Stärke von 174 800 Soldaten. 102 500 im Heer, 41 900 in der Luftwaffe, 30 400 in der Marine, darunter 3 000 in der Marineinfanterie. Hinzu kommen noch die rund 103 750 Carabinieri, die auch dem Verteidigungsministerium unterstehen.

1980 war ich erstmals geschäftlich in Italien im Rahmen des trilateralen Projektes Panzerhaubitze 70 in der interessanten Dreierkonstellation der Partnerländer Italien, Großbritannien und Deutschland tätig. Dreiecksbeziehungen sind zwar immer sehr reizvoll, persönlich und politisch, erfordern aber viel Geschick, sie zu beherrschen. Dabei nahmen die Italiener jedoch nicht, wie vielleicht zu erwarten war, als kleinstes Land eine moderierende Rolle ein, sondern vertraten stets sehr geschickt eine abwartende Haltung. Erst nachdem die britische und die deutsche Seite ihre Stellungnahmen abgegeben, technisch, kaufmännisch oder vertraglich ihre regierungsseitige oder industrielle Position erläutert hatten, bezogen die Italiener Stellung und schlugen sich zumeist geschickt auf die Seite, von der sie die meisten Vorteile erwarten konnten.

Dieses Verhaltensmuster erinnert an die Machtpolitik Mussolinis, der, zuvor immer an der Seite Englands gegen den deutschen Nationalsozialismus agierend, sich im Zweiten Weltkrieg erst dann auf die Seite Hitlers schlug und am 10. Juni 1940 gegen England und Frankreich in den Krieg eintrat, als die deutschen militärischen Erfolge ersichtlich, die Niederlage Frankreichs besiegelt war. Mit diesem „sacro egoismo" versucht Italien bis heute in der Außen- und Wirtschaftspolitik aus den Zwistigkeiten anderer Nationen Vorteile zu erzielen, die eigene Position zu stärken und im Konzert der großen europäischen Mächte mitzuspielen.

Ich habe damals bei diesen, meinen ersten internationalen Verhandlungen insbesondere interkulturell viel gelernt, etwa, dass unsere direkte deutsche Art, wie das unverblümte Ansprechen von Problemen, bei Ausländern nicht unbedingt zum Erfolg führt. Und ich habe verstanden, dass die Italiener zwar heftig über die Zustände in ihrem Land, insbesondere über die Politiker, schimpfen, aber empfindlich reagieren, wenn die Missstände von Außenstehenden kritisiert werden.

Oto Melara in La Spezia war bei der Panzerhaubitze 70 und in vielen anderen Projekten unser industrieller Kooperationspartner in Italien. Dieses Unternehmen wurde 1905 von den Vickers und Terni Stahlwerken gegründet und produzierte bereits im Ersten Weltkrieg Heeres- und Marineartilleriegeschütze. Nach dem NATO-Beitritt Italiens im Jahr 1949 erfolgte im Rahmen der Wiederbewaffnung 1953 die Neugründung des Unternehmens. Durch Lizenzfertigung von US- und deutschen Panzerfahrzeugen gewann Oto Melara viel Know-how. Neben den gepanzerten Fahrzeugen gehören Waffenstationen und Turmsysteme zum Produktprogramm von Oto Melara, seit 2001 ein Unternehmen der Finmeccanica Gruppe. 2016 wurde Finmeccanica in Anlehnung an den italienischen Universalgelehrten und Erfinder Leonardo da Vinci in Leonardo umbenannt.

Deutschland und Italien können seit dem Aufbau der Bundeswehr und der deutschen Rüstungsindustrie auf enge militärische und rüstungswirtschaftliche Beziehungen zurückblicken. Ab 1971 beschaffte Italien 920 deutsche LEOPARD 1 Kampfpanzer von denen 720 in Italien in Lizenz produziert wurden. Das italienische Heer erhielt von MaK in Kiel die zugehörigen, auf dem LEOPARD 1-Fahrgestell basierenden 69 Bergepanzer 2 und 12 Pionierpanzer 1. Weitere 68 Berge- und 28 Pionierpanzer und sowie alle 64 Brückenlegepanzer wurden bei Oto Melara in Lizenz gefertigt.

Im Dezember 2002 wurde der Vertrag über 640 Millionen Euro zur Lieferung von 70 deutschen Panzerhaubitzen 2000 an das italienische Heer geschlossen. Zwei Geschütze wurden in Deutschland, die restlichen von 2007 bis 2009 von Oto Melara produziert.

Die weit gefächerte italienische Rüstungsindustrie hat etwa 75 000 Beschäftigte. Sie war nach Wegfall des Ost-West-Konfliktes einer starken Umstrukturierung unterworfen, die verstärkt 1994 mit der Konsolidierung zahlreicher Unternehmen unter der Führung von Finmeccanica begann. Dieser italienische Luft- und Raumfahrtkonzern steigerte seit 2005 seinen Umsatz von 7,8 Milliarden Euro auf 12,0 Milliarden Euro in 2016, davon 64 Prozent in der Wehrtechnik. Er ist nach umfangreichen Akquisitionen in Italien, Nordamerika, Großbritannien und Polen 2016 zum neuntgrößten Rüstungskonzern weltweit aufgewachsen. 2016 waren von insgesamt 45 631 Mitarbeitern 29 103 in Italien beschäftigt, 6 980 in Großbritannien, 5 765 in den USA und 2 831 in Polen. Dies verdeutlicht seine starke internationale Verflechtung.

Oto Melara und IVECO Defence Vehicles sind die führenden Unternehmen für Panzerfahrzeuge in Italien. IVECO Defence Vehicles mit Sitz in Bozen entwickelt und produziert mit rund 1 200 Beschäftigten gepanzerte Radfahrzeuge sowie militärische Nutzfahrzeuge und hat bisher über 30 000 Militärfahrzeuge weltweit geliefert.

Die italienische Rüstungsindustrie erkannte frühzeitig die wachsende Bedeutung von gepanzerten Radfahrzeugen. IVECO Defence Vehicles entwickelte und produzierte unter dem Einfluss des Fiat-Konzerns erfolgreich ein breites Spektrum von Fahrzeugen für die italienischen sowie zahlreiche ausländische Streitkräfte. Zu ihnen gehören das 8x8 Radfahrzeug CENTAURO und der PUMA sowie der LMV, ein leichtes, geschütztes zweiachsiges Mehrzweckradfahrzeug mit einem Gefechtsgewicht von sieben Tonnen. Über 4 000 LMV sind in zehn Nutzerstaaten im Einsatz.

IVECO Fiat und Oto Melara gründeten 1985 für die Entwicklung und Fertigung gepanzerter Fahrzeuge das Konsortium CIO, das Consorzio Iveco–Oto Melara, in dem Oto Melara die Federführung für Kettenfahrzeuge, Türme und Waffensysteme, IVECO die Federführung für Radfahrzeuge und Triebwerke hat. Von 1995 bis 2001 wurden von diesem Konsortium 200 Kampfpanzer ARIETE, für die Oto Melara die Gesamtverantwortung hatte, an das italienische Heer geliefert. Das CIO lieferte auch die gepanzerten Radfahrzeuge CENTAURO, hier hatte IVECO die Gesamtverantwortung, an die italienische Armee und war Hauptauftragnehmer für die 249 vierachsigen Schützenkampfwagen FRECCIA des italienischen Heeres.

Italien nimmt an zahlreichen europäischen Kooperationsprogrammen teil, ist Gründungsmitglied der OCCAR, einer internationalen Organisation für das Management gemeinsamer Rüstungsprogramme und ist an sieben von 13 Programmen beteiligt. In dieser Hinsicht verfolgt die Regierung eine zielgerichtete europäische Kooperationsstrategie und die wehrtechnischen Unternehmen eine erfolgreiche Beteiligungs- und Akquisitionsstrategie.

Insbesondere in der Luftfahrtindustrie arbeiten Italien und Deutschland eng zusammen, so in dem Gemeinschaftsunternehmen Airbus Group und in den Projekten Eurofighter, von denen die italienische Luftwaffe 96 Flugzeuge beschafft, beim Transportflugzeug A400M und beim Hubschrauber NH 90. Im internationalen Flugkörper-Unternehmen MBDA, das 2016 mit 10 000 Beschäftigten einen Umsatz von 3,0 Milliarden Euro erzielte, sind die Airbus Group und BAE Systems mit jeweils 37,5 und Leonardo mit 25 Prozent beteiligt.

Auch im Marineschiffbau bestehen mit Fincantieri, der größten Werft im Mittelmeerraum, enge rüstungswirtschaftliche Beziehungen zwischen Italien und Deutschland. Die Werft produzierte in Lizenz von Thyssen-Krupp Marine Systems vier deutsche U-Boote der Klasse 212A. Mit der französischen Naval Group, früher DCNS, kooperiert Fincantieri wiederum im Fregattenprogramm FREMM. Die italienische Marine beschafft bis 2022 zehn Fregatten.

Trotz erheblicher innenpolitischer und wirtschaftlicher Schwierigkeiten sowie einer geplanten Reduzierung auf 150 000 Soldaten wird Italien mit seinen Streitkräften entsprechend der sicherheitspolitischen Ausrichtung und geostrategischen Lage des Landes auch zukünftig in der NATO und in der EU sowie im Auftrag der Vereinten Nationen ein wichtiger Verbündeter sein. Die leistungsfähige, international operierende Rüstungsindustrie wird ein wichtiger Lieferant für die italienischen und ausländischen Streitkräfte und ein bedeutender Kooperationspartner für die ausländischen Unternehmen bleiben. In der dringend notwendigen verstärkten europäischen Rüstungskooperation ist Italien somit ein wichtiger Partner für Deutschland.

Griechenland – von der Wiege Europas bis zur Bahre?

Beim Gedanken an Griechenland prallen meine konträren Eindrücke, die ich zum einen privat als ungezwungener Reisender, zum anderen als nüchterner Geschäftsmann gewonnen habe, unversöhnlich aufeinander. Der Blick des Reisenden auf dieses reizvolle Land wird erleuchtet von der Schönheit der Natur, den einsamen, beschaulichen Inseln, verstreut in den lichten Weiten der tiefblauen Ägäis, von der identitätsstiftenden Jahrtausende alten Kultur und den archäologischen Stätten der griechischen Antike. Dieser Eindruck wird begleitet von der folkloristisch geprägten griechischen Musik und den Tänzen, wie dem Sirtaki, von der außerordentlichen Gastfreundschaft, der filoxenia, der Griechen.

Im starken, düsteren Gegensatz hierzu steht die politische und wirtschaftliche Realität dieses Landes: hochverschuldet, unfähig oder unwillig, einen funktionierenden Staatsapparat aufzubauen und die Staatsfinanzen zu ordnen, mit gefälschten Statistiken die europäischen Partner täuschend, und mit einer riesigen Bürokratie, unsolidem Geschäftsgebaren, eine weit verbreitete Vetternwirtschaft und nur auf die eigenen Interessen bedachte, korrupte Elite, die nicht bereit ist, einen maßgeblichen Beitrag zur Lösung der Finanzkrise und zum Aufbau eines modernen, leistungsfähigen Staates zu leisten. Dies trübt das Bild von Griechenland, ja, es entehrt ein Land, das als Wiege Europas gilt, schmälert seine Stellung, die es mit seiner geostrategischen Bedeutung im Atlantischen Bündnis seit Jahrzehnten hat und in der Europäischen Union einnehmen könnte.

So war beruflich mein Verhältnis zu Griechenland durch erhebliche persönliche Vorbehalte geprägt: Die Repräsentanten dieses Staates sind mit ihrem Klientelismus mehr an ihrem persönlichen Vorteil als am Wohlergehen des Staates interessiert und überschätzen mit übertriebenem Stolz die internationale Bedeutung und Leistungsfähigkeit ihres Landes, überstrapazieren die Solidarität der Bündnispartner und fügen der europäischen Idee beträchtlichen Schaden zu.

Die Griechen haben sich den Beitritt zur Euro-Zone im Jahr 2001 durch gefälschte Statistiken erschlichen und durch unsolide Haushaltsführung die Staatsausgaben ausufern lassen. Eine Aufnahme in die Euro-Zone hätte mit durchgreifenden strukturellen Veränderungen in den aufgeblähten staatlichen Institutionen und in der Wirtschaft Griechenlands verbunden werden müssen. Diese Unzulänglichkeiten haben seit 2008 eine mehrjährige, bedrohliche Finanzkrise in Europa herbeigeführt, die immer noch nicht gebannt ist. Die Staatsschulden belaufen sich auf die unglaubliche Höhe von 315 Milliarden Euro, das sind 177 Prozent des Bruttoinlandsprodukts. Diese erforderten mehrere Rettungspakete der Staaten der Eurogruppe und des IWF. „Scheitert der Euro, so scheitert Europa", mit dieser Aussage wurde die gewaltige, jahrelange finanzielle Unterstützung des hoch verschuldeten Landes gerechtfertigt.

Bei der politischen Beurteilung Griechenlands muss besonders bewertet werden, dass das Land, das 1952 in die NATO aufgenommen wurde, geostrategisch und militärisch eine große Bedeutung hat. Es nimmt am Rande des Balkans eine zentrale Lage im östlichen Mittelmeer zwischen Europa, Asien und Afrika ein. Dies gibt heute dem Land eine besondere Rolle in der Krisenregion, die sich vom Balkan bis in den Nahen Osten zieht.

Nach dem Wegfall des Ost-West-Konfliktes ist die sicherheitspolitische Situation durch die Instabilität dieser Region, durch ethnische Konflikte sowie durch die weiterhin schwelende Auseinandersetzung und die ungeklärten Grenzfragen mit der Türkei, insbesondere bezüglich der Zuordnung des Festlandsockels in der Ägäis, geprägt. Die Mitgliedschaften in der NATO, Europäischen Union und OSZE sind wichtige Grundlagen der griechischen Sicherheitspolitik, die ein besonderes Augenmerk auf die Stabilität auf dem Balkan und im östlichen Mittelmeer richtet.

Die Nationale Verteidigungspolitik Griechenlands wird von der KYSEA, vom Rat der Regierung für Außenpolitik und Verteidigung, festgelegt. Er bestimmt den Auftrag der griechischen Streitkräfte, die Integrität des Territoriums zu garantieren, die Unabhängigkeit und Souveränität des Landes zu sichern, die Bürger gegen jede Bedrohung von außen zu schützen und die nationalen Interessen zu wahren. Die Streitkräfte sind ein bedeutender Faktor der nationalen Sicherheit. Die veränderten Anforderungen an die Streitkräfte werden in dem Integrierten Entwicklungs- und Modernisierungsplan der Streitkräfte, EMPAE genannt, angepasst.

Der Verteidigungshaushalt Griechenlands war im Verhältnis zum Bruttoinlandsprodukt stets übermäßig hoch. 2016 ist der Verteidigungshaushalt auf 4,2 Milliarden Euro zurückgegangen, das waren aber immer noch 2,4 Prozent des Bruttoinlandsprodukts. Ich habe die hohen Verteidigungsausgaben und Rüstungsbeschaffungen in diesem Land mit weit verbreiteter Korruption und Klientelpolitik immer skeptisch betrachtet, weil sie weit über die sicherheitspolitischen Erfordernisse und wirtschaftliche Leistungsfähigkeit des Landes hinausgingen. Aber alle, die in Griechenland und im Ausland von diesen hohen Ausgaben profitierten, Politiker, Militärs und Rüstungsmanager, haben dies akzeptiert. Im griechischen Verteidigungsweißbuch „White Paper 2014" werden diese relativ hohen Verteidigungsausgaben weiterhin gerechtfertigt: „Obwohl der Prozentsatz des Bruttoinlandsprodukts für Verteidigungsausgaben einer der höchsten unter den NATO- und EU-Mitgliedsstaaten bleibt, stellt er das Minimum an Investitionen dar, das das Land erbringen kann, um die strategischen Prioritäten und nationalen Interessen aufrecht zu erhalten und zu sichern."

Die griechischen Politiker und Militärs haben mit Geschick immer wieder neue Rüstungsvorhaben initiiert. Dies hatte den realistischen Blick auf die Entwicklung des Rüstungsmarktes, ja, auf die gesamte wirtschaftliche Entwicklung des Landes, getrübt. Auch Rheinmetall hatte in der Vergangenheit mit zahlreichen Produkten von den enormen Rüstungsausgaben des Landes erheblich profitiert. Dies rechtfertigte die Gründung von Rheinmetall Hellas, einer Rheinmetall-Gesellschaft in Athen. Die Attraktivität des griechischen Rüstungsmarktes spiegelte sich auch auf der Rüstungsmesse Defendory in Piräus wider, einst die drittgrößte Wehrtechnikmesse in Europa, die aber 2008 aufgrund finanzieller Unregelmäßigkeiten das letzte Mal stattfand.

Deutschland und Griechenland können auf eine erfolgreiche, über drei Jahrzehnte dauernde Kooperation zurückblicken. Als NATO-Verbündeter erhielt Griechenland im Rahmen der NATO-Verteidigungshilfe von 1964 bis 1994 von der Bundesrepublik Deutschland eine umfangreiche Verteidigungs- und Rüstungssonderhilfe in Höhe von umgerechnet 1,3 Milliarden Euro und beschaffte umfangreiches Rüstungsmaterial aus Deutschland, das vermehrt in der griechischen Rüstungsindustrie produziert wurde. Dazu gehörte die Lieferung von 75 LEOPARD 1 Kampfpanzern, 28 F-104G

STARFIGHTER und vier MEKO-Fregatten, von denen eine in Deutschland, drei in Griechenland gebaut wurden.

Ein wichtiger Erfolg war für die deutsche Panzerindustrie die Beschaffung der Panzerhaubitze 2000 und des Kampfpanzers LEOPARD 2. 2001 beauftragte Griechenland bei Krauss-Maffei 24 deutsche Panzerhaubitzen PzH 2000, die von 2003 bis 2005 geliefert wurden. Nach umfangreichen Vergleichserprobungen ausländischer Kampfpanzer wurde 1998 in Griechenland der LEOPARD 2 ausgewählt und am 20. März 2003 mit Krauss-Maffei Wegmann der Vertrag über die Beschaffung von 170 neuen Kampfpanzern LEOPARD 2 A6HEL unterzeichnet. Dazu gehörten auch 12 Bergepanzer 3 BÜFFEL und die Umrüstung von griechischen LEOPARD 1 zu acht Brückenlegern mit einer LEGUAN-Brücke. Der Vertragswert belief sich auf 1,7 Milliarden Euro. Die Auslieferung dieser Fahrzeuge, bei denen zahlreiche griechische Unternehmen mit einem hohen Lieferanteil beteiligt waren, erfolgte 2008 und 2009.

Darüber hinaus erhielt Griechenland auf der Grundlage eines am 3. August 2005 zwischen der deutschen und griechischen Regierung unterzeichneten Vertrages aus Beständen der Bundeswehr 183 LEOPARD 2 A4, 150 LEOPARD 1 A5, 20 Bergepanzer 2 und zehn Brückenlegepanzer BIBER mit einem Gesamtwert von rund 220 Millionen Euro. An diesem Auftrag war Krauss-Maffei Wegmann mit einem substantiellen Anteil in Höhe von 150 Millionen Euro beteiligt.

Am 23. Januar 2015 veröffentlichte das griechische Verteidigungsministerium ein neues Weißbuch, das „White Paper 2014", das die veränderte sicherheitspolitische Lage, aber auch die Budgetkürzungen berücksichtigt, die eine Anpassung der Streitkräftestrukturen und Beschaffungsvorhaben im Zeitraum 2013 bis 2027 erforderlich machen. Damit soll ein Beitrag zur Lösung der Finanzkrise geleistet werden. In diesem Weißbuch wird optimistisch von einer vorhersehbaren Erholung der griechischen Wirtschaft und von der Rückkehr positiver Wachstumsraten gesprochen, die eine Gelegenheit für die Streitkräfte sind zu mehr Wirtschaftlichkeit und Effektivität, ohne Kompromisse bei der Sicherheit und beim Umfang einzugehen. Dabei soll mehr die Fähigkeit der vorhandenen Waffensysteme genutzt werden, anstatt neue zu beschaffen.

Bei rund 11 Millionen Einwohnern hat Griechenland mit 142 950 Soldaten relativ starke Streitkräfte, die sich an zahlreichen Einsätzen der Vereinten Nationen, NATO und EU beteiligt haben. Das Heer verfügt bei einer Stärke von 93 500 Soldaten über 28 Brigaden mit insgesamt 6 867 gepanzerten Fahrzeugen, darunter die gewaltige Zahl von 1 341 Kampfpanzern. Die Marine zählt 15 600, die Luftwaffe 20 750 Soldaten, 11 600 Soldaten sind streitkräftegemeinsam eingesetzt.

Mit einem neuen Streitkräftestrukturplan leitete das Heer bis 2015 eine umfangreiche Reduzierung ein, bei gleichzeitigem Aufbau von strategisch und taktisch mobilen Einheiten, die kleiner im Umfang, flexibler und beweglicher sind, ausgerüstet mit modernen Waffen und Gerät, damit diese den veränderten militärischen Anforderungen gerecht werden und mit den alliierten Streitkräften kompatibel sind.

Das NATO Deployable Corps-Greece-Hauptquartier in Thessaloniki ist in der Lage, schnelle Friedens- und Stabilisierungsaufträge unter dem NATO-Kommando durchzuführen. Außerdem beteiligt sich Griechenland zusammen mit Italien, Spanien und Portugal an einer gemeinsamen Hispano-Italienischen Amphibischen Battlegroup. Griechenland ist mit Albanien, Bulgarien, Italien, Rumänien und der Türkei Mitglied der Multinational South East Europe Brigade. 2005 wurde die HELBROC Battlegroup mit Truppenteilen aus Griechenland, Bulgarien, Rumänien und Zypern aufgestellt. Die Ukraine schloss sich 2011 diesem Verband an.

Für die griechische Regierung ist die nationale Rüstungsindustrie, die aus 80 zumeist kleinen oder mittelgroßen Unternehmen besteht, sowohl für die Sicherheitspolitik und Verteidigung des Landes als auch aus wirtschaftlichen Gründen unverzichtbar. Die Wehrtechnik-Unternehmen, die jährlich rund 680 Millionen Euro umsetzen, sind in der Hellenic Aerospace and Defense Industries Group HASDIG zusammengeschlossen. Wegen der signifikanten Rückgänge von Neubeschaffungen ist allerdings die Zahl der Beschäftigten in der Rüstungsindustrie auf 6 000 Mitarbeiter zurückgegangen. Bedeutende Unternehmen sind die Hellenic Vehicle Industry, METKA, Hellenic Defence Systems und die Hellenic Aerospace Industries.

Umfangreicher Technologietransfer, der Aufbau und Erhalt der Kapazitäten erfolgte bei Beschaffungsvorhaben zumeist durch ausländische Unternehmen im Rahmen von Vereinbarungen zur Industriebeteiligung und von Offset-Verpflichtungen. Dennoch vermochte es die griechische Rüstungsindustrie nicht, aus diesem umfangreichen Know-how-Tranfer erfolgreich eigene wehrtechnische Produkte für den internationalen Markt zu entwickeln, wie es beispielsweise die türkische oder singapurische Rüstungsindustrie sehr erfolgreich geschafft haben.

Die Hellenic Shipyards in Skaramanga nahe Athen ist die größte Werft Griechenlands und des östlichen Mittelmeeres. 2002 wurde sie mit 2 000 Beschäftigten im Zusammenhang mit einem U-Boot-Projekt von HDW, später von Thyssen-Krupp, übernommen. Nach heftigen Auseinandersetzungen mit den griechischen Partnern über die Abnahme eines U-Bootes und den Verkauf der Werft hat die international tätige Privinvest-Gruppe 2010 Anteile in Höhe von 75,1 Prozent erworben, 24,9 Prozent verblieben bei Thyssen-Krupp. Dabei ging es um den Bau von vier U-Booten der Klasse 214 mit einem Auftragswert von 2,85 Milliarden Euro. Erst nach langwierigen Verhandlungen wurde das in Kiel fertiggestellte Boot „Papanikolis" von den Griechen übernommen und bezahlt.

Die insbesondere durch den Zerfall der griechischen Staatlichkeit hervorgerufene gegenwärtige Wirtschafts- und Finanzkrise, verschärft durch die Flüchtlingskrise, gefährdet in hohem Maße den Zusammenhalt Europas, die Sicherheits- und Verteidigungspolitik Griechenlands sowie die zukünftig notwendigen Beschaffungsvorhaben. Die Streitkräfte werden nur dann ihren Auftrag weiterhin erfolgreich im Bündnis erfüllen können, wenn eine positive wirtschaftliche Entwicklung und deutliche Verringerung der gewaltigen Staatsverschuldung zu verzeichnen sind sowie eine tiefgreifende Transformation der überdimensionierten Streitkräfte durchgeführt wird. Dazu gehört auch eine weitere Privatisierung der Rüstungsindustrie.

So bewegt Griechenland in mir eine ambivalente Gefühlswelt zwischen leidenschaftlicher Empathie und verächtlicher Ablehnung, eine Stimmungslage, weit entfernt von der Heiterkeit des Romanhelden Alexis Sorbas, der beim Zusammenbruch der Seilbahn angesichts der wirtschaftlichen Katastrophe lachen und am Strand den Sirtaki tanzen konnte.

Türkei – der starke Mann am Bosporus

Die Türkei nimmt mit ihrer geopolitischen, geostrategischen und geoöko-
nomischen Lage eine Schlüsselstellung und Brückenfunktion in der östlichen Mittelmeer-Region sowie in Richtung Balkan, Kaukasus, Zentralasien
und Nahost ein, Gebiete von großer sicherheitspolitischer Bedeutung für
Europa. Nach dem Zweiten Weltkrieg führten das Vordringen der Sowjetunion auf dem Balkan und ihr territorialer Anspruch auf türkische Provin-
zen zur engen Anlehnung der Türkei an die USA, zu einer Verstärkung der
bereits vom Staatsgründer Atatürk eingeleiteten Westorientierung und Ver-
westlichung sowie 1952 zur NATO-Mitgliedschaft. Die USA waren für die
Türkei geopolitisch der wichtigste strategische Partner und neben der Annäherung an die Europäische Union ein Eckpfeiler der Westintegration des
Landes. Diese politischen Komponenten verlieren derzeit an Bedeutung
zugunsten einer immer selbstbewusster definierten Rolle einer Regionalmacht mit entsprechenden Machtansprüchen und dem Anspruch politischer
Unabhängigkeit.

So spielte die Türkei zur Zeit der Militärblöcke für die NATO eine bedeutende Rolle bei der Eindämmung des Einflusses der Sowjetunion. Heute
nimmt das Land als strategischer Partner eine neue Schlüsselfunktion zu den
islamischen Kräften im Mittleren Osten und zu den nach dem Zerfall der
Sowjetunion neu entstandenen Republiken in Zentralasien ein. Die Türkei
ist zu einem bedeutenden Scharnier zwischen Abendland und Morgenland
geworden. Dies wurde insbesondere während der Flüchtlingskrise 2015 und
2016 deutlich.

Das Ende der Blockpolitik hat für die türkische Außenpolitik neue Ge-
staltungsräume geschaffen, aber auch neue Risiken durch das Entstehen
neuer Staaten in Zentralasien zwischen dem Schwarzen Meer und China
sowie durch das Konfliktpotenzial auf dem Balkan aufkommen lassen. Es
findet eine Verschiebung der militärpolitischen Kräfte statt. Die Türkei, mit
2 754 Kilometern Grenze zu sieben Nachbarn und 8 120 Kilometern Küste,
hat stets einen außerordentlich hohen militärischen Beitrag zur Landes- und
Bündnisverteidigung geleistet. 2016 gab die Türkei 1,6 Prozent des Bruttoinlandsprodukts für die Verteidigung aus und lag damit innerhalb der NATO
an siebter Stelle.

Die strategische Bedeutung der Türkei liegt darin, dass sie ein Gegengewicht zum islamischen Fundamentalismus bildet, „der südliche Anker der NATO" ist und so zwischen dem „christlichen Abendland" und den islamischen Staaten als stabilisierendes Bindeglied zwischen Europa und dem Nahen Osten wirken kann. Die Türkei, deren Interessen weit nach Zentralasien reichen, hat eine Ordnungsfunktion im Orient und im Kaukasus.

Das Verhältnis der Türkei zu Europa und der Beitritt des Landes zur Europäischen Union ist ein seit Jahrzehnten sehr kontrovers diskutiertes, sehr emotional beladenes Thema, das von den europäischen Institutionen zwar als „Prozess mit offenem Ende", aber nicht immer ehrlich geführt wurde. Meine persönliche Zustimmung zu einer Mitgliedschaft der Türkei zur Europäischen Union wird trotz starker Bedenken aufgrund der jüngsten politischen Entwicklung unter Präsident Recep Tayyip Erdoğan vorrangig von der strategischen und sicherheitspolitischen Bedeutung der Türkei bestimmt, vorausgesetzt, die „Kopenhagener Kriterien" werden seitens der Türkei erfüllt: Achtung der Menschenrechte, Schutz von Minderheiten, eine funktionsfähige Marktwirtschaft und eine Anpassung an das EU-Regelwerk, das sogenannte „EU-Acquis", also der gemeinschaftliche Besitzstand aller Rechtsakte, die für die Mitgliedsstaaten der EU verbindlich sind.

Die EU ist in erster Linie eine politische und wirtschaftliche Gemeinschaft, für die zugleich auch eine sicherheitspolitische Partnerschaft besteht. So müssen in erster Linie diese belastbaren Kriterien den Ausschlag für die Mitgliedschaft geben. Dies überwiegt gegenüber den Bedenken hinsichtlich der kulturellen Unterschiede und der religiösen Zugehörigkeit der Türkei zum Islam, die übrigens seit Atatürk eine laizistische Ordnung hat. Und es ist verständlich, dass es bei der Freizügigkeit lange Übergangsfristen geben muss.

Bereits 1959 hatte die Türkei einen Antrag auf Mitgliedschaft in der Europäischen Wirtschaftsgemeinschaft gestellt, und 1963, also vor mehr als fünf Jahrzehnten, ist das Assoziationsabkommen zwischen der Türkei und der Europäischen Wirtschaftsgemeinschaft, versehen mit einer Beitrittsperspektive, in Kraft getreten.

Am 10. Dezember 1999 beschlossen die Staats- und Regierungschefs der Europäischen Union auf dem Europa-Gipfel in Helsinki, die Türkei in den Kreis der Kandidaten für eine Vollmitgliedschaft aufzunehmen. Damit hat der Rat eine eindeutige Entscheidung getroffen, dass die Türkei eine Option auf die Mitgliedschaft in der EU hat. Das Land wurde zu diesem Zeitpunkt auf die gleiche Stufe wie die übrigen zehn ostmitteleuropäischen Staaten sowie Malta und Zypern gestellt, die schon seit 2004 Mitglied in der EU sind.

Am 3. Oktober 2005 wurden daraufhin mit der Türkei die Beitrittsverhandlungen aufgenommen, die nach der damaligen Einschätzung zehn Jahre dauern sollten. Das Hauptmotiv der Türkei-Politik der Europäischen Union war das Streben nach einer stabilen, demokratischen und wohlhabenden Türkei. Die EU erwartet von der Türkei zu Recht, dass sie bei den Beitrittsverhandlungen auch in der Zypern-Frage eine konstruktive Rolle spielt.

Durch eine Mitgliedschaft in der EU könnte ein gefährliches Abdriften der Türkei zu den islamistischen Staaten verhindert werden. Die Europäische Union hätte bei einem erfolgreichen Beitritt dann eine Grenze mit dem Irak, dem Iran und Syrien. Dies wäre die beste Versicherung gegen Islamismus, denn ein antieuropäischer, fundamentalistischer Islam könnte Europa sicherheitspolitisch und gesellschaftlich erheblich gefährden. Ein demokratisch kompatibler Islam wiederum hätte eine erhebliche Ausstrahlung in die arabische Welt. In jüngster Zeit sind jedoch immense Zweifel aufgekommen, ob der autoritär agierende, sich wie ein mächtiger Sultan inszenierende Präsident Erdoğan noch an einem EU-Beitritt seines Landes interessiert ist oder die Beitrittsverhandlungen nur zur Durchsetzung seiner Ziele und zur Machterweiterung nutzen will. So konnte er die Macht der Generäle im Land massiv einschränken. Ab 2002 führte die Umsetzung der „Kopenhagener Kriterien" zu einer umfangreichen Demokratisierung des Landes, wurden liberale Reformen durchgesetzt, doch heute lassen die massiven Einschränkung der Rechtstaatlichkeit und Gewaltenteilung berechtigte Bedenken an der Beitrittsfähigkeit der Türkei zur Europäischen Union aufkommen.

Das vor einem Jahrzehnt häufig gebrachte Argument, die wirtschaftliche Schwäche der Türkei würde die Leistungsfähigkeit der EU überfordern, wird heute von dem enormen Wirtschaftsaufschwung des Landes widerlegt. Das Bruttoinlandsprodukt wuchs 2010 um neun, 2015 um vier Prozent. Für das Jahr 2017 werden mehr als sechs Prozent prognostiziert. Die geringe

Staatsverschuldung von 33 Prozent und ein solides Bankensystem haben zur Stärkung der internationalen Position der Türkei beigetragen.

Der Nationale Sicherheitsrat, die mächtigste Institution der Türkei, tagt im Präsidentenpalast. Mitglieder sind der Staatspräsident als Vorsitzender, Premierminister, Verteidigungsminister, Außenminister, die stellvertretenden Ministerpräsidenten, Justiz- und der Innenminister sowie der Generalstabschef und die Kommandeure der Teilstreitkräfte. Sie bestimmen die Grundzüge der türkischen Sicherheitspolitik und beraten über die wesentlichen Fragen der Innen- und Außenpolitik. Im Rahmen der Beitrittsbemühungen zur EU wurde nach einer Verfassungsänderung im Jahre 2003 der Einfluss der türkischen Militärs, und unter der Regierung von Ministerpräsident Erdoğan die Kompetenz der Militärs im Nationalen Sicherheitsrat, stark beschnitten.

Die türkische Militärstrategie beruht auf den vier Elementen Abschreckung, Leistung eines militärischen Beitrags zum Krisenmanagement und zur Krisenintervention, einer vorwärts gerichteten Verteidigung und kollektiven Sicherheit. Prowestliche Bindungen auf der Grundlage der kemalistischen Staatsideologie einerseits und der daneben gleichfalls existierende islamische Fundamentalismus andererseits machen dieses Land aber auch zu einem schwierigen Bündnispartner, vom Kurdenproblem einmal ganz abgesehen.

Die Streitkräfte zählen mit 355 200 Soldaten nach den Vereinigten Staaten zu den stärksten in der NATO und zu den größten weltweit. Das Heer hat 260 200 Soldaten und verfügt über 12 474 gepanzerte Fahrzeuge, darunter 4 492 Kampfpanzer.

Die Marine hat eine Stärke von 45 600 Soldaten und pflegt zur deutschen Marine und Marineindustrie traditionell enge Bindungen. Sechs U-Boote des Typs 209/1200 und acht U-Boote des Typs 209/140 sowie acht MEKO-Fregatten und sechs Minenjagdboote der MHV 54-Klasse sind deutscher Konstruktion. 1975 wurde das erste von zwei bei HDW in Kiel gebauten U-Booten der ATILAY-Klasse in Dienst gestellt. Das dritte bis zehnte Boot wurde in der Türkei auf der 1926 gegründeten, in Militärbesitz befindlichen Gölcük Naval Shipyard gebaut. Acht Fregatten wurden in Zusammenarbeit von der Gölcük-Werft und dem Fregattenkonsortium unter Führung von Blohm + Voss gebaut.

Die Minenjagdboote der ALANYA-Klasse wurden auf der Grundlage eines Vertrages zwischen der Istanbul Naval Shipyard und dem Minenjagdkonsortium unter Führung von Abeking und Rasmussen gebaut, das erste in Deutschland, die weiteren in der Türkei. Darüber hinaus wurden neun schnelle Patrouillenboote in Zusammenarbeit mit der Lürssen Werft produziert. Am 22. Juli 2008 erhielt HDW, heute Thyssen-Krupp Marine Systems, einen Auftrag über sechs U-Boote der Klasse U-214TN, die auf der Gölcük Naval Shipyard in der Türkei gefertigt werden.

Die türkische Luftwaffe, die eine Stärke von 50 000 Soldaten hat, und die Luftfahrtindustrie orientieren sich, insbesondere bei den Kampfflugzeugen, vorrangig an den USA. Die Türkei ist seit 1999 Partner des Joint Strike Fighter Programms und hat 100 Flugzeuge mit einer Option über weitere 16 bestellt. Die Auslieferung sollte ab 2015 beginnen, wurde jedoch nach 2018 verschoben. Darüber hinaus beschafft die Türkei zehn europäische Transportflugzeuge A400M.

Die türkische militärische Luftfahrtindustrie wurde in Kooperation mit den USA im Zusammenhang mit der Beschaffung von F-16 Kampfflugzeugen aufgebaut. An der 1984 gegründeten Turkish Aerospace Industries besitzt die Turkish Armed Forces Foundation, die TAFF, 54,5 Prozent der Anteile und das Untersekretariat der Verteidigungsindustrie 45,5 Prozent. Das Unternehmen, das auch am A400M beteiligt ist, beschäftigt 4 000 Mitarbeiter.

Trotz Verringerung des Streitkräfteumfangs wurde der türkische Verteidigungshaushalt stetig erhöht. Im Haushaltsjahr 2016 belief sich der Verteidigungshaushalt auf 26,2 Milliarden türkische Lira, umgerechnet 8,8 Milliarden Dollar. Daneben gibt es mehrere Fonds zur Finanzierung der Rüstungsausgaben, wie den Defence Industry Support Fund und die Turkish Armed Forces Support Foundation.

Die Türkei hat als NATO-Partner aufgrund ihrer geostrategischen Lage während des Kalten Krieges erhebliche Rüstungshilfen, insbesondere aus den Vereinigten Staaten und aus Deutschland sowie aus dem European Defence Improvement Programm, bekommen. Von 1964 bis 1994 leistete Deutschland umfangreiche Verteidigungshilfe in einer Gesamthöhe von umgerechnet rund 3,2 Milliarden Euro. Im Rahmen der NATO-

Verteidigungs- und Rüstungssonderhilfe erhielt die Türkei 1982 bis 1983 u.a. 77 und 1991 weitere 312 LEOPARD 1 Kampfpanzer. Heutzutage verfügt die Türkei über 397 deutsche LEOPARD 1 und 12 Bergepanzer 2 sowie 325 LEOPARD 2 A4, die die Türkei im November 2005 von der Bundeswehr erworben hat.

Krupp MaK in Kiel hatte bereits zahlreiche LEOPARD 1 Kampfpanzer und Bergepanzer in die Türkei geliefert, als ich 1987 in diesem Unternehmen als Exportleiter anfing und meine ersten geschäftlichen Kontakte mit den Militärs und der Industrie der Türkei aufnahm. Diese Beziehungen knüpften an die Ausrüstungshilfen an, weil das türkische Heer nur über wenige Bergepanzer für die zahlreichen Kampfpanzer aus Deutschland und den USA verfügte. So wurde in der Türkei das umfangreiche Beschaffungsvorhaben auf den Weg gebracht, 600 von den noch rund 5 000 in der Armee vorhandenen M 47 Kampfpanzer zu Bergepanzer umzurüsten.

Der Wehrtechnik-Bereich der Krupp MaK, heute als Rheinmetall Landsysteme ein Unternehmen des Rheinmetall-Konzerns, war damals ein weltweit führendes Unternehmen in der Entwicklung und Produktion von Bergepanzern, die in großen Stückzahlen in der Bundeswehr und im Ausland eingeführt waren. So wurde Krupp MaK von den türkischen Beschaffungsbehörden zur Abgabe eines Angebotes für das Bergepanzerprojekt eingeladen.

Ein derartig umfangreiches Rüstungsprogramm ist jedoch nur mit einem türkischen Partner erfolgversprechend, und so haben wir unter Einbeziehung unseres Vertreters, Nejat Verdi, eine umfassende Bewertung potentieller Unternehmen in der Türkei durchgeführt. Unsere Entscheidung fiel auf das leistungsfähige Unternehmen Çukurova, mit dem wir dann eine Kooperation eingegangen sind. Es gehört zur Çukurova Holding, einer der größten Konzerne des Landes, die auch über eine eigene Bank verfügt. Nach umfangreichen konstruktiven Untersuchungen, Kalkulationen, Abstimmungen mit der türkischen Industrie über deren nationale Fertigungsanteile sowie die Erarbeitung von Finanzierungsmodellen sah unser Angebot die Umrüstung in Mersin vor, in einer wirtschaftlich schwachen Region im Osten der Türkei. Die Regionalförderung ist bei Industrieansiedlungen auch in der Wehrtechnik ein wichtiger Faktor bei der Auswahlentscheidung.

Der türkische Ministerpräsident Turgut Özal informiert sich auf dem Krupp MaK Messestand in Ankara, rechts Murat Verdi, der Sohn unseres Vertreters, heute ein angesehener türkischer Musiker, daneben Horst Schön, Bereichsleiter Vertrieb

Unsere Enttäuschung war nach dieser aufwendigen Angebotsbearbeitung, langen Verhandlungen, verbunden mit zahlreichen Reisen in die Türkei, entsprechend groß, als wir erfuhren, dass unser türkischer Konkurrent Aşmas den Zuschlag erhalten hatte. Aşmas war ein kleines, unbedeutendes, erst 1978 gegründetes Unternehmen in Izmir, das wenig Erfahrungen in der Wehrtechnik und insbesondere keine in der Umrüstung von Kampfpanzern zu Bergepanzern hatte. Schnell hatten unser einflussreicher türkischer Partner und die Presse herausgefunden, dass es Unregelmäßigkeiten bei der Auswahlentscheidung gab. Persönliche Verbindungen des türkischen Ministerpräsidenten Turgut Özal zu Aşmas sollten dabei eine wesentliche Rolle gespielt haben. Diese fragwürdige Entscheidung wurde in den Medien und in der Öffentlichkeit heftig kritisiert, mit der Folge, dass das politisch brisante Beschaffungsvorhaben eingestellt wurde.

SSM, das Untersekretariat für die Verteidigungsindustrie, wurde 1985 mit dem Ziel gegründet, Programme zur Modernisierung der türkischen Streitkräfte mit der Beschaffung moderner ausländischer Technologie zu verknüpfen, um so eine wettbewerbs- und exportfähige türkische Verteidigungsindustrie zu entwickeln. Dies war ein entscheidender Wendepunkt von einer Kleinwaffen- und Munitionsindustrie zu großen wehrtechnischen Unternehmen in der Luft- und Raumfahrt, im Marineschiffbau, in der Elektronik, auf dem Gebiet der Flugkörper und der gepanzerten Fahrzeuge. Das SSM veröffentlichte am 14. Februar 2007 in einem Dokument neue Direktiven zu den Offset-Regulierungen, die eine bessere Handhabung der Kompensation bei ausländischen Beschaffungen für die Regierung und die Industrie ermöglichen.

Die Turkish Armed Forces Foundation wurde 1987 gegründet, um die türkische Rüstungsindustrie unter einheitlicher Führung zusammenzubringen und um die militärischen Forderungen der türkischen Streitkräfte zu erfüllen. Die TAFF hat große Anteile an zahlreichen türkischen Rüstungsunternehmen und organisiert auch die türkische Wehrtechnik-Messe IDEF, die alle zwei Jahre in Istanbul, früher in Ankara, stattfindet. 2017 nahmen 828 Aussteller aus 50 Ländern an dieser Messe teil. Darüber hinaus präsentiert sich die türkische Rüstungsindustrie mit einer wachsenden Zahl an Ausstellern kompetent auf ausländischen Messen.

Die politischen und strategischen Prinzipien der Rüstungsindustrie wurden im Weißbuch von 2000 festgelegt. Seitdem hat sich diese Branche, in der 43 000 Beschäftigte arbeiten sowie ein Umsatz von rund 2,3 Milliarden US-Dollar erwirtschaftet wird, strukturell stark verändert und eine hohe internationale Wettbewerbs- und Kooperationsfähigkeit erreicht. Heute besteht die türkische Rüstungsindustrie aus rund 40 international operierenden Unternehmen, die mit ihren wehrtechnischen Produkten verstärkt in den internationalen Markt drängen.

1997 wurde für ein neues türkisches Kampfpanzerprogramm, das einen Umfang von vier bis sieben Milliarden Dollar haben sollte, eine Informationsanfrage herausgegeben, auf die sich neben Krauss-Maffei Wegmann mit dem deutschen LEOPARD 2 A5 acht weitere internationale Panzerhersteller beworben hatten. Dieses Vorhaben verdeutlichte, wie stark es bei derartig großen Rüstungsprojekten zu einem globalen Wettbewerb kommen kann. Es wurde jedoch in dieser Form eingestellt.

Daraufhin startete das türkische Untersekretariat für die Verteidigungsindustrie am 8. Februar 2006 eine neue Anfrage für ein eigenständiges türkisches Panzerprogramm an die lokale Industrie, an der sich ausländische Unternehmen beteiligen konnten. Es umfasst die Entwicklung und Produktion von 250 Kampfpanzern in der Türkei, verbunden mit der Forderung, die nationale Industrie durch ausländisches Know-how zu unterstützen.

Das SSM erteilte nach einem Wettbewerb dem türkischen Unternehmen Otokar als Hauptauftragnehmer am 29. Juli 2008 einen Auftrag zur Entwicklung des ersten nationalen Kampfpanzers der Türkei, ALTAY-Projekt genannt. Für die technische Unterstützung unterbreiteten die deutschen Panzerbauer Krauss-Maffei Wegmann und Rheinmetall Landsysteme ein gemeinsames Angebot, doch das SSM entschied sich für das südkoreanische Unternehmen Hyundai Rotem, das die Kampfpanzer K1 und K2 BLACK PANTHER entwickelt hat. Man kann davon ausgehen, dass neben finanziellen Aspekten insbesondere die Bedingung, diesen Panzer später exportieren zu können, den Ausschlag gegeben hat. Dem stand die restriktive deutsche Exportpolitik entgegen.

Mit diesem Kampfpanzerprojekt setzt die Türkei, die der größte Importeur von koreanischen Rüstungsgütern ist, die mit der 155 mm Panzerhaubitze FIRTINA begonnene erfolgreiche Zusammenarbeit mit dem ostasiatischen Land fort. Es beinhaltet einen umfangreichen Technologietransfer in Höhe von 400 Millionen US-Dollar von Südkorea in die Türkei. Die Feuerleitanlage entwickelte die türkische Industrie. 2015 wurde mit den beiden Prototypen die Entwicklungs-, Prototypen- und Qualifikationsphase beendet. Daran schließt sich die fünf Jahre dauernde Serienfertigung von 250 Kampfpanzern an.

Die türkische 155 mm Panzerhaubitze FIRTINA, für die ein Bedarf über 336 Stück besteht, ist ebenfalls eine koreanisch-türkische Kooperation auf Basis der koreanischen K9 Panzerhaubitze, für die das koreanische Unternehmen Samsung Techwin, heute Hanwha Defense Systems, für eine Milliarde US-Dollar eine Lizenz erteilt hat.

Mit dem erfolgreichen Aufbau einer eigenen, leistungsfähigen Rüstungsindustrie entwickelt und produziert die Türkei, oft in Kooperation mit ausländischen Unternehmen, gepanzerte Fahrzeuge, die sie vermehrt auch exportiert. Das 1963 gegründete Unternehmen Otokar gehört zur mächtigen Koç-Gruppe, die 2016 mit 95 456 Mitarbeitern einen Umsatz von 21,2 Milliarden Euro erwirtschaftet hat. Otokar erzielte 2016 mit rund 2 300 Mitarbeitern einen Umsatz von 418 Millionen Euro. Das Unternehmen hat über 28 000 Militärfahrzeuge in 30 Länder geliefert.

Otokar entwickelte in der ersten Hälfte der 90er Jahre auf der Basis von amerikanischen HMMWV-Komponenten das gepanzerte 4x4 Radfahrzeug COBRA. Weitere Produkte sind der KAYA, ein Mannschaftstransportfahrzeug auf Basis eines Mercedes Unimog-Fahrgestells, der ARMA und der 8x8 YAVUZ, eine gemeinsame Entwicklung mit Singapore Technologies Kinetics auf Basis des TERREX.

FNSS Savunma Sistemleri ist ein Joint Venture der türkischen NUROL-Gruppe und BAE Systems, der damaligen amerikanischen FMC Corporation. Das Unternehmen wurde als erstes privatwirtschaftliches Rüstungsunternehmen in der Türkei für die Produktion von 1 698 Infanteriefahrzeugen TIFV, das Turkish Infantry Fighting Vehicle, gegründet und erhielt 1988 einen Vertrag in Höhe von 1,1 Milliarden US-Dollar. Die Produktion lief bis 1999. Dieses Kettenfahrzeug basiert auf einer Weiterentwicklung des amerikanischen Transportfahrzeuges M113. Bereits 1997 konnten 133 Infanteriefahrzeuge TIFV in Höhe von 75 Millionen US-Dollar an die Vereinigten Arabischen Emirate verkauft werden. Weitere Exporte erfolgten nach Malaysia, 100 Fahrzeuge wurden für 42 Millionen US-Dollar nach Jordanien exportiert. Das auf dem TIFV basierende Gefechtsfahrzeug ACV 300 ist in den Streitkräften der Türkei, Malaysias, Saudi-Arabiens, der Vereinigten Arabischen Emirate und der Philippinen eingeführt worden.

Die 1976 gegründete Nurol produziert das 6x6 Mannschaftstransport- und Aufklärungsfahrzeug EJDER. 72 Fahrzeuge wurden nach Georgien exportiert. Der Militärbetrieb Kayseri Instandsetzungszentrum hat mehr als 2 000 Kampfpanzer und über 2 000 Transportpanzer M113 leistungsgesteigert sowie die Kampfwertsteigerung der türkischen M60 Kampfpanzer durchgeführt. Das Panzerwerk Arifiye war ursprünglich als Instandsetzungsbetrieb des Heeres geplant, doch nach dem Waffenembargo der USA im Zusammenhang mit der Zypernkrise wurden die Aufgaben deutlich ausgeweitet. Es begann mit dem Nachbau von Komponenten für die 4 500 M48 Kampfpanzer und wurde mit der Kampfwertsteigerung umfangreicher Fahrzeuge über die Modernisierung der Selbstfahrhaubitzen M44 und M52 bis zur Fertigung der türkischen Panzerhaubitze FIRTINA konsequent fortgesetzt.

Aselsan, das 1975 gegründete, größte Rüstungsunternehmen der Türkei, produziert mit 5 168 Mitarbeitern Kommunikations-, Feuerleit-, und Führungssysteme. 2016 machte Aselsan in der Wehrtechnik einen Umsatz von 1,2 Milliarden US-Dollar und lag damit bei den Rüstungsunternehmen weltweit an 57. Stelle. Aselsan ist im türkischen Kampfpanzerprojekt Unterauftragnehmer für die Feuerleitanlage und für das Führungssystem sowie bei der Panzerhaubitze FIRTINA Lieferant der Feuerleitanlage. Für das niederländische Flugabwehrsystem GBADS mit STINGER Flugkörpern lieferte Aselsan den Werfer. Das 1988 gegründete private Unternehmen Roketsan produziert mit rund 800 Mitarbeitern Raketenwerfer.

Die Türkei wird aufgrund der geostrategischen Lage in einer sicherheitspolitisch äußerst krisenreichen Region auch zukünftig eine bedeutende Rolle als NATO-Mitglied nehmen und erheblichen Einfluss auf die Sicherheit Europas einnehmen. Die sich rasant weiter entwickelnde nationale Rüstungsindustrie wird auch zukünftig einen wichtigen Beitrag für die Ausrüstung der türkischen Streitkräfte leisten und die Präsenz auf internationalen Märkten weiter erhöhen.

Die Türkei ist, wie auch Bundeskanzlerin Merkel konzedieren musste, „zu einem Schlüsselland" mit hoher strategischer Bedeutung für Europa geworden, für den Krieg in Syrien und in der Lösung der Flüchtlingskrise, die Europa seit 2015 durchmacht. Das Land und das politische Umfeld haben sich in den letzten zwei Jahrzehnten gewaltig verändert, die Kräfteverhältnisse haben sich erheblich verschoben. Heute braucht die Europäische Union die Türkei mehr als das eurasische Land die EU braucht.

So bleibt offen, wie sich die derzeit äußerst kritischen Beziehungen zur Europäischen Union, insbesondere zu Deutschland, und das eingeleitete Beitrittsverfahren weiter entwickeln werden. Die EU und Deutschland können die politische, wirtschaftliche und geostrategische Macht dieses aufstrebenden, selbstbewussten Landes nicht negieren. Die 1853 vom russischen Zar Nikolaus I. angesichts des Niedergangs des Osmanischen Reiches gemachte Aussage vom „kranken Mann am Bosporus" hat heute keine Gültigkeit mehr. Die Türkei ist zu einem „starken Mann" mutiert.

Der Ostseeraum – weiterhin eine Region des Friedens?

Der Ostseeraum war während des Ost-West-Konfliktes in Europa eine Region, in der die Konfrontation durch eine hohe Konzentration von Militär und Rüstung sowie in der Abgrenzung durch den Eisernen Vorhang sichtbar ihren Ausdruck gefunden hatte. Nach Ende des Kalten Krieges, dem Zerfall der Sowjetunion und des Warschauer Paktes hat sich durch den militärischen Wandel und die wirtschaftliche Öffnung die sicherheits- und wirtschaftspolitische Lage in dieser Region tiefgreifend verändert.

Während des Kalten Krieges richteten sich die Länder Skandinaviens in der Verteidigungspolitik unterschiedlich aus. Während Norwegen und Dänemark bereits 1949 ihre Streitkräfte in die NATO einbrachten, verfolgte Schweden weiterhin seine traditionelle bewaffnete Neutralität und Finnland eine von der Sowjetunion erzwungene Neutralität, die dieses Land aufgrund einer auf Wohlwollen gegenüber der UdSSR ausgerichteten Politik den nicht gerechtfertigten Begriff der „Finnlandisierung" einbrachte. Schweden und Finnland sprechen jetzt von „Allianzfreiheit", engagieren sich aber stark im Rahmen der Sicherheits- und Verteidigungspolitik der EU.

Das 1999 aufgestellte Multinational Corps Northeast mit deutschen, dänischen und polnischen Soldaten im polnischen Stettin sowie die am 21. April 1998 von den Verteidigungsministern Schwedens, Dänemarks, Finnlands und Norwegens vereinbarte Aufstellung der 3 000 bis 4 000 Mann starken Brigade Nordcaps für internationale Friedenseinsätze verdeutlichen, dass sich in der Ostseeregion die militärischen Strukturen der veränderten sicherheitspolitischen Lage anpassen. Der 1999 vollzogene Beitritt Polens und der Beitritt der Baltischen Staaten im Jahr 2004 zur NATO hat auch im Ostseeraum die Sicherheitsarchitektur und militärpolitische Situation grundlegend verändert.

Der 1952 zwischen Dänemark, Island, Norwegen und Schweden gegründete Nordische Rat, dem sich Finnland 1956 anschloss, ist eine parlamentarische Plattform für die nordische Zusammenarbeit, und der 1971 gegründete Nordische Rat der Minister sowie das im Dezember 1994 unterzeichnete Abkommen der nordischen Länder zur verstärkten Zusammenarbeit in der Rüstung sind Grundlagen für eine verstärkte sicherheitspolitische Zusammenarbeit.

Am 4. November 2009 unterzeichneten die Verteidigungsminister Dänemarks, Finnlands, Norwegens und Schwedens ein Memorandum of Understanding und gründeten die Nordic Defence Cooperation, die NORDEFCO, die die Ziele für die Verteidigung und die zukünftigen Initiativen festlegen soll. Über diese nordische Kooperation hinaus ist jedoch auch nach dem Ende des Kalten Krieges in Skandinavien noch keine einheitliche Ausrichtung in der Sicherheitspolitik zu verzeichnen, wenn auch Tendenzen hinsichtlich einer stärkeren Europäisierung und Zuwendung Schwedens und Finnlands zur NATO zu erkennen sind. Diese beiden Länder schlossen sich dem NATO-Programm Partnership for Peace an und unterstellten ihre Truppen in Bosnien der NATO.

Die Ostseeanrainer sehen mit Sorgen das Erstarken der Militärmacht Russland. Sie haben berechtigte Zweifel an der Friedfertigkeit Russlands, die insbesondere nach dem Einmarsch russischer Truppen in Georgien und der Einnahme der Krim verstärkt wurden. Deshalb haben sie die Risiken dieser strategisch wichtigen Region verdeutlicht und eine Überprüfung der militärischen Ressourcen eingeleitet.

Trotz der Unterschiede in der Europapolitik und im Verhältnis zur NATO stärken die Wirksamkeit und der Einfluss in Foren, wie der EU, UNO oder NATO, die enge Kooperation der nordischen Länder auf dem Gebiet der Sicherheits- und Verteidigungspolitik. Die Nordic Battlegroup ist eine Kampfgruppe der Europäischen Union. Diese seit 2008 turnusmäßig bereitgestellte, 2 800 Soldaten starke Battlegroup besteht aus Truppen der Länder Schweden, Norwegen, Finnland, Estland und Irland.

Skandinavien hat eine kleine, aber in Nischen äußerst leistungsfähige Rüstungsindustrie. Die einzelnen Länder kooperieren eng miteinander und sind bestrebt, bei Beschaffungen aus dem Ausland angemessen beteiligt zu werden. Zahlreiche bi- oder multilaterale skandinavische Rüstungsvorhaben sind Ausdruck der engen rüstungswirtschaftlichen Zusammenarbeit der nordischen Länder. Darüber hinaus ist eine recht hohe Standardisierung in der Ausrüstung zu verzeichnen: Norwegen, Schweden, Finnland und Dänemark verfügen über den Kampfpanzer LEOPARD 2 und den Schützenpanzer CV 90. Finnland, Norwegen und Schweden haben den Hubschrauber NH 90 bestellt.

Im Juni 1995 wurde ich zu einem NATO-Workshop in der litauischen Hauptstadt Vilnius eingeladen, der sich dem Thema „Die wissenschaftliche und technische Zusammenarbeit der Baltischen Staaten im Neuen Europa und die Konversion ihrer Industrie" widmete. Die Leitung hatte Kazimiera Prunskiene, die von 1990 bis 1991 die erste Ministerpräsidentin des Landes nach Wiedererlangung der Unabhängigkeit war. An dieser Konferenz nahmen Vertreter aus 17 Nationen teil. In meinem in Englisch gehaltenen Vortrag „Die sicherheitspolitische und wirtschaftspolitische Entwicklung der Ostseeregion" ging ich auf die veränderte sicherheits- und wirtschaftspolitische Lage im Ostseeraum seit Wegfall des Ost-West-Konfliktes ein und erläuterte die Situation der Rüstungsindustrie sowie die Konversionsbemühungen in den acht Anrainerstaaten. Dabei sprach ich auch die sich abzeichnende Osterweiterung der NATO an: „Die drei baltischen Staaten Estland, Lettland und Litauen befinden sich in einem sicherheitspolitischen Vakuum. Wir müssen Verständnis dafür haben, dass diesen Staaten eine „Partnerschaft für Frieden" nicht ausreicht und sie eine Mitgliedschaft in der NATO fordern."

Im anschließenden Vortrag betonte der Ministerpräsident Litauens, Adolfas Šleževičius, die Bedeutung der Zusammenarbeit auf dem militärischen Gebiet mit den Verteidigungs- und Sicherheitsstrukturen der Europäischen Union und das langfristige Ziel einer vollen und gleichwertigen NATO-Mitgliedschaft. Dabei stellte er die Konferenz in einen unmittelbaren Zusammenhang zu der in der darauf folgenden Woche am 12. Juni geplanten Unterzeichnung des Assoziierungsabkommens mit der EU. Am 8. Dezember 1995 stellte Litauen dann den Beitrittsantrag zur EU und wurde 2004 mit den beiden anderen baltischen Staaten in der EU und NATO aufgenommen.

Die damals neu aufgebauten Streitkräfte, die heute eine Stärke von 11 800 Soldaten haben, waren ein Ausdruck der neu gewonnenen Souveränität. Heute verdeutlichen die Verständigung der NATO auf dem Gipfel in Warschau im Juli 2016, ein Bataillon mit rund 1 000 Soldaten unter deutscher Führung in Litauen zu stationieren und die Entscheidung Litauens, 21 Panzerhaubitzen 2000 aus Bundeswehrbeständen zu erwerben und 131 gepanzerte BOXER Radfahrzeuge von 2017 bis 2020 zu beschaffen, die kritische

Lage in dieser Region und die gewachsene Integration des Landes im Bündnis.

Aufgrund der veränderten sicherheitspolitischen Lage im Ostseeraum war es angebracht, dass der von mir geleitete Arbeitskreis Wehrtechnik beim Unternehmensverband in Schleswig-Holstein 1998 auf seinem 2. Wehrtechnik-Dialog sich dem Thema „Sicherheit und Wehrtechnik im Ostseeraum" widmete. In meinem Einführungsvortrag zeigte ich insbesondere die rüstungswirtschaftlichen Beziehungen der wehrtechnischen Industrie Schleswig-Holsteins zu den Ostseeanrainerstaaten und die entscheidende Bedeutung der internationalen Zusammenarbeit auf: „Der entstehende europäische Rüstungsmarkt macht eine verstärkte internationale Kooperation der wehrtechnischen Industrie zwingend erforderlich. So liegt es nahe, auch im Ostseeraum die Vorteile der regionalen Nähe, der sicherheitspolitischen Identität, die technologischen und wirtschaftlichen Potentiale im Rahmen der Zusammenarbeit zu nutzen."

Generalmajor Rainer Schuwirth, damals Stabsabteilungsleiter Militärpolitik im Bundesministerium der Verteidigung, ging anschließend insbesondere auf die sicherheitspolitischen Aspekte ein. „Wie nirgendwo sonst in Europa", so Schuwirth, „ist im Ostseeraum das sicherheitspolitische Konzept der „interlocking institutions" greifbar." Dabei würden die politischen, militärischen Kooperationsfelder in unterschiedlichem Maße um rüstungswirtschaftliche Zusammenarbeit ergänzt. Die insbesondere für Russland geostrategisch erheblich veränderte Lage bewertete der General folgendermaßen:

„Die politische Entwicklung, die Auflösung der Sowjetunion und die Unabhängigkeit der baltischen Staaten brachte für Russland eine wesentliche Einschränkung der Ostsee-Nutzung im Sinne eines strategischen Vorfeldes – einschließlich Nutzbarkeit eisfreier Häfen. Die Zugänge sind auf den Küstenabschnitt am Finnischen Meerbusen mit St. Petersburg/Kronstadt als Hafen sowie auf die Exklave Königsberg beschränkt. Im Frühwarn- und Luftverteidigungssystem ist eine Lücke entstanden. Umso wichtiger ist aus russischer Sicht, dass die Baltische Flotte als Randmeerflotte ihre Funktion zur Wahrung russischer sicherheitspolitischer Interessen behalten kann. Die Trennung ihrer Stützpunkte durch das Territorium der baltischen Staaten verleiht der Exklave Königsberg zusätzliche Bedeutung. Sie wird daher auch in absehbarer Zukunft für Moskau unverzichtbar sein."

Mit seiner abschließender Bewertung, „der Ostseeraum ist eine Region mit europäischer Zukunft – in politischen wie in wirtschaftlichen Bereichen. Die sicherheitspolitische Lage gibt ergänzend Anlass zu ausgeprägtem Optimismus", hatte Schuwirth gut eineinhalb Jahrzehnte bis zur Ukraine-Krise recht behalten. Heute schauen die Baltischen Staaten und Polen mit großer Sorge auf die Entwicklung in Russland. Und ich setze hinter meiner damaligen Aussage „Der Ostseeraum – weiterhin eine Region des Friedens" ein großes Fragezeichen.

2004 wurde der strategisch denkende, militärpolitisch geschulte General Schuwirth mit seiner Verwendung im NATO-Hauptquartier SHAPE im belgischen Mons zum Viersternegeneral befördert. Auf Einladung von Verteidigungsminister Jung nahm ich am 13. September 2007 an seiner Verabschiedung im Verteidigungsministerium in Berlin teil, die mit einem Zapfenstreich die angemessene Würdigung seiner erfolgreichen 43jährigen soldati-

Generalmajor Rainer Schuwirth, Stabsabteilungsleiter Militärpolitik im Bundesministerium der Verteidigung, referiert auf dem Wehrtechnik-Dialog „Sicherheit und Wehrtechnik im Ostseeraum".

schen Laufbahn erfuhr.

Dr. Krzysztof Miszczak, Gesandter der Polnischen Botschaft, stellte auf dem Wehrtechnik-Dialog die Erwartungen und Probleme dar, die sich aus polnischer Sicht mit der Erweiterung von NATO und EU ergeben. „Einerseits hat die Angleichung an NATO-Strukturen und –Standards", sagte Miszczak, „die Friedenssicherheit verstärkt, andererseits gibt es viele andere Bedrohungen, zum Beispiel etwaige ethno-nationale Konflikte, die zu einer Erweiterung des Sicherheitsbegriffs führen können." Gerade im letzten Punkt gab ihm die Entwicklung der globalen sicherheitspolitischen Lage, die beträchtliche Zunahme der Risiken leider recht.

Durch NATO- und EU-Erweiterung hat sich die Ostseeregion von einer Nahtstelle potentieller Konfrontation hin zu einem Raum gelebter Kooperation entwickelt; die Ostsee ist sicherheitspolitisch ein europäisches Binnenmeer geworden. In mehreren Veröffentlichungen habe ich mich mit der Lage im Ostseeraum auseinandergesetzt und 2005 ein internationales Symposium meines Unternehmens Rheinmetall Landsysteme zum Thema „Sicherheit und Wehrtechnik im Ostseeraum" organisiert.

Ich konnte hochkarätige deutsche und ausländische Referenten gewinnen, so den Kommandierenden General des Multinationalen Korps Nordost in Stettin, Generalleutnant Egon Ramms, den Militärischen Repräsentanten Finnlands bei NATO und EU, Generalmajor Kari Siiki, und den Stellvertretenden Stabsabteilungsleiter Militärpolitik und Rüstungskontrolle im Verteidigungsministerium, Oberst i.G. Hans-Werner Wiermann.

General Ramms wies auf die enorme Bedeutung des Multinationalen Korps Nordost für die Integration der neuen NATO-Mitglieder hin, während General Siiki die aktuellen Strukturanpassungen der finnischen Sicherheits- und Streitkräftepolitik aufzeigte. Oberst Wiermann legte in seinem Beitrag ausführlich die Grundlagen und Perspektiven der Sicherheitspolitik im Ostseeraum aus Sicht der Bundeswehr dar und ging insbesondere auf die unterschiedlichen sicherheitspolitischen Strategien der Ostseeanrainer ein. „Als 1998 die Europäische Sicherheits- und Verteidigungspolitik aus der Taufe gehoben wurde", so Wiermann, „bot sich Schweden und Finnland der ideale Mittelweg zwischen dem Beitritt zu einem militärischen Bündnis und einer überholt empfundenen Neutralitätspolitik." Dann ergänzte der Oberst: „Die Baltischen Staaten und Polen folgen dem Kalkül, amerikanisches Wohlwollen durch Beteiligung an US-geführten Einsätzen zu beflügeln, um im Gegenzug stets die Vereinigten Staaten an ihrer Seite zu wissen, falls die eigene Unabhängigkeit und Souveränität bedroht sein sollte."

Mit seinen Ausführung bewies Wiermann, was die Situation rund ein Jahrzehnt später insbesondere in Hinblick auf Russland angeht, im Jahr 2005 strategischen und sicherheitspolitischen Weitblick: „Die Zeiten emotional gefärbter strategischer Partnerschaften mit Russland jeglicher Couleur scheinen zunächst vorbei zu sein, auch wenn man rhetorisch wohl an ihnen festhält. Einer echten strategischen Partnerschaft steht die Rückkehr Russlands zu einem bürokratisch-autoritären System im Inneren und zu einem neuen, falsch verstandenen Selbstbewusstsein in der Außenpolitik entgegen." Diese Aussage hat heute mehr denn je Gültigkeit. 2015 wurde Wiermann Deutscher Militärischer Vertreter beim NATO-Militärausschuss und zum Generalleutnant befördert.

Die Entwicklung im Ostseeraum war nach dem Ende des Kalten Krieges verbunden mit einem starken wirtschaftlichen Aufschwung. Der Ostseeraum wurde im vergangenen Vierteljahrhundert zu einer Region des Friedens. Ob es so bleiben wird, hängt in erster Linie von der Politik Moskaus gegenüber seinen Nachbarn ab, die heute mehr denn je unkalkulierbar geworden ist.

Oberst i.G. Hans-Werner Wiermann, Generalleutnant Egon Ramms, Detlef Moog, Vorsitzender der Geschäftsführung Rheinmetall Landsysteme, Generalmajor Kari Süki, Militärischer Repräsentant Finnlands bei NATO und EU, und der Autor (v. re.) auf dem internationalen Rheinmetall-Symposium „Sicherheit und Wehrtechnik im Ostseeraum".

238

Norwegen – in bedrohlicher Nachbarschaft

Jedes Jahr wird im Osloer Rathaus der Friedensnobelpreis verliehen. Er wird an denjenigen vergeben, „der am meisten oder am besten auf die Verbrüderung der Völker und die Abschaffung oder Verminderung stehender Heere sowie das Abhalten oder die Förderung von Friedenskongressen hingewirkt" und damit „im vergangenen Jahr der Menschheit den größten Nutzen erbracht" hat. Mit dem Friedensnobelpreis ist Norwegen eng mit der verpflichtenden Idee des Weltfriedens verbunden, aber auch mit der aus der historischen Erfahrung erwachsenen Einsicht, sich gegen die Bedrohungen des Friedens verteidigen zu müssen.

Dieses langgestreckte 323 759 km² große Land an der Westküste der skandinavischen Halbinsel mit einer gewaltigen Nord-Süd-Ausdehnung von 1 750 Kilometern und nur rund fünf Millionen Einwohnern grenzt im Osten 1 619 Kilometer an Schweden, im Norden 727 Kilometer an Finnland und 196 Kilometer an Russland. Auch nach Ende des Kalten Krieges wird die Sicherheitspolitik Norwegens in erster Linie von der geostrategischen Lage an der Flanke des NATO-Bündnisses mit einer gemeinsamen Grenze mit Russland und von den potenziellen Risiken in dieser Region bestimmt.

Aufgabe der norwegischen Streitkräfte ist es, einen Krieg und das Entstehen irgendeiner Bedrohung für das Land zu verhindern, die gemeinsame Verteidigung Norwegens und der NATO mit den Verbündeten sowie einen Beitrag für Frieden und Stabilität zu leisten. Norwegen arbeitet in internationalen Organisationen, wie der UNO, sowie in EU-Fragen eng mit Deutschland zusammen. Heute stellt Russland keine unmittelbare militärische Bedrohung für Norwegen dar, bleibt aber mit der russischen Nordmeerflotte und mit dem Militärpotenzial auf der Kola-Halbinsel der zentrale Faktor in der norwegischen Sicherheits- und Verteidigungspolitik.

Norwegen ist zwar nicht Mitglied der Europäischen Union, spielt aber eine aktive Rolle in der Gemeinsamen Sicherheits- und Verteidigungspolitik der EU. So beteiligt sich das Land gemeinsam mit Finnland, Estland und Irland an der von Schweden geführten Nordic Battlegroup. Das Königreich Norwegen nimmt an dem Regime der Europäischen Verteidigungsagentur, der EDA, für die Beschaffung von Rüstungsgütern teil, das mehr grenzüberschreitenden Wettbewerb ermöglicht.

Im Rahmen der Landes- und Bündnisverteidigung sowie in internationalen Friedenseinsätzen leistet Norwegen einen beträchtlichen militärischen Beitrag. 2016 beliefen sich die Verteidigungsausgaben auf 49,1 Milliarden Norwegischen Kronen, umgerechnet 5,4 Milliarden Euro. Das waren 1,5 Prozent des Bruttoinlandsprodukts. Davon standen für Beschaffungen 12,4 Milliarden Kronen zur Verfügung, ein Anteil von 25,7 Prozent. Von 2015 bis 2018 sind Beschaffungen in Höhe von 44 Milliarden Kronen, umgerechnet 5,2 Milliarden Euro, eingeplant, davon fallen alleine 47 Prozent auf den Joint Strike Fighter. Die norwegischen Streitkräfte haben eine Stärke von 24 950 Soldaten, davon dienen 9 950 Soldaten im Heer, 2 618 in der Luftwaffe, 4 350 in der Marine, 6 150 im zentralen Unterstützungsbereich und 600 im Heimatschutz.

Norwegen pflegte als NATO-Partner immer enge rüstungswirtschaftliche Beziehungen zur Bundesrepublik. Am 23. März 1979 wurde die deutsch-norwegische Rüstungszusammenarbeit unterzeichnet, die eine gegenseitige Beschaffungshilfe, Beteiligung der Industrie beider Länder nach dem Wettbewerbsprinzip und die Unterstützung von Kooperationsmöglichkeiten vorsieht. 1970 und 1971 wurden 78 LEOPARD 1 Kampfpanzer aus Deutschland beschafft, die später durch 52 LEOPARD 2 ersetzt wurden. Ferner wurden von Krauss-Maffei Wegmann neun LEGUAN-Brückenlegepanzer auf Basis des LEOPARD 1 und 20 gepanzerte Radfahrzeuge DINGO erworben. Heute verfügt das norwegische Heer nur noch über 770 gepanzerte Fahrzeuge. Die LEOPARD 1 Kampfpanzer wurden durch 52 LEOPARD 2 ersetzt. Die mit den anderen skandinavischen Streitkräften typengleiche Ausrüstung mit LEOPARD 2 Kampfpanzern, CV 90 Schützenpanzern und auch bei der Artillerie fördert die militärische Zusammenarbeit im Einsatz und in der Ausbildung dieser Länder.

Von 1987 bis 1992 erhielt die norwegische Marine sechs auf den Nordseewerken in Emden gebaute U-Boote der Ula-Klasse. Als Ersatz steht die Beschaffung von sechs neuen U-Booten an. Um diesen Auftrag bewarben sich das Kieler Unternehmen Thyssen-Krupp Marine Systems und die französische Werft DCNS, heute die Naval Group. Die richtungsweisende Entscheidung für eine enge deutsch-norwegische Rüstungskooperation wurde am 2. Februar 2017 von der norwegischen Regierung gefällt und Deutschland als strategischer Partner für die zukünftigen U-Boote ausgewählt. Beide

Länder werden identische U-Boote auf Basis des U212-Designs beschaffen sowie in der Ausbildung und bei Übungen zusammenarbeiten. Die Vertragsunterzeichnung für die neuen U-Boote ist für 2019, die Beschaffung ab Mitte der 20er Jahre bis 2030 geplant. Von 2006 bis 2011 erhielt die Marine fünf in Spanien auf der Navantia Werft gebaute Fregatten der Fridtjof-Nansen-Klasse.

Im Bereich der Luftwaffe ist das Land dagegen stark auf die USA ausgerichtet. Die 57 F-16 Kampfflugzeuge sollen später durch 52 amerikanische F-35 Joint Strike Fighter ersetzt werden.

Norwegen verfügt über eine leistungsfähige, breit gefächerte Rüstungsindustrie, ist aber bei der Beschaffung der großen Waffensysteme weitgehend vom Ausland abhängig. Sie zählt rund 120 Unternehmen, bei denen 5 000 Mitarbeiter direkt in der Wehrtechnik beschäftigt sind. Der Umsatz beträgt 1,5 Milliarden Euro, davon werden ungefähr 40 Prozent im Ausland erwirtschaftet. Die Rüstungsindustrie ist auf der Grundlage der industriepolitischen Strategie Norwegens im hohen Maße in internationale Kooperationen eingebunden. 45 Prozent der norwegischen Beschaffungen gehen an die einheimische Industrie, die von der Norwegian Defence and Security Industries Association vertreten wird. Kongsberg Gruppen, das größte Wehrtechnik-Unternehmen des Landes und an 71. Stelle weltweit, setzte 2016 mit 7 159 Beschäftigten 15,9 Milliarden Norwegischen Kronen, rund 1,7 Milliarden Euro, um, davon 46 Prozent in der Wehrtechnik. 2016 hat Kongberg für 372 Millionen Euro vom finnischen Staat einen Anteil von 49,9 Prozent an Patria erworben.

In Norwegen wird auch zukünftig die Landesverteidigung, insbesondere aufgrund der Zweifel an der Friedfertigkeit Russlands, einen hohen Stellenwert haben. Dazu gehört auch der Erhalt einer effizienten Rüstungsindustrie. Eine unverzichtbare Rolle spielt dabei die Mitgliedschaft im Atlantischen Bündnis und die engen Beziehungen zu den nordischen Nachbarstaaten.

Finnland – den russischen Bären im Rücken

Die sicherheits- und geopolitische Lage Finnlands ist gekennzeichnet durch die erhebliche Größe des Landes, einer 1 400 Kilometer langen Grenze zu Russland, seiner dünnen Besiedelung und einer geringen Einwohnerzahl von 5,1 Millionen Menschen. Über Jahrzehnte hat Finnland viel in die Landesverteidigung investiert, die aufgrund historischer Erfahrungen tief in der Psyche der Bevölkerung verwurzelt ist. Diese bestimmten stets die Außen- und Sicherheitspolitik des Landes.

Nach dem Zweiten Weltkrieg verfolgte Finnland eine strikte Neutralitätspolitik mit dem Ziel, im Ost-West-Konflikt eine eigene Unabhängigkeit gegenüber der Sowjetunion, dem mächtigen Nachbarn im Osten, zu wahren. Nach der Wende und dem Zusammenbruch der Sowjetunion konnte sich aus dieser Neutralitätspolitik eine aktive Westpolitik entwickeln.

2001 billigte das finnische Parlament den vom Staatsrat vorgelegten Bericht „Die finnische Sicherheits- und Verteidigungspolitik". Ziel der finnischen Außen- und Verteidigungspolitik war es, die Sicherheit Finnlands und den internationalen Einfluss zu stärken sowie die nationalen Interessen zu fördern. In dem Bericht hält die Regierung am Grundsatz der Bündnisfreiheit fest, verweist jedoch auf die Notwendigkeit, sich an internationalen Einsätzen zu beteiligen. Oberstes Ziel ist es, mit einer glaubwürdigen Landesverteidigung einen potenziellen Aggressor abzuschrecken.

Finnlands militärpolitische Position wird durch die Entwicklung einer Europäischen Sicherheits- und Verteidigungspolitik, durch die Erweiterung von EU und NATO sowie durch die politische, militärische und gesellschaftliche Entwicklung in Russland bestimmt. Dabei bleibt Nordeuropa auch zukünftig von strategischer Bedeutung.

Infolge des Zusammenbruches des Warschauer Paktes und der Wiedervereinigung Deutschlands ist die Nordflanke Europas zu einem sicherheitspolitischen Schwerpunkt geworden. Seit dem 1. Januar 1995 ist Finnland Mitglied der Europäischen Union, nicht in erster Linie aus sicherheitspolitischen Erwägungen heraus, sondern weil es in dieser Gemeinschaft die nationalen Interessen umfassend vertreten sieht. Finnland hat einen Beobachterstatus im NATO-Kooperationsrat und nimmt seit 1994 aktiv am NATO-

Programm „Partnerschaft für den Frieden" teil, verfolgt aber bis auf weiteres eine Politik der militärischen Allianzfreiheit.

Das finnische Verteidigungsministerium verfolgte mit dem Bericht „Securely into the Future. MINISTRY OF DEFENCE STRATEGY 2025" vom Juli 2006 drei Ziele: erstens, Analyse der langfristigen Entwicklung des sicherheitspolitischen Umfeldes, zweitens, Bewertung der Herausforderungen an die nationale Verteidigungspolitik und drittens, Beschreibung der Mittel, mit denen diesen Herausforderungen begegnet werden kann.

An oberster Stelle steht die Verteidigung des Landes. Darüber hinaus ist die Verhinderung internationaler Krisen Bestandteil der finnischen Sicherheitspolitik. Eine wesentliche Säule des strategischen Planungsprozesses bildet die Europäische Union mit ihren vertraglichen Grundlagen und ihrer Sicherheitsstrategie. Finnland geht davon aus, dass im strategischen Zeitraum bis 2025 die EU keine Fähigkeiten zur Landesverteidigung unabhängig von der NATO schaffen wird. Auf dieser Grundlage stimmte das finnische Parlament am 28. März 2008 der Mitgliedschaft zur NATO Response Force zu.

Aufgrund der geopolitischen Lage hat Finnland in der europäischen Sicherheitspolitik eine bedeutende strategische Bedeutung. Dabei spielen die bilateralen Beziehungen zu Russland und die multilaterale Zusammenarbeit mit den skandinavischen Ländern eine besondere Rolle. In der Bekämpfung internationaler Risiken engagiert sich Finnland traditionell stark im Rahmen internationaler Institutionen. Ein baldiger Beitritt Finnlands zur NATO steht jedoch derzeit nicht in Aussicht.

Finnland sieht die Notwendigkeit, an der Seite der Mitgliedsländer der EU den Bedrohungen zu begegnen. Es beteiligte sich seit 2007 im Rahmen der europäischen Sicherheits- und Verteidigungspolitik an vier EU Battlegroups. Der finnische Verteidigungshaushalt richtet sich nach den sicherheitspolitischen Begebenheiten und nach der allgemeinen wirtschaftlichen Situation des Landes. Er belief sich 2016 auf 2,9 Milliarden Euro, das waren 1,4 Prozent des Bruttoinlandsprodukts.

Das weite, geografisch sehr zerklüftete Territorium erschwert den Auftrag der relativ kleinen finnischen Streitkräfte, die insgesamt einen Umfang von 22 200 aktiven Soldaten und 354 000 Reservisten haben. Die Teilstreitkräfte

Heer mit 16 000, Luftwaffe mit 2 700 und Marine mit 3 500 Soldaten sind zur gemeinsamen Operationsführung befähigt. Der Schwerpunkt in der Ausrüstung der Streitkräfte wird zukünftig in der Aufklärung, Überwachung und Führung liegen. Zugleich werden die Einheiten in der Mobilität, Feuerkraft und Reichweite eine Verbesserung erfahren.

Die Weite des Landes erfordert eine hohe Mobilität der Truppenteile. Das Heer verfügt über 1 047 gepanzerte Fahrzeuge. Ein Großteil der Fahrzeuge wurde von dem finnischen Unternehmen Patria entwickelt und gefertigt. Für die Streitkräfte wurden in den letzten Jahren mehrere Beschaffungsvorhaben eingeleitet, um die Streitkräfte zu modernisieren. Dabei wurde das Schwergewicht auf das Heer, insbesondere auf die volle Einsatzbereitschaft der drei Readiness Brigaden gelegt. Das Heer hat 62 AMV 8x8 Fahrzeuge von Patria zu einem Preis von 96 Millionen Euro für die Pori Brigade für Kriseneinsätze sowie 102 Schützenpanzer CV 9030FIN beschafft. Patria hat für den schwedischen CV 90 den Turm produziert, das Fahrgestell wurde von BAE Systems Hägglunds geliefert.

Die Rüstungsindustrie durfte aufgrund des 1947 mit der Sowjetunion abgeschlossenen Friedensvertrages keine Beziehungen zur deutschen wehrtechnischen Industrie pflegen. 1991 wurden diese Bestimmungen aufgehoben. Heute sucht Finnlands wehrtechnische Industrie nach einer Phase der industriepolitischen Konsolidierung eine stärkere Integration und Kooperation mit Unternehmen, die den Ländern der Europäischen Union und der NATO angehören, weil sie nur so überlebensfähig ist.

Aufgrund der veränderten sicherheitspolitischen Lage gewann Finnland als Markt für Rüstungsgüter und die finnische wehrtechnische Industrie als Kooperationspartner für die deutschen Unternehmen und so auch für Rheinmetall erheblich an Bedeutung. Die 2003 bis 2004 aus Bundeswehrbeständen für 68 Millionen Euro erworbenen 124 Kampfpanzer LEOPARD 2 haben die Kampfkraft des finnischen Heeres, das zuvor nur über Kampfpanzer sowjetischer Bauart verfügte, erheblich verstärkt.

Es war für Finnland stets wichtig, eine lebensfähige nationale Rüstungsindustrie zu erhalten. Sie spielt eine bedeutende Rolle in der Aufrechterhaltung und Weiterentwicklung der Verteidigungsbereitschaft des Landes und soll deshalb in einem frühen Stadium in den Beschaffungsprozess eingebunden werden, damit die industrielle Position eine angemessene Berücksichtigung findet. Rund 100 Unternehmen mit einem Umsatz von 1,4 Milliarden Euro und mit rund 6 100 Beschäftigten zählen zu diesem Industriezweig.

Von den wehrtechnischen Unternehmen des Landes hat insbesondere Patria eine internationale Bedeutung, das im Wehrtechnik-Umsatz weltweit an 95. Stelle steht. 2016 setzte Patria mit 2 765 Mitarbeitern 489,9 Millionen Euro um. Zum Produktspektrum gehören gepanzerte Radfahrzeuge, Mörsersysteme, Munitionskomponenten, Hubschrauber und Flugzeuge sowie die wehrtechnischen Elektronik. Am norwegischen Munitionshersteller NAMMO ist Patria mit 50,0 Prozent beteiligt.

Das Unternehmen, das früher in erster Linie den nationalen Bedarf gedeckt hat, konnte die Auslandsaktivitäten erfolgreich verstärken. Das seit 2004 in Serie gefertigte gepanzerte Radfahrzeug AMV 8x8 ist das wichtigste Produkt von Patria. Es konnte mit rund 1 600 Stück erfolgreich an die finnischen und an ausländische Streitkräfte vermarktet werden. Finnland hat 84 Fahrzeuge erworben. Polen beschaffte in einem ersten Los 690 AMV 8x8, ROSOMAK genannt, und erhält von 2014 bis 2018 weitere 205 Fahrzeuge. Slowenien beschafft 135 Fahrzeuge, darunter die 120 mm Mörservariante NEMO, Südafrika 264, Kroatien 126 sowie die Vereinigten Arabischen Emirate fünf Fahrzeuge, diese mit einem NEMO-Mörsersystem, und beauftragte 2016 weitere 40 AMV 8x8.

Im März 1995 hatte ich erstmals die Gelegenheit, mit meinen Kollegen aus der Konstruktion, Manfred Eggers und Dr. Hermann Grosch, geschäftlich nach Finnland zu reisen, um mit dem finnischen Unternehmen Patria Informationen auszutauschen. Der für gepanzerte Fahrzeuge zuständige Geschäftsbereich befindet sich in Hämeenlinna, der Geburtsstadt des berühmten finnischen Komponisten Jean Sibelius. Diese für Finnland typisch nüchterne Stadt, aber schön in die Seenlandschaft und weiten Wäldern eingebettet, liegt rund 100 Kilometer nördlich von Helsinki.

Es gab für uns Marktchancen und Kooperationsmöglichkeiten insbesondere in der Beschaffung von Unterstützungsfahrzeugen für die in Finnland eingeführten LEOPARD 2, also Bergepanzer und Brückenlegepanzer, in einer zukünftigen Kampfwertsteigerung der Kampfpanzer sowie auf dem Gebiet des Minenräumens. Darüber hinaus waren für uns die finnischen

Radfahrzeuge von großem Interesse. Es gab also Perspektiven für eine Zusammenarbeit.

Zum Abschluss des Treffens konnte ich mit einem gepanzerten Militärfahrzeug durch die tief verschneiten finnischen Wälder fahren. Ein sehr beeindruckendes Erlebnis, nicht nur durch die Schönheit der winterlichen Landschaft, sondern auch durch die Demonstration der hohen Mobilität des Fahrzeuges. Bei der Fahrt gingen mir aber auch andere Gedanken durch den Kopf: der heldenhafte Winterkampf der finnischen Armee, der mit dem Angriff der Sowjetunion auf Finnland am 30. November 1939 begann, bis März 1940 dauerte und nach dem Fortsetzungskrieg von 1941 bis 1944 zum Separatfrieden mit der Sowjetunion führte. Er hatte den Verlust von einem Zehntel des finnischen Staatsgebietes in Karelien und Lappland zur Folge.

Die damals eingeleiteten Gespräche zwischen den beiden Unternehmen, um Kooperationsmöglichkeiten zwischen den Unternehmen auszuloten. Sie fanden zwischen den Chefs, Jorma Witakorpi von Patria, und Gert Winkler von Rheinmetall Landsysteme, in vertrauensvoller Atmosphäre statt. Für Patria mit seiner starken Marktposition bei schweren Radfahrzeugen ergab sich keine Win-win-Situation, so dass die Verhandlungen erfolglos endeten. Hier hätte der Einbezug von anderen Produktbereichen des breit aufgestellten Rheinmetall-Konzerns eine bessere Verhandlungsposition bewirken können. Besonders erfolgreich war dagegen das Schwester-Unternehmen Rheinmetall Defence Electronics mit der Vermarktung von Flugabwehrsystemen für die finnischen Streitkräfte.

Der erst seit 1917 existierende souveräne Staat Finnland bietet ein historisches Beispiel, wie entschlossener Überlebenswille, militärische Tapferkeit, eine geschickt operierende Außen- und Bündnispolitik sowie sicherheitspolitischer Weitblick trotz erdrückender machtpolitischer Bedrohung durch den Nachbarn den Erhalt der Souveränität auch eines kleines Landes sichern kann. Die sachlich orientierte Vorgehensweise und naturgeprägte Nüchternheit der Finnen bieten hierfür erfolgsversprechende Grundlagen. Die leistungsfähige, aber relativ kleine wehrtechnische Industrie wird aufgrund des geringen nationalen Marktpotenzials zur Absicherung ihrer Wettbewerbsposition jedoch verstärkt internationale Kooperationen eingehen müssen.

Schweden – bewaffnete Neutralität

Das Königreich Schweden verfolgt seit 1834 eine strikte Neutralitätspolitik, die jedoch nicht völkerrechtlich, sondern durch eine pragmatische Politik auf Basis historischer Vermächtnisse und innenpolitischer Rücksichtnahmen begründet ist. Diese brachte dem Land Jahrhunderte Frieden. Nach dem Ende der Militärblöcke erhielt die Sicherheitspolitik Schwedens eine neue Grundlage, und so ist das Land bestrebt, mit seiner „Solidaritätspolitik" einen militärischen Beitrag zu einer neuen europäischen Friedensordnung sowie zur internationalen Krisenbewältigung zu leisten.

Nach einem Referendum am 13. November 1994 wurde Schweden 1995 Mitglied in der Europäischen Union. Diese Aufnahme und die sicherheitspolitische Ausrichtung hat insbesondere Carl Bildt während seiner Regierungszeit als Ministerpräsident von 1991 bis 1994 und als Außenminister von 2006 bis 2014 maßgeblich vorangetrieben. Sehr früh engagierte er sich in der Sicherheitspolitik, und so begegnete ich ihm erstmals 1981 auf der Jahreskonferenz des Londoner Internationalen Instituts für Strategische Studien in Williamsburg in den USA, auf der die „Sicherheit Amerikas in den 1980er Jahren" behandelt wurde. 1992 traf ich Ministerpräsident Bildt auf dem Landesparteitag der CDU Schleswig-Holstein in Eckernförde wieder, auf dem auch Bundeskanzler Helmut Kohl und die ehemalige Ministerpräsidentin Litauens, Kazimiera Prunskiene, teilnahmen. Hier plädierte er weitblickend für eine gemeinsame europäische Asylpolitik und sagte, „wenn wir im Rahmen des Binnenmarktes eine uneingeschränkte Bewegungsfreiheit haben, so brauchen wir natürlich auch eine gemeinsame Asylpolitik".

Der Bündnisverzicht, das „non-alignment", Schwedens muss angesichts der geostrategischen Lage des Landes und der globalen Risiken immer wieder überprüft werden. Mit 450 000 Quadratkilometern und einer Nord-Süd-Ausdehnung von 1 600 Kilometern sowie 3 000 Kilometer Küste ist Schweden das drittgrößte Land der EU, so groß wie Deutschland und Österreich zusammen, hat aber nur 9,5 Millionen Einwohner gegenüber 90 Millionen. Die einsamen Regionen mit den schier endlosen, menschenleeren Weiten Schwedens, die riesigen Wälder, die langgestreckten Gebirgsketten und das wellige Hügelland sind ein Paradies für die Einsamkeit und Stille der

Natur suchenden Abenteurer, stellen aber die militärische Verteidigung des Landes vor großen Herausforderungen.

Die Verteidigungspolitik Schwedens hat das Ziel, den Frieden und die Unabhängigkeit des Landes durch Krisenmanagement und -verhinderung zu sichern, die territorialen Integrität gegen einen bewaffneten Angriff zu verteidigen und die wichtigsten sozialen Funktionen sicherzustellen sowie im Falle des Krieges, die Zivilbevölkerung zu schützen.

So gibt es in diesem Wohlfahrtsstaat immer wieder erhebliche Differenzen hinsichtlich der zukünftigen sicherheitspolitischen Ausrichtung des Landes zwischen strikter Neutralität, stärkerer Integration oder einem Beitritt zur NATO. Schweden beteiligt sich aktiv am NATO-Programm „Partnerschaft für den Frieden". Die Regierung vertritt die Auffassung, dass das Land die Zusammenarbeit in diesem Rahmen weiter entwickeln sollte. Schweden und Finnland bekräftigten am 17. Februar 2015 in abschließenden Berichten die vertiefte Zusammenarbeit in der Verteidigung. Regional ist Schweden im Nordischen Rat und im Ostseerat engagiert und fühlt sich besonders den drei baltischen Staaten verbunden.

Die Streitkräfte sind in erster Linie auf den Einsatz bei friedenssichernden und friedenserhaltenden Maßnahmen der Vereinten Nationen und im Rahmen der Europäischen Union sowie auf die Landesverteidigung ausgerichtet. Sie sollen in der Lage sein, zwei größere internationale Missionen mit je einem ganzen Bataillon zu führen oder daran teilzunehmen sowie sich an drei kleineren Operationen zu beteiligen. Schweden nahm von 2008 bis 2015 an vier EU Battlegroups teil und ist „Framework Nation" für die Nordic Battle Group.

2016 belief sich das schwedische Verteidigungsbudget auf 49,1 Milliarden Kronen, also 5,2 Milliarden Euro. Das waren 1,1 Prozent des Bruttoinlandsprodukts. Die Streitkräfte haben eine Stärke von 29 750 Soldaten, davon 6 850 im Heer, 2 700 in der Luftwaffe, 2 100 in der Marine und 18 100 in anderen Bereichen. Erhebliche Ausrüstungsdefizite bestehen bei den Überwassermarineschiffen, die bisher nur zu Einsätzen in küstennahen Gewässern und in der Ostsee befähigt sind.

Das Heer verfügt nur noch über zwei Brigadehauptquartiere, 16 Bataillone mit 1 673 gepanzerten Fahrzeugen, darunter 129 LEOPARD 2 und 354 Schützenpanzer CV 9040. Schweden pflegt seit Langem enge rüstungswirtschaftliche Bindungen zur Bundesrepublik Deutschland. 1994 hatte sich Schweden nach einem Wettbewerb für den deutschen Kampfpanzer LEOPARD 2 entschieden und von 1996 bis 2001 bei Krauss-Maffei 120 LEOPARD 2S, den Stridsvagn 122, beschafft. Davon wurden 29 aus deutscher Produktion geliefert, die restlichen Panzer in Schweden gefertigt.

Von dem Erfolg des LEOPARD 2 in Schweden konnte auch Rheinmetall erheblich partizipieren, nicht nur bei der Beschaffung der zugehörigen Munition, sondern auch durch den Vertrag zur Lieferung der 14 Bergepanzer 3 BÜFFEL, die zur Unterstützung der LEOPARD 2 Kampfpanzer erforderlich sind. Zu dieser Familie zählt auch der auf einem LEOPARD 2-Fahrgestell basierende Pionierpanzer KODIAK, von dem Schweden sechs Stück von 2011 und 2012 beschaffte. Darüber hinaus rüstete Rheinmetall Landsysteme die leicht geschützten, extrem geländegängigen schwedischen Bv206S Kettenfahrzeuge von Hägglunds für die Bundeswehr um.

Schweden hat eine breit gefächerte, moderne, privatwirtschaftlich organisierte Rüstungsindustrie, die aus dem Neutralitätsgedanken dieses Landes hervorgegangen ist. Diese deckt überwiegend den Bedarf der schwedischen Streitkräfte und zählt 90 Unternehmen mit rund 20 000 Beschäftigten. 68 Prozent vom Umsatz werden im Ausland erwirtschaftet.

Die 1937 gegründete Saab ist mit 15 465 Beschäftigten in 2016 und einem Umsatz in Höhe von 28,6 Milliarden Schwedische Kronen, umgerechnet 3,0 Milliarden Euro, das größte schwedische Wehrtechnik-Unternehmen. Es liegt weltweit an 38. Stelle und gehört zu den zehn größten in der EU. Zur Produktpalette zählen Flugzeuge, wie das Kampfflugzeug GRIPEN, sowie ein breites Spektrum von Lenkflugkörpern zur Luft- und Panzerabwehr, Marineschiffe und die wehrtechnische Elektronik. Der GRIPEN ist bei den Luftwaffen von Schweden, Südafrika, Thailand, Ungarn und in der Tschechischen Republik sowie in der britischen Test Pilots School im Einsatz. 2014 wurde mit Brasilien der Vertrag über 36 GRIPEN der nächsten Generation abgeschlossen.

Die 1999 von HDW in Kiel erworbene schwedische Werft Kockums mit Standorten in Malmö, Karlskrona und Muskö gehörte bis Mitte 2014 zu Thyssen-Krupp Marine Systems. Am 22. Juli 2014 verkaufte Thyssen-Krupp Industrial Solutions die Werft Thyssen-Krupp Marine Systems AB für rund 37 Millionen Euro an Saab, die jetzt unter Saab Kockums firmiert. Die schwedische Regierung hatte sich entschieden, für die geplante Beschaffung neuer und Modernisierung eingeführter U-Boote mit einem Volumen von 11,2 Milliarden Kronen keine neuen außenluftunabhängigen U-Boote des Typs A26 von der Thyssen-Krupp-Tochter in Schweden mehr zu kaufen. Mit diesem industriepolitischen Schwenk will sie die Kompetenz im U-Bootbau im Lande halten, Auslandsmärkte sichern sowie internationale Kooperationen, auch zur Teilung der hohen Entwicklungskosten, eingehen. Thyssen-Krupp war nicht bereit, sich einen internationalen Konkurrenten im U-Bootbau heranzuziehen und musste sich unter diesem Druck von seiner schwedischen Werft von seinen 900 Mitarbeitern trennen. Dies zeigt einmal mehr, wie stark die politische Einflussnahme auf das Rüstungsgeschäft und das Unternehmensgeschehen sein kann.

BAE Systems Hägglunds AB gehört zu BAE Systems Platform & Services (US), die in den USA ihren Sitz hat. 1997 hatte das britische Unternehmen Alvis, das später in BAE Systems aufgegangen ist, Hägglunds für 975 Millionen Kronen erworben. Die deutsche Industrie war nicht zum Zug gekommen. Hägglunds beschäftigt heute 1 200 Mitarbeiter und hat mit einem Exportanteil von 90 Prozent seine gepanzerten Fahrzeuge in über 40 Länder vermarkten können.

Zur Produktpalette gehören der Bv206, von dem weltweit über 12 000 Fahrzeuge verkauft worden sind, der Bv10S und der erfolgreiche Schützenpanzer CV 90, von dem bisher neben Schweden mit 509 Fahrzeugen, 184 in der Schweiz, 184 in den Niederlanden, 144 in Norwegen, 102 in Finnland und in 45 in Dänemark vermarktet wurden. Seit Beginn der Produktion im Jahr 1991 hat das Unternehmen bisher Aufträge von insgesamt 1 125 Schützenpanzern erhalten. Der CV 90 ist damit der am weitesten verbreitete moderne Schützenpanzer auf dem europäischen Markt.

Die schwedischen Streitkräfte befinden sich in einem tiefgreifenden, innenpolitisch nicht unumstrittenen Umgestaltungsprozess, verbunden mit einer starken Reduzierung des Umfangs und der Haushaltsmittel. Es bleibt offen, ob sie, zwar hoch technisiert, modern und operationell flexibel, auch zukünftig ihren militärischen Auftrag in einem neutralen Land erfüllen können. Ein baldiger Beitritt Schwedens zur NATO steht jedoch derzeit nicht zur Diskussion.

Ende des Kalten Krieges und NATO-Osterweiterung

Die enormen wirtschaftlichen Schwierigkeiten zwangen die Sowjetunion Anfang der 80er Jahre zu einer grundlegenden politischen Neuorientierung, die 1985 in ein vom neuen Generalsekretär des Politbüros, Michail Gorbatschow, vorgelegtes Reformprogramm mündete. Dieses nannte er Perestroika, Wende in Wirtschaft und Verwaltung, sowie Glasnost, Offenheit und Transparenz nach innen und außen. Diese Entwicklung führte in Verbindung mit der Abkehr der UdSSR von der Breschnew-Doktrin zu Unabhängigkeitsbestrebungen in mehreren Staaten des Warschauer Paktes. In Polen erzwangen nicht genehmigte Streiks der Gewerkschaft Solidarność Verhandlungen des Bürgerkomitees unter der Leitung von Lech Wałęsa mit der kommunistischen Regierung. Bei den Parlamentswahlen am 4. Juni 1989 kam es dann zum Sieg des Bürgerkomitees.

Die auch auf die DDR übergreifende Freiheitsbewegung führte im Juli 1989 in der DDR zu einer verstärkten Flüchtlings- und Ausreisewelle, in deren Folge der ungarische Außenminister Gyula Horn am 19. August die Grenzöffnung zu Österreich veranlasste und etwa 600 DDR-Bürger ungehindert passieren ließ. In den von Leipzig ausgehenden Montagsdemonstrationen wurde mit dem Ruf „Wir sind das Volk" eine Demokratisierung der Gesellschaft gefordert. In der weiteren dramatischen, friedlich verlaufenden Entwicklung kam es zur Absetzung Erich Honeckers im Politbüro der SED und schließlich am 9. November 1989 zur Öffnung und zum Fall der Berliner Mauer.

Ähnlich erfolgreiche Entwicklungen fanden in anderen Staaten des Ostblocks statt. In der Tschechoslowakei wurden die Oppositionsführer Vláclaw Havel und Alexander Dubček zum Präsidenten beziehungsweise zum Parlamentspräsidenten gewählt. In Rumänien wurde Nicolae Ceaușescu gestürzt und erschossen, in Bulgarien trat Ministerpräsident Todor Schiwkow zurück. In Ungarn wurde bereits im März 1990 in den ersten freien Parlamentswahlen eine demokratische Regierung gewählt.

Mit dem Fall der Berliner Mauer und der Wiedervereinigung Deutschlands am 3. Oktober 1990 wurde die Teilung Europas friedlich überwunden. Die über vier Jahrzehnte dauernde weltpolitische Epoche des Kalten Krieges war beendet. Am 1. Juli 1991 löste sich der Warschauer Pakt auf, und am 25. Dezember 1991 hörte die Sowjetunion auf zu existieren. Das Sowjetimperium war zusammengebrochen und damit zugleich die internationale Nachkriegsordnung. So setzte sich ein tiefgreifender sicherheitspolitischer Prozess in Europa erfolgreich fort, der mit der Konferenz über Sicherheit und Zusammenarbeit in Europa in Helsinki 1975 seinen entscheidenden Anfang nahm.

Mit dem unerwarteten Fall des Eisernen Vorhangs eröffnete sich mir nach Jahrzehnten der Abschottung plötzlich eine bisher geografisch, beruflich und menschlich unbekannte Bühne mit einem neuen Horizont und neuen Akteuren. Es war mir auf einmal möglich, privat und geschäftlich in Länder zu reisen, die sich politisch zu Demokratien verwandelten, wirtschaftlich sich auf die Marktwirtschaft ausrichteten, militärisch sich dem freien, kollektiven Atlantischen Bündnis annäherten und später fast alle Mitglieder der NATO und der Europäischen Union wurden.

So unternahm ich mit meiner Frau Marie Rose 1991 privat meine erste Reise nach Schlesien, das heute zu Polen gehört, wo ich 1944 geboren bin und das bis zur Vertreibung 1946 Heimat meiner Familie war. Davon wird später zu berichten sein. Beruflich bedeutend war für mich die Öffnung der ehemaligen Länder des Warschauer Paktes, als sich mit dem abzeichnenden und später vollzogenen Beitritt zur NATO und zur Europäischen Union die militärpolitischen und rüstungswirtschaftlichen Rahmenbedingungen für die Streitkräfte dieser Region sowie für die wehrtechnische Industrie grundlegend veränderten. So begannen nach dem Ende des Kalten Krieges 1994 meine Marketingaktivitäten in dieser für die westlichen Rüstungsunternehmen politisch und wirtschaftlich völlig unbekannten Region. Zu meinen bisherigen Aufgaben als Marketingleiter übernahm ich 2002 zusätzlich die Vertriebsleitung für die Region Osteuropa. Diese berufliche Tätigkeit begleitete ich mit mehreren rüstungswirtschaftlichen Veröffentlichungen und Vorträgen über die NATO-Osterweiterung.

Ab Mitte 1993 wurde das Thema NATO-Osterweiterung, eine Initiative, die von Deutschland ausgegangen ist, in die Agenda der NATO aufgenommen. Die USA schwenkten jedoch erst 1994 auf eine Zustimmung ein. Dabei spielten insbesondere die amerikanischen strategischen Interessen und die US-Rüstungsindustrie eine große Rolle. Die Entscheidung der NATO auf ihrer Tagung in Madrid im Juli 1997, die drei mittelosteuropäischen Staaten Polen, Tschechische Republik und Ungarn zu Beitrittsverhandlungen einzuladen, war ein wichtiger Meilenstein in den Beziehungen der ehemaligen Warschauer-Pakt-Staaten zur NATO. Am 12. März 1999 erfolgte der Beitritt dieser Länder. Und so bestand die NATO am 4. April 1999, dem fünfzigsten Jahrestag, aus 19 Mitgliedern. Dieser NATO-Beitritt der drei ehemaligen Warschauer Pakt Staaten bildete eine wesentliche Grundlage für die Gestaltung einer neuen europäischen Sicherheitsarchitektur.

1998 betrug der Verteidigungshaushalt der drei Länder Polen, Tschechien und Ungarn 5,1 Milliarden US-Dollar, das waren 3,5 Prozent des NATO-Verteidigungshaushaltes der 14 europäischen NATO-Länder in Höhe von 146 Milliarden US-Dollar. Aufgrund der geringen für die Beschaffung von Rüstungsgütern zur Verfügung stehenden Haushaltsmittel war dieser Markt zu Beginn der NATO-Mitgliedschaft für die wehrtechnische Industrie relativ klein. Er erlangte jedoch mittel- und langfristig eine große strategische Bedeutung, wie die neuesten Beschaffungen belegen.

Obwohl die Ministerpräsidenten der drei Länder Polen, Tschechische Republik und Ungarn im August 1997 in Krakau beschlossen hatten, während des Beitrittsprozesses eng zusammenzuarbeiten, wurde jedoch einer gemeinsamen Beschaffung von Rüstungsgütern eine Absage erteilt. Damit wurden zu einem frühen Zeitpunkt ihre Verhandlungsposition geschwächt, Rationalisierungspotenziale nicht genutzt und Standardisierungsmöglichkeiten vergeben.

In einer zweiten Erweiterungsrunde sind am 24. März 2004 mit Bulgarien, Estland, Lettland, Litauen, Rumänien, der Slowakei und Slowenien sieben weitere Länder der NATO beigetreten, die heute auch Mitglied der Europäischen Union sind. Die zehn neuen NATO-Partner sind mit ihren rund 100 Millionen Einwohnern zu wichtigen Nachbarn und Verbündeten geworden.

Auf dem NATO-Gipfel 2009, dem sechzigsten Jahrestag der NATO, wurden Kroatien und Albanien als 27. und 28. Mitglied in die NATO aufgenommen. Mit der Erweiterung der NATO, der sicherheitspolitischen, militärischen und wirtschaftlichen Öffnung der 12 neuen Mitgliedstaaten sowie der Notwendigkeit einer Umstrukturierung, Modernisierung und NATO-Standardisierung ihrer Streitkräfte entstanden für die einheimische und ausländische Rüstungsindustrie neue Märkte. Die Folge war ein starker

Anstieg der regierungsseitigen, militärischen und industriellen Zusammenarbeit. Für die wehrtechnische Industrie wurde das Marktpotenzial jedoch nicht von einer Aufrüstung dieser Streitkräfte, sondern von der erforderlichen Interoperabilität mit den NATO-Forderungen und der Notwendigkeit der Modernisierung zur Erfüllung des neuen, erweiterten Aufgabenspektrums bestimmt.

Für die Streitkräfte Mittelost- und Südosteuropas hat das internationale Krisenmanagement eine große Bedeutung, dennoch spielt bei den operativen Forderungen an das Wehrmaterial die Ausrichtung auf die Landesverteidigung weiterhin die dominierende Rolle. Dies wurde insbesondere 2014 während des Konfliktes um die Ukraine deutlich und ist in erster Linie mit der exponierten geostrategischen Lage dieser Länder und ihrer Nähe zu Russland begründet.

Die Streitkräfte der ehemaligen Warschauer-Pakt-Staaten sind in einen tiefgreifenden Umstrukturierungsprozess eingetreten. Die Regimentsgliederung wurde durch die NATO-typische Brigadestruktur abgelöst, und mit der Aufstellung multinationaler Großverbände traten umfangreiche strukturelle Veränderungen ein, wie mit der Aufstellung des deutsch-dänisch-polnischen Heereskorps, des Multinational Corps Northeast, mit Sitz im polnischen Stettin. Darüber hinaus sind verstärkt schnell verlegbare, mobile Eingreifverbände aufgestellt worden, um den Anforderungen der internationalen Krisenbewältigung gerecht zu werden.

Über die Kosten der NATO-Osterweiterung wurde im Vorfeld viel spekuliert. Die in zahlreichen Studien genannten Zahlen wurden oft angezweifelt. Einen wesentlichen Umfang haben die Modernisierungskosten der Streitkräfte, die unabhängig von einem NATO-Beitritt infolge des erweiterten Auftrages der Streitkräfte im internationalen Krisenmanagement entstehen. Heute spielt die Kostenfrage in der Erweiterungsdiskussion keine besondere Rolle mehr.

Die materielle Ausrüstung der Streitkräfte des ehemaligen Warschauer Paktes bestand fast ausschließlich aus sowjetischen Produkten, die z. T. in Lizenz im eigenen Land gefertigt wurden. Aufgrund der Abhängigkeit von der Sowjetunion wurden nur unbedeutende Eigenentwicklungen durchgeführt. Die Produkte wurden, soweit es keine Direktlieferungen aus der UdSSR waren, in Lizenz gefertigt. Viele wehrtechnische Unternehmen der

Moskauer Satellitenstaaten waren aufgrund ihrer Zulieferungen in die Sowjetunion vollkommen von diesem Markt abhängig. Die NATO-Osterweiterung hatte aber auch erhebliche Konsequenzen auf das Marktpotenzial der russischen Rüstungsindustrie, weil diese Märkte für Russland weitgehend verlorengegangen sind.

Die wehrtechnische Industrie ist in Mittelost- und Südosteuropa noch überwiegend im Staatsbesitz, wenn auch eine starke Tendenz zur Privatisierung zu verzeichnen ist. Die umfangreichen Kapazitäten der militärischen Instandsetzungsbetriebe bilden heute häufig die Grundlage für den Aufbau neuer wehrtechnischer Unternehmen zur Entwicklung und Fertigung von Rüstungsgütern.

Die Modernisierung der Ausrüstung und die Standardisierungsforderung der NATO machen entweder die Beschaffung von Wehrmaterial aus den westlichen Ländern oder eine verstärkte Kooperation mit der wehrtechnischen Industrie Westeuropas und Nordamerikas erforderlich. Für die neuen NATO-Mitglieder ist zukünftig die Entwicklung und Beschaffung von Wehrmaterial zugleich mit einer Richtungsentscheidung für eine europäische oder amerikanische industrielle Partnerschaft verbunden.

Die nationalen Programme zur Kampfwertsteigerung der zumeist aus der Sowjetunion eingeführten Kampfpanzer waren in den ehemaligen Warschauer-Pakt-Staaten sehr kostspielig, mit hohen technischen Risiken behaftet und selten marktgerecht. Die leistungsgesteigerten Kampfpanzer wurden in den eigenen Streitkräften nur in geringen Stückzahlen eingeführt und die Vermarktung im Ausland blieb ebenfalls weit hinter den Erwartungen zurück. Die Strategie der osteuropäischen Panzerindustrie, zumeist in Kooperation mit ausländischen Komponentenlieferanten, mit der Leistungssteigerung der weltweit verbreiteten rund 30 000 T-72 Kampfpanzer oder abgeleiteter Varianten neue Märkte im Ausland oder bei den eigenen Streitkräften zu erschließen, ist wegen zu geringer Wettbewerbsfähigkeit und veränderter militärischer Forderungen fehlgeschlagen. Nur in einem Fall konnte das polnische Unternehmen Bumar Labędy in Malaysia 48 PT-91M vermarkten. Während es 1998 in Europa ohne die GUS-Staaten noch 9 751 Kampfpanzer russischer Konstruktion gab, so ist 2016 dieser Bestand auf 1 654 zurückgegangen.

Die Osterweiterung der NATO hat in dieser Region den Markt für wehrtechnische Produkte tiefgreifend verändert durch die Erschließung neuer Absatzmöglichkeiten im Rahmen der Modernisierung und Standardisierung der Streitkräfte sowie durch neue Kooperationen. Mit der Öffnung dieser Märkte galt es für die westliche Rüstungsindustrie, sich mit einer erfolgreichen Marketingstrategie zu positionieren.

Das Marktpotenzial wird für die ausländischen Unternehmen in hohem Maße vom Vorhandensein und der Leistungsfähigkeit der nationalen Rüstungsindustrie bestimmt, deren Umfang, technologisches Know-how und Systemfähigkeit sehr unterschiedlich ausgeprägt ist. Polen hat eine sehr große, breit aufgestellte und stark exportorientierte, die Tschechische Republik und Ungarn haben eine kleine, fast ausschließlich national ausgerichtete Rüstungsindustrie. Überdimensionierte wehrtechnische Kapazitäten haben dagegen immer noch die Slowakei, Rumänien und Bulgarien.

Die Kooperation mit der nationalen Industrie ist heutzutage eine wesentliche Voraussetzung zur erfolgreichen Auslandsvermarktung von wehrtechnischen Produkten. In der Entwicklung und Fertigung werden die wehrtechnischen Unternehmen der NATO-Beitrittsländer verstärkt internationale Kooperationen vereinbaren, um so an der Produktion zu partizipieren, die Kapazitäten auszulasten und Know-how ins Land zu holen.

In der Zusammenarbeit mit den Unternehmen dieser Region bestehen jedoch erhebliche Kooperationsrisiken. Es sind dies die große staatliche Einflussnahme auf unternehmerische Entscheidungen, die fehlende Profitabilität der Staatsbetriebe, die geringe Eigenkapitalbasis, eine beträchtliche Rechtsunsicherheit, die weit verbreitete Korruptionsgefahr und ungeklärte Nutzungsrechte. Darüber hinaus erschweren die unzureichende Erfahrungen in der internationalen Zusammenarbeit und mangelnde Fremdsprachenkenntnisse, insbesondere Englisch, die Zusammenarbeit.

Für die ausländischen Unternehmen gestaltete sich die Erschließung dieser neuen Märkte aufgrund der Marktbedingungen sehr schwierig. Der Bedarf an neuem Wehrmaterial überstieg die verfügbaren Finanzen um ein Vielfaches, so dass die Priorisierung und Entscheidung schwierig und langwierig war. Die Verfahren in der Beschaffung von wehrtechnischem Gerät und der Entscheidungsprozess zwischen Politik, Militär und Rüstungsindustrie waren für die ausländischen Unternehmen, oft auch für die einheimische Industrie, nicht hinreichend transparent. Dies hatte zur Folge, dass sich manche Entscheidungen für neue Beschaffungsvorhaben über mehrere Jahre hingezogen haben oder noch ziehen. Andere Projekte wurden sehr kurzfristig entschieden, ohne dass die Wettbewerbsbedingungen für ausländische Bewerber ausreichend nachvollziehbar waren. Die Beschaffungsvorhaben laufen zumeist über die nationale Industrie, ohne dass der ausländischen Industrie eine chancengerechte, unmittelbare Positionierung im Wettbewerb gegeben ist.

Die Umstrukturierung der zumeist staatlichen Rüstungsindustrie, verbunden mit drastischem Personalabbau, und die dringend erforderliche Privatisierung erfolgte aufgrund divergierender Interessen zwischen Politik, Gewerkschaften, Streitkräften und Management nicht in dem Maße, wie es betriebswirtschaftlich und von den veränderten rüstungswirtschaftlichen Marktbedingungen her geboten ist. Die wehrtechnische Industrie der neuen NATO-Partner ist noch fast ausschließlich auf die Vermarktung der eigenen Produkte im In- und Ausland ausgerichtet. Sie hat sich noch nicht hinreichend auf die veränderte Marktsituation und die Notwendigkeit verstärkter internationaler Kooperationen eingestellt.

Insbesondere die ausländischen Unternehmen waren bisher in den neuen mittelost- und südosteuropäischen Märkten erfolgreich, die ihre Produkte nicht in erster Linie „ab Stange" vermarktet haben, sondern mit den neuen Partnern Gemeinschaftsprojekte konzipiert, ihnen Lizenzfertigung offeriert und die Bereitschaft zur Einbringung von Kapital bei der Privatisierung der einheimischen Industrie angeboten haben. Durch Technologietransfer und verbesserte internationale Marktkenntnisse ist aber auch eine wachsende Wettbewerbsfähigkeit der osteuropäischen wehrtechnischen Industrie, insbesondere auf den außereuropäischen Märkten, zu verzeichnen.

Polen – ein strategischer Nachbar

Nach dem Fall des Eisernen Vorhangs und dem Zusammenbruch des Warschauer Paktes öffnete sich für mich eine neue, bisher beruflich bedingt verschlossene Welt. Ich begann meine private und geschäftliche Annäherung an die mir bisher kaum bekannten mittelosteuropäischen Staaten, was nahe lag, zuerst beim Nachbarn Polen. Dieses von den Nationalsozialisten geschundene Land hatte nach dem Zweiten Weltkrieg durch Stalins menschenverachtende Völkerverschiebung im Osten 78 000 Quadratkilometer seines Territoriums an die Sowjetunion verloren und zum Ausgleich 100 000 Quadratkilometer deutsches Gebiet hinzugewonnen.

Meine Reisen nach Polen waren aber nicht allein geschäftlich der politischen und wirtschaftlichen Bedeutung dieses neuen Nachbarlandes geschuldet, das jetzt 467 Kilometer gemeinsame Grenze mit Deutschland hat, sondern auch von emotionalen Motiven geleitet, von meinen familiären Bindungen nach Schlesien, wo ich geboren bin. Meine persönlichen Begegnungen mit den Polen waren zugleich vom tiefen Bedürfnis geprägt, einen kleinen Beitrag zum gegenseitigen Verständnis und zur Aussöhnung zu leisten.

1991, 45 Jahre nach meiner am Anfang beschriebenen Vertreibung durch die Polen, konnte ich mir den stets gehegten Wunsch erfüllen, privat nach Schlesien in die Heimat meiner Großeltern und Eltern zu reisen, was mir zuvor als Offizier der Bundeswehr und Mitarbeiter in einem Rüstungsunternehmen nicht möglich oder nicht ratsam war. Ich hatte nie die Illusion gehabt, dass die deutschen Gebiete östlich der Oder-Neiße wieder einmal zu Deutschland gehören würden, spürte aber dennoch beim Anblick des niederschlesischen Dorfes Konradswaldau, das jetzt den polnischen Namen Grędy trägt, tiefe Traurigkeit über den persönlich unabwendbaren, schicksalshaften Gang der Geschichte, der von Nazi-Deutschland verursacht wurde. Der Bauernhof mit der Gaststätte, dem „Kretscham", wo meine Familie seit vielen Generationen gelebt hatte, existierte nicht mehr Er wurde aus nicht mehr nachvollziehbaren Gründen in den siebziger Jahren abgerissen.

Anschließend besuchte ich in der zehn Kilometer entfernten Stadt Gottesberg erstmals mein Geburtshaus in der Gartenstraße 6. Heute heißt der rund 16 000 Einwohner zählende Ort Boguszów, die Straße wurde zu Ehren des polnischen Nationaldichters Adam Mickiewicz umbenannt, die 6 ist

Meine Geburtsstadt Gottesberg, einst die höchstgelegene Stadt Preußens, die heute Boguszów heißt

jedoch geblieben. Ich kehrte von dieser Reise in meine Vergangenheit mit der Hoffnung zurück, dass es nach Ende des Kalten Krieges zu einer weiteren Versöhnung und Annäherung zwischen Deutschen und Polen kommen würde. Ich sollte mich nicht täuschen. Politisch, wirtschaftlich und militärisch entwickelten sich im letzten Vierteljahrhundert zwischen beiden Ländern und für mich persönlich enge und freundschaftliche Beziehungen. Polen wurde für mich ein seelenverwandtes Land.

Polen wurde bereits am 20. Dezember 1991 in den NATO-Kooperationsrat aufgenommen und so mit seiner sicherheitspolitischen Annäherung an die NATO ein strategisch bedeutender Partner für die deutsche wehrtechnische Industrie. In diesem Zusammenhang reiste ich 1994 zum ersten Mal aus Anlass der Wehrtechnik-Messe MSPO geschäftlich nach Polen. Die MSPO, die zum zweiten Mal in Kielce, 180 Kilometer südlich von Warschau, stattfand, bot mir damals eine gute Gelegenheit, mich eingehend und unmittelbar über die mir bisher kaum bekannten polnischen Rüstungsunternehmen und ihre Produkte zu informieren. So flog ich morgens von Hamburg nach Warschau und führte gleich nach Ankunft in der deutschen Botschaft mit dem deutschen Verteidigungsattaché, Oberst Horst Köhler, ein erstes Informationsgespräch.

Mein erster Besuch in Warschau war zugleich eine Begegnung mit der leidvollen deutsch-polnischen Geschichte, wo 800 000 Polen gewaltsam zu Tode kamen. Das Denkmal zum polnischen Aufstand und das Denkmal zum Ghettoaufstand, hier bat Willy Brandt 1970 mit dem Kniefall um Ver-

259

gebung, sowie eine Ausstellung über die Vernichtung Warschaus durch die Deutschen erschütterten mich zutiefst, ja beschämten mich. Als Deutscher besichtigt man diese leidgeprüfte Stadt an der Weichsel schuldbeladen und deshalb besinnlicher als jede andere Stadt der Welt.

Am nächsten Morgen fuhr ich sehr früh mit dem Auto auf der schlechten Landstraße, die damals Warschau mit Krakau verband, nach Kielce. Die Messe war noch sehr bescheiden in provisorischen Hallen untergebracht, und es waren nur wenige ausländische Aussteller vertreten. Doch ich hatte die Möglichkeit, gezielt und in konzentrierter Form erste Kontakte mit polnischen Unternehmen aufzunehmen.

Die Sicherheitspolitik Polens, das 1795 für 123 Jahre von der Landkarte verschwunden war, wird heutzutage bestimmt durch das historisch geprägte Bedrohungsempfinden aufgrund der geostrategischen Mittellage zwischen Deutschland und Russland sowie durch die Vielzahl neu entstandener Staaten in der Nachbarschaft mit denen das Land eine Grenze von 3 056 Kilometern hat. So beobachtet Polen seit einiger Zeit besonders kritisch die Entwicklung Russlands und die Bestrebungen Moskaus, im postsowjetischen Raum weiterhin maßgebenden Einfluss auszuüben. Polen teilte aufgrund der historischen Erfahrungen und des angespannten Verhältnisses zu Russland nicht die lange in der NATO weit verbreitete Auffassung, dass die NATO-Staaten aus ihrer unmittelbaren Umgebung keiner Gefahr ausgesetzt seien. Obwohl sich Polen gegenwärtig nicht direkt bedroht fühlt, so kalkuliert es imperialistische und hegemonistische Bestrebungen Russlands aufgrund des gewaltigen militärischen Potenzials ein. Polen sollte zwei Jahrzehnte später mit seinen Befürchtungen durch die russische Annexion der Krim und die Verletzung der territorialen Integrität der Ukraine leider eine ernstzunehmende Bestätigung erhalten.

1997 schuf der NATO-Gipfel in Madrid dann die Grundlage dafür, dass Polen am 12. März 1999 Mitglied in der NATO wurde. Ein weiterer wichtiger Schritt bei der Integration des Landes in die westliche Staatengemeinschaft war am 1. Mai 2004 die Aufnahme Polens mit neun anderen Staaten in die Europäische Union. Heute ist das Land ein bedeutendes Mitglied in diesen Institutionen. Das Land beteiligt sich am EU Battlegroup-Konzept und legt einen hohen Wert auf ein gutes Verhältnis zu den baltischen Staaten, insbesondere zu Litauen sowie zu den Visegrád-Staaten. Mit Deutschland und Frankreich ist Polen im Weimarer Dreieck verbunden. Darüber hinaus hat das Bündnis mit den USA für Polen einen hohen Stellenwert, weil es sich in seiner Sicherheit nicht allein auf die NATO verlassen möchte. Auf dieser Grundlage wurde am 20. August 2008 die „Deklaration über die Strategische Zusammenarbeit zwischen den Vereinigten Staaten von Amerika und der Republik Polen" unterzeichnet.

Zur Erfüllung der langfristigen Forderungen der nationalen und der NATO-Verteidigungsplanung wurde vom polnischen Verteidigungsministerium die „Vision der Polnischen Streitkräfte 2030" entwickelt und im Mai 2008 veröffentlicht. Dieses Dokument definiert die Aufgaben, Fähigkeiten und Struktur der Streitkräfte in den nächsten 20 Jahren. Das „Weißbuch zur nationalen Sicherheit der Republik Polen" aus dem Jahr 2013 verfolgt einen ganzheitlichen sicherheitspolitischen Ansatz, bei dem das Verteidigungspotential des Landes aus dem diplomatischen Dienst, den Streitkräften, den Nachrichtendiensten und der Verteidigungsindustrie gebildet wird. Die Streitkräfte sind dabei das „Schlüsselinstrument" der Sicherheitspolitik, um die Unabhängigkeit und territoriale Integrität Polens sowie die Sicherheit und Unverletzlichkeit seiner Grenzen zu gewährleisten.

Polen leistet einen wichtigen Beitrag zur internationalen Krisenbewältigung. Seine Streitkräfte sind in 11 Ländern stationiert. Mehr als 60 000 polnische Soldaten nahmen an rund 60 Friedenseinsätzen in knapp 40 Ländern teil. 2003 beteiligten sich rund 2 400 polnische Soldaten an der Operation Iraqi Freedom, und in Afghanistan engagierte sich Polen ab Anfang 2007 mit einem starken militärischen Kontingent, 2010 waren es 2 000 Soldaten.

1999 hatten zu Beginn der NATO-Mitgliedschaft die Streitkräfte Polens noch eine Stärke von 240 000 Soldaten. Heute dienen in den Streitkräften nur noch 99 300 Soldaten, 48 200 im Heer, 16 600 in der Luftwaffe, 7 700 in der Marine und 3 000 Soldaten bei den Special Forces sowie 23 800 bei den streitkräfteübergreifenden Truppenteilen. 2016 belief sich Verteidigungshaushalt auf 37,4 Milliarden Zloty, umgerechnet 8,7 Milliarden Euro, das waren 2,0 Prozent des Bruttoinlandsprodukts.

Das Heer verfügt über drei Divisionen und stellt Anteile im Multinational Corps Northeast. Es wurde zu mobilen, verlegbaren Verbänden umgegliedert und damit eine verbesserte Interoperabilität mit den NATO-

Militärstrukturen erreicht. Die Aufstellung des Multinational Corps Northeast im polnischen Stettin mit dänischen, deutschen und polnischen Truppenteilen und die Zusammenarbeit der 10. Polnischen Panzerkavalleriebrigade mit der 1. Panzerdivision der Bundeswehr verdeutlichen die erfolgreiche polnische Einbindung in europäische und transatlantische Strukturen. Das Heer verfügt immer noch über den recht hohen Bestand an 4 182 gepanzerten Fahrzeugen, darunter 985 Kampfpanzer, 2 477 gepanzerte Gefechtsfahrzeuge und 405 Panzerhaubitzen.

Wir verfolgten bei Rheinmetall in Polen in den ersten Jahren der Öffnung des Marktes vorrangig die Strategie, durch Präsentationen in den Ministerien, bei den Streitkräften, bei der polnischen wehrtechnischen Industrie und auf Messen über die technologische und wirtschaftliche Kompetenz der einzelnen Unternehmen und des Konzerns sowie über die Leistungsfähigkeit der Produkte zu informieren und Kooperationspotentiale aufzuzeigen. Dies beinhaltete auch die Bereitschaft, unter geeigneten wirtschaftlichen Bedingungen im Land zu investieren.

Die Akquisitionen und Verhandlungen in Polen flankierte ich mit einem breiten Spektrum eigener Vorträgen, Veröffentlichungen und der Organisation von Symposien über die bilateralen Beziehungen zwischen Polen und Deutschland. Auf dem NATO-Seminar über „Die praktischen wirtschaftlichen Aspekte der Modernisierung der Verteidigungsindustrie", das vom 6. bis 7. Oktober 1997 in Warschau stattfand, hielt ich einen Vortrag über die „Industrielle Kooperation auf dem Rüstungsmarkt". Dabei beschrieb ich den europäischen Rüstungsmarkt, die Rüstungsindustrie und die marktbestimmenden Faktoren, erläuterte die Unterschiede zwischen den staatlichen und privatwirtschaftlichen Kooperationen sowie die fördernden und behindernden Bedingungen. Abschließend zeigte ich Kooperationsstrategien der Unternehmen auf. Dies schien mir insbesondere in diesem Land notwendig, das durch die Zugehörigkeit zum Warschauer Pakt kaum Erfahrungen in der internationalen Zusammenarbeit hatte.

Im Juli 1998 besuchte erstmals eine Delegation der polnischen Unternehmen Bumar Labędy unter Leitung des Präsidenten Henryk Pfeiffer sowie OBRUM mit dem Generaldirektor Dr. Henryk Knapczyk unser Unternehmen in Kiel, um Kooperationsmöglichkeiten zu erörtern. Nach den

Unternehmenspräsentationen bewerteten wir das Marktpotential in Deutschland und Polen. Darauf aufbauend unternahm ich einen Monat später mit dem Rheinmetall-Bereichsvorstand Gert Winkler und meinem Technik-Kollegen Manfred Eggers, die erste Informationsreise zu mehreren polnischen Rüstungsunternehmen, die von unserem Berater Hans Büchler, einem ehemaligen SPD-Bundestagsabgeordneten, und seinem polnischen Partner Josef Kara organisiert wurde. Diese führte uns in das schlesische Gleiwitz und 300 Kilometer weiter östlich nach Huta Stalowa. Hier befinden sich bedeutende Unternehmen der polnischen Panzerindustrie.

Bumar Labędy in Gleiwitz wurde 1951 auf dem Gelände der ehemaligen Hermann-Göring Werke gegründet. Die riesigen Gebäude zeugen noch heute von der einheitlichen Architektur des Industrieimperiums des Dritten Reiches. In den 50er Jahren hießen sie Stalin-Werke und waren mit 25 000 Beschäftigten das größte Panzerwerk der Welt. Anfangs produzierten sie in Lizenz die sowjetischen Kampfpanzer T-34, T-54, T-55, später den T-72 M1. Der PT-91 TWARDY ist ein eigenentwickelter Kampfpanzer.

Das zweite von uns in Gleiwitz besuchte, 1968 gegründete Unternehmen OBRUM ist mit rund 200 Beschäftigten ein Forschungs- und Entwicklungszentrum, insbesondere für Berge- und Pionierausrüstungen sowie für Minenräumgeräte. Es entwickelte das Fahrgestell für die Panzerhaubitze KRAB und fertigt in kleinen Stückzahlen gepanzerte Fahrzeuge. OBRUM entwickelte und produziert jetzt den Pionierpanzer MID und Brückensysteme für die polnische Armee.

Die Entstehung der Industriestadt Stalowa Wola weit im Osten Polens geht auf die Errichtung eines Stahlwerks im Jahr 1937 zurück, das den Namen Huta Stalowa Wola erhielt. Hier sollte weitab der von Deutschland und Russland bedrohten Grenzen eine neue Industrieregion entstehen. Zum Produktionsprogramm des Military Production Center von HSW Huta Stalowa Wola gehören Artilleriesysteme, wie die 155 mm Panzerhaubitze KRAB, gepanzerte Spezialfahrzeuge und Pionierausrüstungen.

Zur polnischen Rüstungsindustrie entwickelten sich gute Beziehungen, so dass Rheinmetall Landsysteme erstmals 1999 auf der Messe MSPO auf einem Gemeinschaftsstand mit den polnischen Unternehmen Bumar Labędy und OBRUM vertreten war. In diese Messe, die in den ersten Jahren in einfachen Lagerhallen stattfand, flossen im Laufe der Jahre durch das große Engagement des Direktors, Dr. Andrzej Mochoń, hohe Investitionen in neue Ausstellungshallen. So ist ein modernes, international anerkanntes Messegelände entstanden. Mochoń, polyglott und hoch gebildet, mit seinem lockigen Wuschelkopf eher dem Bild eines Künstlers oder Wissenschaftlers als dem eines Managers ähnelnd, lernte ich 1995 in Kiel kennen, wo er an einem Symposium der Kieler Universität über Rüstungskonversion, organisiert von Professor Dr. Klaus Potthoff, teilnahm. Bis heute bin ich mit ihm noch freundschaftlich verbunden.

Der NATO-Beitritt Polens und die damit verbundene Intensivierung der rüstungswirtschaftlichen Zusammenarbeit wurden durch zahlreiche internationale Konferenzen begleitet. Auf einem Symposium des Rheinmetall-Konzerns über die „Deutsch-Polnischen Rüstungsbeziehungen" am 20. September 2000 im Sheraton-Hotel in Warschau bewertete der deutsche Botschafter Frank Elbe in seinem Vortrag die deutsch-polnischen Beziehungen als hervorragend und fuhr dann fort: „Dieser Umstand ist leider vielen Menschen in Polen und Deutschland immer noch zu wenig im Bewusstsein, ebenso wie die Tatsache, daß gerade die Zusammenarbeit auf dem Gebiet der Sicherheitspolitik sich in den vergangenen zehn Jahren äußerst intensiv zwischen unseren Ländern entwickelt hat."

Zur industriellen Kooperation sagte er auch mit Blick auf die USA, dass der „in der Globalisierung verschärfte Wettbewerb einen neuen kooperativen Ansatz verlangt. Durch eine Bündelung von Ressourcen, durch strategi-

Im Gespräch mit dem deutschen Botschafter in Polen, Frank Elbe (re.), daneben der Verteidigungsattaché Oberst i.G. Bernd Brieber.

sche Allianzen und die Optimierung synergetischer Effekte ist unser Leistungspotential erheblich zu steigern, aber auch Vorsorge hinsichtlich der sich aus der Globalisierung ergebenden Risiken".

Das gelte auch für die Sicherheitspolitik. „Die Frage der Verbesserung der militärischen Kapazitäten", ergänzte der Diplomat, „hat auch wirtschaftliche Aspekte: angesichts knapper Verteidigungshaushalte sollten in der Rüstungspolitik durch gemeinsame europäische Bedarfsplanung, Forschung und Beschaffung finanzielle Ressourcen so effizient wie möglich genutzt werden. Nur so kann Europa in Hinblick auf Technologie und Ausrüstungsstand für die USA ein gleichwertiger Partner bleiben."

Für den 3. Wehrtechnik-Dialog des Arbeitskreises Wehrtechnik Schleswig-Holstein wählte ich als Vorsitzender 2001 das Thema „Partnerschaft mit Polen". Ich konnte namhafte Referenten gewinnen, die mir zumeist durch die deutsch-polnischen Geschäftsbeziehungen bekannt waren.

Gleichzeitig zu den industriellen Kontakten, die wir seitens Rheinmetall zu den polnischen Ministerien, Streitkräften und Unternehmen aufbauten, entwickelten sich die regierungsseitigen Beziehungen zwischen Polen und Deutschland. Am 5. November 1996 unterzeichneten das deutsche und das polnische Verteidigungsministerium ein Rüstungskooperationsabkommen, und am 20. und 21. April 1998 fand die erste Sitzung der Deutsch-Polnischen Rüstungskommission in Warschau statt. Von deutscher Seite wurden u.a. die Projekte MiG 29, Korvette Klasse 130, U-Boote, GTK BOXER, Modernisierung des polnischen Kampfpanzers PT-91 TWARDY und die Panzerhaubitze 2000 angesprochen.

Das Ergebnis dieser ersten Sitzung war nach einem Vermerk des deutschen Verteidigungsministeriums enttäuschend: „Zu der uns in erster Linie interessierenden Frage, ob und inwieweit auf polnischer Seite ein Kooperationspotential gesehen wird und wie diese Kooperationsmöglichkeiten konkretisiert und von der Rüstungskommission vorangebracht werden könnten, gab es keine Äußerungen." Und weiter heißt es über den Leiter der polnischen Delegation, Professor Dr. Santarek, Leiter der Abteilung für Forschung und Entwicklung: „Er äußerte sich zu keinem einzigen Punkt der Tagesordnung und vermittelte den Eindruck, daß er mit der Materie nicht vertraut war und selbst den Inhalt an ihn gerichteter Briefe deutscher Firmen nicht kannte." Im August 1999 nahm ich in einer Delegation von

Rheinmetall-Vertretern an einem Informationsgespräch mit Professor Sant-arek im polnischen Verteidigungsministerium teil, bei dem sich seine In-kompetenz in der Ausrüstung des polnischen Heeres oder sein Unwille, mit der deutschen Industrie zusammenzuarbeiten, bestätigte.

Zwei polnische Kampfpanzer-Projekte wurden zwischen Rheinmetall und der polnischen Industrie intensiv weiter verfolgt: zum einen die Leis-tungssteigerung der T-72, zum anderen die Möglichkeit der Übernahme von LEOPARD 2 aus Beständen der Bundeswehr. Am 21. Januar 2001 lud der Staatssekretär im Verteidigungsministerium, Dr. Walther Stützle, Spitzenver-treter der deutschen wehrtechnischen Industrie zu einem Informationsge-spräch zum Fortgang der deutsch-polnischen Rüstungsgespräche ein, auf das der Vorstandsvorsitzende der Rheinmetall DeTec AG, Dr.-Ing. Ernst-Otto Krämer, am 30. Januar in einem Brief an den Staatssekretär noch ein-mal einging und die Rheinmetall-Position zum Ausdruck brachte:

„Die Rheinmetall DeTec begrüßt das Angebot zur Zusammenarbeit bei der Modernisierung des polnischen Heeres und ist in hohem Maße daran interessiert, ihre seit einiger Zeit erfolgversprechenden Gespräche und Vereinbarungen mit der polnischen Industrie in diesem bedeutenden Vorhaben fortzusetzen. Die beiden Ausrüstungsvorhaben LEOPARD 2 und T-72 Modernisierung sind industrieseitig eine wichtige Ergänzung der umfassenden Programme der Unternehmen der Rheinmetall DeTec mit der polnischen Industrie."

In diesem Zusammenhang erarbeitete ich für den Staatssekretär die Vorlage „Länderstrategie Polen" und besprach sie am 30. Januar 2001 in Berlin mit seiner Büroleiterin, Frau Dr. Irmtraut Taufer. Darin beschrieb ich aus in-dustrieller Sicht die strategische Marktrelevanz Polens anhand der drei tra-genden Säulen: die politisch-militärischen Beziehungen, die militärischen Organisationen und industrieseitige Zusammenarbeit sowie die anstehenden Beschaffungsvorhaben.

Walther Stützle, der von 1977 bis 1982 den Planungsstab des Bundes-ministeriums der Verteidigung leitete, lernte ich 1981 auf der Jahrestagung des Internationalen Instituts für Strategische Studien in Williamsburg in den USA kennen. Nachdem Helmut Kohl durch ein konstruktives Misstrauens-votum am 1. Oktober 1982 zum Bundeskanzler gewählt und Manfred Wörner neuer Verteidigungsminister wurde, schrieb mir Stützle, die „Stillosigkeit" in Bonn beklagend: „Der Weggang von der Hardthöhe ist ein tiefer Einschnitt. Welche neue Aufgabe auch immer ich anzupacken eine Chance bekomme – die Bindung an die Streitkräfte wird dabei eine gewichtige Rolle spielen." Er sollte Recht behalten. 1986 wurde Stützle Direktor des schwedischen Friedensforschungsinstituts SIPRI in Stockholm, und 1998 kehrte er als Staatssekretär wieder in das Verteidigungsministerium zurück.

Mit diesem sicherheitspolitischen Hintergrund engagierte sich Stützle besonders stark in der Verbesserung der politischen Beziehungen zu Polen, wofür ihm Polens Präsident Aleksander Kwasniewski im Juli 2002 das Kommandeurskreuz des Verdienstordens der Republik Polen überreichte. „Er war ein Befürworter der Aufnahme Polens in die Nato und half bei der Ausrüstung der Polnischen Armee mit Panzern und Flugzeugen", heißt es in der Begründung. Dies brachte dem Staatssekretär aber von deutschen Rüstungsmanagern die kritische Bemerkung ein, dass man von ihm ein entsprechend großes Engagement auch bei deutschen Rüstungsvorhaben gewünscht hätte. 2012 wurde Stützle von Verteidigungsminister Peter Struck „im gegenseitigen Einvernehmen" entlassen. 2016 ist er im Alter von 74 Jahren überraschend verstorben.

In den Folgejahren fanden noch häufig ministerielle und industrielle Gespräche zwischen Polen und Deutschland statt, die seitens Rheinmetall sich insbesondere auf den Kampfpanzer LEOPARD 2 und die zugehörige Munition konzentrierten. Im Rahmen der Messe MSPO in Kielce fand am 3. September 2001 das Fachseminar „Modernisierung der Panzerwaffe und der Möglichkeit der Zusammenarbeit zwischen europäischen Partnern" statt. An dieser Veranstaltung nahmen der Verteidigungsminister Bronisław Komorowski, der 2010 zum Staatspräsidenten Polens gewählt wurde, und General Edward Pietrzyk, Generalstabschef des polnischen Heeres, teil. Ich hielt einen Vortrag zum Thema „Kooperationen mit der polnischen Industrie" und diskutierte anschließend auf dem Podium mit dem Verteidigungsminister und dem Präsidenten der polnischen Verteidigungsindustrie.

Im Mittelpunkt dieser Veranstaltung stand die anstehende Entscheidung Polens zur Übernahme von LEOPARD 2 und zur Modernisierung von T-72 Kampfpanzern. Ich führte dazu in meinem Vortrag aus, dass damit das Ziel verfolgt wird, eine weitergehende NATO-Standardisierung der polnischen Kampfpanzer auf einer wirtschaftlich und technologisch vertretbaren Basis zu erreichen, Beschäftigung der polnischen Panzerindustrie in einem Kooperationsvorhaben langfristig zu sichern, Know-how zu erlangen und langfristig nachhaltige Lieferantenbeziehungen aufzubauen. Abschließend betonte ich, dass „Polen für Deutschland zu einem bündnispolitisch und wirtschaftlich bedeutenden Partner geworden ist. Es muss in unserem Interesse liegen, die begonnene gute Zusammenarbeit auf militärischer und rüstungswirtschaftlicher Ebene zum beiderseitigen Nutzen der Streitkräfte und der wehrtechnischen Industrie fortzuführen".

In der anschließenden Diskussion stellte Minister Komorowski die Bedeutung der militärischen Zusammenarbeit zwischen der polnischen 10. Panzerkavalleriebrigade in Świętoszów und der deutschen 7. Panzerdivision heraus. Und er erklärte, dass die Anzahl der polnischen Kampfpanzer reduziert werden müsse, der PT-91 nicht mehr die heutigen Anforderungen erfülle und das Verteidigungsministerium die Modernisierung unterstütze.

Generalleutnant Edward Pietrzyk, machte sich sehr engagiert für eine Beschaffung des deutschen LEOPARD 2 stark, stellte seine große technische und taktische Überlegenheit, insbesondere in der Feuerkraft und Mobilität, gegenüber dem polnischen PT-91 heraus. Es gab aber auch erhebliche Kritik aus der polnischen Industrielobby an einer Beschaffung deutscher LEOPARD 2.

Am 10. Dezember 2001 lud General Pietrzyk in seinen Amtssitz in die Warschauer Festung zu einem Rüstungsgespräch ein, um eine „Vereinbarung (…) zur Verbesserung der Interoperabilität von deutschem und polnischem Wehrmaterial", vorzubereiten. Daran nahmen auf polnischer Seite neben General Pietrzyk 13 hochrangige polnische Offiziere sowie Jan Wojczik, Technischer Direktor von OBRUM, und auf deutscher Seite Ministerialdirigent Dr. Hilmar Linnenkamp und Baudirektor Wolfgang Hedwig vom Bundesministerium der Verteidigung sowie Gert Winkler und ich von Rheinmetall teil. Das Ergebnis war ein endverhandeltes Memorandum of Understanding, das die Modernisierung der T-72 Kampfpanzer und die Überlassung von LEOPARD 2 sowie weiterer Fahrzeuge betraf.

Diese „Erklärung zur Deutsch-Polnischen Rüstungskooperation" und die „Vereinbarung über die Unterstützung der Zusammenarbeit auf ausgewählten Gebieten im Rahmen von Maßnahmen zur Verbesserung der Inter-

*Mit dem Generalstabs-
chef der polnischen
Landstreitkräfte,
Generalleutnant
Edward Pietrzyk, der
sich besonders für die
Beschaffung von
LEOPARD 2
Kampfpanzern stark
gemacht hat. Später
war er polnischer
Botschafter im Irak
und Nordkorea*

operabilität von deutschem und polnischem Wehrmaterial" wurden am 29.
Januar 2002 vom dem polnischen und deutschen Verteidigungsminister,
Jerzy Szmajdziński und Volker Rühe, unterzeichnet. Der daraufhin am 29.
April 2002 unterzeichnete Überlassungsvertrages umfasste die Lieferung
von 128 LEOPARD 2 A4 Kampfpanzern, zehn Bergepanzern 2, vier Brü-
ckenlegepanzern BIBER, 43 Transportpanzern M 113 und drei Simulatoren,
die Bereitstellung von einer einmaligen Erstausstattung an Ersatzteilen, Ge-
fechts- und Übungsmunition für die 10. polnische Brigade sowie von 23
deutschen MIG-29 aus ehemaligem NVA-Bestand. Polen bezahlte für diesen Umfang an gepanzerten Fahrzeugen, der von September 2002 bis Juli
2003 geliefert wurde und einen Wert von rund 300 Millionen Euro hatte,
den politischen Preis von nur 22,5 Millionen Euro. Dazu gehörte noch eine
umfangreiche unentgeltliche, militärische und industrielle Ausbildung der
polnischen Streitkräfte.

Ende November 2013 unterzeichneten Verteidigungsminister Dr.
Thomas de Maizière und sein polnischer Kollege Tomasz Siemoniak einen
Kaufvertrag zum Erwerb von weiteren 105 LEOPARD 2 A5, 14 LEO-
PARD 2 A4 und 18 Bergepanzern 2. Im Mai 2014 wurden die ersten LEO-
PARD 2 an das polnische Heer übergeben.

Die regierungsseitigen und industriellen Vereinbarungen erfüllten in der
Folge jedoch nie die hoch gesteckten Erwartungen an eine umfassende Rüstungskooperation, an eine weitgehende Standardisierung und an einen umfangreichen Technologietransfer zwischen Deutschland und Polen. Die

Mit dem polnischen Briga-degeneral Edward Grus-zka, Klaus Eberhardt, Vorstandsvorsitzender der Rheinmetall AG und Brigadegeneral Erhard Bühler beim internationa-len Rheinmetall-Symposium (v.li)

Gründe lagen im Wesentlichen in den nationalen Interessen der starken, staatlich gesteuerten polnischen Rüstungsindustrie und ihren Exportbemü-hungen, in den überzogenen Erwartungen an ein umfassendes Kompensati-onsgeschäft, in dem erheblichen Einfluss der USA, aber auch in der Un-kenntnis voneinander, die aus einer über vier Jahrzehnte dauernden getrenn-ten Entwicklung beider Länder resultiert. Und es fehlte in Deutschland an einer zwischen Politik, Militär und wehrtechnische Industrie abgestimmten, langfristig ausgerichteten Strategie zu einer umfassenden militärpolitischen und rüstungswirtschaftlichen Kooperation mit diesem strategisch wichtigen NATO-Nachbarn. So konnten im Laufe der Jahre andere ausländische Wettbewerber erhebliche Marktanteile gewinnen.

Im Rahmen der Kieler Woche 2005 organisierte ich bei Rheinmetall Landsysteme eine internationale Konferenz zum Thema „Militärische und industrielle Erfahrungen im Kriseneinsatz von Streitkräften", auf der ich den polnischen Brigadegeneral Edward Gruszka, Chef des Stabes des polni-schen II. Korps in Krakau, und Brigadegeneral Erhard Bühler, Komman-deur der Panzerbrigade 12, als Referenten gewinnen konnte. Der Fall-schirmjäger-General Gruszka referierte über seine Erfahrungen im Irak-Krieg als Kommandeur der 1. Brigade in der Operation IRAQI FREE-DOM an der Seite der USA sowie über Konsequenzen für die Ausrüstung und General Bühler über den Einsatz der Bundeswehr im Kosovo. Heute ist Generalleutnant Gruszka, der zwischenzeitlich die Spezial Forces geführt hat, Kommandeur des Streitkräfteunterstützungskommandos in Bydgoszcz.

Generalleutnant Bühler, dem Umsichtigkeit, Besonnenheit und politisches Geschick bescheinigt wird, ist als Abteilungsleiter Planung im Verteidigungsministerium direkt dem Generalinspekteur unterstellt.

Polen hat nach dem Zusammenbruch des Warschauer Pakts noch heute eine leistungsstarke Rüstungsindustrie, wenn auch ihre Beschäftigtenzahl von 260 000 im Jahre 1989 auf 27 000 zurückgegangen ist und sie weiterhin durch Überkapazitäten sowie erhebliche Strukturprobleme gekennzeichnet ist. Auf der Grundlage der im Mai 2002 vom Kabinett verabschiedeten „Strategie der strukturellen Umgestaltung des Potenzials der Verteidigungsindustrie in den Jahren 2002 bis 2005" wurde der Umstrukturierungs- und Konsolidierungsprozess der polnischen Rüstungsindustrie eingeleitet, um angemessene Bedingungen für ihre Umgestaltung zu schaffen und die Wettbewerbsfähigkeit auf dem Weltmarkt zu stärken. Dazu gehörte auch ein novelliertes Offset-Gesetz, das im Januar 2007 verkündet wurde. Es regelt die wirtschaftliche Kompensation in Polen bei der Beschaffung von Rüstungsgütern aus dem Ausland.

Bereits im Jahr 2000 hatte Dr. Henryk Knapczyk, seit 1991 Präsident von OBRUM, später auch eine Zeitlang von Bumar Łabędy, mit industriellem und technischem Weitblick ein richtungsweisendes Konzept für ein „Gliwice Center" erarbeitet, das den Zusammenschluss der nur 30 Kilometer voneinander entfernt liegenden Unternehmen Bumar Łabędy, OBRUM und WZM Siemianowice vorsah. Auf der Pariser Messe Eurosatory 2002 stellte er dieses Konzept, das für ausländische Investoren eine interessante Beteiligungsmöglichkeit bot, Gert Winkler und mir vor. Knapczyk konnte sich damit jedoch nicht gegen die Einzelinteressen der polnischen Unternehmen und Ministerien durchsetzen. So dauerte es mehr als ein Jahrzehnt, bis 2014 der Zusammenschluss der polnischen Rüstungsindustrie zu einer größeren Holding erfolgte.

Anders als vermutet erfolgte die Konsolidierung der stark fragmentierten polnischen Heeresindustrie jedoch nicht um die Bumar-Gruppe, die einst mit ihren 28 Unternehmen diese Branche repräsentierte. Am 2. September 2014 wurde durch die polnische Regierung die neue staatseigene Holding PGZ, die polnische Rüstungsgruppe Polska Grupa Zbrojeniowa, gegründet. Sie besteht aus 33 Wehrtechnik-Unternehmen mit 17 500 Beschäftigten und einem Umsatz von fünf Milliarden Zloty, umgerechnet 1,2 Milliarden Euro.

Zu ihnen gehören auch HSW Huta Stalowa und Rosomak S.A., die ehemalige WZM in Siemianowice, sowie Unternehmen der Luftfahrtindustrie und des Marineschiffbaus. Im Mai 2013 ist aus der Umbenennung des 1971 gegründeten Unternehmens BUMAR die PHO, die Polski Holding Obronny, hervorgegangen. Diese wurde in einem zweiten Konsolidierungsschritt der polnischen Rüstungsindustrie mit einem einen Anteil von 35 Prozent in die PGZ-Holding integriert.

Das Unternehmen Rosomak S.A. war als WZM Siemianowice ein militärischer Instandsetzungsbetrieb, der zugleich die Kampfwertsteigerung von eingeführten gepanzerten Fahrzeugen durchgeführt hat. Mit der Beauftragung eines ersten Loses von 690 gepanzerten Radfahrzeugen AMV 8x8 der finnischen Firma Patria im April 2003 für das polnische Heer, in Polen ROSOMAK genannt, vollzog sich eine neue Ausrichtung dieses Unternehmens. Mit einem Wert von 1,25 Milliarden Euro war es zu dieser Zeit eines der größten Beschaffungsvorhaben für gepanzerte Fahrzeuge in Europa. Die Lieferung erfolgte von 2005 bis 2013. 2013 wurde ein Folgeauftrag über weitere 205 Fahrzeuge erteilt, die bis 2018 geliefert werden.

Das 1945 gegründete Unternehmen WZM S.A. in Posen ist in erster Linie ein Militärbetrieb zur Instandsetzung und Umrüstung von gepanzerten Fahrzeugen. Die Modernisierung von Radfahrzeugen und Schützenpanzer sind die wesentlichen derzeit laufenden Programme. Heute gehört das Unternehmen zur PGZ-Gruppe. Geschäftlich besuchte ich häufig Posen, das auf eine wechselvolle polnisch-deutsche Geschichte zurückblickt. Die beschauliche, von Polen und Deutschen konkurrenzierend gestaltete mittelalterliche Altstadt mit dem Alten Markt, eine „Perle der polnischen Renaissance", und dem Rathaus sowie die Kathedrale auf der Dominsel bilden einen starken Kontrast zu den von der Industrie und vom Handel geprägten nüchternen Stadtvierteln der international bekannten Messestadt. Unsere Kooperationsgespräche betrafen die Modernisierung und Kampfwertsteigerung der WZM-Produkte. Heute führt WZM mit Rheinmetall Landsysteme die Instandsetzung der polnischen LEOPARD 2 Kampfpanzer durch.

Am 28. Dezember 2015 schloss die Rüstungsinspektion der polnischen Streitkräfte mit der Polska Grupa Zbrojeniowa als Hauptauftragnehmer und ZM Bumar-Łabędy als Integrator einen Vertrag zur Kampfwertsteigerung von 128 LEOPARD 2 A4 ab. Für Rheinmetall als deutscher strategischer

Partner beläuft sich das Auftragsvolumen auf rund 220 Millionen Euro. Ich nahm dies mit großer Genugtuung zur Kenntnis. Damit konnte Rheinmetall nach einer aufwendigen, eineinhalb Jahrzehnte dauernden Akquisition in Polen diesen wichtigen Auftrag in Konkurrenz zu Krauss-Maffei Wegmann gewinnen. Das polnische LEOPARD 2-Programm verdeutlicht einmal mehr die politische, militärische und industrielle Komplexität und damit verbundene Langfristigkeit von Rüstungsvorhaben.

Die polnischen wehrtechnischen Unternehmen sind weiterhin gezwungen, den eingeleiteten nationalen Konsolidierungsprozess fortzusetzen. „Die nationale Rüstungsindustrie muss", wie im Weißbuch 2013 gefordert, „wettbewerbsfähiger werden." Auf dieser Grundlage ist es für die polnische Rüstungsindustrie aber auch erforderlich, dass das polnische Verteidigungsministerium ein langfristiges Beschaffungsprogramm erarbeitet und eine strategische Beziehung mit der Regierung und den Streitkräften Polens aufgebaut wird.

Die 7 700 Soldaten starke Marine strukturiert ihre Flotte mit ihren zwei Fregatten und einer Korvette sowie fünf U-Booten gegenwärtig um. Mit dem ORKA-Projekt ist die Beschaffung von drei neuen U-Booten geplant, von denen zwei bis 2022 und eins nach 2023 geliefert werden sollen. Um diesen Auftrag bemühen sich die Kieler Thyssen-Krupp Marine Systems, die Naval Group in Frankreich und die schwedische Saab Kockums. Im Juli 2016 haben die deutschen und polnischen Seestreitkräfte eine Grundsatzvereinbarung für eine gemeinsame „Submarine Operating Authority" unterzeichnet, die eine Arbeitszelle für die binationale operative Kontrolle sowohl über deutsche als auch polnische U-Boote ist. Die Naval Shipyard Gdynia und die Nauta Shiprepair Yard in Gdynia bauen Marineschiffe, setzen diese instand und führen Umrüstungen durch. Die Naval Shipyard baut Minenjagd- und Patrouillenboote sowie Korvetten. Die polnische Marine hatte zwei Korvetten der GAWRON-Klasse bestellt, die nach dem deutschen MEKO-Konzept gebaut werden sollten. Das Projekt wurde jedoch 2012 unterbrochen und wird jetzt als Patrouillenboot fortgeführt.

Die Luftwaffe hat eine Stärke von 16 600 Soldaten, verfügt über 32 MIG-29 sowie 48 F-16 Kampfflugzeuge und erhöhte ihre Lufttransportfähigkeit mit C-130 Flugzeugen. 2003 unterzeichnete Polen einen Vertrag in Höhe von 3,5 Milliarden US-Dollar für die Beschaffung dieser 48 amerikanischen F-16 Kampfflugzeuge, die von Lockheed in den USA produziert wurden. Damit werden die MiG-29 ausgesondert und die NATO-Standardisierung der polnischen Luftwaffe weiter vorangetrieben.

Für meine Eltern, die nach dem Zweiten Weltkrieg von den Polen aus ihrer schlesischen Heimat vertrieben wurden, die aber trotz des schmerzlichen Verlustes nie revisionistische Gedanken gehegt oder gar Hassgefühle gespürt hatten, war es damals politisch schwer nachvollziehbar, dass ihr Sohn ab Mitte der 90er Jahre regelmäßig zu Rüstungsgeschäften mit den Polen in das polnische Schlesien reiste, das jetzt Śląsk heißt. Polen war nach dem unerwarteten Zusammenbruch des kommunistischen Systems für Deutschland ein Verbündeter und strategischer Partner geworden. Ich konnte über die Jahre neben den geschäftlichen Kontakten viele persönliche Beziehungen aufbauen, die ich teilweise noch heute pflege.

Die Tochter des Messedirektors Mochoń, Kasia Mochoń, und ihre Freundin Kasia Banasik waren mehrfach auf unserem Messestand als Hostessen tätig und absolvierten bei mir in Kiel ein Praktikum. Dabei waren ihre ausgezeichneten Deutschkenntnisse eine große Hilfe. Sie wurden für mich zum Sinnbild der modernen, weltoffenen, aufstrebenden polnischen Jugend, und so empfand ich es als eine große Ehre, als ich mit meinem Mitarbeiter, Peter Priebs, zur Hochzeit von Kasia Mochoń eingeladen wurde.

Der polnische Ministerpräsident Jerzy Buzek besucht den Rheinmetall Messestand. In der Mitte Dr. Andrzej Mochoń, Direktor der Messe in Kielce und Honorarkonsul der Bundesrepublik Deutschland

Mit Kasia Banasik und meinem Mitarbeiter, Peter Priebs, auf der Hochzeit von Kasia Mochoń, Tochter von Dr. Andrzej Mochoń

274

Rumänien – verspätet in der NATO, verfrüht in der EU

Am 30. April 1997 hatte ich als Teilnehmer einer Wirtschaftsdelegation, die den deutschen Außenminister Klaus Kinkel aus Anlass des fünften Jahrestages des deutsch-rumänischen Freundschaftsvertrags bei seiner Reise begleitete, erstmals die Gelegenheit, nach Rumänien zu reisen. In seiner Rede vor dem rumänischen Parlament versprach Kinkel Rumänien Unterstützung auf dem Weg in die NATO und in die EU zu und sagte: „Wir wollen gemeinsam das neue Europa bauen. Rumänien gehört dazu. Deutschland wird Sie nach Kräften auf dem von Ihnen gewählten Weg in die euroatlantischen Strukturen unterstützen." Damit nahm er eine andere Position als Verteidigungsminister Volker Rühe ein, der Rumänien noch nicht bei den ersten Beitrittskandidaten sehen wollte.

1955 war Rumänien dem Warschauer Pakt beigetreten, doch bereits 1958 gelang es dem Land, sich vom Moskauer Machtzentrum zu lösen und den Abzug der sowjetischen Besatzungstruppen aus dem Land zu erreichen. 1967 nahm es als erster Satellitenstaat Moskaus diplomatische Beziehungen mit der Bundesrepublik Deutschland auf und entwickelte eine wichtige Mittlerfunktion zwischen den Blöcken.

Im Rahmen des Besuchsprogramms des deutschen Außenministers hatte der rumänische Verteidigungsattaché in Bonn für interessierte deutsche Wehrtechnikunternehmen Gespräche mit hochrangigen rumänischen Verteidigungspolitikern, Militärs und Unternehmern organisiert. Dieser Informationsaustausch wurde vom rumänischen Brigadegeneral Dan Zaharia, dem späteren Rüstungsstaatssekretär, geleitet. Die Veranstaltungen fanden

Die monströse Casa Poporului, das größte Gebäude Europas, 275 Meter lang, 235 Meter breit, 84 Meter hoch, ließ Staatspräsident Ceaușescu erbauen.

in dem Internationalen Konferenzzentrum der monströsen Casa Poporului sowie im prachtvollen Palatul Cercului Militar Naţional, einem palastähnlichen, 1911 im Renaissancestil gebauten Offizierskasino, statt. In der Casa Poporului standen damals noch fast alle der 5 000 Räume leer, eine gespenstische Atmosphäre. Erst kurz danach wurde dieses riesige Gebäude Sitz der rumänischen Abgeordnetenkammer und des Senats.

Nach dem Zusammenbruch des Warschauer Paktes im Jahr 1991 war es ein langer Weg, bis Rumänien endlich 2004 Mitglied in der NATO und 2007 in der Europäischen Union wurde. Denn bereits 1993 wurde Rumänien assoziiertes Mitglied der EU, und am 26. Januar 1994 war es als erstes Land dem NATO-Programm „Partnerschaft für den Frieden" beigetreten. In seinem Grußwort anlässlich des Empfangs im Rahmen der Beitrittsfeierlichkeiten sagte der deutsche Außenminister Frank-Walter Steinmeier am 31. Dezember 2006, das Land habe „seit dem Beitrittsantrag 1995 erhebliche Anstrengungen unternommen, um das politische System Rumäniens, seine Wirtschaft und sein Rechtssystem an die Standards der EU anzupassen". Heute wird die Lage in Rumänien, das nach Meinung vieler zu früh in die Europäische Union aufgenommen worden ist, sehr kritisch beurteilt.

Das rund 22 Millionen Einwohner zählende Rumänien liegt an einem geostrategisch wichtigen Scheidepunkt zwischen Zentral-, Ost- und Südosteuropa, hat 2 508 Kilometer Landesgrenzen zu den fünf Staaten Ungarn, Bulgarien, Serbien, Republik Moldau und Ukraine sowie einen Küstenabschnitt von 225 Kilometern. Das Land leistet heute einen wichtigen Beitrag zur Gemeinsamen Sicherheits- und Verteidigungspolitik und zum Battlegroup-Konzept der Europäischen Union. 2007 erließ der rumänische Präsident „Die nationale Sicherheitsstrategie von Rumänien", in der die nationalen Werte und Interessen definiert, Risiken und Bedrohungen aufgezeigt und die Strategie zur Wahrung der Sicherheit verdeutlicht werden. Ziel der rumänischen Sicherheits- und Verteidigungspolitik ist es, die Verpflichtungen als NATO-Mitglied zu erfüllen und aus der geostrategischen Lage heraus einen angemessenen Beitrag zur Gemeinsamen Sicherheits- und Verteidigungspolitik der Europäischen Union zu leisten, um so die Stabilität auf dem Balkan sowie in der Schwarz-Meer-Region zu fördern. Rumänien stationierte stets starke militärische Kontingente in internationalen Missionen unter Führung der NATO, EU und UN im Ausland und leistete so einen wichtigen bündnispolitischen Beitrag zu stärkeren militärischen Fähigkeiten.

Der Verteidigungshaushalt belief sich im Jahr 2016 auf 11,2 Milliarden Lei, umgerechnet 2,2 Milliarden Euro, das waren 1,5 Prozent des Bruttoinlandsprodukts. Von 2008 bis 2017 waren Beschaffungen zur Modernisierung der Ausrüstung in Höhe von 12 Milliarden Euro geplant, was sich jedoch aufgrund der Finanzkrise als unrealistisch herausstellte.

Bereits 1990 wurde ein Reformprogramm für die rumänischen Streitkräfte begonnen. Im Jahr 2000 wurde die „Militärstrategie von Rumänien" veröffentlicht, die eine achtjährige Modernisierung der Streitkräfte beschreibt, um diese kompatibel mit allen anderen Armeen der NATO zu machen. Rumänien liefert Nischen-Fähigkeiten für die NATO Response Force und beteiligt sich an den EU Battlegroups. Die rumänischen Streitkräfte sind neben Albanien, Bulgarien, Kroatien, Griechenland Italien, Mazedonien, Slowenien und der Türkei an der 3 000 Soldaten starken South East Europe Brigade, der SEEBRIG, beteiligt.

Rumäniens Streitkräfte haben eine Stärke von 70 500 Soldaten, davon dienen 39 600 im Heer, das über zwei Divisionshauptquartiere und über die stattliche Zahl von 12 Brigaden verfügt. Vier sind der NATO zugeordnet. Das Heer, das 1994 noch über 5 686 gepanzerte Fahrzeuge hatte, reduzierte zwischenzeitlich seinen Bestand auf 2 449 Fahrzeuge, darunter 437 Kampfpanzer. Die Streitkräfte übernahmen in einem ersten Modernisierungsschritt überschüssiges Wehrmaterial von anderen Staaten, so zwei Fregatten von der britischen Marine. Ab 1998 wurde das GEPARD-Programm zwischen dem deutschen und dem rumänischen Verteidigungsministerium entwickelt, in dem Rumänien 43 Flakpanzer GEPARD aus Bundeswehrbeständen erhielt. 36 Stück wurden für zwei Bataillone nach einer Instandsetzung bei Krauss-Maffei Wegmann ab 2004 in Dienst gestellt und die anderen für die Ersatzteilversorgung verwendet.

Im Heer hatte die Beschaffung einer missionsgerechten Ausrüstung für Auslandseinsätze, insbesondere 8x8 und 4x4 Fahrzeuge, höchste Priorität. 2007 wurden in einem ersten Los für den Einsatz in Afghanistan kurzfristig 31 gepanzerte 8x8 Fahrzeuge PIRANHA III beim Schweizer Unternehmen Mowag beauftragt. Eine öffentliche Ausschreibung gab es hierfür nicht. Das privatwirtschaftliche rumänische Unternehmen SC MFA SA Mizil übergab als Systemintegrator im Juli 2005 den ersten von 180 kampfwertgesteigerten MLI-84M Schützenpanzer, die rumänische Version des russischen BMP-1, an das rumänische Heer.

Die rumänische Rüstungsindustrie musste seit Ende des Kalten Krieges ihre Kapazitäten drastisch reduzieren und die Beschäftigten von 200 000 im Jahre 1989 auf jetzt 12 000 abbauen. Sie umfasst heute 38 Unternehmen, davon sind 27 im Staatsbesitz. 2002 begann ein umfassendes Umstrukturierungsprogramm mit dem Ziel, die Privatisierung der Unternehmen voranzutreiben. Mit dem Beitritt zur NATO und zur EU eröffneten sich für die Rüstungsindustrie neue wirtschaftliche Möglichkeiten, insbesondere in der Beteiligung an internationalen Programmen sowie durch Technologietransfer und Lizenzfertigung mit Unterstützung der NATO- und EU-Partner.

Seit Anfang 2000 streben die rumänische Regierung und die Rüstungsindustrie zur Realisierung des anspruchsvollen Modernisierungsprogramms und Privatisierungsprozesses das Engagement ausländischer Unternehmen und die Gründung von Joint Ventures oder Kapitalbeteiligungen an. In diesem Zusammenhang untersuchte auch der Rheinmetall-Konzern die Möglichkeiten, sich an der rumänischen Industrie zu beteiligen. Eine gute Basis waren für den deutschen Rüstungskonzern die seit Jahren sehr erfolgreichen Geschäfte der Schweizer Konzerntochter Oerlikon Contraves, der heutigen Rheinmetall Air Defence, die mit ihren 24 35-mm-Zwillingsflugabwehrgeschützen und Munition in 15 Jahren einen Auftragseingang von 500 Millionen Schweizer Franken verbuchen konnte. Dies und die leistungsfähige, einflussreiche Rheinmetall-Vertretung in Rumänien führten zu einer starken Marktstellung in Rumänien.

Ab 2002 begannen die Wehrtechnik-Unternehmen des Rheinmetall-Konzerns unter der Leitung des für Rumänien zuständigen Schweizer Managers, Tom Nägeli, mit den im Konzern koordinierten Marketingaktivitäten. So konnte ich im August 2002 erstmals eine hochrangige Militärdelegation unter Leitung des Heereschefs, Generalleutnant Eugen Manolache Badalan, bei umfangreichen Informationsgesprächen im Kasseler Werk von Rheinmetall Landsysteme begrüßen.

Im Oktober 2002 stellten die Mitglieder des Rheinmetall Bereichsvorstands, Detlef Moog und Ernst Odermatt, dem Verteidigungsminister Dr.

278

Eine rumänische Delegation unter Leitung des Generalstabschefs des Heeres, General-leutnant Badalan, (li) besucht das Rheinmetall Werk in Kassel

Ioan Mircea Paşcu das Unternehmen und Zielsetzung in Rumänien vor. Anschließend fand im prunkvollen, 1883 bis 1893 errichteten Cotroceni Palast, der Residenz des Präsidenten, beim militärischen Präsidentenberater, Generalmajor Viorel Birloiu, eine weitere Besprechung statt. Das Staatsoberhaupt Ion Iliescu befand sich zu dieser Zeit auf einer Auslandsreise.

Nach der ersten gemeinsamen Teilnahme aller Wehrtechnik-Unternehmen des Rheinmetall-Konzerns auf der Bukarester Messe EXPOMIL 2003 unternahmen wir im Mai 2004 eine umfangreiche Informationsreise durch das Land, um einige Unternehmen, ihre Produkte und Infrastruktur bewerten zu können. Früh morgens fuhren wir mit einem Auto von Bukarest in Richtung Norden. Nach einiger Zeit, wir hatten die trostlosen, grauen Außenbezirke der Hauptstadt hinter uns gelassen, erhoben sich im faden Morgenlicht am Horizont wie eine dunkel aufsteigende Wolkenwand die Südkarpaten, auch Siebenbürger Alpen genannt. Je mehr wir uns diesem von Ost nach West ziehenden Gebirgszug näherten, desto stärker wuchs er mit seinen schneebedeckten bis zu 2 500 Meter aufragenden Bergen vor dem sich erhellenden Himmel auf.

Nach dem Besuch der Firma Moreni, die rund 100 Kilometer nördlich von Bukarest liegt, fuhren wir nach Ploieşti. Wir näherten uns mit großer Geschwindigkeit auf der gut ausgebauten Straße dem Unternehmen Electromecanica, als wir unerwartet heftig im Auto durcheinander geschüttelt wurden und dachten, der Wagen würde sich zerlegen. Wir waren auf der Straße immer geradeaus fahrend plötzlich auf einem Schotterweg gelandet. Beim verwunderten Blick zurück entdeckten wir ein vom Fahrer übersehenes Hinweisschild, das seitwärts zum Werk zeigte. Im Unternehmen erklärte man uns, dass Ceaușescu einmal das Unternehmen besucht hatte und deshalb nur die von ihm befahrene Straße bis zur Abzweigung ausgebaut wurde. So ist es bis heute geblieben. Ich hoffe, dass der Fahrer des Diktators damals den Weg besser als unserer kannte.

Auf der Grundlage zahlreicher in den nächsten Jahren durchgeführter Gespräche mit Vertretern des Verteidigungs- und des Wirtschaftsministeriums kamen wir zu dem Ergebnis, das ein weitergehendes Engagement in diesem neuen NATO-Partner wirtschaftlich vielversprechend sein könnte. So brachten in einem gemeinsamen Schreiben vom 15. Juni 2005 der Vorstandsvorsitzende der Rheinmetall AG, Klaus Eberhardt, und der Vorstandsvorsitzende der Oerlikon Contraves AG, Ernst Odermatt, an den rumänischen Verteidigungsminister, Teodor Atanasiu, die Bereitschaft zu „einer strategischen und langfristigen Partnerschaft mit den rumänischen Streitkräften" und zur „Beteiligung bei der Privatisierung der rumänischen Rüstungsindustrie" zum Ausdruck. Darauf nahm der rumänische Wirtschaftsminister, Ioan Codruț Șereș, am 7. Juli 2005 in seinem Antwortschreiben an Klaus Eberhard und an Ernst Odermatt Bezug:

> „Wir teilen mit Ihnen die Überzeugung, dass wir das tatsächliche Potential und die Gelegenheit haben, eine strategische Partnerschaft und Zusammenarbeit zwischen den Unternehmen einschließlich der Rheinmetall DeTec Gruppe und der Oerlikon Contraves Gruppe und unseren spezialisierten Unternehmen der rumänischen Rüstungsindustrie aufzubauen. Wir glauben auch, dass die 15 Jahre der Zusammenarbeit mit einigen Unternehmen bereits unsere Fähigkeiten und das Potential bewiesen haben und unsere Unternehmen veranlassen werden, dass sie aktiver und stärker eingebunden werden im Privatisierungsprozess, der gegenwärtig in Rumänien beschleunigt wird."

Einige Tage später fand dann in Rumänien eine umfassende Präsentation von sechs Wehrtechnik-Unternehmen der Rheinmetall Gruppe unter Leitung des Bereichsvorstands Gert Winkler und ein intensiver Informationsaustausch statt. Auf rumänischer Seite nahmen der Generalstabschef der Streitkräfte, der 2004 zum Viersterne-General beförderte Eugen Bădălan, der Generalstabschef des Heeres, Generalleutnant Ioan Sorin, sowie zahlreiche Offiziere der rumänischen Armee und hochrangige Vertreter der rumänischen Industrie teil. Winkler ging in seinem Einführungsvortrag noch einmal auf die bisher erfolgreiche Zusammenarbeit ein und erklärte offiziell die Bereitschaft von Rheinmetall, sich am Privatisierungsprozess der rumänischen Verteidigungsindustrie zu beteiligen. Dies könnte, ergänzte Winkler, auch Kapitalinvestitionen einschließen.

Bei der Präsentation der einzelnen Geschäftsbereiche informierte ich über das Produktspektrum der gepanzerten Fahrzeuge von Rheinmetall Landsysteme und lotete in den anschließenden Gesprächen Kooperationsmöglichkeiten aus. Dabei konzentrierten sich unsere Industriegespräche und Verhandlungen auf das staatliche rumänische Unternehmen ROMARM, das größte Rüstungsunternehmen des Landes mit Sitz in Bukarest. In diesem sind die 15 staatlichen Rüstungsbetriebe, die alle dem Ministerium für Industrie und Ressourcen unterstehen, zusammengefasst. Die im Jahr 2000 auf der Grundlage einer Regierungsentscheidung gegründete ROMARM macht mit rund 12 000 Beschäftigten 80 Prozent des Umsatzes im Militärgeschäft. Das Produktspektrum umfasst gepanzerte Rad- und Kettenfahrzeuge, Infanteriewaffen und Munition, Artilleriesysteme, Flugkörper und Raketen, Explosivstoffe und Antriebsmittel.

Das Interesse, sich durch Beteiligungen oder Joint Venture finanziell in der rumänischen Rüstungsindustrie zu engagagieren, wurde von Rheinmetall jedoch aufgegeben, weil seitens der rumänischen Regierung keine Garantien für zukünftige Beschaffungsvorhaben gegeben wurden und das zukünftige Marktpotential vom Rheinmetall-Controlling, mehr von belastbaren Zahlen und weniger von einer Marktstrategie geleitet, als zu unsicher eingestuft wurde.

Dennoch bleibt Rumänien als NATO-Partner für die deutsche wehrtechnische Industrie weiterhin ein interessanter Markt. Das Land wird den Modernisierungsprozess seiner Streitkräfte weiter voranbringen. Der Umstrukturierungsprozess der immer noch überdimensionierten Rüstungsindustrie, insbesondere die Privatisierung zur Erhöhung der internationalen Wettbewerbs- und Kooperationsfähigkeit, muss jedoch konsequent fortgeführt werden. Dabei bleibt die Unterstützung durch ausländische Investoren unerlässlich.

Ukraine – ein zerrissenes Land

Im Februar 1999 hatte ich erstmals die Gelegenheit, in die Ukraine zu reisen, als das Wirtschaftsdirektorat der NATO in Brüssel einen NATO-Ukraine Workshop zum Thema „Die Umstrukturierung der Rüstungsindustrie, Abbau und Konversionserfahrungen" in Kiew organisierte. Ich erhielt eine Einladung, zum Thema „Konsolidierung, Kooperation und Konversion der europäischen Panzerindustrie" zu sprechen. Dabei bildeten die partnerschaftlichen Beziehungen der Ukraine zur NATO, die aktive Mitarbeit des Landes am NATO-Programm „Partnerschaft für den Frieden" und im Nordatlantischen Kooperationsrat die Grundlage für eine verstärkte rüstungswirtschaftliche Zusammenarbeit.

Die Ukraine, der zweitgrößte Flächenstaat Europas, war nach der Unabhängigkeitserklärung vom 27. August 1991 und der Auflösung der Sowjetunion am 21. Dezember 1991 lange bestrebt, ihre Unabhängigkeit und territoriale Integrität zu festigen. Dies galt insbesondere gegenüber dem mächtigen Nachbarn Russland. Die Beziehungen zu Russland hatten für die Ukraine mit ihren rund 50 Millionen Einwohnern stets einen hohen Stellenwert, nicht nur aus handfesten wirtschaftlichen und energiepolitischen Gründen, sondern auch wegen des starken russischen Bevölkerungsanteils von rund 17 Prozent.

1993 wurde die Militärdoktrin der Ukraine verabschiedet, nach der das Land sich als neutral und blockfrei versteht und keine fremden Stützpunkte auf seinem Territorium duldet. Am 5. Dezember 1994 gaben die USA, Großbritannien und Russland im Rahmen der KSZE-Konferenz in Budapest im Budapester Memorandum Sicherheitsgarantien ab, dass sie als Gegenleistung für den Verzicht der Ukraine auf Nuklearwaffen die Souveränität und die bestehenden Grenzen sowie die politische und wirtschaftliche Unabhängigkeit achten.

Am 31. Mai 1997 unterzeichneten der russische Präsident Boris Jelzin und der ukrainische Präsident Leonid Kutschma in Kiew den „Vertrag über Freundschaft, Kooperation und Partnerschaft zwischen der Ukraine und der Russischen Föderation". Dieser Grundlagenvertrag regelt die territoriale Integrität beider Länder sowie die Unverletzlichkeit der Grenzen und bestätigte die Zugehörigkeit der überwiegend russischsprachigen Halbinsel Krim zur Ukraine.

Wie wir heute wissen, verstieß Russland 2014 mit der, wie Bundeskanzlerin Merkel 2015 in Moskau unverblümt sagte, „verbrecherischen und völkerrechtswidrigen Annexion der Krim" sowie mit der militärischen Unterstützung der Separatisten in der Ostukraine gegen internationales Recht, gegen das Budapester Memorandum und gegen den Freundschaftsvertrag von 1997. Die Sicherheitsgarantien der USA, Großbritanniens und Russlands waren in der Ukrainekrise 2014 das Papier nicht wert.

Am 9. Juli 1997 unterzeichneten die Staats- und Regierungschefs der 16 NATO-Staaten und der ukrainische Präsident Kutschma die „Charta über eine ausgeprägte Partnerschaft zwischen der Nordatlantikvertrags-Organisation und der Ukraine", in der sich die NATO und die Ukraine zum Gewaltverzicht und zu regelmäßigen Konsultationen verpflichten sowie enge militärische Kooperationen vereinbaren. Diese Charta beruht auf der „Überzeugung, dass eine unabhängige, demokratische und stabile Ukraine einer der Schlüsselfaktoren für die Gewährleistung der Stabilität in Mittel- und Osteuropa sowie auf dem Kontinent insgesamt ist".

Zur Vorbereitung dieser ersten Reise in die Ukraine setzte ich mich mit den ukrainischen Streitkräften, ihrer Ausrüstung und mit der Rüstungsindustrie auseinander. Die Stärke der Streitkräfte, die 1999 noch Nuklearwaffen besaßen, betrug damals 303 800 Soldaten, 151 200 dienten im Heer, das über die gewaltige Zahl rund 11 000 gepanzerten Fahrzeugen, darunter 3 895 Kampfpanzer, verfügte. Der Verteidigungshaushalt war im Jahr 1999 mit 385 Millionen US-Dollar jedoch unverhältnismäßig niedrig. Heute haben die ukrainischen Streitkräfte nur noch eine Stärke von 204 000 Soldaten.

Die Ukraine verfügte damals über eine umfangreiche, leistungsfähige Rüstungsindustrie mit rund 100 Betrieben, doch insbesondere der Zusammenbruch der Sowjetunion führte zu großen Problemen in diesem Wirtschaftszweig. Die Umstrukturierung der breit gefächerten ukrainischen Unternehmen und der zahlreichen wissenschaftlichen Institute, in denen früher einmal etwa 500 000 Menschen direkt und etwa eine Million indirekt beschäftigt waren, gestaltete sich äußerst schwierig.

So war es das Ziel dieser NATO-Ukraine-Konferenz, an der zahlreiche

Die deutsche Delegation in Kiew auf dem NATO-Ukraine Workshop „Die Umstrukturierung der Rüstungsindustrie, Abbau und Konversionserfahrungen"

Vertreter aus der Ukraine und aus mehreren westeuropäischen Ländern teilnahmen, Lösungsmöglichkeiten für die Rüstungsindustrie aufzuzeigen. In meinem in Englisch gehaltenen Vortrag erläutere ich einleitend die sicherheitspolitischen und wirtschaftlichen Rahmenbedingungen. Diese waren vom Bestreben der NATO gekennzeichnet, nach dem Fall des Eisernen Vorhangs und dem Zusammenbruch des Warschauer Paktes Polen, Tschechien und Ungarn die Mitgliedschaft im Atlantischen Bündnis zu ermöglichen. Zugleich bestanden in diesen Ländern erhebliche wirtschaftliche Probleme und eine Haushaltsmittelknappheit. Dabei zeigte ich insbesondere die Lage der wehrtechnischen Unternehmen, den Konsolidierungsprozess und die verschiedenen Kooperationsstrategien der europäischen Panzerindustrie und Kooperationsmöglichkeiten mit deutschen Unternehmen auf. Dies erschien mir wichtig, weil die planwirtschaftlich gesteuerten Rüstungsunternehmen der Staaten des ehemaligen Warschauer Paktes und der Nachfolgestaaten der Sowjetunion nur geringe Erfahrungen mit internationalen Kooperationen hatten, kaum Bereitschaft dazu zeigten und selten Eigeninitiativen entwickelten. Sie waren in erster Linie an der direkten Vermarktung ihrer Produkte in den ihnen zugänglichen Märkten interessiert.

Das Thema Konversion der Rüstungsindustrie beleuchtete ich abschließend kritisch und trug meine heute noch zu vertretende Auffassung vor: „Eine mit angemessenen finanziellen Mitteln staatlich geförderte Konversion kann die Diversifikation in den wehrtechnischen Unternehmen unterstützen. Dabei spielen jedoch die wirtschaftliche Situation des Landes, die

Aufnahmefähigkeit des Marktes für neue Produkte, die Wettbewerbsfähigkeit und die verfügbaren Finanzmittel eine entscheidende Rolle.

Es ist im Rahmen der Konversion von Rüstungsbetrieben im Allgemeinen wirtschaftlich wenig sinnvoll, in Produkt- und Marktsegmente hineinzustoßen, die fest etabliert sind. Die hohen Investitionen, zumeist verbunden mit umfangreicher Mitarbeiterumschulung, Änderung der betrieblichen Strukturen, geringer Kundenakzeptanz und Marktkenntnisse, bieten bei hartem Wettbewerb wenig Aussichten auf Erfolg. Konversion - oder besser Diversifikation - setzt daher das Vorhandensein neuer Märkte für neue Produkte voraus.

Die Entwicklung neuer Produkte für neue Märkte bedeutet wirtschaftlich und technologisch für ein Unternehmen eine große Herausforderung. Die Konkurrenz wartet nicht darauf, dass die wehrtechnische Industrie ihnen Marktanteile streitig macht. Dies gilt nicht nur für die wehrtechnische Industrie. Wir haben dies an dramatischen Beispielen in der ehemaligen DDR trotz massiver finanzieller Unterstützung erlebt.

Ein erfolgreicher Weg ist häufig der Erwerb anderer ziviler Unternehmen oder die Bildung von Joint Ventures. Dies hat jedoch selten zur Folge, dass die Beschäftigten in der Wehrtechnik dort einen neuen Arbeitsplatz finden. Derartige Maßnahmen führen im Allgemeinen nur zu einer wirtschaftlichen Stabilisierung eines Konzerns.

Die wirtschaftliche Situation, die Aufnahmefähigkeit des Marktes für neue Produkte, die Wettbewerbsfähigkeit und die verfügbaren Finanzmittel der wehrtechnischen Unternehmen spielen eine entscheidende Rolle für den Erfolg der Konversion. Es ist verständlich, dass die Arbeitsmarkt-, Regional- und Strukturpolitik nicht durch Mittel des Verteidigungshaushaltes finanziert werden können. Da eine signifikante Steigerung öffentlicher Mittel nicht zu erwarten ist, bleibt die Diversifikation in erster Linie Aufgabe der Unternehmen. Dies ist jedoch nur möglich, wenn in der Wehrtechnik entsprechende Erträge erwirtschaftet werden und die erforderliche Planungssicherheit der Streitkräfte eine langfristig abgesicherte Ausrichtung der wehrtechnischen Industrie ermöglicht."

Ich war erstaunt, wie gering die betriebswirtschaftlichen Kenntnisse der ukrainischen Konferenzteilnehmer über ihre Rüstungsunternehmen und die Produkte waren, wohl auch ein Resultat der immer noch weit verbreiteten

Geheimniskrämerei in diesen Ländern. Ich schrieb in meinem Reisebericht: „Es fragt sich, auf welcher Basis rüstungswirtschaftliche Entscheidungen getroffen und die ausländische Industrie zu Investitionen ermutigt werden sollen." Offener gestaltete sich hingegen die Diskussion unter den westlichen Teilnehmern, bei der die abweichenden Vorstellungen über die Ausrichtung der staatlichen oder privatwirtschaftlichen Rüstungsindustrie sowie das unterschiedliche Ausmaß staatlicher Einflussnahme deutlich wurden.

Nach dieser Konferenz schaute ich mir vor der Weiterreise nach Charkiw noch Kiew an, schlenderte über den Unabhängigkeitsplatz Majdan, der mit dem Unabhängigkeitsdenkmal fünf Jahre später weltbekannt wurde. Die wunderschöne Stadt am Ufer des Dnjepr, auch „Mutter aller russischen Städte" genannt, war mit ihren zahlreichen byzantinischen Kathedralen mit den goldglänzenden Zwiebeltürmen und den Klöstern einst ein Zentrum des byzantinischen Christentums.

Mit Unterstützung von Serkiy Polishuk, Diplomat an der ukrainischen Botschaft in Bonn, erhielt ich eine Einladung, nach der Konferenz das größte Panzerwerk des Landes, die Malyshev Plant, in Charkiw zu besuchen. Dieses Unternehmen im Osten der Ukraine, ist seit der Produktion des legendären T-34 Kampfpanzers ein weltweit renommierter Panzerhersteller.

Pünktlich um 21.15 Uhr verließ der Nachtzug den Bahnhof in Kiew. Gegen fünf Uhr bin ich beim ersten dämmrigen Morgenlicht neugierig aufgestanden, um mir die ostukrainische Winterlandschaft anzuschauen. Der Zug fuhr durch die tief verschneiten weiten Ebenen, vorbei an einsamen Dörfern mit ihren einfachen Holzhäusern. Kein Auto war zu sehen, aber immer wieder Menschen, die an diesem frostigen Morgen mit schwerem Gepäck auf den schneebedeckten Wegen entlang der Bahngleise über lange Strecken zum nächsten Ort oder zum nächsten Bahnhof liefen. Eine melancholische Stimmung erfasste mich beim Anblick der endlosen schneeweißen Weiten.

Gegen sechs Uhr ging ich zum Speisewagen, um vor Ankunft zu frühstücken. Er war zu meiner Enttäuschung geschlossen. Auf einem neben der Tür fest angebrachten Messingschild entzifferte ich den kyrillischen Buchstaben und Zahlen, dass das Restaurant mit seinen festen Essenszeiten erst um 7.00 Uhr öffnen würde. Um 7.05 Uhr erreichte der Zug seine Endstation in Charkiw. Fast zehn Stunden Bahnfahrt für knapp 500 Kilometer. Ich konnte vor dem Aussteigen nicht mehr feststellen, ob das Restaurant noch pünktlich vor Ende der Bahnfahrt geöffnet wurde. Ich war um eine sozialistische Erfahrung reicher.

Auf dem Bahnsteig wurde ich von zwei Mitarbeitern der Malyshev Plant in Empfang genommen. Dann ging die Fahrt in einem russischen Lada in das Werk, wo ich in das riesige, holzgetäfelte Büro des stellvertretenden Generaldirektors, Valentin Sobol, geleitet wurde. Nachdem er sich über den Verlauf meiner Reise und die Konferenz in Kiew erkundigt hatte, informierte er mich über das traditionsreiche Unternehmen. Das Malyshew-Werk beschäftigte die unvorstellbar hohe Zahl von 11 000 Mitarbeitern. Dann erläuterte das Produktprogramm, zu dem die Kampfpanzer der T-Klasse, Bergepanzer und BMP-Schützenpanzer gehören.

Der 1999 in die ukrainische Armee eingeführte Kampfpanzer T-84 ist eine verbesserte Weiterentwicklung des russischen T-80. Er ist mit einer 125 mm-Glattrohrkanone bewaffnet, die auch Lenkraketen verschießen kann. Drei Wochen nach diesem Besuch in Charkiw konnte ich in Abu Dhabi auf der Wehrtechnik-Messe IDEX 1999 den vom Malyshev-Werk auf einem Testgelände eindrucksvoll präsentierten Kampfpanzer T-84 in Augenschein nehmen.

Ein leitender Ingenieur von KMDB, dem Kharkiv Morozow Machine Building Design Bureau, berichtete, dass das unabhängige Konstruktionsbüro seit 1927 gepanzerte Kampffahrzeuge entwickelt und eng mit Malyshev Plant verbunden ist. KMDB konstruierte auch den Kampfpanzer T-80UD, eine dieselangetriebene Variante des gasangetriebenen T-80. KMDB kooperiert eng mit der pakistanischen Rüstungsindustrie, lieferte das Triebwerk für den Kampfpanzer AL-KHALID und war an der Leistungssteigerung des AL-ZARAR Kampfpanzers beteiligt. Die Ukraine exportierte auf der Grundlage des 1996 abgeschlossenen Vertrages 320 dieselangetriebene T-80UD Kampfpanzer für 580 Millionen US-Dollar nach Pakistan.

Daraufhin informierte ich meine Gesprächspartner über Rheinmetall Landsysteme. Besonderes Interesse zeigten die Ukrainer an den Leistungsdaten unseres Bergepanzers 3, der auf einem LEOPARD 2- Fahrgestell basiert, weil sie nicht über einen entsprechenden Bergepanzer für ihre Kampfpanzer verfügten.

Nach der Besprechung äußerte ich den Wunsch, die Fertigung zu besich-

Im Museum des ukrainischen Malyshev Panzerwerks in Charkiw

Ukrainischer T-84 in Abu Dhabi

tigen. Meine Gastgeber begleiteten mich freundlich durch das riesige Werksgelände, doch statt der Produktion von Panzerfahrzeugen zeigte man mir voller Stolz das Museum, in dem die Geschichte des Panzerbaus des Unternehmens an zahlreichen Modellen und überdimensionalen Gemälden dargestellt wurde. Ich fand nicht heraus, ob der Grund in der immer noch weit verbreiteten Geheimniskrämerei lag oder zu dieser Zeit in der Fertigungshalle keine Panzer produziert wurden.

Anschließend gingen wir in das firmeneigene Restaurant, wo mit viel Wodka und Trinksprüchen das Treffen besiegelt wurde. Zum Abschied überreichte man mir als Gastgeschenk stolz das Buch „T-34: ПУТЬ К ПОБЕДЕ", „T-34: Weg zum Sieg", in dem die Entwicklung und Produktion sowie die militärischen Einsätze des legendären Kampfpanzers beschrieben werden. 54 400 T-34 wurden bis Ende des Zweiten Weltkrieges produziert, die Gesamtproduktion belief sich auf rund 80 000 Stück. Beim Anblick dieses Buches und Betrachten der Fotos, die auch die Eroberung Berlins 1945 mit T-34 Kampfpanzern zeigen, dachte ich an den Einmarsch der T-34 im Mai 1945 in unser schlesisches Heimatdorf Konradswaldau, an die Ermordung des auf dem Bauernhof meiner Großeltern beschäftigten ukrainischen Arbeiters durch sowjetische Soldaten, als er mich aus der Geiselnahme befreien wollte,. Und ich hatte die Bilder mit den sowjetischen T-34 beim Aufstand in Berlin am 17. Juni 1953 und in Ungarn 1956 vor Augen.

Am nächsten Morgen nutzte ich vor dem Abflug noch die Zeit, mir zu früher Stunde das tief verschneite Charkiw anzuschauen, . Während des

Zweiten Weltkrieges wurde sie 1941 von den deutschen Truppen erobert und stand 1942 sowie 1943 im Zentrum der drei Schlachten um Charkiw. Erst im August 1943 gelang es den sowjetischen Truppen, die Stadt endgültig einzunehmen.

Heute ist Charkiv von den massiven Repräsentationsgebäuden im Stil des Sozialistischen Klassizismus geprägt. Das Residenz-Haus am Verfassungsplatz verkörpert den Stalinistischen Stil. Einen wohltuenden Kontrast zu diesen nüchternen, grauen Gebäuden bieten die bunten Kathedralen mit ihren leuchtenden Kuppeln, wie die im russisch-byzantinischen Stil gebaute Pokrovsky- oder Mariä-Verkündigungs-Kathedrale und die Blagoveshenskiy-Kathedrale, die die neo-byzantinische Epoche repräsentiert.

Als die militärpolitischen Beziehungen für Deutschland zu den Nachfolgestaaten der Sowjetunion und zu den mittelost- und südosteuropäischen Staaten immer mehr an Bedeutung gewannen, richtete das Verteidigungsministerium in Bonn ein Referat ein, das für die rüstungswirtschaftlichen Beziehungen zu diesen Ländern zuständig war. Der Referatsleiter Dr. Elmar Rauch zeigte bei dieser neuen Aufgabe ein besonders starkes Engagement, wobei ihm seine ausgezeichneten Russischkenntnisse sehr zu Hilfe kamen.

Anfänglich stand das Problem der Umgestaltung der umfangreichen ukrainischen Rüstungsindustrie im Mittelpunkt der bilateralen Gespräche mit der Ukraine. Dabei kooperierte Ministerialrat Rauch eng mit der deutschen wehrtechnischen Industrie. Er hatte in Zusammenarbeit mit interessierten deutschen Unternehmen sowie den ukrainischen Beamten und Offizieren mit viel Aufwand ein breites Technologie- und Produktspektrum ausgearbeitet, bei dem sich Möglichkeiten einer Zusammenarbeit zwischen beiden Ländern ergeben könnten. Auch für den Rheinmetall-Konzern bestanden Kooperationsmöglichkeiten bei einigen Projekten, und so führten wir in Deutschland mit den ukrainischen Vertretern mehrere Besprechungen durch. 2001 hatte ich auf einer gemeinsamen Reise von Vertretern des deutschen Verteidigungsministeriums und der Industrie wiederum die Gelegenheit, im Rahmen von Projektbesprechungen in die Ukraine zu reisen.

Im Anschluss an die Verhandlungen konnten wir einige wehrtechnische Unternehmen in Kiew zu besichtigen. Viele Produkte entsprachen zwar nicht unserem hohen technischen Standard, zeichneten sich doch durch ihre

Einfachheit und Robustheit aus. Einige Teilnehmer der deutschen Luftfahrtindustrie zeigten sich beeindruckt von der Leistungsfähigkeit des ukrainischen Transportflugzeugs Antonov-70, das die Forderungen der westeuropäischen Staaten, die European Staff Requirements, in wesentlichen Bereichen übertrifft. So waren unsere Verhandlungen durch die Enttäuschung
der Ukrainer wegen der Entscheidung getrübt, nicht die Antonov-70 zu
beschaffen, sondern mit dem A400M ein eigenes europäisches Transportflugzeug zu entwickeln. Die westlichen Regierungen wollten mit der Anto-
nov keine politischen und industriellen Risiken eingehen, haben sich aber
mit dem A400M andere massive, bis heute andauernde Probleme eingehan-
delt. Der erste A400M wurde Ende 2014, vier Jahre verspätet, in die Bundeswehr eingeführt, verbunden mit erheblichen Kostensteigerungen.

Auf meinen Reisen in die Ukraine gewann ich die Erkenntnis, dass die
Umgestaltung der Streitkräfte und die Konsolidierung der Rüstungsindustrie
auf westliche Standards noch erhebliche Anstrengungen abverlangen werden. Leider wurden diese Kooperationsgespräche nach dem altersbedingten
Ausscheiden von Elmar Rauch aus der Bundeswehr nicht fortgesetzt.

Ab 2002 war der Beitritt der Ukraine zur Atlantischen Allianz über einen
langen Zeitraum offizieller Bestandteil der Außenpolitik des Landes. Auf
dem NATO-Gipfel in Bukarest im April 2008 erhielt die Ukraine eine
grundsätzliche Beitrittsperspektive. Dies führte jedoch zu erheblichen Konflikten mit Russland, weil die NATO diese Absichtserklärung nicht mit der
notwendigen Entschlossenheit und Einstimmigkeit umgesetzt hat.

In dem 2004 erschienenen „Strategic Defence Bulletin bis 2015" bewertete die Ukraine den NATO- und EU-Erweiterungsprozess noch als Voraussetzung zur Verbesserung der Sicherheit im Umfeld des Landes. Dieses
Dokument und der Prozess zur Reform der Streitkräfte wurden von der
NATO begrüßt. Dabei sollten besondere Anstrengungen auf die Beziehungen zu den NATO- und EU-Ländern gelegt werden, um die Ukraine in die
europäischen und euro-atlantischen Sicherheitsstrukturen einzubinden und
gleichfalls konstruktive, gute nachbarliche Beziehungen zur Russischen Föderation und zu den anderen GUS-Staaten zu entwickeln.

2016 belief sich der Verteidigungshaushalt auf 56,6 Milliarden Grywna,
umgerechnet 2,0 Milliarden Euro. Die infolge der Krise mit Russland stark

aufgestockten Streitkräfte verfügen über 204 000 aktive Soldaten. Das Heer hat bei einer Stärke von 145 000 Soldaten einen außerordentlich hohen Bestand an 5 206 gepanzerten Fahrzeugen, darunter 2 093 Kampfpanzer.

Das Partnerschafts- und Kooperationsabkommen vom März 1998 und der seit Februar 2005 geltende Aktionsplan EU-Ukraine bildeten die vertraglichen Grundlagen der Beziehungen zur Europäischen Union, auf denen im Februar 2007 die Verhandlungen über ein EU-Ukraine Assoziierungsabkommen begannen. Doch kurz vor der geplanten Unterzeichnung auf dem EU-Gipfel der „Östlichen Partnerschaft" am 21. November 2013 in Vilnius brach der ukrainische Staatspräsident Viktor Janukowitsch die Verhandlungen auf Druck Russlands ab und legte den Vertrag auf Eis. Der russische Präsident Putin hatte für die Ablehnung der Assoziierung mit der EU ultimativ mit der Ukraine weitreichende Verträge über die Lieferung von Öl und Gas, Industriekooperationen, insbesondere in der Rüstungszusammenarbeit, vereinbart sowie die Mitgliedschaft in der Eurasischen Union unter russischer Führung angeboten. Die Ukraine war unerwartet in einen bedrohlichen geopolitischen Konflikt zwischen Russland und dem Westen geraten, der 2014 zu gewaltsamen militärischen Auseinandersetzungen führte.

Im November 2013 begannen auf dem Majdan Demonstrationen, die schließlich die Absetzung des Präsidenten Janukowitsch am 22. Februar 2014 durch das ukrainische Parlament bewirkten. Im Februar 2014 fing die Krim-Krise an. Separatisten brachten, unterstützt durch verdeckt operierende russische Spezialeinheiten, die Halbinsel Krim, die einen russischen Bevölkerungsanteil von 60 Prozent hat, völkerrechtswidrig unter ihre Kontrolle. Am 16. März sprach sich in einem Referendum über den Status der Krim eine angebliche Mehrheit der Krim für einen Beitritt zur Russischen Föderation aus. Bereits am nächsten Tag erfolgte der Beitrittsantrag der Krim an die Russische Föderation, und am 18. März 2014 unterzeichnete Putin ein Beitrittsabkommen, das der Russische Föderationsrat am 21. März 2014 ratifizierte. Damit wurden die ehemals ukrainische Autonome Republik Krim und die Stadt Sewastopol ein Teil der Russischen Föderation. In der UN-Vollversammlung wurde jedoch durch eine Resolution das Referendum und die Sezession der Krim für ungültig erklärt.

Kurze Zeit nach der völkerrechtswidrigen russischen Einverleibung der Krim gelang es prorussischen Separatisten in der Ostukraine, im Donbass, mit massiver Unterstützung durch verdeckt operierendes russisches Militär und durch russische Ausrüstung große Gebiete unter ihre Kontrolle zu bringen. Die militärische Schwäche der nur auf dem Papier starken ukrainischen Armee hat mich überrascht.

Am 20. März 2014 unterzeichnete die Ukraine den politischen Teil des Assoziierungsabkommens mit der EU und erklärte am 21. März den Austritt aus der Gemeinschaft Unabhängiger Staaten. Am 27. Juni wurde auf dem EU-Gipfel in Brüssel der wirtschaftliche Teil des Partnerschafts- und Assoziierungsabkommens unterzeichnet, und am 1. Januar 2016 trat das Freihandelsabkommen zwischen der Ukraine und der EU in Kraft. Die schwerste Krise in der Ukraine seit ihrer Unabhängigkeit hat Europa an den Rand eines Krieges geführt. Sie zeigte, dass in Europa die gewaltsame territoriale Annexion und Verschiebung der Grenzen wieder möglich sind. Nachdem der Friedensplan Minsk I vom 5. September 2014 gescheitert war und die militärischen Auseinandersetzungen im Osten der Ukraine nicht eingestellt wurden, wurde am 12. Februar 2014 das Abkommen Minsk II von dem russischen Präsidenten Putin, dem ukrainischen Präsidenten Poroschenko, dem französischen Präsidenten Hollande und der Bundeskanzlerin Merkel unterzeichnet. Es beinhaltet u.a. eine Waffenruhe und eine Entscheidung des ukrainischen Parlaments über die Autonomie bestimmter Regionen der Separatistengebiete.

Zugleich festigten der eklatante Bruch des Völkerrechts, die Verletzung der Integrität und Souveränität der Ukraine, der Verstoß gegen die Charta der Vereinten Nationen, gegen die KSZE-Akte von Helsinki, gegen das Budapester Memorandum und gegen den russisch-ukrainischen Grundlagenvertrag die transatlantischen und europäischen Beziehungen. Sie riefen große Sorgen in einigen europäischen Staaten, wie in Polen und im Baltikum, hervor, dass Russland auch hier militärisch intervenieren könnte. Die Krise in der Ukraine brachte dieses Land näher an das Atlantische Bündnis heran. Offen ist, ob aufgrund der innenpolitischen und gesellschaftlichen Lage sowie der wirtschaftlichen Abhängigkeit zum übermächtigen Nachbarn Russland langfristig das strategische Ziel der Ukraine, die vollständige Integration in die Europäische Union und in die Atlantische Allianz, erreicht werden kann.

Russland – waffenstarrende Agonie

Als Offizier der Bundeswehr und danach als Manager in der Rüstungsindustrie gab es während des Kalten Krieges beruflich für mich keine Möglichkeit, in die Sowjetunion zu reisen. Und auch privat war es mir nicht gestattet, zumindest nicht angeraten, dieses kommunistische Land zu besuchen. Erst nach dem Wegfall des Eisernen Vorhangs hatte ich ab 1995 die Gelegenheit, geschäftlich in die Nachfolgestaaten Litauen, Estland, Ukraine und Kasachstan zu reisen. Beruflich bin ich jedoch bis heute nicht in Russland gewesen, nutzte aber privat nach der Öffnung mehrfach die Gelegenheit, dieses mit 17,1 Millionen Quadratkilometern größte Land der Erde zu besuchen. Russland war für mich mit seiner schier endlosen Weite, dem geheimnisvollen Zauber Sibiriens und der großartigen Kultur stets ein Land der Sehnsucht. Zugleich war es auch ein von Gulags übersätes Land, das immer wieder von skrupellosen Herrschern regiert wurde.

Auf Rüstungsmessen suchte ich auch das Gespräch mit russischen Unternehmen, nicht nur aus fachlichem, sondern auch aus persönlichem Interesse an neuen menschlichen Begegnungen, fand jedoch bei ihnen selten Bereitschaft zum offenen Informationsaustausch, zur Erörterung von Kooperationsmöglichkeiten, ein Überbleibsel des kommunistischen Systems. Die Russen waren darauf eingestellt, mit starker politischer Unterstützung komplette Waffensysteme zu vermarkten. Die Zusammenarbeit mit den Warschauer Pakt-Staaten beschränkte sich auf Lizenzvergaben oder in der Beschaffung von nicht systemrelevanten Baugruppen aus den Satellitenstaaten. Eine gemeinsame Entwicklung und Produktion von Waffensystemen war nicht üblich, sie hätte ungewollte Abhängigkeiten geschaffen. Russische Panzer wurden zur Zeit des Kalten Krieges nur in Polen, in der Slowakei, in Jugoslawien und Indien in Lizenz und seit neuestem im Iran produziert.

Auch nach dem Zusammenbruch des Kommunismus und dem Zerfall der Sowjetunion im Jahre 1991 ist Russland weiterhin eine Großmacht und aufgrund des gewaltigen Streitkräfte- und Atomwaffenpotenzials stärkste militärische Macht in Europa und Asien, obwohl es seinen Status als Supermacht verloren hat.

Ein strategisches Element der russischen Politik, eine Ost-Erweiterung der NATO zu verhindern, war jedoch gescheitert. Seit 1994 sind neun ehemalige Staaten des Warschauer Paktes und Teilrepubliken der Sowjetunion auf eigenem Wunsch und freier Entscheidung der NATO beigetreten. Und auf dem NATO-Gipfel in Bukarest 2008 wurden sogar Georgien und der Ukraine eine Beitrittsperspektive eröffnet. Eine vom Westen angestrebte Sicherheitspartnerschaft mit Russland und die Abhängigkeit auf dem Energiesektor dürfen jedoch die Optionen der Erweiterung der NATO und der Europäischen Union für beitrittswillige und -fähige Staaten nicht verschließen. So hat Russland mit der erfolgreichen Osterweiterung der NATO und der EU erheblich an Einfluss in seinem früheren Machtbereich verloren, zumal die russische Politik bis heute keine vertrauensvollen Beziehungen zu den mittelosteuropäischen Staaten aufzubauen konnte.

Nach dem Ende der bipolaren Weltordnung geht die russische Außenpolitik heute von einer multipolaren Weltordnung aus. Doch es ist Russland bis heute nicht gelungen, international wieder als aktive, gleichberechtigte Weltmacht zu den USA aufzutreten, weil es wirtschaftlich zu schwach ist, um eine einflussreiche Geopolitik zu gestalten. Erst die Energiepolitik sowie die Schwächen der amerikanischen und europäischen Außenpolitik ermöglichten es dem Land, stärkeren Einfluss auf die internationale Politik zu nehmen, so im Syrienkonflikt und in der Türkei.

Es bestand nach Beendigung des Ost-West-Konfliktes das vitale Interesse der NATO, der Europäischen Union und der USA, Russland in eine dauerhaft tragfähige Sicherheitspartnerschaft einzubinden. Der im Mai 2002 gegründete NATO-Russland-Rat ist ein wichtiges Element der Kooperation Russlands mit dem Westen. Er ermöglicht Russland und den NATO-Mitgliedsstaaten, regelmäßig Themen von gegenseitigem Interesse zu besprechen. Dennoch ist dieses Verhältnis immer wieder von Störungen beeinträchtigt. Infolge der Ukraine-Krise wurde im September 2014 auf dem NATO-Gipfel in Wales von den Staats- und Regierungschefs die militärische und zivile Zusammenarbeit auf lange Zeit ausgesetzt.

Die brüskierende Rede des russischen Präsidenten Wladimir Putin auf der Münchner Sicherheitskonferenz im Februar 2007 leitete eine neue Epoche der Beziehungen Russland zum Westen ein, was vielen Beobachtern erst spät gewahr wurde. Ohne „diplomatische Rücksichten" war dies der erneute, selbstbewusste Auftritt des seit dem Zerfall der Sowjetunion wirtschaftlich und militärisch dahinsiechenden Russlands auf der Weltbühne. Putin verzichtete „auf ein übermäßiges Höflichkeitsgetue", sprach sich gegen eine monopolare Welt aus und griff die USA und die NATO in scharfer Form an, die sich mit ihren militärischen Einrichtungen immer näher an die Grenzen Russlands heran schiebe. „Die USA", so Putin, „hat ihre Grenzen in fast allen Bereichen überschritten."

Seit der donnernden Rede Putins in München ist die Außen- und Sicherheitspolitik Russlands geprägt von dem Bestreben, die ehemaligen Nachfolgestaaten der Sowjetunion als „nahes Ausland" zu betrachten, russischen Einfluss zurückzugewinnen und ihre Souveränität zu beschränken. Dies wurde 2008 im Georgienkonflikt deutlich, als Russland in diesem Nachbarland Krieg führte. Dieser legte zwar erhebliche Schwächen der russischen Armee offen, doch das Ziel, die Anerkennung der Unabhängigkeit der beiden Republiken Südossetien und Abchasien durch Russland, wurde erreicht. Die Schwächen der russischen Streitkräfte, insbesondere die Unbeweglichkeit der Großverbände und die unzureichenden Kommunikationsmittel führten dazu, dass der Schwerpunkt auf den Aufbau von leichten, beweglichen und schnell verlegbaren Einheiten gelegt wurde.

Die Rede Putins war zugleich das Signal für die in den Folgejahren durchgeführte Modernisierung und Umstrukturierung der russischen Streitkräfte, die heute die Fähigkeit zu großangelegten militärischen Operationen besitzen, wie sie in den riesigen Militärmanövern im Herbst 2013 mit 70 000 Soldaten und 2017 mit 100 000 Soldaten unter Beweis gestellt und der westlichen Welt wirkungsvoll demonstriert haben. Im Dezember 2007 stieg Russland aus dem 1990 geschlossenen Vertrag über die Konventionellen Streitkräfte in Europa aus, um so eine Anpassung an die veränderte sicherheitspolitische und militärische Lage zu erzwingen und eine Umgruppierung der russischen Streitkräfte zu ermöglichen.

Am 26. Dezember 2014 unterzeichnete Präsident Putin, der in der Aufrüstung der NATO und deren Ausweitung an die Grenzen Russlands weiterhin als eine der Hauptbedrohungen für sein Land sieht, eine neue Militärdoktrin. Diese bekräftigt den Machtanspruch Russlands im postsowjetischen Raum, wo sich „Regime etabliert" haben, die „russische Interessen bedrohen". Die Nuklearwaffen behalten weiterhin höchste Priorität; 2015 kündigte Präsident Putin an, die Strategischen Raketenstreitkräfte mit 40 neuen Interkontinentalraketen auszurüsten. Zugleich soll die Fähigkeit zur „nicht-nuklearen Abschreckung" erhöht werden.

Im März 2014 erfolgten die bereits beschriebene Intervention russischer Truppen in der Ukraine, die völkerrechtswidrige Annexion der Krim und der Beitritt zur Russischen Föderation. Später haben verdeckt operierende russische Truppen ohne Hoheitszeichen mit russischem Material die Abspaltung des Donbass im Osten der Ukraine unterstützt. Bereits hier fanden die Prinzipien der neuen Militärdoktrin von 2014 in Form von hybrider Kriegsführung Anwendung.

Die politischen Strukturen, die kritische wirtschaftliche Situation, ethnische Konflikte und Unabhängigkeitsbestrebungen einzelner Republiken sowie eine in hohem Maße unkalkulierbare Außen- und Sicherheitspolitik Russlands gegenüber den Nachbarländern geben berechtigen Anlass zur Sorge und erfordern bei den Nachbarn eine angemessene Risikovorsorge.

In jüngster Zeit ist von Russland der Ausbau der Beziehungen in den asiatisch-pazifischen Raum, in erster Linie zur Volksrepublik China, intensiviert worden mit dem Ziel, eine strategische Partnerschaft gegen den Westen, vorrangig zur Schwächung der globalen Dominanz der Vereinigten Staaten, aufzubauen. Insbesondere zu Indien hat Russland traditionell enge militärtechnische Bindungen. Diese sicherheitspolitische Zusammenarbeit war stets mit umfangreichen Waffenlieferungen nach Indien und China verbunden.

Russland ist Mitglied der 2001 gegründeten Shanghai Cooperation Organisation, der SCO, die ihren Sitz in Peking hat. Ihr gehören außerdem die Volksrepublik China, Usbekistan, Kasachstan, Kirgistan und Tadschikistan an. 2003 wurde ein gemeinsames Zentrum zur Bekämpfung des Terrorismus in Shanghai eingerichtet.

2016 belief sich der russische Verteidigungshaushalt auf 3 150 Milliarden Rubel, umgerechnet 47 Milliarden US-Dollar, das war ein Anteil von 3,7 Prozent des Bruttoinlandsprodukts. Die jahrelange chronische Unterfinanzierung trug wesentlich zum katastrophalen Zustand der Streitkräfte bei. Jetzt ist zur Beseitigung der Missstände der Anteil für die Entwicklung, Beschaffung und Leistungssteigerung von Wehrmaterial im Verteidigungshaushalt beträchtlich erhöht worden.

Russland ist militärisch in vier Militärdistrikte, West, Mitte, Süd und Ost mit je einem Joint Strategic Command, gegliedert und hat 798 000 Mann unter Waffen, von denen 240 000 Soldaten im Heer, 150 000 in der Marine und 165 000 in der Luftwaffe dienen. Die russischen Streitkräfte besitzen zwar potenziell noch die Fähigkeit zur groß angelegten Offensive, wenn auch eine derartig angelegte Aggression auf Europa heutzutage unwahrscheinlich ist.

Putin konnte seine Forderung, Russland müsse über leistungsfähige, mit modernsten Waffen ausgerüstete Streitkräfte verfügen, durchsetzen. Der Verteidigungshaushalt und die Beschaffungen wurden stark erhöht und sollen weiter steigen. Die Flexibilität und die Mobilität der Streitkräfte wurden erheblich verbessert. Dazu gehört auch die Einrichtung eines Kommandos Spezielle Operationen. Und es ist geplant, 10 bis 12 ständig einsatzbereite Großverbände auf Divisions- oder Brigadeebene aufzustellen, um den veränderten Einsatzbedingungen gerecht zu werden. Das Heer, die Marineinfanterie und die Luftlandetruppen verfügen über den gewaltigen Bestand von 64 488 gepanzerten Fahrzeugen, darunter 20 450 Kampfpanzer, 33 952 gepanzerte Kampffahrzeuge und 6 019 Panzerhaubitzen.

Historische Erfahrungen, industrielle Kapazitäten und wirtschaftliche Ressourcen führten nach dem Zweiten Weltkrieg zum Aufbau einer leistungsstarken, unabhängigen Rüstungsindustrie, die einen wichtigen Beitrag zur Großmachtstellung der Sowjetunion leistete. Nach dem Ende des Kalten Krieges und dem Zusammenbruch der Sowjetunion entstanden erhebliche wirtschaftliche und strukturelle Probleme in der russischen Rüstungsindustrie, trotz massiver Anstrengungen im Rüstungsexport. Die 1 600 Unternehmen, die sich fast ausschließlich in staatlicher Hand befinden, beschäftigen zwei Millionen Menschen.

Russland hat auch heute trotz großer wirtschaftlicher Probleme noch eine auf einer langen Tradition aufbauende, leistungsfähige Rüstungsindustrie und treibt die technologische Entwicklung weiter voran. Sie hat für Putin zugleich eine erhebliche Bedeutung zur Modernisierung der Wirtschaft. Sechs russische Rüstungsunternehmen gehörten 2016 mit einem Wehrtechnik-Umsatz in Höhe von 18,9 Milliarden US-Dollar zu den umsatzstärksten TOP 100 der Welt. Für 7,5 Milliarden US-Dollar wurden Rüstungsgüter exportiert.

Russland verfügt über eine traditionsreiche, leistungsfähige Panzerindustrie, die seit dem Beginn der Serienfertigung des legendären T-34 Kampfpanzers im Jahre 1940 auf eine fast achtzigjährige Erfahrung aufbaut. Die Kampfpanzer der T-Klasse und BMP-Schützenpanzer genießen weltweit ein hohes Ansehen.

Mehrere Unternehmen produzieren gepanzerte Fahrzeuge. Das 1936 gegründete Staatsunternehmen Uralvagonzavod in Nizhniy Tagil ist eines der größten Unternehmen in der Welt zur Produktion von Kampfpanzern. 2014 hat Uralvagonzavod 1,6 Milliarden US-Dollar in der Rüstung umgesetzt und Exportaufträge in Höhe von 2,6 Milliarden US-Dollar erhalten. Das Unternehmen produzierte die international anerkannten Kampfpanzer T-34, T-54, T-55, T-62 und T-72. Zur Produktpalette gehören jetzt der neueste T-90C sowie Berge- und Brückenlegepanzer. Uralvagonzavod hat auch den neuesten Kampfpanzer T-14 ARMATA entwickelt, der auf der Parade zum 70. Jahrestag des Endes des Zweiten Weltkrieges am 9. Mai 2015 auf dem Roten Platz in Moskau erstmals in der Öffentlichkeit vorgeführt wurde.

Die Arzamas Maschinenfabrik in Arzamas produziert die Mannschaftstransportfahrzeuge der BTR- und der GAZ-Klasse sowie den 4x4 TIGR. Kurganmashzavod ist der größte russische Produzent leichter gepanzerter Kettenfahrzeuge. Zu ihnen gehören die BMP-Schützenpanzer, die in 30 Länder geliefert wurden. Das Unternehmen OMSKTRANSMASH, die Omsk Transport Machine-Building Plant in Omsk, produziert die Kampfpanzer T-80U, T-80 UK und den BLACK EAGLE sowie Berge- und Brückenlegepanzer.

Die Rubtsovsk Maschinenfabrik in Rubtsowsk ist ein führendes Unternehmen in der Produktion von gepanzerten Aufklärungsfahrzeugen und des Mehrfachraketenwerfersystems SMERCH. Der Raketenwerfer wird von dem Unternehmen Splav in Tula produziert. Zum Produktspektrum der Wolgograd Tractor Fabrik in Wolgograd gehören die Luftlandefahrzeuge der BMD-Klasse und der leichte, schwimmfähige Panzer PT-76.

Der Almaz-Antey Konzern, die größte russische Rüstungsindustrie-Holding und das elftgrößte Rüstungsunternehmen weltweit, produziert mit rund 94 000 Beschäftigten und 7,4 Milliarden US Dollar Umsatz in 2016 Boden-Luft-Flugkörpersysteme.

Die militärische Luftfahrtindustrie Russlands gehört zu den leistungsfähigsten der Welt. Die russischen Kampfflugzeuge der MiG- und der Suchoi-Klasse, die Hubschrauber und Lufttransportflugzeuge genießen in den Luftflotten zahlreicher Länder ein hohes Ansehen. 2006 wurde auf Dekret von Präsident Putin der russische Luftfahrtkonzern AOK, die United Aircraft Corporation, gegründet, zu dem mehrere namhafte Flugzeughersteller gehören. Es ist das zweitgrößte Rüstungsunternehmen Russlands. 2016 setzte AOK mit rund 100 000 Beschäftigten 5,4 Milliarden US-Dollar in der Wehrtechnik um. Zur AOK gehört das Unternehmen Suchoi mit 26 000 Beschäftigten und 2,7 Milliarden US-Dollar Umsatz, davon 77,6 Prozent in der Wehrtechnik. Russian Helicopters ist mit 3,2 Milliarden US-Dollar Umsatz in 2015 das drittgrößte Rüstungsunternehmen Russlands.

Russland verfügt auch über einen leistungsfähigen Marineschiffbau, der sehr dezentralisiert im Lande angesiedelt ist, so in der Region um Sankt Petersburg, in der nördlichen Region um Archangelsk und im Fernen Osten um Wladiwostok. Die United Shipbuilding Corporation ist die größte Werftengruppe Russlands, die 2016 in der Rüstung 4,0 Milliarden US-Dollar umgesetzt hat. Das Unternehmen Rubin in Sankt Petersburg ist ein Konstruktionsbüro für die Entwicklung von U-Booten. 80 Prozent der sowjetischen und russischen U-Boote basieren auf einem Rubin-Design, die auch erfolgreich ins Ausland, so nach China und Indien, exportiert wurden.

Der Auslandsvertrieb russischer Rüstung wird überwiegend durch das 1993 gegründete Staatsunternehmen Rosoberonexport wahrgenommen. Gemäß Dekret der Russischen Föderation vom 18. Januar 2007 ist dieses Staatsunternehmen der einzige staatliche Exporteur von Rüstungsgütern in Russland und agiert unter strikter Aufsicht des russischen Präsidenten und der russischen Regierung. Das Unternehmen bietet eine breite Palette von ungefähr 300 Produkten an, die vom Kampfpanzer über Hubschrauber bis zu Kleinwaffen reicht.

Die russische Rüstungsindustrie drängt verstärkt in den Auslandsmarkt. 2014 wurden Rüstungsgüter im Wert von 13,2 Milliarden US-Dollar exportiert. Der verlorene Großmachtstatus des Landes und das Ende des globalen Ost-West-Gegensatzes erforderten aufgrund verminderter politischer Einflussmöglichkeiten neue Vertriebsstrategien für ihre wehrtechnischen Produkte und vermehrte unternehmerische Akquisitionsanstrengungen im Export. Russische Rüstungsunternehmen und Produkte, aufwendig präsentiert, sind zum festen Bestandteil wehrtechnischer Messen in der ganzen Welt und bei internationalen Vergleichserprobungen geworden. Indien ist seit langem der größte Auslandsmarkt der russischen Rüstungsindustrie. Ungefähr 70 Prozent der indischen Rüstungsimporte kommen aus Russland.

Zugleich ist Russland gezwungen, sich verstärkt internationalen wehrtechnischen Kooperationen zu öffnen, um wettbewerbsfähige westliche Technologie, vorrangig für Exportprodukte, zu erhalten. Insbesondere zu Frankreich, das sich beim Rüstungsexport kaum Schranken auferlegt, sondern diesen als ein Instrument der Außenpolitik ansieht, wurden umfangreiche rüstungswirtschaftliche Beziehungen aufgebaut. Aufgrund des infolge der Krim-Krise beschlossenen Embargos wurde die Auslieferung der 2011 von Russland in Frankreich für 1,2 Milliarden Euro bestellten zwei MIST-RAL-Hubschrauberträger und das bei Rheinmetall Defence mit einem Wert von 100 Millionen Euro beauftragte Ausbildungs- und Trainingszentrum gestoppt. Im August 2015 einigten sich die russische und französische Regierung nach langen Verhandlungen, dass Frankreich die beiden Schiffe behält und die geleisteten Anzahlungen zurückerstattet.

Mit ihrer selbstbewussten, auf militärische Stärke ausgerichteten Außen- und Sicherheitspolitik setzt Russland gezielt die Umstrukturierung und Modernisierung der Streitkräfte, die Erneuerung ihrer Ausrüstung und die Umgestaltung der Rüstungsindustrie fort. Die militärische Zusammenarbeit mit dem Ausland bildet eine wichtige Grundlage der russischen Außenpolitik. Im Rüstungsbereich kooperiert Russland mit mehr als 80 Ländern.

Der enorme Energie- und Rohstoffreichtum des russischen Riesenreiches, der die wirtschaftliche Leistungsfähigkeit des Landes bestimmt, und die gewaltige militärische Stärke dürfen aber nicht darüber hinwegtäuschen, dass die im Niedergang befindliche Wirtschaft des Landes mit seinen 144 Millionen Einwohnern insgesamt schwach ist. Es fehlt an technologischen Innovationen, die Lebensbedingungen großer Teile der leidensfähigen Bevölkerung sind äußerst schlecht. Wir erkennen im Westen die wirtschaftliche Schwäche des Landes sehr deutlich daran, dass in unseren Kaufhäusern, auf unseren Straßen und in unseren Wohnungen nur selten russische Produkte zu finden sind. Sie entsprechen nicht unseren Ansprüchen, haben kein positives Image, sind nicht begehrenswert.

Wenn ich die weitere politische, wirtschaftliche und gesellschaftliche Entwicklung Russlands sehr kritisch sehe, so habe ich zu diesem, für mich geheimnisvollen Riesenreich doch eine starke emotionale Bindung, die ich nicht begründen kann und sicherlich nicht allein mit dem Interesse an der russischen Kultur und mit den Erinnerungen an die schrecklichen Kriege zwischen beiden Ländern zu erklären ist. So waren meine privaten Reisen nach dem Zerfall der Sowjetunion durch das russische Riesenreich, nach Moskau, Sankt Petersburg, Wladiwostok sowie die eindrucksvolle Fahrt auf der Transsibirischen Eisenbahn von Peking durch die Weiten Sibiriens bis nach Moskau, dann weiter durch Weißrussland, unvergessliche Erlebnisse.

Und ich hätte während des Kalten Krieges im Traum nicht daran gedacht, dass mein Klassenkamerad Jürgen Knoppe, mit dem ich 1965 das Abitur in Hamburg machte, einmal als General und Verteidigungsattaché an der deutschen Botschaft in Moskau tätig sein würde. Er sicherlich auch nicht. Dort traf ich ihn 1996 mit meiner Frau Marie Rose auf unserer ersten Russlandreise. Er zeigte uns die Stadt und bewirtete uns in seiner Wohnung im Botschaftsgelände, seine Frau Gabriele war in Deutschland, nach alter Tradition mit Sakuska, einem Gericht aus typisch russischen Vorspeisen.

In Moskau vor dem Kreml mit meinem ehemaligen Klassenkameraden, Brigadegeneral Jürgen Knoppe, Verteidigungsattaché an der deutschen Botschaft

Nordamerika

USA – die einzige Supermacht

Das festliche Abendessen auf der Jahrestagung des IISS, des Londoner Internationalen Instituts für Strategische Studien, war im Williamsburg Hilton & National Conference Center im US-Bundesstaat Virginia beendet. Die Teilnehmer hatten sich von ihren Tischen erhoben, als ich mit Professor Carl-Friedrich von Weizsäcker ins Gespräch kam, den ich bereits ein Jahr zuvor auf der IISS-Konferenz im italienischen Stresa am Lago Maggiore getroffen hatte. Wir tauschten einige Gedanken über den bisherigen Verlauf der Konferenz aus, die sich 1982 dem Thema „Amerikas Sicherheit in den 1980er Jahren" widmete, sprachen über den Vortrag des US-Verteidigungsministers Caspar Weinberger, der für eine massive amerikanische Aufrüstung plädiert hatte. Auf Professor Weizsäckers Vorschlag hin zogen wir uns in eine ruhige Sitzecke in der Lounge des Hotels zurück und setzten das Gespräch bis in den späten Abend fort.

Unsere Unterhaltung drehte sich vorrangig um die deutsch-amerikanischen Beziehungen. Wir sprachen über die idealisierende Einstellung der Jugend gegenüber den USA nach dem Zweiten Weltkrieg, aber auch über die mittlerweise weit verbreitete kritische, antiamerikanische Haltung, über die Bewegung gegen den Vietnamkrieg und gegen den Nachrüstungsbeschluss. Er war aber auch sehr interessiert an meiner Tätigkeit in der Rüstungsindustrie. Sein besonnenes Nachdenken beim Sprechen und präzises Zuhören, seine wissenschaftlich fundierten Aussagen forderten von mir beim Abwägen meiner Worte höchste Konzentration ab.

Ich erlebte den 1912 in Kiel geborenen Wissenschaftler, Bruder des späteren Bundespräsidenten Richard von Weizsäcker, erstmals 1962 als Schüler auf einer Vortragsveranstaltung im Hamburger Johanneum-Gymnasium. Damals referierte er über das Tübinger Memorandum, eine an den Deutschen Bundestag gerichtete Denkschrift, die 1961 von ihm und sieben weiteren Wissenschaftlern verfasst wurde. In dieser sprachen sie sich gegen eine nukleare Aufrüstung Deutschlands aus. Im Jahre 1957 war der Physiker, der bereits vor dem Zweiten Weltkrieg die Möglichkeit erkannt hatte, Atombomben herzustellen, auf einen Lehrstuhl für Philosophie der Universität

Hamburg berufen worden. Er sagte einmal, dass er „nur durch göttliche Gnade" vor der Versuchung bewahrt worden, die deutsche Atombombe tatsächlich zu bauen.

Der Physiker, Philosoph und Friedensforscher Weizsäcker wurde als „letzter Universalgelehrter des deutschen Sprachraums" bezeichnet. Wenige Monate nach dieser internationalen Konferenz in Williamsburg erschien Weizsäckers bedeutendes Buch „Der bedrohte Friede", in dem er innerhalb weniger Jahre den Niedergang des Sowjet-Kommunismus voraussagte. Er wurde deshalb von vielen belächelt, sollte aber einige Jahre später mit seiner Ansicht, mit seinen Argumenten in wesentlichen Punkten Recht behalten.

Nach dem Zusammenbruch der Sowjetunion im Jahr 1991 wurden die Vereinigten Staaten von Amerika die erste und die einzige wirkliche Supermacht. Die weltweite Überlegenheit des Hegemon USA zeigt sich in der enormen Wirtschaftskraft des Landes mit der wettbewerbsfähigsten Volkswirtschaft und in der mächtigsten militärischen Streitkraft der Welt. Dies führte im 21. Jahrhundert zu einer unipolaren Weltordnung. Die Bedeutung der Streitkräfte der Vereinigten Staaten als globales Instrument der Krisenbewältigung ist seitdem beträchtlich gewachsen.

Seit 1997 veröffentlichen die USA regelmäßig in einem „Quadrennial Defense Review Report" ihre Verteidigungsstrategie. Das 1997 dem Kongress vorgestellte Dokument deckte den Zeitraum bis 2015 ab. Aufgrund der veränderten weltpolitischen Situation wurde die Militärkonzeption der USA überarbeitet und der Schwerpunkt auf power projection gelegt, also auf der Fähigkeit, umfangreiche Truppen weltweit schnell zur Krisenbewältigung verlegen zu können. Dieses Konzept hatte das Ziel, im Krisenfall gleichzeitig zwei Kriege in der Größenordnung des Golfkrieges in Übersee flexibel führen zu können. Diese „Zwei-Kriege-Strategie" wurde jedoch mit dem Strategischen Konzept vom 5. Januar 2012 aufgegeben.

Der mit Lügen begründete Irak-Krieg von 2003 zeigte im Nachherein aber auch die Grenzen der amerikanischen Macht als Weltlenker auf. Die militärische Hybris von Präsident George W. Bush kostete fast 4 500 Amerikanern das Leben, destabilisierte die Region und verwandelte sie bis heute in einen der größten Krisenherde.

Im „Quadrennial Defense Review Report" vom 6. Februar 2006 standen die asymmetrische Kriegführung, die Zerschlagung terroristischer Netzwerke, die Verteidigung des Heimatlandes und die Verhinderung der Verbreitung von Massenvernichtungswaffen an feindliche Staaten im Vordergrund. Zu dieser Zeit sahen die USA die Schaffung eines ungeteilten und demokratischen Europa als außenpolitisches Hauptziel und haben zu diesem Zweck die NATO-Erweiterung massiv vorangetrieben.

Am Juli 2008 wurde eine Strategie zur Modernisierung der Armee, die Army Modernization Strategy 2008, erlassen. Sie beschreibt, wie das US-Verteidigungsministerium in einer Ära fortdauernder Konflikte das Heer modernisieren und ausrüsten will, um den gegenwärtigen und zukünftigen Herausforderungen zu begegnen und die Umgestaltung zu einer Expeditionsarmee zu verstärken. Diese Strategie unterschied sich radikal von den Dokumenten früherer Jahre und enthielt folgende vier Wege zur Modernisierung des Heeres: eine schnelle Einführung der besten neuartigen Ausrüstung für die bestehenden Streitkräfte, die Leistungssteigerung und Modernisierung der bestehenden Systeme, die Einbindung neuer Technologien im Future Combat System FCS, und die Integration des FCS in den Brigade Combat Teams. 2009 wurde das überzogene, risikoreiche Konzept des FCS jedoch bis auf wenige Projektelemente aufgegeben.

Das weltweite Engagement der Vereinigten Staaten findet seinen Niederschlag auch in der gewaltigen Höhe des Verteidigungshaushaltes, der sich 2016 auf 604 Milliarden US-Dollar belief. Das waren 3,6 Prozent des Bruttosozialprodukts und 40 Prozent der Verteidigungsausgaben der gesamten Welt. Die Strategie weltweiter Einsatze der US-Streitkräfte führte jedoch zu einer „imperialen Überdehnung", einer diplomatischen und militärischen Überforderung. Dies hatte eine Strategie des „leading from behind" zur Folge, indem die USA im libyschen Bürgerkrieg Frankreich und Großbritannien sowie in Mali und in der Zentralafrikanischen Republik Frankreich die Führung überließen. Im Ukraine-Konflikt vertrauten die Amerikaner der deutschen Bundeskanzlerin Merkel die Führungsrolle bei den Verhandlungen mit dem russischen Präsidenten Putin an.

Auch im Syrienkonflikt nehmen die Amerikaner eine zurückhaltende Position ein, was bei einigen Verbündeten, insbesondere bei den Saudis, zu einem Vertrauensverlust führte und Russlands Position erheblich stärkte. Die Vereinigten Staaten werden aufgrund ihrer geostrategischen Position, ihrer Wirtschaftskraft und der gewaltigen militärischen Stärke über lange Zeit die einzige Supermacht der Welt bleiben. Die Europäer sind auf die USA angewiesen, doch sie müssen sich, insbesondere seit der Präsidentschaft von Donald Trump, darauf einstellen, mehr eigenständige Verantwortung in der Außen- und Militärpolitik zu übernehmen.

Die „Quadrennial Defense Review 2014" beschreibt die drei strategischen Säulen der Verteidigungsstrategie der USA: Verteidigung des Heimatlandes, Aufbau einer globalen Sicherheit durch die Verbreitung des amerikanischen Einflusses und Abschreckung einer Aggression sowie die Bereitschaft, in entscheidender Weise gegen jeden beliebigen Gegner zu gewinnen, falls die Abschreckung versagen sollte.

Die Streitkräfte der USA haben eine Stärke von 1 347 300 Soldaten, davon dienen 475 350 im Heer, 316 950 in der Luftwaffe, 327 750 in der Marine, 184 250 im Marine Corps und 43 000 in der US Coast Guard. Heute haben die USA vom britischen Empire die Rolle des weltweiten Seeimperiums übernommen, verfügen über die größte Kriegsflotte der Welt und haben 250 000 US-Soldaten weltweit in 80 Ländern rund um den Globus stationiert: 36 850 Soldaten in Deutschland, 47 050 in Japan, 28 500 in Südkorea, 13 000 in Kuwait, 8 000 in Katar, jeweils 5 000 in Bahrain und in den Vereinigten Arabischen Emiraten. Dies verdeutlicht die globalen strategischen Interessen der Vereinigten Staaten. 2013 waren noch 100 000 Soldaten in Afghanistan im Einsatz, jetzt sind es nur noch 7 000.

Dieser globale Einsatz amerikanischer Streitkräfte findet auch organisatorisch seinen Ausdruck in den sechs weltumspannenden regionalen Kommandos: ein US European Command mit dem Hauptquartier in Stuttgart, dessen Kommandeur im Obersten Hauptquartiers der integrierten Streitkräfte der NATO, im Supreme Headquarters Allied Powers Europe, zugleich Oberster alliierter Befehlshaber Europa ist. Dieses Hauptquartier steht stets unter dem Kommando eines amerikanischen Viersterne-Generals oder Admirals, der als SACEUR für alle militärischen Operationen der Allianz verantwortlich ist. Dies zeigt, dass die USA militärisch auch weiterhin eine europäische Macht sind.

Das US Central Command ist zuständig für den Nahen Osten, Ägypten und Zentralasien. Der pazifische Raum, dem sich die USA seit einigen Jahren verstärkt zuwenden, und der Indische Ozean werden vom US Pacific Command abgedeckt. Das Hauptquartier von NORTHCOM ist für Nordamerika und US Southern Command für Lateinamerika zuständig. Das US Africa Command deckt den afrikanischen Kontinent mit Ausnahme von Ägypten ab. Ein weiteres machtvolles Instrument des globalen Engagements und der gewaltigen power projection der Vereinigten Staaten sind die zehn Flugzeugträgerkampfgruppen.

Die USA sind mit ihrer enormen Streitmacht der weitaus größte Rüstungsmarkt der Welt und auch ein riesiger Markt für die Panzerindustrie, mein berufliches Tätigkeitsfeld in der wehrtechnischen Industrie. Dies verdeutlichen auch die Stückzahlen gepanzerter Fahrzeuge in den US-Streitkräften. Sie verfügen über 52 986 gepanzerte Fahrzeuge, 47 715 im Heer und 5 271 im Marine Corps, darunter 6 331 Kampfpanzer.

Trotz des riesigen Marktes wurden bisher jedoch nur wenige deutsche Rüstungsprodukte in den USA eingeführt. Dennoch soll im Folgenden am Beispiel der Panzerindustrie die gewaltigen Dimensionen der US-Rüstungsindustrie, die riesigen Beschaffungsvorhaben für gepanzerte Fahrzeuge in den Vereinigten Staaten aufgezeigt werden, die Kennzeichen einer Supermacht sind. Eine erfolgreiche Vermarktung war die Lizensierung der 120 mm Rheinmetall Glattrohrkanone und Munition für den US-Kampfpanzer M1 ABRAMS, der von General Dynamics Land Systems produziert wurde. In diesem Projekt ergaben sich für mich Ende der siebziger Jahre erste geschäftliche Berührungspunkte mit den USA. Die immer wieder propagierte transatlantische Zweibahnstraße funktionierte aber bisher nur in wenigen Fällen. Die hatte zur Folge, dass der geschäftliche Erfolg meines Unternehmens Rheinmetall Landsysteme und auch mein berufliches Engagement auf diesem Markt recht gering waren.

Zahlreiche deutsch-amerikanische Rüstungsprojekte sind gescheitert. Jetzt wird mit der 2015 getroffenen Entscheidung, für die Bundeswehr als Nachfolger für das PATRIOT-System das Taktische Luftverteidigungssystem MEADS zu beschaffen, ein neuer Anlauf gemacht, die deutsch-amerikanischen Rüstungsbeziehungen zu beleben. Dieses System wurde mit Beteiligung von Deutschland und Italien von Lockheed Martin entwickelt und soll von MBDA zur Serienreife gebracht werden.

In der Rüstungsindustrie der USA arbeiten zwei Millionen Menschen. Nach dem Ende des Ost-West-Konfliktes fand in diesem Land mit Unterstützung der Regierung ein gewaltiger Konsolidierungsprozess statt. Durch diese Konzentration und Fusion wehrtechnischer Unternehmen sind in den USA riesige Industriegiganten entstanden. Zu ihnen zählen Lockheed Martin, mit 43 Milliarden US-Dollar Umsatz in der Wehrtechnik das weitaus größte Rüstungsunternehmen der Welt, sowie Boeing, Raytheon, Northrop Grumman, General Dynamics und L-3 Technologies. Sechs der zehn umsatzstärksten Rüstungsunternehmen der Welt haben ihren Sitz in den USA, 43 Unternehmen der weltweit größten Rüstungsunternehmen mit 60 Prozent des Umsatzes sind in den Vereinigten Staaten beheimatet. Die USA verkauften 2016 als größter Rüstungsexporteur der Welt für 33,6 Milliarden US-Dollar wehrtechnische Produkte ins Ausland.

Eine industrielle Basis in den USA ist für ausländische Unternehmen eine unverzichtbare Grundlage zur erfolgreichen Erschließung des US-Marktes. So haben die europäischen Unternehmen BAE Systems, Airbus, THALES und Leonardo zahlreiche Mitarbeiter in den USA beschäftigt, aber auch viele kleinere Unternehmen verfügen über ein Standbein in den USA. Darüber hinaus sind Kooperationen mit US-Unternehmen zumeist eine unerlässliche Voraussetzung für eine erfolgreiche Positionierung auf dem US-Markt.

General Dynamics Corporation ist mit 98 800 Beschäftigten und 31,4 Milliarden US-Dollar Umsatz in 2016, davon 19,7 Milliarden US-Dollar in der Wehrtechnik, der fünftgrößte Rüstungskonzern der Welt. Er produziert gepanzerte Fahrzeuge, Waffen, Munition, Schiffe und Marinesysteme.

General Dynamics Land Systems, GDLS, ist der einzige Produzent von Kampfpanzern in den USA und hat rund 8 200 M1 ABRAMS Kampfpanzer produziert. In den letzten Jahren führte GDLS umfangreiche Kampfwertsteigerungen des M1 durch. Zum breiten Spektrum gepanzerter Fahrzeuge zählen außerdem der STRYKER, der NBC FOX, das Light Armored Vehicle LAV und der Brückenlegepanzer WOLVERINE auf Basis des M1-Fahrgestells.

1982 hatte ich erstmals die Gelegenheit, GDLS in Warren bei Detroit im Rahmen einer Konzeptstudie zu einem automatischen Munitionslader für den M1 zu besuchen. Ich war erstaunt über das riesige, fußballfeldgroße, spartanisch ausgestatteten Großraumbüro, in dem hunderte von Mitarbeitern arbeiteten und über den enormen Personalaufwand, den die Amerikaner in diesem Projekt betrieben. Bei der Präsentation meiner Abteilung habe ich jeden Mitarbeiter in den einzelnen Fachgebieten Zuverlässigkeit- und Materialerhaltbarkeitsanalysen, Technische Dokumentation und Produktsicherung gegenüber den US-Managern dieser Bereiche dreimal „verkauft", um so zumindest quantitativ unsere Bedeutung hervorzuheben.

2001 wurde gemeinsam von GDLS und Rheinmetall Landsysteme in einer umfangreichen globalen Marktstudie, die ich auf unserer Seite federführend leitete, Möglichkeiten für eine weitergehende Kooperation untersucht. Mit großer Offenheit wurden Informationen über die Produkte und Technogien ausgetauscht, der globale Panzermarkt analysiert und gemeinsame Marktpotentiale bewertet. Doch es gab leider auf amerikanischer Seite keine Ansätze für eine erfolgversprechende Zusammenarbeit. General Dynamics verfolgte daraufhin eine andere auf Europa ausgerichtete Strategie.

Das Unternehmen Thyssen Henschel Wehrtechnik, das 2000 in Rheinmetall Landsysteme aufgegangen ist, konnte dagegen erfolgreich den ABC-Spürpanzer FUCHS, ein technologisch komplexes Nischenprodukt, vermarkten. Für dieses Fahrzeug, in den USA FOX NBCRS genannt, führte GDLS im Rahmen eines Auftragsvolumens von insgesamt 570 Millionen US-Dollar die Leistungssteigerung und logistische Unterstützung des Spürpanzers durch, an dem auch Rheinmetall erheblich partizipieren konnte. Auf dem schwierigen US-Markt war das Unternehmen MAN Technologie, das später von Krauss-Maffei Wegmann erworben wurde, mit dem LEGUAN-Brückensystem auf einen M1 A2 ABRAMS-Panzerfahrgestell erfolgreich. Ab 2003 wurden 44 WOLVERINE in der US-Armee eingeführt.

Das US-Unternehmen General Dynamics übernahm 2001 das spanische Unternehmen Santa Bárbara Sistemas, das den deutschen LEOPARD 2E in Lizenz produzierte, und verfolgte mit dem Erwerb von drei weiteren europäischen Unternehmen eine erfolgreiche Europa-Strategie. 2003 erfolgte dann der Zusammenschluss unter dem Dach von General Dynamics European Land Systems, der GDELS. Es sind dies GDELS-Steyr in Österreich, die Schweizer GDELS-Mowag, die spanische General Dynamics Santa Bárbara Sistemas und die deutsche GDELS-Germany sowie später GDELS-Czech. Damit hat sich General Dynamics mit 1 800 Mitarbeitern eine starke Basis in Europa und einen erheblichen Know-how-Gewinn verschafft. Weltweit hat GDELS über 15 000 geschützte Fahrzeuge der Typen EAGLE, DURO und PIRANHA geliefert. Die Bundeswehr hat bei GDELS 681 EAGLE 4x4 Fahrzeuge beschafft.

Weitere bedeutende Unternehmen von General Dynamics sind in Europa General Dynamics UK und Force Protection Europe. GDLS-Force Protection Europe erhielt den Auftrag für 400 britische 4x4 Radfahrzeuge OCELOT, in der Armee FOXHOUND genannt. Das Unternehmen ist zugleich britischer Auftragnehmer für die US-Fahrzeuge BUFFALO, CHEETAH und die auf den COUGAR basierenden MASTIFF und RIDGBACK. Das erst 1997 gegründete US-Unternehmen Force Protection, setzte 2009 mit 1 170 Beschäftigten bereits 977 Millionen US-Dollar um. Es wurde 2011 von General Dynamics übernommen und ist heute Weltmarktführer bei minengeschützten Fahrzeugen. Zum Produktprogramm gehören die vier gepanzerten Fahrzeugtypen CHEETAH, COUGAR 4x4 und 6x6 und BUFFALO.

BAE Systems setzte 2016 mit 82 500 Beschäftigten 19,0 Milliarden Pfund, umgerechnet 23,2 Milliarden Euro, um, davon 91 Prozent in der Wehrtechnik, und ist damit das drittgrößte Rüstungsunternehmen der Welt. BAE Systems richtete sich strategisch neu aus und verstärkte insbesondere durch die Akquisitionen von United Defense in 2005 und Armor Holdings in 2007 ihre Präsenz beträchtlich in den USA, dem größten Wehrtechnik-Markt der Welt. Dadurch konnte BAE Systems das Portfolio, u.a. mit dem US-Schützenpanzer BRADLEY, erheblich erweitern. Heute sind die Vereinigten Staaten für BAE Systems, die dort rund 30 000 Mitarbeiter beschäftigt, ein Schlüsselmarkt. Es ist der einzige europäische Anbieter wehrtechnischer Produkte mit vollständigem Zugang zum US-Rüstungsmarkt.

Platform & Services (US), einer von fünf Geschäftsbereichen, entwickelt und produziert gepanzerte Gefechtsfahrzeuge, taktische Radfahrzeuge, Artilleriesysteme, Marinegeschütze, Raketenwerfer und intelligente Munition. 2016 wurden mit 11 300 Mitarbeitern 2,9 Milliarden Pfund umgesetzt. BAE Systems hat von den rund 12 000 bis Ende 2007 beschafften MRAP-Fahrzeugen beträchtliche Aufträge mit einem Gesamtwert von 2,2 Milliarden US-Dollar für 3 485 Fahrzeuge erhalten. Zum Produktprogramm von BAE Systems gehören außerdem die früheren United Defense Produkte

M113, von dem seit 1960 mehr als 85 000 Fahrzeuge hergestellt wurden, der Schützenpanzer BRADLEY, der M9 Pionierpanzer, der Bergepanzer M88 und die Panzerhaubitze M109.

Oshkosh Defense ist ein Unternehmen der Oshkosh Corporation, die mit 13 800 Beschäftigten in 2016 einen Umsatz von 6,3 Milliarden Dollar Umsatz gemacht hat, davon 1,35 Milliarden in der Wehrtechnik. Das Unternehmen lieferte bisher mehr als 150 000 Militärfahrzeuge. Neben einem breiten Spektrum schwerer militärischer Nutzfahrzeuge werden die leichten gepanzerten 4x4 Fahrzeuge SandCat sowie das MRAP All Terrain Vehicle M-ATV produziert.

Navistar Defense ist eine Geschäftseinheit der Navistar International Corporation, die kommerzielle und militärische Lkws, gepanzerte Fahrzeuge und die Dieselmotoren der Marke MaxxForce produziert. Auch dieses erst 2003 gegründete Unternehmen ist mit der Produktion von geschützten Fahrzeugen sehr schnell gewachsen und setzte 2008 bereits 4,0 Milliarden US-Dollar um. Zum Produktspektrum gehören die International MaxxPro MRAP-Fahrzeuge und das HUSKY Tactical Support Vehicle.

Mit den Kriegen im Irak und in Afghanistan wurden gewaltige Beschaffungsprogramme für einsatzgerechte gepanzerte Fahrzeuge auf den Weg gebracht, um die für derartige Einsätze weitgehend ungeeignete Ausrüstung abzulösen oder zu ergänzen. Dazu gehörten insbesondere die Mine Resistant Ambush Protected-Fahrzeuge, kurz MRAP genannt, wie MaxxPro DASH, CHEETAH, HUSKY oder M-ATV, die die dringenden militärischen Forderungen nach besserer Überlebensfähigkeit, Transportkapazität, Gefechtsfeldeignung und Führungsfähigkeit erfüllen. Von 1996 bis 2010 wurde für zehn Milliarden US-Dollar der riesige Umfang von rund 15 000 MRAP-Fahrzeugen beschafft. Diese MRAPs sind von zivilen Nutzfahrzeugen abgeleitet und haben ein Gefechtsgewicht von 14 bis 32 Tonnen. An diesem Riesenprogramm konnte die deutsche wehrtechnische Industrie aber nicht partizipieren. So entwickelten sich in den letzten Jahren in diesem wehrtechnischen Marktsegment einige US-Unternehmen mit ihren neuen Produkten wirtschaftlich äußerst erfolgreich. Zu ihnen zählen Oshkosh, Force Protection und Navistar. Durch eine Marktsättigung mit MRAP-Fahrzeugen ist der Wehrtechnik-Umsatz in diesen Unternehmen jedoch stark zurückgegangen. Während dieser sich bei Oshkosh 2010 auf 7,1 Milliarden US-Dollar belief, so waren es 2016 nur noch 1,4 Milliarden Dollar.

Im Folgenden wird anhand des enormen US-Programms Joint Light Tactical Vehicle, kurz JLTV, verdeutlicht, welch hoher Aufwand bei Rüstungsbeschaffungsvorhaben in den Vereinigten Staaten selbst bei Fahrzeugen betrieben wird, wie riesig die Stückzahlen und wie gewaltig der finanzielle Umfang derartige Programme haben können. Das JLTV soll einen Teil der veralteten Flotte leichter taktischer Fahrzeuge, wie den HMMWV, ablösen, die nicht für Kampfeinsätze entwickelt wurden. Mit einem Zehnjahresbudget von 40 Milliarden US-Dollar ist das JLTV-Programm eines der größten amerikanischen Beschaffungsvorhaben für das Heer und das Marinekorps, die einen Bedarf von insgesamt 60 000 Fahrzeugen haben.

Das JLTV-Programm läuft über drei Phasen und ermöglicht so im Wettbewerb eine konzeptionelle Abstimmung der militärischen Anforderungen mit der konstruktiven Auslegung und den Kosten für die Entwicklung, Beschaffung und Nutzung des Fahrzeugs. Am 29. Oktober 2008 verkündete die US-Army die Vergabe von drei Verträgen für die 27 Monate dauernde Technology Development Phase. Sie hatten zusammen einen Wert von 166 Millionen US-Dollar. Ausgewählt wurden die drei Bewerber-Teams BAE Systems, Lockheed Martin Systems Integration sowie General Tactical Vehicles, kurz GTV, ein Joint Venture von General Dynamics Land Systems und AM General. Diese Phase endete im Mai 2011.

Für die anschließende 21-monatige Engineering and Manufacturing Development Phase unterbreiteten sechs Unternehmen ein Angebot. Am 23. August 2012 erhielten die drei Unternehmen Lockheed Martin, AM General und Oshkosh Defense einen Engineering and Manufacturing Vertrag und lieferten anschließend je 22 Prototypen. Nach umfangreichen Erprobungstests zur Bewertung der Mobilität und des Schutzniveaus wurde am 25. August 2015 von der US-Army das 6,4 Tonnen schwere Fahrzeug L-ATV von Oshkosh Defense ausgewählt. In einem ersten Los sollen für 6,7 Milliarden US-Dollar 16 901 Fahrzeuge produziert und ab 2018 geliefert werden. Insgesamt sind bisher 55 000 Fahrzeuge für das Heer und das Marinekorps geplant. Der Budgetpreis für ein Fahrzeug beträgt 300 000 US-Dollar.

Neben diesen gewaltigen Rüstungsprogrammen sind in den letzten zwei Jahrzehnten jedoch zugleich mehrere große Projekte auf dem Gebiet der gepanzerten Fahrzeuge in den USA gescheitert oder eingestellt worden. Zu ihnen zählen das Artilleriesystemprogramm CRUSADER, das ab 2005 die M109 PALADIN-Panzerhaubitze und das M992 Munitionsversorgungsfahrzeug ersetzen sollte, sowie das Aufklärungsfahrzeug Future Scout and Cavalry System FSCS, ein amerikanisch-britisches Gemeinschaftsprogramm, das Ground Combat System GCV und das bereits erwähnte FCS.

Mit dem komplexen FCS-Programm sollte eine umfassende Modernisierungsinitiative des Heeres begonnen werden, um den Soldaten mit einem breiten Spektrum von Waffen, Sensoren und Informationssystemen zu vernetzen und so eine Synchronisierung im Einsatz zu ermöglichen. Von 2000 bis 2015 war die enorme Summe von 160 Milliarden US-Dollar für dieses Programm eingeplant, dessen Einführung in den Infantry Brigade Combat Teams 2011 beginnen sollte. Es wurde jedoch 2009 eingestellt. Die Entwicklung der Non-Line-of-Sight Cannon wurde ebenfalls beendet, nach dem CRUSADER das zweite gescheiterte Panzerhaubitzenprojekt der USA.

Das amerikanische Heer hatte für einen neuen Schützenpanzer das Ground Combat Vehicle-Programm aufgelegt, für das sich Krauss-Maffei Wegmann und Rheinmetall mit der Technologie des Schützenpanzers PUMA einbringen wollten. 2014 wurde auch dieses Programm wegen der ausufernden Kosten und aufgrund technischer Probleme bei der Erfüllung der Spezifikationen eingestellt.

Ich habe bisher 15mal die USA besucht, ausgedehnte Reisen von der Ostküste bis zur Westküste, von Florida bis Alaska und Hawaii sowie durch den Mittleren Westen gemacht. Geblieben ist mein sehr ambivalentes Verhältnis zu den USA: Es pendelt zwischen großer Bewunderung über die demokratische Schutzmacht, den Freiheitswillen, die wirtschaftliche Leistungsfähigkeit sowie über die Freundlichkeit seiner Bürger einerseits und tiefer Abneigung wegen der weit verbreiteten interkulturellen Inkompetenz, des oberflächlichen Lebensstils andererseits. Amerika ist eine der lebendigsten Demokratien der Welt „trotz armseliger Administration", wie der Schriftsteller Bernard-Henry Levy das Land, das „an einem Gefühl der Leere leidet", einmal bezeichnete.

Während die Nicht-Amerikaner die USA in erster Linie außenpolitisch und militärisch sowie als Konsument des amerikanischen Lebensstils wahrnehmen, sind die meisten Amerikaner selbst in ihrem Denken fast ausschließlich auf die Innenpolitik, ihre persönlichen Belange und täglichen Sorgen fixiert. Dies verklärt den Blick auf die globalen Realitäten. Zwischen dem politischen Agieren einer Weltmacht und dem sozialen Verhalten ihrer Bürger besteht ein tiefer Graben. Die meisten Amerikaner haben erschreckend wenig Kenntnis von der Welt, kaum Wissen über andere Kulturen, sprechen selten eine Fremdsprache. Und auch die politischen Eliten des Landes haben oft nur wenig Verständnis für die Befindlichkeiten und die Kultur anderer Völker, was den USA in den kriegerischen Auseinandersetzungen, wie in Vietnam, im Irak und in Afghanistan, sehr viel Misskredit und das Image des „hässlichen Amerikaners" einbrachte.

Doch für Antiamerikanismus gibt es keine Berechtigung, auch nicht seitdem die USA von dem unberechenbaren Präsidenten Donald Trump regiert werden. Wir Deutsche dürfen nie vergessen, dass die Vereinigten Staaten seit dem Kalten Krieg bis heute unsere Schutzmacht sowie unser mächtigster Bündnispartner sind, dass sie Jahrzehnte unsere Freiheit am Eisernen Vorhang verteidigt und einen maßgeblichen Beitrag zur Wiedervereinigung Deutschlands geleistet haben. Jetzt fordern die USA in ihrer im Dezember 2017 veröffentlichten National Security Strategy von ihren Verbündeten zu Recht die Übernahme größerer Verantwortung und eine gerechte Kostenteilung zum „Schutz unserer gemeinsamen Interessen, Souveränität und Werte".

Zu Gast bei unseren Freunden, Catherine (2. v. re.) und Flottillenadmiral Hubertus von Puttkamer (li.), Verteidigungsattaché an der deutschen Botschaft in Washington

Kanada – weltweit für den Frieden engagiert

Die Sicherheits- und Bündnispolitik Kanadas ist von der großen Bereitschaft geprägt, mit einem globalen Engagement einen essentiellen Beitrag zum Frieden zu leisten und den Bündnisverpflichtungen nachzukommen. Das zweitgrößte Land der Erde hatte seit dem Ersten Weltkrieg, danach im Zweiten Weltkrieg und im Kalten Krieg seine Soldaten weltweit im Einsatz, insbesondere aber auf dem europäischen Kontinent. Nach Ende des Ost-West-Konfliktes beteiligten sich die kanadischen Streitkräfte an globalen Auslandsoperationen, am internationalen Krisenmanagement zur Friedenssicherung, wie beispielsweise an SFOR in Bosnien und Herzegowina, sowie am Krieg in Afghanistan.

Auf dem NATO-Gipfel in Warschau wurde 2016 vereinbart, dass Kanada im Rahmen der Verstärkung der NATO-Truppen im Baltikum und Polen Truppen nach Lettland entsenden und ein Bataillon führen wird. Das internationale militärische Engagement Kanadas, weitab der eigenen Landesgrenzen, war und ist deshalb so anerkennenswert, weil es nicht der machtpolitischen Sicherung von Einflusszonen gilt, sondern vitalen Interessen des Landes und der Durchsetzung völkerrechtlicher Prinzipien geschuldet ist.

Auf dieser sicherheitspolitischen und rüstungswirtschaftlichen Basis gestalteten sich auch meine beruflichen Beziehungen zu Kanada. So nahm ich 1983 als Mitglied des Londoner Internationalen Instituts für Strategische Studien IISS an der Jahreskonferenz in Ottawa teil. „Die Gestaltung der Ost-West-Beziehungen in den 1980er Jahren" war das Thema dieser dreitägigen, von 320 Teilnehmern besuchten internationalen Konferenz. Im Zentrum standen die Analyse der Politik und der militärischen Stärke der Sowjetunion sowie die Bewertung der Handlungsoptionen des Westens.

Damals stellte sich insbesondere für die deutschen Teilnehmer die Frage einer Wiedervereinigung Deutschlands nicht. Und der Direktor des IISS, Robert O´Neill, sagte in seinem Abschlussbericht: „Wenig Optimismus war zu spüren hinsichtlich der Möglichkeit, eine Veränderung in Osteuropa herbeizuführen." In nur sechs Jahren sollten sich die Ost-West-Beziehungen und die Lage in Europa völlig anders entwickeln als von den Konferenzteilnehmern prognostiziert, insbesondere für die Sowjetunion und ihre die Satellitenstaaten, für Deutschland und auch für den NATO-Partner Kanada.

Dr.-Ing. Manfred Link, Vorsitzender der Geschäftsführung der Krupp MaK (re.), übergibt in Kiel den ersten Pionierpanzer BADGER an die kanadischen Streitkräfte

Im Gegensatz zu dieser erfreulichen Entwicklung ist auch heute, mehr als drei Jahrzehnte nach dieser Konferenz, die Lage in Russland weiterhin schwierig. Damals beklagte Zbigniew Brzezinski, der ehemalige Sicherheitsberater der US-Regierung unter Präsident Jimmy Carter, in seinem eindrucksvollen Vortrag, dass die Verstärkung einer eindimensionalen, auf das Militär beruhenden Macht der Sowjetunion im Widerspruch zum nationalen, wirtschaftlichen und gesellschaftlichen Umfeld dieses Landes stehe.

Während des Kalten Krieges leistete Kanada, das 1983 noch über rund 83 000 Soldaten verfügte, mit der Stationierung eines beachtlichen Truppenkontingents in Europa einen wichtigen militärischen Beitrag für das transatlantische Bündnis. Kanada pflegte als Besatzungsmacht nach dem Zweiten Weltkrieg und als NATO-Partner stets enge Beziehungen zu Deutschland und schloss erst am 31. August 1994 seinen letzten großen Stützpunkt in Lahr im Schwarzwald.

Bereits 1978 beschaffte Kanada 114 deutsche LEOPARD 1 Kampfpanzer. Zur Unterstützung dieser Fahrzeuge lieferte Krupp MaK acht Bergepanzer 2. Im Rahmen meiner Zuständigkeit für das Ersatzteilgeschäft bei Rheinmetall in Düsseldorf hatte ich in den achtziger Jahren regelmäßig Kontakt mit der kanadischen Botschaft. Ab 2008 wurden dann alle LEOPARD 1 sukzessive durch den LEOPARD 2 ersetzt.

1988, in einer Zeit des sicherheitspolitischen Umbruchs, war für mich als Exportleiter der Krupp MaK in Kiel der Abschluss eines Vertrages in Höhe von umgerechnet rund 25 Millionen Euro über neun Pionierpanzer DACHS, in Kanada BADGER genannt, ein wichtiger Erfolg für das Unternehmen. Die Übergabe des ersten Fahrzeuges an die kanadische Armee fand am 21. März 1990 statt.

Am 12. Mai 2008 veröffentlichte die kanadische Regierung auf der Grundlage einer umfassenden Analyse der Risiken und Bedrohungen mit dem Dokument „Canada First. Defence Strategy" die langfristigen Planungen für die kanadischen Streitkräfte, um den Herausforderungen auf dem Gebiet der nationalen und internationalen Sicherheit zu begegnen. Diese Strategie soll die Souveränität und Sicherheit im Lande und Interessen im Ausland sichern. So haben die Streitkräfte die Aufgabe, erstens, Kanada zu schützen und die Souveränität zu verteidigen, zweitens, Nordamerika in Zusammenarbeit mit den Vereinigten Staaten zu verteidigen und drittens, einen Beitrag zum internationalen Frieden und zur Sicherheit durch Einsätze in der Welt zu leisten, zumeist in Zusammenarbeit mit den Verbündeten anderer Länder. Dafür wurde eine Erhöhung der Einsatzbereitschaft angestrebt und eine Verbesserung der Ausrüstung geplant. Die USA sind der wichtigste Verbündete Kanadas, weil eine wirkungsvolle Verteidigung Kanadas stets eine enge Zusammenarbeit mit den Vereinigten Staaten erfordert. Zu diesem Zweck wurde das gemeinsame Nordamerikanische Luft- und Weltraum-Verteidigungskommando NORAD aufgestellt, um besser den Bedrohungen beider Länder begegnen zu können.

Die Verteidigungsausgaben beliefen sich 2016 auf 17,3 Milliarden Kanadische Dollar, umgerechnet 12,1 Milliarden Euro. Für die nächsten Jahre wurden bis 2027/2028 in dem Dokument „Canada First. Defence Strategy" 490 Milliarden Kanadische Dollar in Ansatz gebracht. Davon sollen 12 Prozent, also rund 60 Milliarden Kanadische Dollar, für die Ausrüstung ausgegeben werden. Dazu gehören auch Gefechtsfahrzeuge, die insbesondere für die risikoreichen Auslandseinsätze benötigt werden. Die Streitkräfte verfügen über 63 000 Soldaten. Das Heer hat 34 800 Soldaten und 1 492 gepanzerte Fahrzeuge, darunter 61 LEOPARD 1 und 82 LEOPARD 2.

Das fast eine Million Quadratkilometer große Land mit nur rund 35 Millionen Einwohnern, im Osten am Atlantik und im Westen am Pazifik gelegen, im Norden an die Arktis grenzend, hat eine gewaltige Küstenlinie von 202 080 Kilometern. Entsprechend hoch ist die Bedeutung der Marine, die über 8 300 Soldaten verfügt. Zur Sicherung des Landes und für internationale Einsätze sind für die nächsten 20 Jahre 21 neue Schiffbauprogramme für 30 Milliarden Kanadische Dollar geplant: zwei Joint Support Schiffe mit einer Option über ein weiteres Schiff, die auf der Konstruktion der deutschen Einsatzgruppenversorger der BERLIN-Klasse basieren, sowie 15 Überwasserkampfschiffe. Ein besonderer Schwerpunkt wird bei der zukünftigen Ausrüstung der Marine auf die Fähigkeit gelegt, in der Arktis zu operieren. Dafür ist die Beschaffung von sechs bis acht Arctic/Offshore Patrouillenbooten geplant.

Nach einem Jahrzehnt des Rückgangs der Verteidigungsausgaben und Beschaffungsvorhaben ist jetzt im Rahmen der Umstrukturierung der Streitkräfte und der Beschaffung neuer Ausrüstung ein beträchtlicher Anstieg zu verzeichnen. Das auf der Grundlage des im Jahr 2005 veröffentlichten Dokuments „Canada's International Policy Statement. A Role of Pride and Influence in the World, Defence" eingeleitete Strukturvorhaben, die kanadischen Streitkräfte zu mittelschweren Einheiten umzugliedern, musste aufgrund der veränderten sicherheitspolitischen Lage aufgegeben werden. Diese Truppenteile sollten vorrangig auf leichten, gepanzerten Radfahrzeugen einschließlich des Mobile Gun Systems basieren und den Kampfpanzer LEOPARD 1 ersetzen. Dies verdeutlicht, wie schnell die voreilige Aufgabe bestimmter militärischer Fähigkeiten dazu führen kann, dass die Streitkräfte ihren Auftrag nicht erfüllen können. Die Komplexität und Intensität der militärischen Operationen in Afghanistan zeigte, dass in bestimmten Situationen nur Kampfpanzer, wie der LEOPARD 2, den Soldaten den erforderlichen Schutz, die Beweglichkeit und Feuerkraft bieten können.

2007 erwarb Kanada von den Niederlanden 80 gebrauchte LEOPARD 2 A4 und 20 LEOPARD 2 A6 für 1,3 Milliarden Kanadische Dollar sowie 20 geleaste LEOPARD 2 A6 aus Bundeswehrbeständen. Zwei Bergepanzer 3 BÜFFEL wurden von der Bundeswehr geliehen. Für diese Fahrzeuge, die bis 2035 in Dienst gehalten werden, wurde eine Leistungssteigerung durchgeführt. Ende 2011 erhielt Rheinmetall Landsysteme einen 40 Millionen Euro Auftrag zur Lieferung von acht Bergepanzern 3, während 2012 beim schleswig-holsteinischen Konkurrenten FFG 12 Pionierpanzer WISENT beauftragt wurden, einst ein Kerngeschäft von Rheinmetall.

Kanada verfügt über eine leistungsfähige Rüstungs- und Sicherheitsindustrie, die besonders eng mit der US-Industrie zusammenarbeitet. Zu ihr zählen 685 Unternehmen. CAE ist mit einem Wehrtechnik-Umsatz von 783 Millionen US-Dollar in 2016 das größte Rüstungsunternehmen des Landes, es steht an 80. Stelle weltweit. Die kanadische Verteidigungsstrategie wird zu einer neuen Zusammenarbeit mit der einheimischen Rüstungsindustrie führen. Dabei wird die Bereitstellung einer stabilen, langfristigen Finanzierung auf der Grundlage des 20-Jahresplanes die Leistungs- und Wettbewerbsfähigkeit der Unternehmen im In- und Ausland weiter stärken.

General Dynamics Land Systems – Canada, mit Sitz in London in der Provinz Ontario, ist mit seinen rund 2 000 Mitarbeitern eine Geschäftseinheit von General Dynamics Land Systems in den USA. Neben dem gepanzerten Radfahrzeug LAV III gehören der BISON und der COYOTE zur Produktpalette. Der gepanzerte Radpanzer PIRANHA bildet die Familie der LAVs, der Light Armoured Vehicles. Sie basiert auf einer seit 1976 bestehenden Zusammenarbeit mit der Schweizer Firma Mowag. Die Lizenzfertigung war ursprünglich auf die kanadischen Streitkräfte beschränkt, die 651 LAV III beschafft haben. Sie wurde jedoch später erfolgreich auf die Vermarktung der 8x8 LAV 25 Version für die Vereinigten Staaten und auf andere Länder, wie Saudi-Arabien und Australien, erweitert.

Rheinmetall Canada wurde 1986 als Oerlikon Aerospace gegründet und war maßgeblich am kanadischen Flug- und Panzerabwehr-Programm A-DATS beteiligt. Das Unternehmen gehört seit 1999 zum Rheinmetall-Konzern und ist für die Instandsetzung der LEOPARD 2 zuständig. 2012 erhielten Textron Systems und Rheinmetall Canada einen Auftrag über 500 Tactical Armoured Patrol Vehicles TAPV in Höhe von 205 Kanadischen Dollar, umgerechnet 160 Millionen Euro, die bis 2018 geliefert werden.

Die kanadische Regierung leitete, basierend auf der „Canada First. Defence Strategy", einen umfassenden, langfristigen Prozess ein, der die kanadischen Streitkräfte strukturell und in ihrer Ausrüstungsplanung auf die veränderte sicherheitspolitische Lage und globalen Einsatzbedingungen ausrichten soll. Dies gilt für die Verteidigung Nordamerikas gemeinsam mit den USA und für internationale Einsätze. In diese sicherheitspolitische Ausrichtung wird auch die nationale Rüstungsindustrie umfassend einbezogen. Auf dieser Basis wird Kanada auch zukünftig ein zuverlässiger und leistungsfähiger Bündnispartner sein.

Lateinamerika – abseits der großen Weltpolitik

Die Entwicklung Lateinamerikas vollzog sich in den letzten zwei Jahrzehnten abseits der großen Schauplätze der Weltpolitik und der bedrohlichen Krisenherde. Lateinamerika hatte und wird auch auf absehbare Zeit keinen entscheidenden Einfluss auf die globalen Machtkonstellationen haben, obwohl hier rund 560 Millionen Menschen leben, etwa so viele wie in der Europäischen Union oder in den ASEAN-Staaten.

Die sicherheitspolitische Lage ist in Lateinamerika durch die Abwesenheit größerer Konflikte und weitgehend friedlicher Beziehungen der Staaten untereinander gekennzeichnet, dennoch bestehen neben latenten Grenzstreitigkeiten und der Gefahr einer unkontrollierten Eskalation zunehmend Bedrohungen durch den internationalen Terrorismus, den Drogenschmuggel und die organisierte Kriminalität. Als Reaktion richteten die 12 Mitgliedsländer der UNASUR, der Union Südamerikanischer Nationen, am 10. März 2009 den gemeinsamen „Südamerikanischen Verteidigungsrat" ein, der sich aber nicht als ein Militärbündnis wie die NATO, sondern als ein Gesprächsforum der Verteidigungsminister der Mitgliedsländer versteht. Die im Verhältnis zum Streitkräfteumfang von rund 1,5 Millionen Soldaten vergleichsweise niedrigen Verteidigungsausgaben der 28 Staaten Lateinamerikas beliefen sich im Jahr 2016 auf 57,7 Milliarden US-Dollar.

Im August 2017 beteiligten sich 16 Länder Lateinamerikas mit rund 3 900 Soldaten an UN-Operationen. An der 2017 beendeten UN-Stabilisierungs- und Friedensmission MINUSTAH in Haiti nahmen zehn lateinamerikanische Länder mit rund 2 100 Soldaten unter brasilianischem Oberbefehl teil. Die inländischen und innerlateinamerikanischen Risiken sowie ein verstärktes internationales Engagement im Rahmen weltweiter UN-Einsätzen machen eine Neuorganisation der Streitkräfte sowie die Beschaffung einer missionsgerechten Ausrüstung erforderlich. Damit gewinnt diese Region auch für die ausländische Rüstungsindustrie strategisch an Bedeutung.

Lateinamerika bildete in den Marketingstrategien der deutschen Heeresrüstungsindustrie während des Kalten Krieges keinen Schwerpunktmarkt. Eine Ausnahme war Thyssen Henschel in Kassel, das in Argentinien eine erfolgreiche Kooperation bei der Produktion der TAM-Fahrzeuge eingegangen war. TAM steht für Tanque Argentino Mediano, ein mittlerer

Kampfpanzer und ein Schützenpanzer auf Basis des deutschen MARDER Schützenpanzerfahrgestells. Weitaus erfolgreicher war in Lateinamerika der deutsche Marineschiffbau. So haben die Marinestreitkräfte von acht südamerikanischen Ländern seit 1969 insgesamt 27 U-Boote oder Materialpakete aus Deutschland erhalten, und von 1983 bis 2002 wurden zehn MEKO-Fregatten nach Argentinien geliefert.

Für Lateinamerika zeige ich, seit ich in der Schule Spanisch gelernt habe, stets starkes Interesse. Ich war während des Studiums in Darmstadt Mitglied des Lateinamerikanischen Clubs, wo ich Ende der sechziger Jahre mit den südamerikanischen Studenten heftige Diskussionen über die Freiheitsbewegungen auf dem Subkontinent führte. Seit 1973 bereiste ich zwölfmal privat und geschäftlich zahlreiche Länder Lateinamerikas mit ihren faszinierenden Landschaften, lebhaften Städten und unkomplizierten Menschen. Die Literatur der berühmten Schriftsteller, wie Garcia Marquez, Vargas Llosa und Isabel Allende, die großen kulturellen Errungenschaften der Inkas und Mayas begeistern mich bis heute. Beruflich nahm ich jedoch aufgrund der politischen Situation erst 1988 Beziehungen zu Lateinamerika auf.

Die Streitkräfte Lateinamerikas verfügen über einen Bestand von 11 000 gepanzerten Fahrzeugen, der seit 1998 zwar insgesamt etwa konstant geblieben ist, sich aber bei einigen Ländern gegensätzlich entwickelt hat. Während in Brasilien ein Aufwuchs um 38 Prozent zu verzeichnen ist, ist er in Kuba um 44 Prozent zurückgegangen. Das chilenische Heer verzeichnete neben Panzerhaubitzen und M113 Mannschaftstransportpanzern insbesondere einen starken Zulauf an Kampfpanzern. Mit dem LEOPARD 2 wurde die Kampfkraft erheblich verstärkt. In Brasilien erfolgte im letzten Jahrzehnt ebenfalls eine umfangreiche Beschaffung von M60 und LEOPARD 1 Kampfpanzern sowie von Artilleriesystemen, während in Argentinien kaum neue Waffensysteme beschafft wurden. Der relativ geringe Bestand und die ungünstige Altersstruktur der gepanzerten Fahrzeuge bestimmen den zukünftigen Bedarf der Streitkräfte in Lateinamerika und das Marktpotenzial für die wehrtechnische Industrie.

Nach dem Niedergang der Panzerindustrie Ende der achtziger Jahre in Brasilien und Argentinien ist jetzt in Lateinamerika das Bestreben zu verzeichnen, neue wehrtechnische Kapazitäten aufzubauen und sich auf dem Weltmarkt neu zu positionieren. Dies entspricht der regierungsseitigen Strategie, nationale Beschaffungsvorhaben mit dem Aufbau oder der Modernisierung der eigenen Rüstungsindustrie zu verbinden.

Bei der Erschließung dieses strategisch bedeutenden Marktes und einer industriellen Kooperation haben die ausländischen Unternehmen einen erheblichen Vorteil in Lateinamerika, deren Produkte bereits eingeführt sind. So konzentrierten sich meine Geschäftsaktivitäten auf Brasilien, Chile und Argentinien, weil diese marktbestimmenden Länder Lateinamerikas bereits über deutsche Rüstungsgüter verfügten und einen guten Marktzugang boten. 2016 belief sich der Anteil ihrer Verteidigungsausgaben in Lateinamerika auf 55 Prozent, der Umfang der Soldaten auf 31 Prozent und der gepanzerten Fahrzeuge auf 41 Prozent.

Auch wenn es derzeit in Lateinamerika keine großen zwischenstaatlichen Konflikte gibt, so ist aufgrund des latenten Misstrauens der Staaten untereinander nach einer wirtschaftlichen Erholung mit einer umfassenden Modernisierung der Streitkräfte für die Landesverteidigung und für internationale Kriseneinsätze zu rechnen. Die in Lateinamerika weit verbreitete Übernahme von überschüssigen Rüstungsgütern aus anderen Ländern mag wirtschaftlich geboten sein, bietet aber industriepolitisch und strategisch nicht die Perspektive, eine leistungsfähige, nationale Rüstungsindustrie aufzubauen. Es sollte der Industrie in Lateinamerika gelingen, durch Lizenzfertigungen und internationalen Kooperationen zukunftsweisende Technologien ins Land zu holen.

Im Gespräch mit dem Generalstabschef des argentinischen Heeres, Generalleutnant Roberto Bendini. Durch die enormen wirtschaftlichen Probleme des Landes scheiterten jedoch die gemeinsamen Bemühungen der argentinischen TAMSE und Rheinmetall, eine Leistungssteigerung der in den achtziger Jahren beschafften Panzer TAM durchzuführen

Brasilien – der geplatzte Traum vom Global Player

Drei Ereignisse trieben die rüstungswirtschaftlichen Beziehungen der deutschen Heeresindustrie zur brasilianischen wehrtechnischen Industrie und zu den Streitkräften voran: erstens, der mit dem Unternehmen Engesa erfolgreiche Aufbau einer Heeresrüstungsindustrie in Brasilien in den 80er Jahren, zweitens, die Übernahme von deutschen Rüstungsgütern und drittens, der Modernisierungsbedarf der Streitkräfte. Diese bestimmten auch meine Geschäftsbeziehungen zu Brasilien, ein riesiges, faszinierendes Land, das ich bereits 1986 auf meiner Hochzeitsreise mit meiner Frau Marie Rose durch sieben Regionen, vom brasilianisch-peruanisch-kolumbianischen Amazonasgebiet bis zu den Iguaçu-Fällen an der brasilianisch-argentinischen Grenze, von Recife bis nach Rio, recht gut kannte.

Die brasilianische Rüstungsindustrie gehörte in den 80er Jahren mit 120 Unternehmen, 30 000 Beschäftigten und zwei bis drei Milliarden Dollar Umsatz zu den größten Rüstungsexporteuren der Welt. Das Unternehmen Engesa konnte ab 1963 rund 3 300 gepanzerte Radfahrzeuge vom Typ URUTU, CASCAVEL und JARARACA, die sich durch ihre Robustheit, einfache Bedienbarkeit und einen niedrigen Preis auszeichnen, in 25 Ländern verkaufen, davon 1 295 Fahrzeuge in neun Ländern Lateinamerikas.

1982 begann Engesa mit der Entwicklung des neuen leichten Kampfpanzers OSÓRIO mit einem Gefechtsgewicht von 43 Tonnen. 1985 wurde der erste Prototyp fertiggestellt. Für diesen Kampfpanzer benötigte Engesa zur Ergänzung der Produktpalette einen Bergepanzer, der aus logistischen Gründen auf dem Fahrgestell des OSÓRIO-Kampfpanzers konzipiert werden sollte.

1988 erhielt die Kieler Krupp MaK eine Informationsanfrage zu diesem Vorhaben, und so ich hatte erstmals die Gelegenheit, mit meinem Kollegen aus der Konstruktion, Uli Lange, nach São Paulo zu reisen. Dort verliefen die Gespräche sehr zielführend. Wir kamen aufgrund der hohen technischen Kenntnisse der brasilianischen Ingenieure, ihrer Flexibilität, gemeinsam konstruktive Lösungen zu finden, mit dem technischen Konzept zügig voran. Auch eine vertragliche Vereinbarung zur Zusammenarbeit war schnell unterschriftsreif ausgehandelt.

Anfang 1989 wurden die Verhandlungen in São Paulo fortgesetzt. Doch dann kam für uns unerwartet der Abbruch dieser hoffnungsvoll begonnenen Zusammenarbeit. Nach dem Ende des Ersten Golfkrieges zwischen Iran und Irak im Jahr 1988 war Engesa wegen der enormen Kosten in Höhe von 100 Millionen US-Dollar für die Entwicklung des OSÓRIO stark verschuldet. Der Panzer konnte trotz des großen Engagements des Präsidenten von Engesa, José Luiz Whitaker Ribeiro, nicht im Ausland vermarktet werden. Die Hoffnung, dass Saudi-Arabien 318 OSÓRIO sowie zugehörige Bergepanzer kaufen würde, zerschlug sich. Die Saudis entschieden sich für den amerikanischen M1-Kampfpanzer. Der US-Einfluss ist in Saudi-Arabien zu groß, die strategische Bedeutung der arabischen Halbinsel zu erheblich, als dass die Amerikaner diesen wichtigen Markt den Brasilianern überlassen hätten. Dieser wirtschaftliche Misserfolg von Engesa führte dazu, dass das Unternehmen 1993 insolvent wurde und heute nicht mehr auf dem Gebiet der gepanzerten Fahrzeuge tätig ist. So endeten meine ersten, hoffnungsvoll begonnenen Geschäftsaktivitäten in Brasilien, die ich erst ein Jahrzehnt später wieder aufgenommen habe.

Heute pflegen Brasilien und Deutschland enge bilaterale verteidigungspolitische Beziehungen. Am 8. November 2010 unterzeichneten der brasilianische und der deutsche Verteidigungsminister, Nelson Jobim und Karl-Theodor zu Guttenberg, das Deutsch-Brasilianische Regierungsabkommen zur Zusammenarbeit in Verteidigungsangelegenheiten, das auf dem Lateinamerikakonzept der Bundesregierung vom August 2010 basiert.

Brasilien ist mit 208 Millionen Einwohnern, einer Fläche von 8,5 Millionen Quadratkilometern und einem Bruttoinlandsprodukt von 1 775 Milliarden US-Dollar das bedeutendste Land Lateinamerikas sowie ein wichtiges Schwellenland, das sich in Lateinamerika und in internationalen Institutionen verstärkten Einfluss verschafft. Brasilien ist Mitglied der G20 und der fünf aufstrebenden BRICS-Staaten.

Die wachsende internationale Bedeutung Brasiliens erfordert für das Land sicherheitspolitisch eine kohärente strategische Ausrichtung, die die Streitkräfte und eine Langfristplanung der erforderlichen Rüstungsprogramme einschließt. 2012 veröffentlichte Brasilien ein neues Weißbuch zur Verteidigung, das „Livro Branco de Defesa Nacional". Brasilien sieht zwar keine unmittelbare Bedrohung durch seine Nachbarn, dennoch bestehen Risiken im Land, insbesondere in der Amazonasregion und durch internationale Konflikte. Das zeigt sich auch darin, dass sich das Land gegenwärtig in neun internationalen Missionen der Vereinten Nationen mit knapp 1 300 Soldaten und Polizisten engagiert. Demzufolge erhöhte das Land in den letzten Jahren den Verteidigungshaushalt beträchtlich. 2016 belief er sich auf 82,1 Milliarden Real, umgerechnet 23,5 Milliarden US-Dollar. Dennoch war er mit 1,3 Prozent des Bruttoinlandsprodukts relativ gering. Mit 41 Prozent der gesamten Verteidigungsausgaben Lateinamerikas hat Brasilien jedoch den weitaus höchsten Anteil und mit 334 500 Soldaten, davon 198 000 im Heer, die größten Streitkräfte Lateinamerikas.

Das Heer verfügt über 2 087 und die Marineinfanterie über 110 gepanzerte Fahrzeuge. Ab 1997 wurden 131 LEOPARD 1 aus belgischem Bestand geliefert, die die Kampfkraft des Heeres erheblich gesteigert haben. Darüber hinaus wurden auf der Grundlage eines Regierungsabkommens zwischen Brasilien und Deutschland von 2009 bis 2011 weitere 220 LEOPARD 1A5, sieben Berge-, vier Brückenlege-, vier Pionier- und 34 Kampfpanzer für die Ausbildung und zur Ersatzteilgewinnung sowie Sonderwerkzeuge, Ausbildungsgeräte und Simulatoren für 134,5 Millionen US-Dollar von der Bundeswehr beschafft. Die wachsende Bedeutung dieses Marktes für die deutsche Panzerindustrie führte dazu, dass Krauss-Maffei Wegmann in Brasilien die Tochtergesellschaft KMW do Brasil Sistemas de Defesa gegründet hat.

Brasilien verfolgt eine Strategie der Modernisierung und Neuausrichtung der brasilianischen Streitkräfte, die einher geht mit dem Aufbau einer nationalen Rüstungsindustrie auf der Grundlage einer partnerschaftlichen Kooperation mit ausländischen Unternehmen. Im Rahmen der Verteidigungsstrategie Brasiliens soll die brasilianische Rüstungsindustrie einer umfassenden Reorganisation unterzogen werden. Die Interessen dieser Branche werden durch die Vereinigung der brasilianischen Verteidigungs- und Sicherheitsindustrie ABIMDE, der 200 Unternehmen angehören, wahrgenommen.

Die Verbesserung der strategischen und taktischen Mobilität der Streitkräfte sowie die Beschaffung einer neuen Familie von Radfahrzeugen, GUARANI-Projekt genannt, sind wichtige Ziele der nationalen Verteidigungsstrategie. Auf dieser Grundlage begann das brasilianische Heer 2002 mit der Entwicklung und Beschaffung der VBTP-MR GUARANI-Fahrzeu-

Informationsaustausch mit dem Executive Vice President der Vereinigung der Verteidigungsindustrie Brasiliens ABIMDE, Carlos Alfonso Pierantoni Gambõa

Das in Zusammenarbeit mit IVECO Defence Vehicles in Brasilien entwickelte schwimmfähige Radfahrzeug VBTP-MR GUARANI (Foto: IVECO)

ge. Insbesondere die Amazonas-Region erfordert ein schwimmfähiges Radfahrzeug. Zu diesem Zweck unterzeichneten im Dezember 2007 das brasilianische Verteidigungsministerium und das Unternehmen IVECO Latin America einen Vertrag über die gemeinsame Entwicklung des 6x6 Radfahrzeuges VBTP-MR. Das brasilianische Verteidigungsministerium verfolgt mit dieser industriellen Zusammenarbeit das strategische Ziel, wieder eine Systemfirma für gepanzerte militärische Fahrzeuge im Land aufzubauen. Die italienische IVECO wiederum hat Absicht, in Brasilien eine Basis für Militärfahrzeuge und eine Präsenz zu etablieren, die zu einem leistungsfähigen Partner für die brasilianische Armee wird. Im 2009 schloss Brasilien mit IVECO Latin America und IVECO Defence Vehicles einen Vertrag in Höhe von 2,5 Milliarden Euro über 2 044 Fahrzeugen ab, die von 2012 bis 2034 geliefert werden. 2012 wurde das erste Fahrzeug, das ein Gewicht von 17,5 Tonnen hat, an das brasilianische Heer übergeben. Der brasilianische Fertigungsanteil beträgt bis zu 60 Prozent.

Darüber hinaus haben einige brasilianische Unternehmen leichte gepanzerte Fahrzeuge entwickelt: Agrale den 4x4 AGRALE MARRUÁ, der Heeresbetrieb IPD den CHIVUNK, das Technologische Zentrum des Heeres gemeinsam mit Argentinien den 4x4 GAUCHO und Avibras Aeroespacial, das den Raketenwerfer ASTROS II produziert, den AV-VBL und den

GUARÀ. Der AV-VBL basiert auf einem Mercedes Benz Unimog 4000 4x4-Fahrgestell.

Mit einer 7 491 Kilometer langen Küstenlinie kommt der brasilianischen Marine eine wichtige Bedeutung zum Schutz des Landes, aber auch zur Sicherung der Seewege zu. Die Marine hat eine Stärke von 69 000 Soldaten. Mit der Beschaffung eines Flugzeugträgers, der ehemaligen französischen FOCH, der heute als SÃO PAULO einem Trägerkommando untersteht, unterstreicht Brasilien globale sicherheitspolitische Ambitionen. Dieser in die Jahre gekommene Flugzeugträger soll bis 2028 durch einen neuen abgelöst werden, der 50 Flugzeuge aufnehmen kann.

Von 1982 bis 1995 beschaffte Brasilien Materialpakete für fünf U-Boote des Typs 209/1400 aus Deutschland. Bei einem Anschlussauftrag über vier neue U-Boote konnte sich die deutsche U-Boot-Werft HDW, heute Thyssen-Krupp Marine Systems, jedoch nicht gegen die starke französische Konkurrenz mit ihren SCORPÈNE-Booten durchsetzen. Am 23. Dezember 2008 wurde ein strategisches Rahmenabkommen vom brasilianischen Präsidenten Luiz Inácio Lula da Silva und vom französischen Präsidenten Nicolas Sarkozy unterzeichnet. Auf dieser Grundlage erhielt die französische Staatswerft DCNS, heute die Naval Group, am 3. September 2009 einen Vertrag zum Bau von vier 75 Meter langen und 1 780 Tonnen getaucht verdrängenden, konventionell angetriebenen SCORPÈNE U-Booten und des ersten nuklearangetriebenen U-Bootes für die brasilianische Marine sowie für den Bau einer neuen Werft in Brasilien. Diese U-Boote werden von der Werft Itaguaí Construções Navais, ein Gemeinschaftsunternehmen der brasilianischen Odebrecht und der französischen Naval Group produziert. Dieses Programm wird mehr als 700 Mitarbeiter in Brasilien über einen Zeitraum von 15 Jahren beschäftigten. Gegen das mit starker Unterstützung der Regierung eingereichte französische Angebot konnte die deutsche Werft nicht mithalten.

Die Luftwaffe, die eine Stärke von 67 500 Soldaten hat, benötigt 108 neue Kampfflugzeuge. Im Dezember 2013 entschied sich die brasilianische Regierung für die Beschaffung von 36 schwedischen Saab GRIPEN NG und unterzeichnete am 24. Oktober 2014 den Vertrag über 4,3 Milliarden US-

Dollar. Dieses Projekt ist mit einem umfangreichen Technologietransfer verbunden. Nach den ersten 21 in Schweden produzierten Flugzeugen sollen die weiteren 15 bei Embraer gebaut werden. Rheinmetall rüstet das Jagdflugzeug GRIPEN NG mit der Bordkanone BK27 aus.

Embraer, einer der größten Flugzeughersteller der Welt und an 66. Stelle bei den Rüstungsunternehmen weltweit, spielt eine strategische Rolle im brasilianischen Verteidigungssystem. Das Unternehmen hat mehr als die Hälfte der Flugzeuge für die brasilianische Luftwaffe und seine Produkte an die Luftstreitkräfte von 20 Staaten geliefert. Embraer machte 2016 mit rund 18 000 Beschäftigten einen Umsatz von 6,2 Milliarden US-Dollar, davon 933 Millionen in der Wehrtechnik. Zum Produktspektrum gehört die Familie der EMB 145 Flugzeuge und der Super Tucano, ein Trainings- und leichtes Kampfflugzeug. Das neue taktische Lufttransportflugzeug KC-390 ist ein wichtiger Bestandteil der strategischen Verteidigungsplanung Brasiliens. Es fliegt 850 km/h und ist in der Lage, 19 Tonnen zu transportieren oder 64 voll ausgerüstete Fallschirmjäger aufzunehmen. Rheinmetall Defence Electronics entwickelt und liefert hierfür eine umfassende Ausstattung an Ausbildungsgeräten.

Die Regionalmacht Brasilien entwickelt strategische Fähigkeiten und will, wie im Weißbuch 2012, im Livro Branco de Defesa Nacional, angekündigt, in den nächsten Jahren vermehrt in die vernachlässigte Rüstung investieren und die Verteidigungsausgaben schrittweise auf 2 bis 2,5 Prozent des Bruttoinlandsprodukts erhöhen. In letzter Zeit hat sich jedoch die gesellschaftspolitische und wirtschaftliche Lage Brasiliens, das lange als Vorbild unter den Schwellenländern galt, durch die sozialistische Politik Luiz Inácio Lula da Silvas und Dilma Roussefs dramatisch verschlechtert. Nach einem Jahrzehnt kontinuierlichen wirtschaftlichen Wachstums durchläuft das Land derzeit eine starke Wirtschaftskrise, begleitet von Korruptionsskandalen und politischen Intrigen. Mit den in der sozialistischen Ära verursachten politischen und wirtschaftlichen Problemen nimmt zugleich der internationale Einfluss der siebtgrößten Volkswirtschaft der Welt erheblich ab. Der Traum vom Global Player ist geplatzt.

Chile – Streitkräfte mit deutscher Militärtradition

Als das Flugzeug von Buenos Aires kommend nach 1 000 Kilometer Flug die argentinisch-chilenische Grenze überflog, hatte es bereits seit einiger Zeit mit dem Landeanflug auf die 70 Kilometer entfernte Hauptstadt Santiago de Chile begonnen und viel von seiner Reiseflughöhe verloren. Ich meinte beim Blick aus dem Fenster, es würde die über 5 000 Meter hohen schneebedeckten, schroffen Gipfel der Anden streifen. Richtung Norden ragte der vereiste 6 962 Meter hohe Aconcagua, der höchste Berg außerhalb Asiens, aus der gewaltigen Bergkette hervor. Ich war noch ganz fasziniert von der grandiosen Bergwelt der Anden, die sich 7 500 Kilometer von Norden nach Süden erstreckt und Chile nach Osten abschirmt, als das Flugzeug nach kurzer Zeit und einem starken Sinkflug auf der Landebahn aufsetzte.

Meine geografischen Eindrücke von der imposanten Landschaft Chiles wechselten unmittelbar zu militärpolitischen und geostrategischen Überlegungen. Mir wurde deutlich, welche geringe strategische Tiefe dieses geografisch seltsam gestaltete, 4 330 Kilometer lange, an den Bergrücken der Anden wie ein schmaler Saum angeheftete Land hat, das bis in die antarktischen Gewässer reicht. Die beiden kritischen Regionen mit den umstrittenen Grenzen in der Atacama-Wüste hoch im Norden zu Peru und im arktischen Süden zu Argentinien sowie das Gebiet um die Hauptstadt Santiago de Chile bestimmen die Stationierung der chilenischen Streitkräfte.

Dies waren die geostrategischen und sicherheitspolitischen Rahmenbedingungen dieses entlegenen Landes bei meinen 2004 begonnenen Gesprächen mit den chilenischen Militärs und Vertretern der Rüstungsindustrie. Die Chilenen waren stets beeindruckt, wenn ich zu Beginn der Unterhaltungen, als sie sich noch auf einen persönlichen Informationsaustausch beschränkten, von meiner abenteuerlichen Reise durch den arktischen Süden des Landes, von Feuerland, Patagonien und vom Torres del Paine Nationalpark, berichtete. Diese unwirtliche, sturmgepeitschte Region, 2 000 Kilometer südlich von Santiago de Chile, haben selbst nur wenige Chilenen bereist.

Das Land, das von 1973 bis 1989 von einer Militärdiktatur regiert wurde, verzeichnet seit Jahren eine positive wirtschaftliche Entwicklung, ein kontinuierliches Wirtschaftswachstum, eine sinkende Staatsverschuldung und eine geringe Inflationsrate. Dies ermöglichte auch eine stetige Erhöhung des Verteidigungshaushaltes, der sich 2016 auf 3,3 Milliarden US-Dollar belief.

Die Streitkräfte haben eine Stärke von 64 750 Soldaten. Das Heer verfügt über 37 850 Soldaten und 1 183 gepanzerte Fahrzeuge. Umfangreiche Beschaffungen wurden eingeleitet, die die militärische Stärke beträchtlich erhöhen werden. 1998 erhielt das chilenische Heer überschüssige LEOPARD 1 Kampfpanzer aus den Niederlanden, von denen heute noch 122 im Einsatz sind, sowie sieben von der FFG Flensburger Fahrzeugbau Gesellschaft leistungsgesteigerte Bergepanzer 2, drei Pionierpanzer 1, einen Brückenlegepanzer BIBER und einen Minenräumpanzer.

Ab 2007 wurden 170 Kampfpanzer LEOPARD 2 A4, von denen 140 im Einsatz sind, und 14 Bergepanzer 2 sowie Ausbildungsgeräte, Fahr- und Gefechtssimulatoren aus Deutschland beschafft. Das Münchner Unternehmen Krauss-Maffei Wegmann erhielt einen Auftrag über 50 Millionen Euro zur Anpassung dieser LEOPARD 2 an die chilenischen Anforderungen und übergab den ersten Kampfpanzer im November 2007 an das chilenische Heer.

Die Übergabe des ersten Kampfpanzers LEOPARD 2 unterstreicht die strategische Partnerschaft zwischen der Deutschland und Lateinamerika. Damit wurde Chile die 16. Nutzernation des LEOPARD 2 und erster Nutzer in Südamerika. Der staatliche chilenische Militärbetrieb Fabricas y Maestranzas del Ejército FAMAE wurde in der Instandsetzung und Instandhaltung beteiligt. Für Krauss-Maffei Wegmann war dieser Vertrag eine bedeutende Referenz auf dem lateinamerikanischen Markt. FAMAE wurde bereits 1811 gegründet und hatte in Lizenz von der Schweizer Mowag die gepanzerten Fahrzeuge PIRANHA 6x6 und 8x8 gefertigt.

Am 27. Mai 2008 unterzeichnete das chilenische und das deutsche Verteidigungsministerium einen Vertrag zur Lieferung von 237 Schützenpanzern MARDER 1A3 aus Beständen der Bundeswehr. Drei MARDER wurden in Chile erfolgreich unter extremen Klima- und Geländebedingungen erprobt. Darüber hinaus erwarb die chilenische Armee 30 Flugabwehrpanzer GEPARD aus Bundeswehrbeständen, die vor dem Einsatz in den vier Panzerbrigaden bei FAMAE instandgesetzt wurden.

Bei meinen Besprechungen und Verhandlungen spielten die sehr kompetenten chilenischen Militärattachés, sowohl die ehemaligen, anschließend wieder in Chile tätigen, als auch die in Berlin akkreditierten, eine hervorragende Rolle. Dabei war besonders hilfreich, dass sie zumeist, wie bei Oberst Carlos Zimmermann sofort am Namen erkennbar, deutscher Abstammung waren, perfekt deutsch sprachen und über hervorragende Kenntnisse von den deutschen Waffensysteme und der Logistik verfügten.

Lange vor Einführung deutscher Panzerfahrzeuge in den chilenischen Streitkräften war der deutsche Marineschiffbau bereits 1980 mit der Vermarktung von zwei U-Booten der Klasse T-209/1300 erfolgreich. Einen Anschlussauftrag konnte die deutsche Werft jedoch nicht erringen. Diesen erhielt das französisch-spanische Werftenkonsortium DCNS-Navantia. Es lieferte 2005 und 2006 zwei SCORPÈNE U-Boote, die mit EXOCET SM-39 Antischiff-Flugkörpern ausgerüstet sind. Die staatseigene chilenische Marinewerft ASMAR, die Astilleros y Maestranzas de la Armada, die über Einrichtungen in Valparaiso, Punta Arenas und Talcahuano verfügt, führte die Modernisierung von zwei ekuadorianischen, von HDW gelieferten U-Booten der Klasse 209/1300 durch und baute bisher drei von fünf 81 Meter lange Küstenschutzbooten der PILOTO PARDO-Klasse nach einer Konstruktion der deutschen Fassmer-Werft.

Das Land hat bisher nur eine kleine, aber wachsende Luftfahrtindustrie, zu der Airbus Helicopters Chile und ENAER gehören, die in erster Linie für den Service der in der Luftwaffe eingeführten Fluggeräte zuständig ist.

Der wirtschaftlich erfolgreiche Andenstaat wird auch zukünftig mit seinen leistungsfähigen Streitkräften einen maßgeblichen Beitrag zur Sicherheit des Landes und zum internationalen Krisenmanagement leisten. Vor und nach dem Ersten Weltkrieg haben deutsche Ausbilder wesentlich zum Aufbau der chilenischen Armee beigetragen, die weiterhin sichtbar eine lange traditionsreiche Zusammenarbeit mit Deutschland pflegt. Dazu trägt auch der vielen Städten vorhandene deutsche Club, der Club Alemán, bei. In den deutschen Club in Santiago de Chile lud unser Vertreter mich und meinen für Lateinamerika zuständigen Mitarbeiter, Wulf Schumacher, oft ein, mehr als uns lieb war, hätten wir doch manchmal ein chilenisches Restaurant vorgezogen, ohne die verstaubten Bilder längst verstorbener deutscher Persönlichkeiten und ohne deutsche Lieder, deren Texte wir, mit Ausnahme von „Lili Marleen", gar nicht kannten, ja nie gelernt hatten.

Asien – im sicherheitspolitischen Umbruch

Asien bildet eine geografische, aber keine politische oder soziokulturelle Einheit. Dies hat unmittelbaren Einfluss auf die Sicherheitspolitik dieser Region, die nicht von einer umfassend übergreifenden Bündnispolitik geprägt ist. Zusammengehörigkeit der Nationen ist kein typisch asiatisches Verhaltensmuster. Die sicherheitspolitische Lage und der Markt für wehrtechnische Produkte sind in Asien und in der Pazifik-Region durch stark veränderte Rahmenbedingungen gekennzeichnet. Es fehlt trotz des starken Anwachsens der militärischen Potenziale der Großmächte China und Indien an umfassenden kollektiven Sicherheits- und Kommandostrukturen. Das sicherheitspolitische Denken ist fast ausschließlich national gerichtet. Dennoch sind die asiatischen Staaten in wachsendem Maße bereit, internationale Verpflichtungen im Krisenmanagement, etwa unter dem Kommando der Vereinten Nationen, zu übernehmen.

Die sicherheitspolitischen Risiken und das starke Wirtschaftswachstum führten im letzten Jahrzehnt zu dem hohen Anstieg der Verteidigungsausgaben und der Beschaffung von Rüstungsgütern. Die Militärdoktrin wandelte sich in vielen asiatischen Staaten von den vorrangig nach innen zur Bekämpfung subversiver Aktionen ausgerichteten Streitkräften hin zur Verteidigung des Landes gegen eine Bedrohung von außen sowie zur Durchführung von internationalen Einsätzen. Dies erfordert eine Modernisierung und Umstrukturierung der Streitkräfte.

Der Zusammenbruch der Sowjetunion und der Wegfall des Ost-West-Konfliktes hatten in Asien aufgrund der nicht vorhandenen direkten Konfrontation und anderer sicherheitspolitischer Denkweise der Asiaten nicht die tiefgreifenden sicherheits- und militärpolitischen Veränderungen wie in Europa zur Folge. Interne Konfliktpotenziale werden in Asien kaum zur Kenntnis genommen und Bemühungen um Lösung von außen als Einmischung in innere Angelegenheiten abgelehnt.

Die sicherheitspolitische Entwicklung Asiens ist gekennzeichnet durch das offensichtliche Hegemoniestreben der Volksrepublik China, das sich in seinem völkerrechtlich umstrittenen Anspruch auf die Spratly-Inseln, in der Politik gegenüber Taiwan und in dem unverhältnismäßig hohen Anstieg der Rüstungsausgaben äußert. Der latente Disput über das Südchinesische Meer stellt ein beträchtliches Sicherheitsrisiko in Asien dar. Die Vereinigten Staaten haben rund 80 000 Soldaten in dieser Region stationiert, davon 47 050 in Japan und 28 500 in Südkorea. Es besteht dennoch vielerorts die Sorge, dass sie sich ganz aus dieser Region zurückziehen könnten.

Die japanische Sicherheitspolitik wird bestimmt wird von der militärischen Stärke und den Anstieg der Rüstungsausgaben der Volksrepublik China, der militärischen Aufrüstung Nordkoreas, von der vom Potenzial der russischen Streitkräfte in Fernost ausgehende Unsicherheit und vom internationalen Terrorismus. Der Verteidigungshaushalt belief sich 2016 auf 47,3 Milliarden US Dollar und lag damit weltweit an sechster Stelle. Die japanischen Selbstverteidigungsstreitkräfte verfügen über 247 150 Soldaten.

Japan hat eine äußerst leistungsfähige Rüstungsindustrie, die folgende Ziele verfolgt: Erhaltung einer japanischen Rüstungsbasis für die nationale Sicherheit, Beschaffung der Ausrüstung von Japans einheimischen Forschungs-, Entwicklungs- und Produktionseinrichtungen, Nutzung der zivilen Industrie für die einheimische Rüstungsproduktion, Setzen von langfristigen Zielen für die Forschung, Entwicklung und Produktion und Einführung des Wettbewerbs in der Rüstungsproduktion. Sieben Unternehmen, Mitsubishi Heavy Industries, Kawasaki Heavy Industries, Komatsu, NEC, Fujitsu, Mitsubishi Electric Corporation und Japan Marine United Corporation, rangieren unter den TOP 100 der Rüstungsunternehmen weltweit. Japan entwickelt und produziert die meisten Waffensysteme fast vollständig im eigenen Land. Wegen der geringen Stückzahlen und aufgrund des vom Artikel 9 der japanischen Verfassung abgeleiteten Rüstungsexportverbots sind diese Waffensysteme in Japan extrem teuer.

Die veränderte sicherheitspolitische Lage wird Japan militärisch stärker aus der Isolation herausführen und von der bedeutenden, stark rohstoffarmen und vom Export abhängigen Industrienation ein größeres Engagement im internationalen Krisenmanagement erforderlich machen. Zugleich besteht jedoch bei einigen Ländern die große Befürchtung, dass Japan sich wieder zu einer militärischen Großmacht entwickeln könnte. Sollte es zu einer Aufhebung der Exportrestriktionen kommen, dann würde die japanische Rüstungsindustrie sicherlich zu einem bedeutenden weltweiten Wettbewerber heranwachsen.

Der indonesische Minister für Forschung und Technologie, Bacharuddin Jusuf Habibie, auf dem MaK Messestand. Werner Schröder informiert ihn über die erfolgreiche Erprobung des WIESEL in Indonesien. Eine Exportgenehmigung über sieben Fahrzeuge wurde von der Bundesregierung jedoch zu spät erteilt. So wurden französische Fahrzeuge gekauft. 2012 beschaffte das Land 103 deutsche LEOPARD 2 Kampfpanzer.

Habibie studierte und promovierte an der Technischen Hochschule in Aachen Luft- und Raumfahrttechnik. In Hamburg-Finkenwerder hat er anschließend auf der der heutigen Airbus Werft in leitender Funktion Flugzeuge mitentwickelt. Von 1998 bis 1999 war er indonesischer Staatspräsident. Helmut Schmidt schrieb über ihn als Politiker: „Er hat während seiner kurzen Amtszeit umfassende Reformen in Politik, Wirtschaft und Justiz eingeleitet - ein großes Verdienst."

Die ASEAN, die Association of South East Asian Nations, wurde 1967 auf dem Höhepunkt des Vietnam-Krieges in Bangkok gegründet. Heute besteht sie aus den zehn Staaten Brunei, Indonesien, Kambodscha, Laos, Malaysia, Myanmar, Philippinen, Singapur, Thailand und Vietnam. Damit sind 630 Millionen Menschen in dieser Gemeinschaft vertreten. Ziel ist die Förderung gemeinsamer politischer, wirtschaftlicher, technischer, kultureller und sozialer Interessen. Daneben gewinnt die Bildung einer Sicherheitsgemeinschaft, die „ASEAN Security Community", an Bedeutung. Das Generalsekretariat hat seinen Sitz in Jakarta, der Hauptstadt Indonesiens. Höchstes Organ der ASEAN ist die Gipfelkonferenz der Staats- und Regierungschefs, die in unregelmäßigen Abständen tagt. Die ASEAN, die auf dem Konsensprinzip arbeitet, entwickelte sich zu einem wirkungsvollen Instrument der intraregionalen wie auch der überregionalen wirtschaftlichen und politischen Kooperation.

Die ASEAN-Staaten bilden ein politisches, wirtschaftliches und militärisches Gegengewicht zu dem erstarkenden China, verfolgen aber insbesondere aufgrund der unverzichtbaren wirtschaftlichen Beziehungen keine Politik der Eindämmung. Mit Sorge betrachten diese Länder die territoriale Streitfrage im Südchinesischen Meer um die Spratly-Inseln.

1993 wurde die Bildung des ASEAN Regional Forum beschlossen, auf dem die Außenminister der ASEAN mit ihren Kollegen aus China, Japan, Russland, der Europäischen Union, den Vereinigten Staaten und anderen Pazifik-Anrainern Probleme der regionalen Sicherheit erörtern. Dieses Forum hat jedoch nicht die Bedeutung der OSZE gewonnen, weil derartige kollektive Sicherheitsorgane nicht der asiatischen Mentalität entsprechen. Die Asiaten vertrauen eher einer nationalen oder bilateralen Sicherheitsvorsorge. Es bietet jedoch den gegenwärtig 26 Mitgliedsländern die Möglichkeit zum Meinungs- und Informationsaustausch.

Die ASEAN-Staaten sind mit ihren 2,1 Millionen Soldaten jedoch kein Militärbündnis wie die NATO-Staaten mit gegenseitigen Verteidigungsverpflichtungen und militärischer Kommandostruktur eingegangen. Die im Verhältnis zum Bruttoinlandsprodukt relativ hohen Verteidigungsausgaben beliefen sich 2016 auf 38 Milliarden US-Dollar. Sie haben sich seit 1998 fast verdreifacht, sind jedoch im Vergleich zu den 226 Milliarden US-Dollar der EU-Staaten mit ihren 1,5 Millionen Soldaten sehr niedrig.

So bestimmten die sicherheitspolitische Lage, das enorme Wirtschaftswachstum, die Modernisierung der Streitkräfte und der Aufbau einer leistungsfähigen nationalen Rüstungsindustrie, die internationale Kooperationen anstrebt, über viele Jahre mein berufliches Engagement in dieser Region.

Singapur – Wiesel und Leoparden in der Löwenstadt

Der Stadtstaat Singapur, einst Bastion des britischen Empires, liegt auf einer Insel am südlichen Ende der malaiischen Halbinsel. Die geostrategische Lage wird durch das Zusammentreffen mehrerer wichtiger Handelsrouten und durch das fehlende Hinterland bestimmt. Bereits 1920 war dieser Juwel unter den britischen Kolonien das größte Handelszentrum Asiens. Das wirtschaftlich starke Singapur hat sich nach seiner Unabhängigkeit im Jahr 1963 von der 1819 begonnenen britischen Kolonialherrschaft mit einer langfristig ausgerichteten, erfolgreichen Strategie geopolitisch und ökonomisch hervorragend positioniert.

Mit dem nach Shanghai zweitgrößten Handelshafen und einem der größten Flughäfen der Welt hat der Inselstaat als Drehscheibe direkt am Eingang der Malakka-Straße mit der Globalisierung wirtschaftlich und technologisch eine führende Rolle in Südostasien übernommen. Die schmale Singapur- und Malakka-Straße ist einer der meistbefahrenen Seewege der Welt, die täglich von mehr als 1 000 Schiffen passiert wird. Ein Drittel der Ölversorgung der Welt läuft hier durch. Die Piraterie, 75 Prozent der globalen Überfälle geschehen in dieser Meerenge, ist somit eine große militärische Herausforderung in dieser Region.

Infolge der wachsenden geostrategischen Bedeutung des Landes ist auch die sicherheitspolitische Rolle der Streitkräfte gewachsen. Das Militär hat, wie auch die Rüstungsindustrie, erheblich von dem hohen Bruttoinlandsprodukt in Höhe von rund 404 Milliarden Singapur Dollar in 2016, umgerechnet 297 Milliarden US-Dollar, profitiert. Die leistungsfähigsten Streitkräfte Südostasiens, die Singapore Armed Forces, verfügen über 72 500 Soldaten. Der Verteidigungshaushalt belief sich 2016 auf 14,0 Milliarden Singapur Dollar, mit 3,5 Prozent des Bruttoinlandsprodukts, der höchste Anteil in Südostasien.

Auf der Grundlage einer umfassenden Marktanalyse kamen wir bei Krupp MaK Mitte der achtziger Jahre zum Ergebnis, dass der leichte, im Hubschrauber lufttransportfähige WIESEL 1, ein nur rund drei Tonnen schweres, von Porsche konstruiertes leicht gepanzertes Kettenfahrzeug, den militärischen Forderungen dieses Stadtstaates Singapur entsprechen könnte. Nach ersten Besprechungen und Übermittlung von technischen Informationen über dieses Fahrzeug wurde 1989 auf Einladung des Verteidigungsministeriums MINDEF ein WIESEL für eine umfangreiche Erprobung per Luftfracht nach Singapur gebracht. Somit hatte ich als Exportleiter erstmals die Gelegenheit, vor Beginn der Erprobungsphase im Rahmen einer großen Präsentationsveranstaltung und eindrucksvollen Geländevorführung dem Chef des Generalstabs von Singapur, Generalleutnant Winston Choo, und den zahlreich anwesenden Offizieren unser Unternehmen, die Produktpalette und das Fahrzeug vorstellen.

Winston Choo begann 1959 seinen Militärdienst. 1965 wurde er der erste militärische Adjutant des ersten Präsidenten Singapurs, Yusof bin Ishak. Er durchlief anschließend verschiedene militärische Verwendungen, nahm in den USA in Fort Leavenworth an der Generalstabsausbildung teil. Mit 31 Jahren zum Oberst befördert übernahm er das Kommando der 2. Singapore Infantry Brigade und wurde mit nur 33 Jahren der erste Chef der singapurischen Streitkräfte, eine Position, die er bis 1992 innehatte.

Nach der eindrucksvollen Präsentation, ein Lufttransport des WIESEL in einem CHINOOK-Hubschrauber und eine anschließende Geländefahrt durch den tropischen Regenwald, ließ es sich General Choo als ehemaliger Kommandeur einer Infanteriebrigade nicht nehmen, selbst eine Runde mit diesem Fahrzeug mitzufahren. Nach der Präsentation konnte ich mit ihm noch einen interessanten Meinungsaustausch über die sicherheits- und militärpolitische Lage des Landes führen. Die ruhige, freundliche Art, der Sachverstand dieses mit 48 Jahren noch recht jungen Generalstabschefs, dem als erster der Rang eines Generalleutnants in den Streitkräften Singapurs verliehen wurde, beeindruckte mich sehr. Sein schmales, sich an den Seiten verjüngendes, bei Asiaten selten anzutreffendes Menjou-Bärtchen verstärkte seine freundliche Ausstrahlung und äußere Gelassenheit. Zum Abschluss sprach er mich auf meine einleitende Präsentation, in der ich auch auf den deutschen Kampfpanzer LEOPARD 2 eingegangen war, mit der für einen Asiaten ungewohnt unverblümt kritischen Bemerkung an: „Schauen Sie sich das Gelände unseres Inselstaates an, die zahlreichen Gewässer, die das Land durchziehen und umgeben, das fehlende Hinterland. Hier macht doch ein so schwerer Kampfpanzer militärisch keinen Sinn."

In den Folgemonaten verliefen die anschließenden kaufmännischen und technischen, in der Amtssprache Englisch geführten Gespräche mit unseren singapurischen Verhandlungspartnern, es waren durchweg Chinesen, sehr hart, aber zielführend und fair. Mit der Vermarktung des WIESEL hatten wir jedoch keinen Erfolg. Vielleicht lag es an der unzureichenden Schwimmfähigkeit des Fahrzeuges oder daran, dass die system- und kostenbestimmende Lufttransportfähigkeit keine besondere Priorität hatte.

Ein Jahrzehnt später veränderte sich das Konfliktszenario grundlegend. Das Land sieht sich einer wachsenden Bedrohung aufstrebender Mächte ausgesetzt. Und der Kampf gegen den Terrorismus erhielt eine besondere Bedeutung. Die 2004 erlassene nationale Sicherheitsstrategie trug dieser gewachsenen Bedrohung Rechnung. Singapur beteiligte sich mit einem kleinen Kontingent am ISAF-Einsatz der NATO in Afghanistan. Zwischenzeitlich hatte das Nachbarland Malaysia 48 polnische PT-91M-Kampanzer, sechs Brückenlege- und 14 Bergepanzer erworben. Nach umfangreichen Studien und Erkenntnissen der israelischen Armee gelangte das singapurische Verteidigungsministerium zum Ergebnis, dass der hochgeschützte Kampfpanzer LEOPARD 2 in einem Szenario Kampf in Städten, im Urban Warfare, das weltweit effektivste Waffensystem ist. Daraufhin erwarben die Streitkräfte Singapurs im Jahr 2006 aus Bundeswehrbeständen 96 LEOPARD 2 Kampfpanzer und beschafften darüber hinaus 11 Bergepanzer BÜFFEL sowie 14 Pionierpanzer KODIAK bei Rheinmetall Landsysteme.

Singapur verfolgt eine erfolgreiche Strategie beim Aufbau modern ausgerüsteter Streitkräfte und einer international wettbewerbsfähigen Rüstungsindustrie. Das „Third Generation Concept" der Streitkräfte Singapurs führte zur hohen Vernetzung und zu einer erheblichen Verbesserung der Feuerkraft. Das 50 000 Soldaten starke Heer hat in den letzten zwei Jahrzehnten den Bestand an gepanzerten Fahrzeugen nicht nur quantitativ auf jetzt 2 923 Stück, sondern mit den im Lande entwickelten und produzierten Fahrzeugen sowie mit den LEOPARD 2 auch qualitativ beträchtlich erhöht.

Singapur hat eine im Verhältnis zur Größe des Landes und zur militärischen Stärke bedeutende Rüstungsindustrie aufgebaut, die verstärkt in den Auslandsmarkt drängt. Damit verfolgt das Land das strategische Ziel, die Abhängigkeit von Beschaffungen aus dem Ausland zu verringern. Singapore Technologies Automotive hat erfolgreich den Weg von der Instandsetzung und Kampfwertsteigerung von eingeführtem Gerät über die Entwicklung und Produktion von neuem Wehrmaterial bis zur leistungsfähigen Systemfirma beschritten. 1991 fing sie mit der Entwicklung leichter Fahrzeuge an, und 1998 begann die Serienfertigung des Infanteriegefechtsfahrzeuges BIONIX. Jetzt ist sie als Singapore Technology Kinetics mit rund 5 000 Mitarbeitern in dem Konzern Singapore Technology Engineering aufgegangen. Die 1997 gegründete Singapore Technology Engineering ist mit einem Umsatz im Jahr 2016 in Höhe von 6,7 Milliarden Singapur Dollar, umgerechnet 4,9 Milliarden US-Dollar, und 21 589 Mitarbeitern eines der größten Unternehmen des Landes. Beim Wehrtechnik-Umsatz lag es mit 1,7 Milliarden US-Dollar 2016 weltweit an 43. Stelle.

Die in Singapur produzierten Schützen- und Mannschaftstransportpanzer BIONIX und der neue BIONIX II sind mit rund 500 Stück in der Truppe eingeführt und laufen weiter zu. Rund 600 mit einem Zwillingschassis ausgelegte Kettenfahrzeuge BRONCO wurden ab 2001 für das singapurische Heer beschafft. 116 leistungsgesteigerte BRONCO wurden an das britische Heer, hier WARTHOG genannt, geliefert. Damit ist dem Unternehmen erstmals ein wichtiger Zugang zum europäischen Markt gelungen. Die 155 mm Panzerhaubitze PRIMUS ist ein weiteres landeseigenes Produkt, von dem bisher 54 Stück beauftragt worden sind. Die ersten von 135 schwimmfähigen 8x8 Radfahrzeugen TERREX sind an das singapurische Heer geliefert worden. Sie haben ein Gefechtsgewicht von 24 Tonnen und transportieren bis zu 13 Soldaten.

Der Inselstaat Singapur verfügt auch über eine leistungsfähige Marine, die eine Stärke von 9 000 Soldaten hat. Die Flotte besteht aus vier U-Booten, sechs Fregatten, 35 Patrouillen- und vier Landungsbooten sowie vier Minensuchern. Sie wird weiterhin modernisiert. So liefert ST Engineering von 2016 an sieben Korvetten, und Thyssen-Krupp Marine Systems in Kiel erhielt einen Auftrag über vier außenluftunabhängige U-Boote der Klasse 218G, die ab 2020 geliefert werden. Die stark auf die USA ausgerichtete Luftwaffe hat eine Stärke von 13 500 Soldaten und verfügt über 126 US-Kampfflugzeuge sowie 76 Hubschrauber. Die Erwartung von Airbus, den Eurofighter in Singapur zu vermarkten zu können, schlug jedoch fehl.

Singapur bietet ein hervorragendes Beispiel, wie ein wirtschaftlich erfolgreiches Land sich mit leistungsfähigen Streitkräften und einer strategisch ausgerichteten wehrtechnischen Industrie den sicherheitspolitischen Herausforderungen stellt.

Südkorea – vom Kunden zum Konkurrenten

Nach dem Ende des Kalten Krieges wurde der außenpolitische Spielraum für Südkorea größer. So erhielt seit Anfang der neunziger Jahre die Außen- und Sicherheitspolitik von der ausschließlichen Ausrichtung auf die USA durch die Intensivierung der Beziehungen zur Volksrepublik China und zu Russland aufgrund der zunehmenden Komplexität und der Konfliktpotenziale in dieser Region eine neue Dimension.

Die Verteidigungspolitik der Republik Korea verfolgt zwei Ziele: zum einen die erfolgreiche Verteidigung gegen eine Provokation von Nordkorea, zum anderen die Entwicklung einer zukunftsorientierten Sicherheitspolitik, die den Anforderungen des 21. Jahrhunderts gerecht wird und einen Beitrag zur regionalen Stabilität und zum Weltfrieden leistet. Dabei bleibt die friedliche Wiedervereinigung des Landes oberstes politisches Ziel. Seit 1993 ist es gesetzlich gestattet, südkoreanische Truppen in UN-Friedensmissionen einzusetzen. Das war dann erstmals 1993 in Somalia der Fall. Ende 2017 waren 630 südkoreanische Soldaten weltweit in Krisengebieten eingesetzt.

Obwohl 1991 zwischen Nord- und Südkorea ein „Aussöhnungsvertrag" geschlossen wurde, bestehen zwischen beiden Ländern weiterhin erhebliche Spannungen. Beiderseits der Demarkationslinie stehen sich beträchtliche Militärpotenziale gegenüber. Aufgrund der permanenten Bedrohung des Landes durch Nordkorea unterhält Südkorea umfangreiche Streitkräfte, die einen umfassenden Modernisierungsprozess durchlaufen. Sie sollen einen hohen Grad der Unabhängigkeit des Landes sicherstellen. Dennoch haben die Vereinigten Staaten als wichtigster Verbündeter mit 28 500 Soldaten immer noch ein starkes militärisches Kontingent in Südkorea, die United States Forces Korea, stationiert. Während Südkorea mit seinen 51 Millionen Einwohnern Streitkräfte in einer Stärke von 630 000 Soldaten unterhält, hat das wirtschaftlich arme Nordkorea mit 25 Millionen Einwohnern sogar rund 1,2 Millionen Soldaten unter Waffen. Darüber hinaus sind die Beziehungen zu Japan aufgrund der historischen Erfahrungen immer noch durch Misstrauen geprägt; zusätzlich wird das militärische Erstarken Chinas mit großer Sorge beobachtet. Die Republik Korea ist neben Japan und China Mitglied der „ASEAN plus 3", die das Ziel hat, die sicherheitspolitische Zusammenarbeit zwischen den Ländern zu verbessern. Außerdem beabsichtigt das

Land, die Beziehungen und Zusammenarbeit mit der NATO zu intensivieren.

Die Verteidigungsausgaben des Landes stiegen in den letzten Jahren in realen Werten gewaltig. Sie beliefen sich 2016 auf 38,8 Trillionen Won, umgerechnet 33,8 Milliarden US-Dollar, das waren 2,1 Prozent des Bruttosozialprodukts. Südkoreas Heer, das seit einigen Jahren durch umfangreiche Beschaffungsvorhaben modernisiert wird, hat eine Stärke von 495 000 Soldaten. Es verfügt über 8 273 gepanzerte Fahrzeuge, darunter 1 484 im Lande produzierte K1 und 100 K2 Kampfpanzer, 350 Schützenpanzer K21 und 1 700 Mannschaftstransportpanzer KIFV sowie 300 koreanische Panzerhaubitzen vom Typ K9 THUNDER.

In Südkorea entstand in den letzten Jahrzehnten neben großen, international erfolgreichen Wirtschaftsunternehmen auch eine leistungsfähige Rüstungsindustrie, die für die eigenen Streitkräfte und mit wachsendem Erfolg auch für das Ausland neue Produkte entwickelt und vermarktet. Unter dem Dach der Korea Defense Industry Association gibt es 85 Rüstungsunternehmen mit 21 000 Beschäftigten. Das Land ist bestrebt, die internationale Zusammenarbeit und den Rüstungsexport zu verstärken. So schloss das koreanische Verteidigungsministerium mit 24 Ländern Vereinbarungen zur Rüstungszusammenarbeit ab. Südkorea entwickelt sich zu einem der größten Rüstungsexporteure weltweit. 2016 belief sich der Rüstungsexport auf 8,4 Milliarden US-Dollar.

Die Unternehmen Hyundai Rotem und Hanwha, die Bestandteil der größten Industriegiganten Südkoreas sind, entwickeln und fertigen gepanzerte Fahrzeuge. Hyunday Rotem produzierte den K1-Kampfpanzer für die koreanischen Streitkräfte. Der erste Kampfpanzer wurde 1985 ausgeliefert. 2000 begann die bis 2011 laufende Produktion des leistungsgesteigerten K1 A1-Kampfpanzers mit einer 120 mm Kanone und einer leistungsgesteigerten Feuerleitanlage und Nachtsichtgeräten. Außerdem hat das Unternehmen 67 Brückenlegepanzer mit einer Scherenbrücke der Firma Vickers, heute BAE Systems Land Systems, gefertigt.

Für den K1 benötigte die koreanische Armee einen entsprechenden Bergepanzer. Zu diesem Zweck vereinbarte Hyundai mit Krupp MaK in Kiel, heute Rheinmetall Landsysteme, eine Zusammenarbeit für die Entwicklung

Der von Hyundai gemeinsam mit Krupp MaK entwickelte koreanische Bergepanzer K1ARV

und stellte über einen längeren Zeitraum mehrere Konstrukteure nach Kiel ab. Nach erfolgreichem Abschluss der Entwicklung lieferte Rheinmetall für die Serienfahrzeuge die bergespezifischen Komponenten. Dies war mit einem vertraglich vereinbarten Know-how- Transfer verbunden, wobei die Fertigungsanteile mit dem Produktionsfortschritt kontinuierlich abnahmen. Insgesamt beschaffte die koreanische Armee 200 Bergepanzer K1ARV. Das Unternehmen Hyunday war durch den Know-how-Gewinn bei der Lizenzfertigung des K1 in der Lage, den neuen Kampfpanzer K2 BLACK PANTHER zu entwickeln, der seit 2012 mit insgesamt 397 Serienfahrzeugen in der Truppe eingeführt wird. Dies ist der erste Kampfpanzer, der in Südkorea konstruiert, entwickelt und gebaut wurde.

Hyundai Rotem unterzeichnete im Juli 2008 mit dem türkischen Unternehmen Otokar eine Zusammenarbeitsvereinbarung für die Entwicklung des neuen türkischen Kampfpanzers ALTAY und die Übertragung neuester Technologien. Nach der Panzerhaubitze K9 THUNDER ist dies ein weiterer wichtiger Erfolg der koreanischen Rüstungsindustrie in der Türkei, die für Südkorea einer der bedeutendsten Empfänger von Rüstungsgütern ist. Die von Hyundai Rotem entwickelten gepanzerten 6x6 und 8x8 Kampffahrzeuge KW1 und KW2 SCORPION, die jetzt K806 und K808 heißen, wurden 2012 von den koreanischen Streitkräften ausgewählt. Von 2017 bis 2023 sollen 600 Fahrzeuge eingeführt werden.

Hanwha Defense Systems wurde durch die Übernahme von Doosan Defense Systems und Samsung Techwin das größte Rüstungsunternehmen Südkoreas. Es liegt mit einem Wehrtechnik-Umsatz von 4,2 Milliarden US-

Südkoreanische Offiziere und Ingenieure während der Ausbildung an der Schule Technische Truppe in Aachen. Links der Kommandeur, Oberst Hans Hermann Schwede. Hier absolvierte der Autor (2. Reihe, re.) seinen Fahnenjunker-, Fähnrichs- und Kompaniechef-Lehrgang

Dollar in 2016 weltweit an 19. Stelle. Doosan produzierte etwa 1 000 Schützenkampfwagen KIFV, das Korean Infantry Fighting Vehicle K200A1, von dem 111 nach Malaysia verkauft wurden und fertigt seit 2009 den neuen Schützenpanzer K21, auch Next Infantry Fighting Vehicle, NIFV, genannt. Weitere Produkte sind der 30 mm Flugabwehrkanonenpanzer BI HO sowie die gepanzerten 8x8 und 6x6 Radfahrzeuge BLACK FOX. Samsung Techwin hatte die amerikanische M109-Panzerhaubitze in Lizenz produziert. Zum Produktspektrum gehören ebenfalls die 155 mm Panzerhaubitze K9 THUNDER, das zugehörige Munitionsversorgungsfahrzeug, das K10 ARV und das Feuerleitfahrzeug K77 FDCV.

Südkorea ist neben der Heerestechnik insbesondere für den deutschen Marineschiffbau ein wichtiger Markt. 1987 wurden an HDW in Kiel die ersten Aufträge zum Bau von U-Booten des Typs 209/1200 in Deutschland und für Materialpakete zum Bau bei Daewoo Shipbuilding & Marine Engineering, der DSME, in Südkorea erteilt. 1993 wurde das erste von sechs Booten dieser Klasse in Dienst gestellt. Ab 2000 folgten dann bei HDW Aufträge für Materialpakete der Boote der Klasse 214, von denen 12 Boote beschafft werden. Diese bilden in dem risikoreichen Seegebiet eine wichtige Stütze für die schlagkräftige südkoreanische Marine, die einen Umfang von 70 000 Soldaten hat. Die große operative Bedeutung der U-Boote für die Verteidigung des Landes äußert sich nicht nur in den umfangreichen Beschaffungsvorhaben, sondern auch organisatorisch im Aufbau eines U-Boot-

Kommandos. Südkorea verstärkt zugleich den Bau von mittleren und großen Überwasserschiffen, wie die erste 2013 in Dienst gestellte Fregatte der INCHEON-Klasse und die Fregatten der ULSAN-Klasse. Neben DSME verfügt das Land noch über den Marinewerften Hanjin Heavy Industries und Hyundai Heavy Industries.

Heute ist Südkorea eine der mächtigsten Wirtschaftsnationen mit einer in hohem Maße wettbewerbsfähigen Exportwirtschaft, ein Land, das Mitte des 20. Jahrhunderts zu den ärmsten der Welt gehörte. So sind auch in der Wehrtechnik leistungsfähige Unternehmen entstanden, die nicht nur für die eigenen Streitkräfte, sondern verstärkt auch im Ausland zu bedeutenden Lieferanten für Rüstungsgüter geworden sind. Die Erfolge der koreanischen Panzerindustrie in der Türkei und Malaysia, der Auftrag über 1,1 Milliarden US-Dollar, den die koreanische Werft DSME Anfang 2012 von Indonesien für den Bau von drei 1 400 Tonnen U-Booten der Klasse 209 erhielt, sowie der 2014 von Malaysia erteilte Auftrag in Höhe von 1,2 Milliarden US-Dollar für drei Korvetten sind Anzeichen, dass Südkorea nach der rasanten, erfolgreichen Eroberung globaler Märkte im Handelsschiffbau, in der Computerindustrie und in der Automobilindustrie auch den Export von Rüstungsgütern wird erheblich steigern können. Das Land entwickelt sich vom zahlungskräftigen Kunden zum bedrohlichen Konkurrenten.

Das Weißbuch „2012 Defense White Book" beschreibt die technologische, wissenschaftliche und militärische Bedeutung der nationalen Rüstungsindustrie, die zugleich auch einen wichtigen Beitrag für die Wirtschaft des Landes hat und betont das Bestreben Südkoreas, zu einer stärkeren Zusammenarbeit der Rüstungsindustrien in den ASAEN-Staaten zu gelangen.

Die koreanische Halbinsel gehört weiterhin zu den konfliktträchtigsten und am stärksten gerüsteten Regionen der Welt. Hier treffen gegensätzliche nord- und südkoreanische sowie amerikanische, chinesische und japanische sicherheitspolitische und geostrategische Interessen aufeinander. Mit der koreanischen Streitkräftereform wurde über einen langen Zeitraum bis 2020 eine Anpassung der Streitkräfte an die veränderten sicherheitspolitischen und technologischen Rahmenbedingungen eingeleitet, die auch zukünftig mit der leistungsfähigen Rüstungsindustrie die Sicherheit des Landes garantieren soll.

Indien – „Incredible!"

Die sicherheitspolitische Lage Indiens wird vorrangig von den spannungsgeladenen Beziehungen zu Pakistan und China bestimmt. Mit Pakistan hat Indien seit 1947 dreimal Krieg geführt. Hier besteht ständig die Gefahr einer militärischen Auseinandersetzung, und die innenpolitische Entwicklung in Pakistan gibt weiterhin berechtigten Anlass zur Sorge. Mit der Volksrepublik China brach 1962 ein Grenzkrieg aus, und bis heute sind die Beziehungen belastet. Deshalb legt Indien besonderes Augenmerk auf den starken Machtzuwachs des Rivalen China. Indien hat eine 15 500 Kilometer lange Landgrenze, die es mit sieben Nachbarstaaten teilt, davon alleine 3 500 Kilometer mit China. Nationale Sicherheitsziele sind die Verteidigung der Landesgrenzen, der Schutz des Lebens und des Eigentums der Bürger sowie die friedliche Zusammenarbeit mit den Nachbarländern.

Die Atommacht Indien pflegt traditionell enge militärische Beziehungen zu Russland. Siebzig Prozent des indischen Wehrmaterials ist russischen Ursprungs. In den letzten fünf Jahren lieferte Russland Indien Rüstungsgüter zu einem Wert von ungefähr zehn Milliarden US-Dollar. Anfang 2007 wurde zwischen beiden Ländern vereinbart, die Verkäufer-Käufer-Beziehungen zu einer mehr auf Partnerschaft beruhende Zusammenarbeit in der Forschung und Entwicklung sowie in der Produktion umzugestalten.

Die Streitkräfte sind auf das gesamte Spektrum der sicherheitspolitischen Herausforderungen vom Terrorismus und Konflikten niedriger Intensität bis zum konventionellen Krieg sowie auf den möglichen Gebrauch von Nuklearwaffen und Raketen vorbereitet. Sie sind in erster Linie für die territoriale Integrität des Landes verantwortlich. Mit 1 346 000 Soldaten sind sie nach China und den USA die drittgrößten der Erde. Der Verteidigungshaushalt hatte in Indien 2016 einen Umfang von 3 410 Milliarden Rupien, umgerechnet 51,1 Milliarden US-Dollar. Er ist der fünfthöchste der Welt.

Das indische Heer hat eine Gesamtstärke von 1 200 000 Soldaten. Es verfügt über insgesamt 9 216 gepanzerte Fahrzeuge, die überwiegend aus Russland kommen. Der derzeitige Bestand an 4 124 Kampfpanzern wurde in den letzten Jahren erheblich erhöht. 2002 beschaffte Indien 310 Kampfpanzer T-90 und 2007 für rund 950 Millionen US-Dollar weitere 350 Kampfpanzer T-90S aus Russland, weil es bei der Lizenzfertigung der T-90 in Indien zu umfangreichen Problemen gekommen war. Insgesamt wurden 1 650 T-90S direkt in Russland oder als Lizenzfertigung beauftragt. Auch in der dringend erforderlichen Modernisierung der Artillerie, die über sechs verschiedene Kaliber verfügt, gab es immer wieder erhebliche Verzögerungen.

Indiens Rüstungsindustrie ist in der Lage, gepanzerte Fahrzeuge zu entwickeln und zu produzieren. Anfänglich waren es, wie bei den Kampfpanzern VIJAYANTA und T-72 sowie beim Schützenpanzer BMP-2 nur Lizenzfertigungen. 1974 wurde das Programm zur Entwicklung des eigenen Kampfpanzers ARJUN ins Leben gerufen. In diesem Zusammenhang hatte ich 1988 erstmals die Gelegenheit, geschäftlich nach Indien zu reisen. Ich kannte dieses vielschichtige, komplizierte, ja unglaubliche Land, „Incredible India", wie es in der Tourismus-Werbung heißt, recht gut. Ich habe es mehrfach von Kaschmir im Himalaya-Gebirge bis nach Kerala, das „Land der Kokospalmen" im tropischen Süden, intensiv bereist.

Das indische Verteidigungsministerium und die Industrie waren an die weltweit renommierten deutschen Panzerfirmen Krauss-Maffei und Krupp MaK mit dem Ansinnen herangetreten, dass diese sich als Systemfirma bei der Entwicklung dieses neuen Kampfpanzers beteiligten. Die Inder gingen ohne die erforderlichen Systemkenntnisse in diesem komplexen Vorhaben bis zu diesem Zeitpunkt so vor, dass sie sich für die Prototypen bei einschlägigen ausländischen Komponentenfirmen die Baugruppen beschafften, so in Deutschland den 1 030 kW Motor bei MTU, das Getriebe bei Renk und die hydraulische Waffenrichtanlage bei Rexroth sowie die 120 mm Waffe bei Vickers in Großbritannien. Sie mussten aber bald feststellen, dass die Summe aller Komponenten und ihr Zusammenbau noch kein System, keinen funktionsfähigen Kampfpanzer ergaben und suchten deshalb in Deutschland um systemtechnische Unterstützung. Krauss-Maffei lehnte dies ab, weil sie sich keinen Konkurrenten hochziehen wollte.

Krupp MaK jedoch nahm die Einladung trotz erheblicher Bedenken an, weil es in Indien auf anderen Geschäftsfeldern umfangreiche Konzerninteressen gab, so auch bei den MaK-Diesellokomotiven. Wir befürchteten, dass es wegen der engen politischen und wirtschaftlichen Verflechtung in diesem Land bei einer sofortigen Ablehnung zu Beeinträchtigungen der laufenden zivilen Geschäftsaktivitäten kommen könnte. So reiste ich mit unserem Fertigungsleiter Klaus Reinicke nach Indien. Die Präsentationen und Besprechungen in Delhi waren äußerst anstrengend: zumeist in schlecht klimatisierten, oft fensterlosen Besprechungsräumen, ständig bohrenden Fragen der wissbegierigen Inder ausgesetzt, zahlreiche unwesentliche Details in einem schwer verständlichen, monoton singenden indischen Englisch diskutierend. Ich war jedoch beeindruckt vom enormen Detailwissen der Inder über den deutschen Kampfpanzer LEOPARD 2.

Nachdem die Besprechungen mit den Militärs und der Industrie in Delhi beendet waren, flogen wir nach Bhopal, eine indische Großstadt etwa 700 Kilometer südlich der Hauptstadt, wo sich ein riesiges Werk von BHEL, ein potentieller Bewerber für die Serienfertigung des ARJUN, befindet. Man zeigte uns die Produktion einer Prototypen-Panzerwanne des ARJUN, die die Baugruppen des Fahrgestells aufnehmen soll. Unser Fertigungsleiter war erstaunt über die vielen Bearbeitungsschritte, über die Notwendigkeit, die riesige, rund zehn Tonnen schwere Wanne so häufig in den Aufnahmevorrichtungen umzuspannen. 40 Maschinenstunden waren nach Auskunft des indischen Fertigungsleiters für die maschinelle Bearbeitung erforderlich. Auf seine Gegenfrage, wie viele Stunden beim LEOPARD 2 benötigt würden, erhielt er von unserem Fertigungsleiter die für ihn fast unglaubliche Antwort: „Acht Stunden". Uns wurde sofort deutlich, dass die Prototypen von der Regierungsorganisation Combat Vehicles Research and Development Establishment in Avadi, die zur Defence Research and Development Organisation, der DRDO, gehört, ohne Rücksicht auf die Anforderungen einer wirtschaftlichen Serienproduktion konstruiert wurden.

Da sich später in der Anfrage des Verteidigungsministerium herausstellte, dass die Inder von Krupp MaK die Übernahme der Systemverantwortung und Qualitätssicherung ohne organisatorische Zugriffsmöglichkeiten auf die Lieferanten forderten und auch eine Fertigungsbeteiligung nicht vorgesehen war, nahmen wir von diesem risikoreichen Projekt Abstand. Projektmanagement war nicht unser Geschäftsmodell. Wir hatten Interesse gezeigt; das kann bei späteren Geschäften in Indien immer sehr wichtig sein.

1989 wurden die Prototypen des ARJUN von der Entwicklungseinrichtung in Avadi getestet. Die Serienfertigung des 56 Tonnen schwere Kampfpanzers begann 1997 im Ordnance Factory Board, der heutigen staatseigenen Heavy Vehicle Factory in Avadi, die mit 39 weiteren Fabriken zur staatlichen Indian Ordnance Factory gehört. Bis zum Jahr 2002 sollten 124 AR-

JUN Kampfpanzer für zwei Regimenter produziert werden. Es gab jedoch aufgrund immenser technischer Probleme, insbesondere in der Zielgenauigkeit und Mobilität, immer wieder erhebliche Verzögerungen in der Serienproduktion. So wurden bis Ende 2008 erst 15 Fahrzeuge geliefert. 2010 wurde ein zweites Los mit 118 ARJUN beauftragt. Ursprünglich war einmal die Beschaffung von 2 000 ARJUN geplant.

Erfolge konnte der deutsche Marineschiffbau in Indien verzeichnen. So erhielt HDW, die heutige Thyssen-Krupp Marine Systems, in den achtziger und neunziger Jahren den Auftrag für vier U-Boote der Shishumar-Klasse Typ 209/1500, von denen je zwei in Kiel und Mumbai gebaut wurden. 2015 beschaffte Indien jedoch sechs französische U-Boote der Scorpène-Klasse.

2006 entdeckten die Vorstände bedeutender deutscher Wehrtechnik-Unternehmen, die den damaligen Wirtschaftsminister Michael Glos auf einer Reise nach Indien begleiteten, das Land auf einmal als bedeutenden Rüstungsmarkt, das zwischen 1996 und 2004 Rüstungsgüter in Höhe von 15,7 Milliarden Dollar beschafft hat. Und es begann ohne eine Strategie mit hektischer Betriebsamkeit die Erschließung dieses neu in das Blickfeld geratenen Marktes. Repräsentanten wurden für den Markt ernannt, Büros eröffnet, Wehrtechnik-Messen besucht. Bis heute hat sich für die deutsche Rüstungsindustrie der erwartete Erfolg jedoch nicht eingestellt. Auch das Eurofighter-Konsortium konnte nicht den erhofften Auftrag über 126 Kampfflugzeuge erringen. Es bedarf umfangreicher Kenntnisse über dieses komplexe Land, die vielschichtigen gesellschaftlichen Beziehungen, die Mentalität der Inder sowie eines langen Atems und unendlicher Geduld.

Das wirtschaftlich aufstrebende Indien bleibt trotz gewaltiger bürokratischer Hürden, grassierender Korruption und juristischer Unwägbarkeiten mit seinen riesigen Streitkräften ein wichtiger Markt für die ausländische Rüstungsindustrie. Die Aufrechterhaltung von Sicherheit und Stabilität auf dem indischen Subkontinent sowie wird eine der großen Herausforderungen der Zukunft sein. Dazu bedarf es ständiger Bemühungen um gute Beziehungen zu den Nachbarn und militärischer Macht zum Schutz des Landes. Die größte Demokratie der Welt wird auch weiterhin im internationalen Krisenmanagement engagieren und ihre sicherheitspolitischen Interessen in der Landesverteidigung wahrnehmen; dies immer mit Blick auf die verfeindete Atommacht Pakistan und auf das militärisch aufstrebende China.

China – die aufstrebende Militärmacht

Die Volksrepublik China war 2016 mit 28 Millionen produzierten Kraftfahrzeugen der größte Automarkt der Welt. Er wäre für meine Branche, die Panzerindustrie, sicherlich auch ein attraktiver militärischer Markt. Doch seit 1989, dem Massaker vom Tien An Men, wo die studentische Demokratiebewegung blutig niedergeschlagen wurde, untersagt die Europäische Union den Mitgliedsländern den Export von Rüstungsgütern nach China.

Es gab immer wieder Bestrebungen, dieses Waffenembargo aufzuheben. So versprachen 2004 der EU-Kommissionspräsident José Manuel Barroso und der Ratspräsident Jan-Peter Balkenende auf dem EU-China-Gipfel eine Aufhebung des Waffenembargos. 2005 forderten der französische Präsident Jacques Chirac und Bundeskanzler Gerhard Schröder ebenfalls die Aufhebung, doch die USA mit ihren asiatischen Verbündeten Japan und Südkorea sowie Großbritannien waren vehement dagegen. Während in Deutschland insbesondere die Menschenrechtssituation in China als Argument gegen eine Aufhebung angeführt wurde, waren es in den USA in erster Linie Befürchtungen, dass die regionale Stabilität in der Region gefährdet würde. Als Argument für eine Aufhebung wurde angeführt, dass dadurch nicht automatisch umfangreichere Waffenlieferungen nach China erfolgen würden, weil der EU-Verhaltenskodex zum Rüstungsexport vom Mai 1998, der „Code of Conduct", dies verhindern würde. 2012 verlangte der chinesische Ministerpräsident Wen Jiabao auf dem 15. EU-China-Gipfel nochmals die Aufhebung des EU Waffenembargos.

China und Russland sind eine „strategisch kooperative Partnerschaft" eingegangen, um ihren Einfluss in einer unipolaren Welt zu verstärken. Russland exportiert rund ein Drittel seiner Waffen nach China. Ein weiterer bedeutender Lieferant ist Israel, und Frankreich bemüht sich neuerdings verstärkt um die Wiederaufnahme von Rüstungslieferungen.

So hatte ich durch diese politischen Restriktionen geschäftlich nie die Gelegenheit, nach China zu reisen, für das ich mich seit meiner 1973 in der Bundeswehr prämierten Studienarbeit über „Grundlegende Veränderungen seit Mao-Tse-tung" stets stark interessiere und dessen gigantische, von einer langfristigen nationalen und globalen Strategie getragene Entwicklung ich seitdem aufmerksam verfolge. Der enorme wirtschaftliche Aufschwung dieses Landes ist atemberaubend, der gesellschaftliche Wandel beeindru-ckend, der militärische Aufstieg hingegen gibt Anlass zur Sorge.

Dieses Riesenreich mit seinen 1,4 Milliarden Einwohnern besuchte ich bis-her privat fünfmal auf eigene Faust. 1981 reiste ich das erste Mal allein als Rucksackreisender durch das „Land der blauen Ameisen". Es war zu dieser Zeit kein Problem, für einen kurzen Ausflug von der britischen Kronkolo-nie Hongkong für drei Tage mit der Bahn in das rund 200 Kilometer ent-fernte Kanton, das chinesische Guangzhou am Perlfluss, zu fahren. Damals hatte diese Stadt, drei Millionen Einwohner, heute leben hier 11 Millionen Menschen. Guangzhou ist für seine revolutionären Traditionen berühmt: Hier bereitete Dr. Sun Yat-sen, der Gründer des modernen China, 1911 die Revolution gegen den Kaiser vor; hier befindet sich die Stätte, wo Mao Tse-tung das Seminar der Bauernbewegung leitete, von 1924 bis 1927 der Ort des Ersten Revolutionären Bauernkrieges und des Kanton-Aufstands. Die Stadt war auch Sitz der berühmten, 1924 gegründeten, heute unter Denk-malschutz stehenden Wampoa-Militärakademie, wo Chiang Kai-shek einmal Direktor und Tschou En-lai Vorsitzender des Politischen Ausschusses war.

Im Dong Fang Hotel, 1961 für höhere Regierungsmitglieder und interna-tionale Gäste gebaut, erfuhr ich, dass es erstmals möglich sei, in Kanton als Individualreisender ein Visum für eine Reise durch das Land zu bekommen. Man sagte mir, dass mit der Visaerteilung während des zu dieser Zeit lau-fenden Prozesses gegen die Viererbande, einer Gruppe von Führungskräf-ten der Kommunistischen Partei Chinas, ein Zeichen der Liberalisierung gesetzt werden solle. Und es war eine Folge der von Deng Xiaoping einge-leiteten und 1979 vom Zentralkomitee der Kommunistischen Partei Chinas gebilligten „Reform und Öffnung". 1979 schrieb der damalige Botschafter der Bundesrepublik, Erwin Wickert, weitblickend über die Zeit der Öffnung des Landes zur Welt und der Industrialisierung: „Es ist nicht ausgeschlos-sen, daß die Öffnung Chinas sich für die Welt und besonders für die Welt-wirtschaft noch stärker auswirkt als der Aufstieg Japans."

Mit viel Mühen, Laufereien, zahlreichen Taxifahrten und gewaltigen Sprachproblemen gelang es mir, am Flughafen einen Flug nach Peking so-wie ein Hotel in der Hauptstadt zu buchen. Dies waren die Vorausset-zungen, um das ersehnte Visum zu erhalten. Selten traf ich einen Chinesen, der

Englisch sprach, und die heute an vielen Straßen, Flughäfen und Bahnhöfen in China vorhandenen lateinischen Schriftzeichen gab es noch nicht. So kam ich zumeist nur mit Hilfe zahlreicher Handzettel, die ich mir im Hotel in Englisch und mit chinesischen Schriftzeichen ausstellen ließ, weiter. Ich war als Ausländer unerwartet Nutznießer der dramatischen Liberalisierung im riesigen „Reich des Mitte", in dem damals noch der blaue und grüne Mao-Look und die Fahrräder das Straßenbild beherrschten.

Die Volksrepublik China vollzog in den letzten Jahren einen rasanten Aufstieg zur Wirtschafts- und Militärmacht, die vorrangig die Einheit und Stabilität der Gesellschaft im Auge hat. Nach chinesischer Bewertung nahm die nationale Stärke des Landes substantiell zu, erhöhte sich der Lebensstandard des Volkes ständig, bleibt die Gesellschaft stabil und geeint. Zugleich wurden die Fähigkeiten zum Erhalt der nationalen Sicherheit weiter erhöht, so dass sich Chinas Sicherheitslage erheblich verbesserte. Zu Anfang der 80er Jahre, als ich das erste Mal in China war, bestand die Verteidigungspolitik aus den beiden Säulen des auf den Menschenmassen beruhenden Volkskrieges und der nuklearen Abschreckung.

Am 26. Mai 2015 veröffentlichte China ein neues „Weißbuch" zur Militärstrategie und verkündete eine „aktive Verteidigungsstrategie". Priorität haben die Sicherheit der territorialen Integrität und die Wahrung der Einheit des Landes. Einer Politik der Expansion wird eine Absage erteilt, die Bedeutung der chinesischen Marine bei der globalen Verteidigung der Rechte jedoch betont. Die Nuklearstrategie des Landes, das 1964 mit den Atombombentests begann und heute über ungefähr 260 Nuklearsprengköpfe verfügt, ist auf die Selbstverteidigung ausgerichtet. Die Fähigkeit, nukleare Gegenschläge auszuführen, ist ein Bestandteil der strategischen Abschreckung. Daneben gewinnen für China die nicht-traditionellen Sicherheitsprobleme, wie der Terrorismus, Katastrophen und die Piraterie, zunehmend an Bedeutung. Im Weißbuch 2015 wird der Teilnahme der Streitkräfte bei der Wahrung der regionalen und internationalen Sicherheit als strategische Aufgabe bezeichnet. China sieht für Asien jedoch keine Chancen für ein regionales Sicherheitssystem, wie es mit der OSZE, der Organisation für Sicherheit und Zusammenarbeit in Europa, geschaffen wurde. Die Volksrepublik China bewertet die Sicherheitslage in der Asien-Pazifik-Region grundsätzlich als stabil, will aber der Vormachtstellung der USA im pazifischen Raum entgegenwirken und strebt eine Welt mit mehreren Machtzentren an.

Die Shanghai Cooperation Organization bildet für China eine wichtige Grundlage für die multilaterale Zusammenarbeit auf dem Gebiet der regionalen Sicherheit. Auf dem Bishkek-Gipfel wurde im August 2006 der „Vertrag über die langfristigen, gutnachbarlichen Beziehungen, Freundschaft und Zusammenarbeit" als Grundlage für die sicherheitspolitische Zusammenarbeit unterzeichnet. 1989 nahm China als Ständiges Mitglied des Sicherheitsrats der Vereinten Nationen erstmals an einer Friedensmission der UNO teil. Mitte 2017 beteiligte sich China mit 2 654 Soldaten an sechs Operationen der UNO.

Das Reich der Mitte baut als Großmacht seine militärische Stärke stetig aus und steigert seit den neunziger Jahren seine Militärausgaben in außerordentlichem Umfang. Die Military Balance 2017 nennt 145 Milliarden US-Dollar für das Jahr 2016. Damit zeichnet sich ab, dass die Volksrepublik China mit dem Hegemoniestreben zu einer potenziellen Bedrohung im asiatisch-pazifischen Raum werden könnte. Die in China veröffentlichten Zahlen über die Verteidigungsausgaben werden jedoch immer wieder angezweifelt. Diese fehlende Transparenz der chinesischen Militärausgaben könnte nach amerikanischer Auffassung Stabilitätsrisiken erzeugen, indem sie das Potenzial für Missverständnisse und Fehlinterpretationen vergrößert.

Die Organisation, Struktur und politische Ausrichtung der Streitkräfte werden mit dem Ziel reformiert, sie bis 2020 umfassend zu modernisieren. Diese Modernisierung geht einher mit einer Reduzierung der Streitkräfte, die aber immer noch eine Stärke von 2,2 Millionen Soldaten haben und somit die größten der Welt sind. Das 1,2 Millionen Mann starke Heer der chinesischen Volksbefreiungsarmee beschleunigt den Aufbau von luftbeweglichen Truppen, leichten mechanisierten und Special Operations Einheiten. Das Heer und die Marines verfügen über 24 177 gepanzerte Fahrzeuge, darunter 7 463 Kampfpanzer und 2 360 Panzerhaubitzen.

China beschleunigt die Umgestaltung der Rüstungsindustrie und des Beschaffungswesens mit dem Ziel, eine bessere Qualität und Kosteneffektivität zu erreichen. In der Volksrepublik China begann 1957 mit dem Type 59 die Produktion eigener Kampfpanzer. Dieser Panzer wurde nach Pakistan, Nordkorea, Bangladesch, Kambodscha und Vietnam exportiert. Norinco, die China North Industries Corporation, ist das größte Rüstungsunternehmen des Landes, das neben einem breiten Spektrum von Rüstungsgütern auch auf dem zivilen Sektor Industrieprodukte produziert. Sehr enge rüstungswirtschaftliche Beziehungen bestehen zu Pakistan, insbesondere im AL-KHALID-Kampfpanzerprogramm. Norinco produziert Kampfpanzer des Typs T-69II, T-80II und T-85II für die eigenen Streitkräfte und für den Export. Der neu entwickelte 48 Tonnen schwere Kampfpanzer Type 90-II hat eine 125 mm Glattrohrkanone, einen automatischen Lader und einen verbesserten Schutz. Der Motor verfügt über eine Leistung von 882 kW.

Die Marine der Volksbefreiungsarmee ist mit 235 000 Soldaten nach der US-Marine die zweitgrößte der Welt. Sie verfügt über 79 Überwasser-Kampfschiffe, 57 U-Boote, darunter die über 9 000 Tonnen großen strategischen U-Boote der JIN-Klasse, die mit Raketen mit nuklearen Sprengköpfen mit einer Reichweite von 7 200 Kilometern ausgerüstet sind. Ein 1998 von der Ukraine erworbener Flugzeugträger wurde in Dalian umgerüstet und als LIAONING am 25. September 2012 in Dienst gestellt. Zukünftig sollen weitere U-Boote und bis zu vier Flugzeugträger beschafft werden.

Damit gewinnt die Großmacht China, die mit Ausnahme einer kurzen Periode keine Tradition als Seemacht hat, die Fähigkeit zu Hochseeoperationen auf den Weltmeeren. China verschiebt, wie es im „Weißbuch 2015" heißt, den Focus von der "offshore waters defense" zu einer Verbindung der Verteidigung küstennaher Gewässer mit einer „open seas protection". Dazu baut das Land eine kombinierte, multifunktionale und effektive Marinestreitmacht auf mit der Fähigkeit zur strategischen Abschreckung.

Mit Waffenexporten will China insbesondere das strategische Umfeld zu seinen Gunsten beeinflussen, und so verstärkte das Land erfolgreich seine Anstrengungen bei der Vermarktung von Rüstungsgütern. Der Export chinesischer Rüstungsgüter sollte nach offizieller chinesischer Auffassung nur nach den Prinzipien erfolgen, dass er beim Empfängerstaat die Fähigkeit zur legitimen Selbstverteidigung erhöht und nicht den Frieden, die Sicherheit und Stabilität der Region oder der Welt als Ganzes beeinträchtigt. Und er sollte beim Empfängerstaat nicht für innere Angelegenheiten genutzt werden. Von 2010 bis 2014 lag China sowohl bei Rüstungsexporten als auch bei den Importen weltweit an dritter Stelle.

Eine hochrangige chinesische Militärdelegation informiert sich auf dem Rheinmetall Messestand über Panzerfahrzeuge

Auf internationalen Wehrtechnikmessen treten die chinesischen Unternehmen in den letzten Jahren verstärkt mit großen Messeständen auf. Dort nutzte ich stets die Gelegenheit, mich über die chinesischen Waffensysteme zu informieren. Vor einigen Jahren war es noch nicht möglich, von den Chinesen Prospektmaterial zu erhalten. Dieses wurde nur an ausgewählte Messebesucher verteilt, und nur jeweils ein Exemplar war auf dem Messestand jeweils neben dem Exponat festgeklebt. Die habe ich dann am nächsten Morgen vor Messebeginn mühselig abgelöst. Heutzutage ist bei den Chinesen die Bereitschaft zum Informationsaustausch stark gewachsen. Bereitwillig wird ihr gut aufgemachtes Informationsmaterial an Messebesucher verteilt. Auch ihre Englischkenntnisse haben sich, im Gegensatz zu den Russen, erheblich verbessert.

Die Volksrepublik China verfolgt die langfristige Strategie, „bis zum Jahr 2020 eine Gesellschaft mit bescheidenem Wohlstand" und „bis zum Jahr 2050 ein entwickeltes Land auf mittlerem Niveau" zu werden. Dazu braucht sie ein friedliches und sicheres Umfeld sowie strategische Verbündete. Nach chinesischer Auffassung muss der wirtschaftliche Aufschwung von einem militärischen Aufstieg begleitet werden. Auf dieser Grundlage wird die Umgestaltung und Modernisierung der Streitkräfte sowie der Rüstungsindustrie weiter voranschreiten.

Naher Osten – eine vielschichtige Krisenregion

Seit sieben Jahrzehnten gehört der Nahe Osten mit seinen vielschichtigen territorialen, religiösen, imperialen und wirtschaftlichen Konflikten zu den bedrohlichsten Krisenregionen der Erde. Der Zusammenprall von unterschiedlichen innen- und außenpolitischen Interessen sowie der religiöse Fundamentalismus führten, trotz umfangreicher Bemühungen und zahlreicher Abkommen zur Lösung der Krisen, immer wieder zu neuen Kriegen und militärischen Auseinandersetzungen. Der Nahe Osten wurde dadurch zu einem der größten Rüstungsmärkte der Welt. Es muss jedoch gesagt werden, dass die religiösen Auseinandersetzungen zwischen den Sunniten und Schiiten, den Muslimen und den Juden sowie die Konflikte zwischen den arabischen Staaten und Israel und unter den Arabern keine Folge von Rüstungslieferungen sind.

Wegen dieser komplizierten Lage und des besonderen Verhältnisses Deutschlands zum Staat Israel waren die deutschen regierungsseitigen und unternehmerischen Beziehungen zum Nahen Osten und zu den Golfstaaten auf dem Gebiet der militärischen und rüstungswirtschaftlichen Zusammenarbeit immer wieder ein innenpolitisch äußerst umstrittenes Thema.

Es gibt persönliche Ereignisse im Leben, die die Einstellung und Meinungsbildung zu Völkern lebenslang prägen. So lernte ich 1964 während der Schulferien in Österreich den irakischen Studenten Asama Yussif Al-Rawas kennen und lud ihn anschließend, seinem großen Wunsch entsprechend, zu uns nach Hamburg ein. Mehrere Tage zeigte ich ihm meine schöne Heimatstadt. Asama gefiel der Aufenthalt bei uns so sehr, dass mir nach seiner Abreise sein Vater, ein ehemaliger irakischer Minister, als Geschenk einen wertvollen Gebetsteppich schickte, der noch immer einen Ehrenplatz in unserem Haus hat.

Einige Monate später, ich hatte gerade das Abitur bestanden, besuchte ich Asama in England, wo er studierte, und verbrachte mit ihm und seinen wohlhabenden irakischen Freunden eine interessante Zeit. Die Politik spielte in unserer Beziehung, bei unseren Gesprächen keine Rolle. Deshalb war ich zutiefst enttäuscht, als er völlig unerwartet abrupt alle Kontakte zu mir abbrach, weil die Bundesrepublik Deutschland am 12. Mai 1965 offiziell diplomatische Beziehungen zu Israel aufgenommen hatte, wofür er absolut kein Verständnis zeigte. Diese politisch für ihn nicht akzeptable Handlung meines Landes war für ihn zugleich ein persönlicher Vertrauensbruch. Ich habe danach bis heute nichts mehr von ihm gehört. Ich berichte über dieses enttäuschende Erlebnis, weil es eine weit verbreitete Mentalität der Araber ist, Politisches und Geschäftliches eng mit dem Persönlichen zu verknüpfen. Ich erlebte diese Einstellung bei meinen späteren Geschäftsaktivitäten in der arabischen Welt sehr häufig.

Erstmals wurde ich vom Nahost-Konflikt persönlich betroffen, als ich 1967 eine geplante private Reise in den Libanon wegen des überraschend ausgebrochenen Sechstage-Krieges, den Israel gegen Syrien, Jordanien und Ägypten führte, kurzfristig stornieren musste. Ägypten hatte die Straße von Tiran für israelische Schiffe gesperrt und massive Truppen, rund 1 000 Kampfpanzer und fast 100 000 Soldaten an den Grenzen Israels aufmarschieren lassen. Am 5. Juni begann Israel ohne Kriegserklärung einen Präventivkrieg, konnte nach wenigen Tagen die arabischen Truppen vernichtend schlagen und brachte mit der Sinai-Halbinsel, dem Gazastreifen, dem Westjordanland mit der Altstadt von Jerusalem sowie den strategisch bedeutenden Golanhöhen große Gebiete unter seine Kontrolle. Diese enormen geostrategischen Veränderungen bestimmen noch heute in hohem Maße das regionale Konfliktpotential.

Meine Geschäftsaktivitäten konzentrierten sich im Nahen Osten aber nicht auf Israel, sondern marktbestimmend auf die Nachbarländer, auf die Golfstaaten, Ägypten und Jordanien. Ich sah diese Aktivitäten jedoch nie gegen Israel gerichtet, sondern bewertete sie als einen Beitrag zur Selbstverteidigung souveräner Staaten gegen die Bedrohungen mächtiger potentieller Gegner und zur sicherheitspolitischen Stabilisierung der Region. In Israel gab es auch nie nennenswerte Proteste gegen die deutschen Rüstungsgeschäfte mit diesen Staaten, auch nicht mit Saudi-Arabien.

Die Beziehungen zwischen Israel und seinen arabischen Nachbarn sind trotz zahlreicher Friedensinitiativen äußerst gespannt, das gilt insbesondere zu Syrien, ein vom Zerfall bedrohter Staat, und zu Palästina. Der palästinensische Terrorismus verschärfte nach hoffnungsvollen friedlichen Phasen immer wieder erheblich die Spannungen in dieser Region. Und der Iran ist ein entscheidender, unkalkulierbarer Machtfaktor in dieser Region geworden. Auf Druck der Amerikaner erhält der Iran keine Rüstungsgüter aus Europa; er wird jedoch stark von Russland und China unterstützt. Mit dem Erstarken der Terrororganisation „Islamischer Staat", die ein länderübergreifendes Kalifat, einen Gottesstaat schaffen wollte, jetzt aber stark zurückgedrängt wird, wurden die Grenzen brüchig, setzte eine gefährliche Destabilisierung des Iraks und Syriens, ja der ganzen Region, ein.

Die Sicherheitslage ist im Irak trotz des Abzugs der amerikanischen und verbündeten Truppen weiterhin äußerst kritisch. Die Strategie der USA, eine politische Stabilisierung im Irak herbeizuführen, beruht jetzt auf der Verstärkung der irakischen Sicherheitskräfte sowie ihrer Fähigkeit, vermehrt selbständig für die Sicherheit des Landes zu sorgen und sie im Kampf gegen den „Islamischen Staat" zu unterstützen.

Ab 1956 bestimmte über lange Zeit ausschließlich die Sowjetunion die militärische Ausrichtung und Ausrüstung der ägyptischen Streitkräfte, doch nach dem israelisch-ägyptischen Friedensvertrag vom 26. März 1979 vollzog das Land eine Neuorientierung nach Westen und unterstützte den Friedensprozess im Nahen Osten. Heutzutage pflegen Ägypten und die Vereinigten Staaten enge politische und militärische Beziehungen, weil diese strategische Partnerschaft als ein wesentlicher Beitrag zur Aufrechterhaltung der Sicherheit im Nahen Osten gesehen wird. Ägypten, das einer der wichtigsten Verbündeten der USA außerhalb der NATO ist, erhält jährlich 1,3 Milliarden US-Dollar Militärhilfe. 2016 hatte der Verteidigungshaushalt eine Höhe von 5,3 Milliarden US-Dollar. Das Militär hat starken Einfluss auf die Politik in Ägypten. Es nimmt eine mächtige Stellung ein, nicht allein wegen der Waffengewalt, sondern auch wirtschaftlich, da es zahlreiche Unternehmen, Landwirtschaftsbetriebe und Touristenresorts betreibt.

Die amerikanische Unterstützung ermöglichte eine umfassende Modernisierung der ägyptischen Streitkräfte, die über 438 500 Soldaten, 310 000 davon im Heer, verfügen. Insgesamt hat das Heer 12 315 gepanzerte Fahrzeuge. Davon sind heute sind noch 3 553 gepanzerte Fahrzeuge aus dem ehemaligen Warschauer Pakt, die aber sukzessive durch westliches Gerät ersetzt werden.

Die Golfregion ist auch nach den Golfkriegen von 1990 bis 1991 und 2003 durch die immer noch unsichere Lage im Irak und durch die Aufrüstung des Irans weiterhin durch Instabilität und sicherheitspolitische Risiken gekennzeichnet. Ethnische und religiöse Probleme sowie Machtstreben sind hierfür die wesentliche Ursache. Das Wiedererstarken Irans erhöht das regionale Konfliktpotenzial. Darüber hinaus existieren innerhalb der Staaten der Golfregion politische Spannungen und diverse Grenzstreitigkeiten. Die Golfregion besteht aus den sechs Staaten Saudi-Arabien, Kuwait, Oman, Bahrain, Katar und den Vereinigten Arabischen Emiraten, die gemeinsam den am 25. Mai 1981 gegründeten Golfkooperationsrat, den Gulf Cooperation Council GCC, bilden sowie aus dem Irak, Iran und Jemen.

Ziel des Golf-Kooperationsrats ist die Intensivierung der Zusammenarbeit in der Außen- und Sicherheitspolitik sowie die Förderung der wirtschaftlichen und gesellschaftlichen Beziehungen. In der Organisation des Generalsekretariats ist ein Stellvertretender Generalsekretär für militärische Angelegenheiten zuständig. Die GCC-Staaten haben eine gemeinsame Schnelle Eingreiftruppe, das „Peninsula Shield", mit 5 000 Soldaten aufgebaut. Die Mitglieder haben sich im Verteidigungsfall zu gegenseitigem Beistand verpflichtet und pflegen enge militärische Beziehungen zu den USA. Dennoch wurden die US-Stützpunkte in Saudi-Arabien aufgegeben.

Nach den Golfkriegen wurden in den Golfstaaten umfangreiche Beschaffungsvorhaben von wehrtechnischem Gerät eingeleitet, die zugleich ein Bestandteil der Bündnispolitik sind. Dies findet seinen Ausdruck darin, Rüstungsgüter aus verschiedenen Ländern zu beschaffen, was zwar eine uneinheitliche Ausrüstung zur Folge hat, aber auch einseitige Abhängigkeiten verhindert.

Die sechs Staaten der Golfregion verzeichnen von 1998 bis 2016 einen starken Anstieg von 308 600 auf 368 100 Soldaten, ein Plus von 19 Prozent, und bei den gepanzerten Fahrzeugen sogar von 10 182 auf 20 132, ein Plus von 98 Prozent. Die GCC-Staaten haben mit Ausnahme von ersten Ansätzen in Saudi-Arabien und in den Vereinigten Arabischen Emiraten bisher keine nennenswerte Rüstungsindustrie aufgebaut.

Israel – ständig bedroht, stets verteidigungsbereit

Die geistige Auseinandersetzung mit Israel ist der unerlässliche Versuch, den jahrzehntelangen Nahost-Konflikt zu verstehen; sie erfordert die persönliche Begegnung mit den Israelis, die mit ihrem starken, bewundernswerten Willen und großer Tapferkeit ständig bereit sein müssen, ihr bedrohtes Land zu verteidigen. Sie bedeutet aber auch die unvermeidliche Konfrontation mit der leidvollen deutsch-jüdischen Geschichte, die bei mir insbesondere beim erschütternden Besuch der Gedenkstätte Yad Vashem einen tiefen, bleibenden Eindruck hinterlassen hat. Deutschland pflegt zu Israel besondere Beziehungen, die in der Shoa, dem systematischen Mord der Nationalsozialisten an sechs Millionen Juden, begründet sind. Die Sicherung des nicht verhandelbaren Existenzrechts Israels ist und bleibt für Deutschland eine ewige Verpflichtung.

Beruflich befasste ich mich, wie beschrieben, erstmals 1978 mit Israel, als General Israel Tal, der im Sechstagekrieg als mutiger Truppenführer auf dem Sinai eine heldenhafte Rolle gespielt hat und als Vater des Kampfpanzers MERKAVA gilt, die Firma Rheinmetall in Düsseldorf besuchte. Zum ersten Mal bereiste ich das Land 2005 im Rahmen einer Rheinmetall-Konzernpräsentation, wo wir die in Deutschland begonnenen Kooperationsgespräche mit der Industrie fortgesetzt haben. Später beschäftigte ich mich als Redakteur der Mönch Verlagsgruppe insbesondere auf Wehrtechnik-Messen intensiv mit der leistungsfähigen israelischen Rüstungsindustrie und ihren Produkten.

Die sicherheitspolitische Lage und das militärische Potenzial Israels sind geprägt von einer jahrzehntelangen Bedrohung durch die arabischen Staaten, die viermal zu kriegerischen Auseinandersetzungen geführt hat. Die Erfahrungen aus den israelisch-arabischen Kriegen 1948/49 und 1956, dem Sechstagekrieg 1967, dem Jom-Kippur-Krieg 1973 und die Scud-Raketenangriffe auf Israel während des Golfkrieges 1991 bis zu den jüngsten massiven Raketenangriffen der Palästinenser aus dem Gazastreifen heraus bestimmen die Kampfkraft der Streitkräfte, die Motivation der Soldaten, ihre hochmoderne Ausrüstung und die Leistungsfähigkeit der nationalen Rüstungsindustrie.

Nach den immer wieder gescheiterten Friedensprozessen im Nahen Osten unterhält Israel weiterhin starke Streitkräfte zur nationalen Verteidigung, weil der Friede weiterhin brüchig ist. Israel hat ein historisch begründetes Sicherheitsbedürfnis, doch die Gefahr eines Krieges ist den Israelis stets präsent. Das Bedrohungspotenzial der arabischen Staaten ist in dieser Region sehr hoch. Neben dem in diesem Land allgegenwärtigen Terrorismus besteht immer noch die Gefahr eines konventionellen Krieges, zumal zwischen Syrien und Israel bisher kein Friedensvertrag abgeschlossen wurde. Und es wächst die Bedrohung durch den weiter entfernten potenziellen Gegner Iran, dessen Nuklearprogramm die Israelis auch nach der Wiener Vereinbarung vom 14. Juli 2015 weiterhin existentiell gefährdet. Die USA sind der engste und wichtigste Verbündete Israels und für die Sicherheit des Landes, nicht nur als Rüstungslieferant, ein unverzichtbarer Partner.

Die Streitkräfte Israels haben den Auftrag, die Existenz, territoriale Integrität und Souveränität des Staates Israel zu verteidigen, die Einwohner zu schützen und alle Formen des Terrorismus, die das tägliche Leben bedrohen, zu bekämpfen. 2016 beliefen sich die Verteidigungsausgaben auf 60,9 Milliarden Schekel umgerechnet 15,9 Milliarden US-Dollar. Israel erhält seit dem Friedensvertrag mit Ägypten im Jahre 1979 jährlich zusätzlich eine Militärhilfe von den Vereinigten Staaten, die sich im Jahr 2016 auf 3,1 Milliarden US-Dollar belief. Die israelischen Verteidigungskräfte verfügen über 176 500 Soldaten; davon 133 000 Soldaten im Heer, das über 8 548 gepanzerte Fahrzeuge verfügt, darunter 1 560 Kampfpanzer.

Israel hat mit rund 220 Unternehmen und 21 000 Beschäftigten eine außerordentlich leistungsfähige Rüstungsindustrie, die in großem Umfang Staatsbetriebe sind. Drei Unternehmen befinden sich unter den 50 größten Rüstungsfirmen der Welt. Der Rüstungsexport hat für Israel eine hohe wirtschaftliche Bedeutung. Er belief sich 2015 auf 5,7 Milliarden US-Dollar. Damit ist das Land einer der größten Waffenexporteure der Welt.

Die israelische Rüstungsindustrie beeindruckt auf den internationalen wehrtechnischen Messen, natürlich nicht in den arabischen Ländern, mit ihren imposanten Messeständen, überzeugenden Präsentationen, unterstützt durch äußerst kompetente Vertriebsleute, die zumeist einen militärischen Hintergrund und lange Einsatzerfahrungen haben. Dies wirkt glaubwürdig und überzeugend. Dabei werden die Exportaktivitäten der Industrie in ho-

hem Maße von SIBAT, einer Organisation des israelischen Verteidigungsministeriums, unterstützt.

Hohes Ansehen besitzt die israelische Panzertechnik, deren Paradestück
der in Israel entwickelte Kampfpanzer MERKAVA ist. 1979 wurde der
erste MERKAVA ausgeliefert. 1 260 Stück wurden in den vier Varianten I
bis IV von einem Konsortium aus Einrichtungen der israelischen Armee,
der Israel Military Industries IMI und zahlreichen anderen Unternehmen
gebaut. Der MERKAVA IV wird seit 2003 mit einer Stückzahl von 700
Panzern an die Truppe ausgeliefert. Er verfügt über einen deutschen 1 100
kW MTU-Motor. Seit 2008 wird das israelische Heer mit dem vom Israeli
Ordnance Corps neu entwickelten Schützenpanzer NAMER, hebräisch für
Leopard, ausgerüstet, der das gleiche Schutzniveau wie die Kampfpanzer
hat. Insgesamt sollen 600 Fahrzeuge beschafft werden.

Das Unternehmen Israel Military Industries IMI hat 2016 in der Wehrtechnik 496 Millionen US-Dollar umgesetzt und führt in seiner Land Systems Division die Leistungssteigerung von gepanzerten Fahrzeugen durch
und fertigt die 120 mm Glattrohrkanone für den Kampfpanzer
MERKAVA.

Elbit Systems ist eines der führenden internationalen Rüstungsunternehmen, das 2016 mit rund 12 000 Mitarbeitern einen Wehrtechnik-Umsatz
von 3,2 Milliarden US-Dollar, davon 22 Prozent in Israel, getätigt hat. Dies
verdeutlicht die internationale Ausrichtung des Unternehmens, das alleine in
den USA mit rund 1 400 Mitarbeitern 25 Prozent des Umsatzes erwirtschaftet hat. Es ist eines der zehn größten Industrieunternehmen in Israel und lag
bei den Rüstungsunternehmen 2016 weltweit an 27. Stelle. Soltam, das 2010
von Elbit übernommen wurde, entwickelt, produziert und vermarktet Artil-
lerie- und Mörsersysteme sowie Munition.

Rafael Advanced Defence Systems ist das drittgrößte israelische und ein
international bedeutendes Rüstungsunternehmen, das 2016 mit rund 7 500
Beschäftigten einen Umsatz von 2,3 Milliarden US-Dollar in der Wehrtechnik gemacht hat. Es befindet sich im Besitz der israelischen Regierung, produziert ein breites Spektrum von Rüstungsgütern, zu dem auch die erfolgreich vermarkteten Waffenstationen für gepanzerte Fahrzeuge gehören. Das
hochmoderne, leistungsfähige Waffensystem IRON DOME ist ein mobiles,
allwettertaugliches, Tag und Nacht einsetzbares Flugabwehrgeschütz zur

Bekämpfung von Raketen bis zu einer Entfernung von 70 Kilometern sowie von Artillerie- und Mörsergeschossen bis zu zehn Kilometern. Es hat seine außerordentliche Leistungsfähigkeit beim Beschuss Israels aus dem Gazastreifen heraus durch die palästinensische Hamas und durch die libanesische Hisbollah aus dem Südlibanon bewiesen. EuroSpike ist ein deutsch-israelisches Gemeinschaftsunternehmen von Diehl BGT Defence, Rheinmetall Electronics und Rafael. Es dient in Europa als Hauptauftragnehmer zur Vermarktung und Betreuung des SPIKE-Panzerabwehrraketensystems.

Der deutsche Marineschiffbau hat enge Beziehungen zu Israel. So wurden von der Marine, die eine Stärke von 9 500 Soldaten hat, bei Thyssen-Krupp Marine Systems in Kiel sechs U-Boote der DOLPHIN-Klasse bestellt. Das fünfte Boot wurde im April 2013 getauft, das sechste Boot befindet sich im Bau. Darüber hinaus wurden im Mai 2015 vier auf dem K130 Design aufbauende Korvetten bei Thyssen-Krupp Marine Systems im Wert von 430 Millionen Euro beauftragt, die bei German Naval Yards Kiel gebaut werden.

Israel Aerospace Industries ist ein weiteres führendes Wehrtechnik-Unternehmen der Luft- und Raumfahrtindustrie, das 2016 mit rund 16 000 Mitarbeitern 3,6 Milliarden US-Dollar umgesetzt hat, davon 2,8 Milliarden in der Wehrtechnik. Ein bedeutendes Geschäftsfeld sind die unbemannten Flugsysteme. Die israelische Aufklärungsdrohne HERON 1 ist auch bei der Bundeswehr im Einsatz.

Ich habe stets die solidarische Entschlossenheit der Israelis und Professionalität der Soldaten und Soldatinnen bewundert, ihr Land gegen die massiven Bedrohungen von außen, gegen konventionelle militärische Operationen und terroristische Angriffe, zu verteidigen. Israel wird aufgrund des ungelösten Nahostkonfliktes auch zukünftig zur Sicherung seiner Existenz über starke Streitkräfte und eine leistungsfähige Rüstungsindustrie verfügen müssen. Die Unternehmen werden wegen des beschränkten Inlandsmarktes weiterhin verstärkt in Auslandsmärkten aktiv sein. Dabei bilden die Entwicklung hochtechnologischer wehrtechnischer Produkte, internationale Kooperationen und der Einstieg in ausländischen Unternehmen auch zukünftig die Grundlage der erfolgreichen israelischen Unternehmensstrategien.

Vereinigte Arabische Emirate – ein rasanter Aufstieg

Anfang 1987 reiste ich, nachdem ich gerade meine neue Stelle als Exportlei-ter bei Krupp MaK in Kiel angetreten hatte, erstmals in die Vereinigten Arabischen Emirate, um das gepanzerte Fahrzeug WIESEL in Dubai und Abu Dhabi zu akquirieren. Dabei wurden wir durch unsere einheimischen Vertreter in Dubai und Abu Dhabi unterstützt, ohne die eine erfolgreiche Vermarktung in dieser Region nicht möglich ist.

Ich war fasziniert von diesem aufgrund der Erdölvorkommen reichen Land am Persischen Golf mit seinen in die Wüste gebauten, prunkvollen Hochhäusern, den eleganten Hotels und prächtigen Einkaufszentren. Die Vereinigten Arabischen Emirate waren damals in Europa kaum bekannt und auch noch kein Urlaubsland. Erst seit Anfang der 70er Jahre entwickelten sich diese früher unbedeutenden Fischersiedlungen zu modernen Metropo-len. Unser schwerreicher Vertreter in Dubai, der auch große deutsche Au-tomobilkonzerne repräsentierte, zeigte mir Bilder von den armseligen Dör-fern an der Küste des Golfes und erzählte, dass er als Kind noch gehungert habe. Dann berichtete er mit großem Stolz über das heute Erreichte.

Anfang der 80er Jahre hatten die Vereinigten Arabischen Emirate rund eine Millionen Einwohner, heutzutage sind es gut neun Millionen, und das Bruttoinlandsprodukt ist seitdem von 30 Milliarden auf 370 Milliarden US-Dollar angewachsen. 1971 wurden die Vereinigten Arabischen Emirate aus sieben Scheichtümern gebildet. Auf der Grundlage seines Ölreichtums ver-folgte das Land eine Außenpolitik mit dem Ziel, gute regionale und interna-tionale Beziehungen aufzubauen und auf territoriale Besitzansprüche zu verzichten. Die Streitkräfte von Abu Dhabi und Dubai sind seit 1976 einem gemeinsamen Oberkommando unterstellt und führen die Beschaffung von Rüstungsgütern gemeinsam durch. Der Verteidigungshaushalt ist mit ge-schätzten 15 Milliarden US-Dollar außerordentlich hoch, er liegt weltweit an 17. Stelle.

Die übermächtigen Nachbarn Iran und Saudi-Arabien bestimmen die Si-cherheitspolitik der Emirate und haben zu einem Aufbau starker Streitkräfte sowie zu umfangreichen, weit über das nationale Sicherheitsbedürfnis ge-hende Rüstungsbeschaffungsvorhaben geführt. Dazu gehörte Mitte der 80er Jahre auch der erhöhte Bedarf an gepanzerten Fahrzeugen. Als eine Delegation von fünf Offizieren unter Leitung eines Obersten aus Dubai für mehrere Tag unser Unternehmen in Kiel besuchte, um sich eingehend über die Technik des von Porsche konstruierten WIESEL zu informieren, war dies eine Bestätigung unserer Marktchancen und eine Anerkennung unserer bisherigen Akquisitionsbemühungen. Die Araber hatten ihre Reisekosten selbst bezahlt, verlangten auch kein „Taschengeld" für Einkaufsbummel, anders als es in vielen, insbesondere außereuropäischen Ländern üblich ist.

Der Besuch dieser arabischen Delegation in Kiel, die umfassende technische Einweisung und unsere persönliche Betreuung hatte die Araber außerordentlich beeindruckt. Als Dank erhielten mein Mitarbeiter Roland Berger und ich von dem Oberst eine wertvolle Uhr, die auf dem Zifferblatt mit dem Wappen des Oberkommandos und an den drei vollen Stunden mit kleinen Diamanten verziert ist. Ich trage dieses Geschenk heute noch oft und gerne.

Im Anschluss an diesen Besuch wurde 1987 ein WIESEL zur Erprobung in die Vereinigten Arabischen Emirate gebracht. Es hatte sich ergeben, dass die Erprobung zuerst im Emirat Abu Dhabi und dann in Dubai stattfinden sollte. Es gibt zwar ein gemeinsames, 1976 geschaffenes Oberkommando der Streitkräfte, das sich in Abu Dhabi in einem modernen, imposanten Bürokomplex am Rande der Stadt befindet, die Truppen sind jedoch in den Emiraten bis heute weitgehend getrennt organisiert. Der Verteidigungshaushalt belief sich auf 1,6 Milliarden US-Dollar, heute ist er neunmal höher.

Die Wüstenerprobung war für uns in dem trockenen und heißen Klima völliges Neuland, die gewaltigen Dünen für unseren Testfahrer und Monteure eine enorme Herausforderung. Der arabische Erprobungsleiter, Oberst Mohammed, hatte Recht mit seiner Bemerkung, dass wir in der Wüste „All kind of sands" finden würden. Diese verschiedenen Sandarten, vom Pulverstaub bis zum groben Korn, verursachten erhebliche Probleme am Fahrzeug, das für den Einsatz im Mitteleuropa, nicht aber für die Wüste konstruiert wurde. Erst seitdem die Bundeswehr weltweit in Krisen eingesetzt wird, also seit 1993 in Somalia, wo auch der WIESEL erstmals im außereuropäischen Einsatz war, werden erhöhte Forderungen an das Wehrmaterial gestellt, wie in der Belastung durch Wüstenstaub und in der Klimatisierung.

Diese technischen Unzulänglichkeiten, hauptsächlich mangels unzureichender Kenntnisse der Wüstenregion, aber auch das zu geringe Stauvolumen, um in der Wüste genügend Ausrüstung, insbesondere die große Menge Trinkwasser für die Soldaten, zu transportieren, trugen wesentlich dazu bei, dass wir den WIESEL nicht erfolgreich in den Vereinigten Arabischen Emiraten vermarkten konnten. Es fehlte damals auch ein heute unabdingbarer Ansatz, zusätzliche wirtschaftliche Anreize im Land durch eine Fertigungsbeteiligung oder Investitionen im Land zu schaffen. Heute sind die Beschaffungsvorhaben in den Vereinigten Arabischen Emiraten mit umfangreichen Kompensationsprogrammen verknüpft, die von der im Juni 1990 gegründeten Offset-Group gesteuert werden und so zum Aufbau einer industriellen Basis im Lande beitragen.

Erst viele Jahre später erhielt Rheinmetall Landsysteme am 5. März 2005 nach einer über mehrere Jahre dauernde Akquisition anlässlich des Staatsbesuchs von Bundeskanzler Gerhard Schröder in den Vereinigten Arabischen Emiraten einen Auftrag zur Lieferung von 32 Spürpanzern FUCHS 2 in Höhe von 160 Millionen Euro. Dieses Fahrzeug ermöglicht durch die Verbindung von hoher Beweglichkeit in jedem Gelände mit umfassender analytischer Leistungsfähigkeit die schnelle und großflächige ABC-Aufklärung, also von atomaren, biologischen und chemischen Kampfstoffen.

Ein indirekter wirtschaftlicher Erfolg ergab sich einige Jahre zuvor für die MaK, heute Rheinmetall Landsysteme, als 1993 der Vertrag zur Lieferung von 394 französischen LECLERC-Kampfpanzern und 46 Bergepanzern mit GIAT Industries, heute Nexter, in Höhe von umgerechnet 3,3 Milliarden Euro geschlossen wurde. Diese Bergepanzer verfügen über die bergespezifische Ausrüstung von MaK, den Kran, die Räumschaufel und die elektrohydraulischen Steuerung. Auch der MTU-Motor und das Renk-Getriebe sowie die Diehl-Panzerkette kamen aus Deutschland.

Heute haben die Streitkräfte der Vereinigten Arabischen Emirate eine Stärke von 63 000 Soldaten, davon dienen 44 000 im Heer. Das Heer und die Präsidentengarde verfügen über eine breite Palette von 3 364 gepanzerten Fahrzeugen, die aus einer Vielzahl von Ländern beschafft wurden. Erst seit einigen Jahren gibt es Ansätze zum Aufbau einer eigenen Rüstungsindustrie. Das Unternehmen Bin Jabr Enterprises in Abu Dhabi produziert in Zusammenarbeit mit dem jordanischen Unternehmen KADDB das 4,5 Tonnen schwere 4x4 Fahrzeug NIMR.

Die Marine, die sich besonders im Kampf gegen Piraterie am Horn von Afrika engagiert, hat eine Stärke von 2 500 Soldaten und verfügt u.a. über zehn von der deutschen Lürssen Werft gelieferte Kriegsschiffe.

Die seit 1993 alle zwei Jahre stattfindende IDEX ist eine der größten Rüstungsmessen der Welt. 2017 nahmen 1 235 Aussteller aus rund 60 Ländern und über 100 000 Besucher daran teil. Daneben wird in Dubai alle zwei Jahre im Wechsel zur IDEX die Dubai Air Show ausgerichtet.

Nach vielen schlechten Erfahrungen mit ausländischen Unternehmen, die das Land beim rasanten Aufbau machen musste, lassen sich die Araber jetzt verstärkt durch kompetente Unternehmensberater in ihrer Entscheidungsfindung unterstützen. So erhielt ich die Gelegenheit, nach meinem Ausscheiden aus dem aktiven Berufsleben für Roland Berger Strategy Consultants an einem Projekt als freier Berater mitzuarbeiten, bei dem es um eine umfangreiche Investition Abu Dhabis in einem ausländischen Rüstungsvorhaben für gepanzerte Radfahrzeuge ging. Ich konnte mein im langen Berufsleben erworbenes Wissen über internationale Rüstungsmärkte und Panzerfahrzeuge in das multinationale Beratungsteam einbringen. Und es war interessant zu sehen, wie sehr nach mehr als zwei Jahrzehnten die Kompetenz der Araber zugenommen hat, ausländische Rüstungsprojekte technisch und kommerziell zu bewerten.

Die Vereinigten Arabischen Emirate sind für Deutschland zu einem politisch und wirtschaftlich wichtigen Partner geworden. Sie haben sich zu einem der größten Rüstungsmärkte entwickelt, um sich gegen äußere Bedrohung zu schützen. Dabei verfolgen sie sehr genau die seltsame Diskussion über Rüstungsexporte in Deutschland. Oft habe ich von den Arabern den berechtigten Vorwurf gehört, dass wir mit ihnen zwar gute zivile Geschäfte machen wollen, ihnen aber die für ihre Sicherheit benötigten Waffen vorenthalten wollen. „Das ist", wie sie sagten, „kein aufrichtiges Verhalten unter Freunden."

Jordanien – „Vermittler zwischen den Kulturen"

Der Staat Jordanien ging 1923 aus dem Zusammenbruch des Osmanischen Reiches hervor, als die Franzosen und Briten nach dem Ende des Ersten Weltkrieges mit Bleistift und Lineal die meisten Grenzen der neu entstandenen Länder in der Region gezogen hatten. Der Mythos Jordaniens ist eng mit dem Kampf der arabischen Stämme gegen die Herrschaft der Osmanen verbunden, und mit dem britischen Offizier, der als Lawrence von Arabien den Aufstand der Beduinen anführte. Dieser Wille, sich gegen fremde Herrscher und Bedrohungen von außen und innen zu verteidigen, lebt heute in dem seit dem 25. Mai 1946 formell unabhängigen Haschemitischen Königreich Jordanien weiter, trotz der wirtschaftlich schwierigen Lage.

Jordanien, ein von imperialer Einflussnahme historisch geprägtes Land, friedfertig inmitten einer konfliktreichen, hassgetriebenen Region, oft im Zentrum fremder Interessen, war selbst nie mächtig. So beherrschten Römer, Türken, Engländer diese geostrategisch im Schnittpunkt bedeutender Verkehrswege liegende Region. Von Amman sind es nur wenige Autostunden in den Libanon, in den Irak, nach Syrien und Israel.

Das fast 90 000 Quadratkilometer große Jordanien grenzt mit seinen nur 6,5 Millionen Einwohnern an Saudi-Arabien, den Irak, Syrien, den Libanon, Israel und an das Westjordanland. Die terroristische Organisation „Islamische Staat", die lange weite Gebiete im Irak und in Syrien beherrscht hat, ist zu einer weiteren gefährlichen Bedrohung für diese Region geworden. Diese kritische geostrategische Lage des Landes in unmittelbarer Nachbarschaft zu den untereinander befeindeten Staaten Israel, Irak, Libanon und Syrien erfordert einerseits eine sicherheitspolitische Ausrichtung, die zum Abbau der Spannungen beiträgt, andererseits angemessene militärische Kräfte zum Schutz des Landes. Jordanien engagiert sich mit starken Kräften in internationalen Kriseneinsätzen und hatte Ende 2017 insgesamt 880 Soldaten in UN-Missionen im Einsatz. Das Land entwickelte sich aufgrund seiner außenpolitisch ausgeglichenen Haltung zu einem bedeutenden Vermittler im Nahen Osten. Es pflegt gute Beziehungen zu den Vereinigten Staaten und zu den Ländern der Europäischen Union.

So wurde es für MaK System, der heutigen Rheinmetall Landsysteme, interessant, die Marktchancen trotz der schwierigen wirtschaftlichen Bedingungen auszuloten. Ein heute weiterhin bedeutender Fähigkeitsschwerpunkt der jordanischen Streitkräfte lag im Aufbau von Special Forces, die aufgrund ihrer hohen Mobilität und Flexibilität sich hervorragend zum schnellen Einsatz in Krisengebieten eignen. Insbesondere der damalige Kronprinz Abdullah II., 1980 in Großbritannien an der Militärakademie Sandhurst ausgebildet, trieb als Kommandeur der nationalen Eliteeinheiten die Aufstellung der Special Forces voran. Er schuf 1996 ein Special Operations Command, unter dem er zwei Special Forces Bataillone, eine Luftlandebrigade, eine Public Security Brigade und die Royal Guard unter seinem Kommando zusammenfasste.

MaK System erhielt 1998 eine Einladung zu einer umfangreichen Erprobung der luftverladbaren, leichten, gepanzerten Fahrzeuges WIESEL 1 und WIESEL 2. Der größere WIESEL 2 sollte in jordanischer Zuständigkeit mit einer russischen Panzerabwehrrakete und einem belgischen Maschinengewehr, ausgerüstet werden. Damit verbunden war eine Zusammenarbeitsvereinbarung mit der regierungseigenen jordanischen Firma National Resources Development. Insgesamt sollten 50 WIESEL 2 für Jordanien und die Vereinigten Arabischen Emirate beschafft werden.

Nach dem Tod des am 7. Februar 1999 verstorbenen Königs Hussein und der am 25. Januar 1999 erfolgten Ernennung seines Sohnes Abdullah

Rheinmetall WIESEL 1 auf der Wehrtechnik-Messe SOFEX in Amman, präsentiert von Jordan Defence Industries

Der deutsche Botschafter in Amman, Klaus Burkhardt (3. v.re.), und der Verteidigungsattaché, Oberstleutnant Tarek-Joachim Lomb, auf dem Rheinmetall-Messestand. Links mein Schweizer Konzernkollege Andres Haller

zum Nachfolger wurde dieses vom Kronprinzen unterstützte Projekt in der Truppe nicht mehr weiter verfolgt. König Abdullah II. gehört zur Dynastie der Haschemiten, die zur Verwandtschaft des Propheten Mohammed zählen. Er genießt in der Bevölkerung ein hohes Ansehen und wird insbesondere von den Beduinenstämmen unterstützt.

2006 bewertete ich mit Kollegen der anderen Geschäftsbereiche des Rheinmetall-Konzerns in Jordanien das wehrtechnische Marktpotential und erkundete Möglichkeiten der Zusammenarbeit mit dem führenden jordanischen Wehrtechnikunternehmen King Abdullah Design and Development Bureau KADDB. Mit der regierungseigenen KADDB hat Jordanien eine leistungsfähige wehrtechnische Industrie aufgebaut. Die Strategie des 1999 gegründeten Unternehmens, über Leistungssteigerungen eingeführter Fahrzeuge und über die Entwicklung leichter gepanzerter Fahrzeuge in Kooperation mit ausländischen Unternehmen wehrtechnische Kompetenzen aufzubauen, erwies sich als richtig. Der MARAUDER ist ein vom südafrikanischen Unternehmen Paramount Group entwickeltes, von KADDB in Lizenz gefertigtes gepanzertes 4x4 Fahrzeug der 15 Tonnen-Klasse.

In Präsentationen informierten wir dann die Jordanier über die Produktpalette des Rheinmetall-Konzerns, und auf der alle zwei Jahre in Amman stattfindenden Wehrtechnikmesse SOFEX, der Special Operations Forces Exhibition, stellten wir unsere Produkte aus. Leider waren die Marketingaktivitäten für Rheinmetall Landsysteme nicht erfolgreich, weil die jordanischen Streitkräfte sich für lokale Unternehmen und Fahrzeuge entschieden, die ein weitaus geringeres Anforderungsprofil hatten als die von uns für die Bundeswehr produzierten Fahrzeuge und somit sehr viel billiger waren. Dazu zählen auch die Produkte des 2003 gegründeten Unternehmens Jordan Light Vehicle Manufacturing. Dieses Joint Venture zwischen KADDB und der britischen Firma Jankel produziert leichte gepanzerte Fahrzeuge, wie das leichte 4x4 Fahrzeug AL-THA´LAB und das 4x4 HUNTER Internal Security Vehicle. Eine weitere Kooperation ging KADDB mit Bin Jabr Enterprises in Abu Dhabi zur Produktion des 4x4 Fahrzeugs NIMR ein.

Jordaniens relativ niedriger Verteidigungshaushalt belief sich 2016 auf 1,45 Milliarden US-Dollar. Darüber hinaus erhielt das Land 2016 von den USA 300 Millionen US-Dollar Militärhilfe. Die Streitkräfte haben eine Stärke von

100 500 Soldaten, davon 74 000 im Heer. Insbesondere die Ausrüstung und die Ausbildung der Special Operations Brigade haben für den jordanischen König weiterhin eine sehr hohe Priorität.

Die Streitkräfte verfügen über 3 993 gepanzerte Fahrzeuge, darunter 865 Kampfpanzer. Im Dezember 2016 wurden die ersten 16 von 50 von der Bundeswehr ausgesonderten Schützenpanzer MARDER an das jordanische Heer übergeben. Sie sollen, wie Verteidigungsministerin von der Leyen bei der Übergabe sagte, zum Schutz gegen terroristische Infiltration an der 380 Kilometer langen Grenze nach Syrien und dem 180 Kilometer Grenzverlauf zum Irak dienen. Und die Verlegung der im Kampf gegen den „Islamischen Staat" eingesetzten Bundeswehrflugzeuge in der zweiten Jahreshälfte 2017 wegen der diplomatischen Spannungen aus der Türkei nach Jordanien verdeutlicht die geostrategische Bedeutung dieses Landes.

Jordanien ist ein wichtiger Verbündeter der westlichen Welt, der sich stark in internationalen Friedenseinsätzen engagiert, trotz der schwierigen Wirtschaftsbedingungen in einem Land, das nicht über Erdöl und bedeutende Rohstoffe verfügt, nur wenig industrialisiert und besonders stark durch die Flüchtlingsproblematik in dieser Region betroffen ist. Die großen Flüchtlingsströme aus Syrien und den Palästinensergebieten sind eine große Belastung für das kleine Land. König Abdullah II. hat seit seiner Thronbesteigung Strukturreformen im Land und die Privatisierung der Wirtschaft vorangebracht. Das fragile Königreich unterzeichnete 1994 mit Israel ein Friedensabkommen und spielt im Friedensprozess in der sicherheitspolitisch kritischen Region eine bedeutende Rolle. Und 1997 vereinbarte die EU mit Jordanien ein Assoziierungsabkommen.

Der Familie der Haschemiten, die einst über Mekka und Medina geherrscht hatte, ist es durch eine geschickte Politik, als „Vermittler zwischen den Kulturen" sowie mit Hilfe mächtiger Verbündeter gelungen, dieses künstlich geschaffene Land zusammenzuhalten und der Bevölkerung ein Zusammengehörigkeitsgefühl zu vermitteln. Dazu trägt auch das selbstbewusste Militär bei, dessen Oberbefehlshaber König Abdullah II. ist. Über dem Königspalast weht die jordanische Flagge, die größte Flagge der Welt, als wolle der Herrscher durch dieses weit über Amman sichtbare Symbol Weltgeltung signalisieren.

Afrika – der vergessene Kontinent

Auch nach Ende des Kalten Krieges führten die Machthaber in Afrika - teilweise mit starker ausländischer Unterstützung - die gewalttätigen Auseinandersetzungen, insbesondere durch die Aktivierung ethnischer Konflikte, verstärkt fort. Seit 1970 gab es in Afrika mehr als 30 Kriege. Das Heidelberger Institut für Internationale Konfliktforschung ordnet 97 Konflikte, fast ein Viertel der weltweiten Konflikte im Jahr 2015, dem afrikanischen Kontinent in der Region südlich der Sahara zu. Darunter zählen neun der 16 Kriege weltweit. Dies hatte zusammen mit dem starken Bevölkerungswachstum die Verelendung der Bevölkerung erhöht und machte den Kontinent zum größten Flüchtlingsgebiet der Erde.

Afrika umfasst 54 Staaten mit knapp 1,2 Milliarden Menschen. Sicherheitspolitisch muss zwei Regionen dieses Kontinents eine besondere Aufmerksamkeit geschenkt werden: zum einen der Subsahara mit den krisengeschüttelten Ländern Mali, Nigeria, Somalia und Sudan, die mit ihrem religiösen Fundamentalismus, den terroristischen Gruppierungen und sozialen Problemen ein beträchtliches militärisches Konfliktpotenzial haben, und zum anderen Südafrika mit seiner geostrategischen Bedeutung für diesen Kontinent. Die in den afrikanischen Mittelmeeranrainerstaaten erhoffte politische Stabilisierung ist nach der Arabellion nicht eingetreten. Die Länder sind verstärkt durch den Terrorismus und soziale Unruhen bedroht.

Afrika wird häufig als der „vergessene Kontinent" bezeichnet – alleingelassen mit seinen gewaltigen wirtschaftlichen, ethnischen und sozialen Problemen, mit erheblichen Risiken für die Völkergemeinschaft. 1993 schrieb der damalige deutsche Außenminister, Klaus Kinkel: „Europa darf es nicht dazu kommen lassen, daß der Nachbarkontinent in Elend und Anarchie versinkt" und forderte, darüber nachzudenken, „wie wir zusammen mit unseren europäischen Partnern auch stärker politisch zur Eindämmung der vielen Brandherde auf diesem leidgeprüften Kontinent beitragen können". Heute ist angesichts der weiterhin zahlreichen Konflikte auf dem Kontinent, der Flüchtlingsströme und des islamistischen Terrorismus festzustellen, dass die europäische Außen-, Sicherheits- und Entwicklungspolitik auf diesem Kontinent gescheitert sind. Und auch die Mittelmeerunion hat wenig zur Lösung der Konflikte in der nordafrikanischen Mittelmeerregion beigetragen.

Frankreich hat mit 15 afrikanischen Staaten, zumeist ehemalige Kolonien, Militärabkommen geschlossen, die die Grundlage für zahlreiche militärische Interventionen auf dem Kontinent bildeten. Frankreich hat mit rund 7 000 Soldaten in Afrika immer noch eine starke militärische Präsenz, erwartet jedoch, dass die panafrikanischen Truppen verstärkt bei lokalen Konflikten eingreifen. Diese engen politischen und militärischen Beziehungen Frankreichs mit zahlreichen Staaten Afrikas unterstützten die umfangreichen Rüstungslieferungen in diese Länder, und so sind französische Produkte in Afrika weit verbreitet. In Afrika haben nur Südafrika und Ägypten eine nennenswerte wehrtechnische Industrie. In Algerien wird derzeit mit deutscher Hilfe eine eigene Industrie für Panzerfahrzeuge aufgebaut.

Ägypten, Algerien und Südafrika waren die einzigen afrikanischen Länder, zu denen ich beruflich Beziehungen hatte. Bei der weitverbreiteten Not in Afrika, den zahlreichen Krisen, ethnischen Konflikten, Völkermord und Auseinandersetzungen zwischen despotischen Machthabern und Rebellenorganisationen hätte ich es in den meisten anderen Ländern nicht mit meinem Gewissen vereinbaren können, Waffen zu vermarkten, die keinen Beitrag zur Friedenssicherung, zur Landesverteidigung oder zur Lösung der innerstaatlichen Konflikte geleistet hätten. Und es hätte sicherlich mit Recht zumeist auch keine Ausfuhrgenehmigungen seitens unserer Regierung gegeben. Ich sehe dagegen die Verpflichtung der Völkergemeinschaft, die beim Völkermord in Dafur kläglich versagt hat, sich stärker an der Krisenprävention und Krisenbeseitigung in Afrika zu engagieren.

Im Gegensatz zu meiner negativen politischen Einstellung zu den meisten von Korruption und Misswirtschaft geprägten, krisengeschüttelten Ländern dieses Kontinents, zog mich das immer noch geheimnisvolle Afrika auf meinen privaten Reisen stets in den Bann: die Stille der Saharawüste im Norden des Kontinents, die unendliche Savanne Zentralafrikas, der 5 895 Meter hohe, schneebedeckte Kilimandscharo, den ich 1983 bestieg, die faszinierende Tierwelt der Nationalparks in Tansania, Südafrika und Namibia. Und die natürliche Freundlichkeit, die ungezwungene Fröhlichkeit der leider zu oft von autoritären, korrupten Politikern missbrauchten, von gesellschaftlichen und ethnischen Auseinandersetzungen geschundenen Menschen.

Südafrika – Strategische Relevanz in Afrika

Südafrikas geostrategische und wirtschaftspolitische Bedeutung ist nach dem Ende der Apartheid-Regierung stark gewachsen. Das 1,2 Millionen Quadratkilometer große Land, mehr als dreimal größer als Deutschland, ist nicht mehr international isoliert. Es hat jetzt als Mitglied der Afrikanischen Union eine herausragende Stellung innerhalb Afrikas als Brückenfunktion zwischen den Industrie- und den Entwicklungsländern. Seit 2011 ist Südafrika Mitglied der BRICS-Gruppe und pflegt besondere Beziehungen zu China und Brasilien. Als stärkste Wirtschaftsmacht der gesamten Region gehört die Republik Südafrika als einziges Land Afrikas zu den G20-Staaten. Mit einem Bruttoinlandsprodukt von 295 Milliarden US-Dollar in 2016, das ist rund ein Viertel aller Staaten der Afrikanischen Union, und als stärkste Militärmacht wird Südafrika die künftige sicherheits- und militärpolitische Entwicklung des südlichen Afrikas maßgeblich beeinflussen. Erstmals seit einem Vierteljahrhundert ist diese Region durch eine Politik der Versöhnung ohne Krieg geprägt, und so verfolgt Südafrika sicherheitspolitisch konsequent die Stabilisierung und Integration Afrikas.

In der „2014 South African Defence Review" werden folgende vier sicherheitspolitische Ziele hervorgehoben: erstens, die Verteidigung und der Schutz Südafrikas, zweitens, die Sicherheit Südafrikas, drittens, die Förderung von Frieden und Sicherheit und viertens, Entwicklung und andere zugeordnete Aufgaben. Von Südafrika wird erwartet, einen Angelpunkt bei der regionalen Zusammenarbeit in der Verteidigung und bei den friedensunterstützenden Maßnahmen in Afrika zu spielen. So beteiligt sich Südafrika aktiv an der Lösung von Konflikten, auch unter Einbeziehung seiner Streitkräfte im Rahmen von multinationalen Friedensmissionen. 1 382 Soldaten waren Ende 2017 in UN-Friedensoperationen eingesetzt.

Das Aufgabengebiet und Struktur der Südafrikanischen Nationalen Verteidigungsstreitkräfte SANDF, der South African National Defence Force, unterliegen einer umfassenden Neuorientierung. Dabei verfolgen sie aus Erfahrungen, die während des Angola-Konfliktes gewonnen wurden, die Strategie der Beweglichkeit über große Entfernungen, Der Verteidigungshaushalt belief sich 2016 auf 47,2 Milliarden Rand, umgerechnet 3,1 Milliarden Euro. Das waren 1,1 Prozent des Bruttoinlandsprodukts.

Die Streitkräfte haben mit den vier Teilstreitkräften Heer, Marine, Luftwaffe und Südafrikanischer Militärischer Gesundheitsdienst eine Gesamtstärke von 67 100 Soldaten. Sie verfügen aufgrund der Größe des Landes und der Geländebeschaffenheit über eine hohe strategische und taktische Mobilität. Das Heer wurde im letzten Jahrzehnt von 58 600 auf 40 600 Soldaten erheblich verringert. Es verfügt über 1 817 gepanzerte Fahrzeuge, darunter 157 OLIFANT 1 Kampfpanzer und 43 G6 Panzerhaubitzen.

2004 reiste ich erstmals im Zusammenhang mit der internationalen Ausschreibung des Projektes "HOEFYSTER", einer neuen Generation von Infanteriegefechtsfahrzeugen, nach Südafrika. Es war für mich ein unvergesslicher, faszinierender Tagesflug über die Weiten der in der Sonne reflektierenden Sahara mit den riesigen, auch aus dem Flugzeug erkennbaren Sanddünen und den schroffen sich vom goldgelben Wüstensand abhebenden 3 000 Meter hohen Gipfel des Hoggar-Gebirges. Danach tobte unter mir über dem riesigen, dunkelgrünen Urwald des Kongos ein gewaltiges Gewitter, zuckten die Blitze horizontal über die schwarzen Regenwolken. Im südlichen Afrika dann die in der tropischen Sonne glühende gelbbraune Savannenlandschaft. Die unermesslichen Dimensionen und beeindruckende kontrastreiche Vielfalt des afrikanischen Kontinents verdichteten sich während des elfstündigen Fluges vor meinen Augen, bevor typisch afrikanisch abrupt die finstere Nacht einbrach und ich in Johannesburg landete.

Am nächsten Tag stimmte ich mich mit unserem Vertreter in Südafrika, Fricki Naudé, über das Projekt und unsere Akquisitionsstrategie ab. Einen Tag später begann in Pretoria, der Hauptstadt des Landes, bei Armscor, der Beschaffungsbehörde des südafrikanischen Verteidigungsministeriums, die Bieterkonferenz, an der zahlreiche Vertreter aus mehreren Ländern teilnahmen. Wenn Rheinmetall auch nicht über ein den militärischen Forderungen entsprechendes Fahrzeug verfügte, so ging es durch die Teilnahme am Bieterverfahren darum, die Chancen auszuloten, ob wir mit einem mit einer Maschinenkanone ausgestatteten Turm oder Komponenten mit einem südafrikanischen Unternehmen kooperieren könnten. Auf dieser Bieterkonferenz überraschten mich die umfangreichen, präzisen Ausschreibungsunterlagen, die unerwartete Offenheit, mit der auf der Konferenz die Fragen beantwortet wurden. Fragen zum Programm, die später von den Bewerbern schriftlich eingereicht wurden, wurden auch allen anderen Bewerbern mit der Antwort zur Wahrung der Chancengleichheit zugestellt. Damit sollten Bestechungen oder einseitiger Bevorzugungen vorgebeugt werden.

Im Februar 2005 reichte das südafrikanische Unternehmen Denel als Projektverantwortlicher und Verantwortlicher für das Turmsystem mit dem finnischen Konsortialpartner Patria, zuständig für das Fahrgestell, das Angebot ein. 2007 erteilte Armscor Denel den Vertrag über 8,8 Milliarden Rand, rund 790 Millionen Euro. Er beinhaltet die Lieferung von 238 finnischen AMV 8x8 Fahrzeugen, in Südafrika BADGER genannt. Patria wird 40 Fahrzeuge in Finnland und Denel Land Systems bis 2022 die restlichen Fahrzeuge und das Turmsystem mit einer 30 mm Maschinenkanone produzieren. Als weiterer bedeutender Unterauftragnehmer wurde die südafrikanische OMC eingebunden, die das Fahrzeug produzieren wird. Rheinmetall Landsysteme konnte an diesem Vorhaben jedoch nicht partizipieren.

Südafrika baute während der militärischen Konflikte im südlichen Afrika und des Embargos eine eigene leistungsfähige Rüstungsindustrie auf. Sie ist ein integraler Bestandteil der Verteidigungsfähigkeit des Landes und hat eine besondere strategische und wirtschaftliche Bedeutung. Ende der achtziger Jahre bestand sie noch aus 1 100 Unternehmen mit rund 80 000 Beschäftigten, die jetzt auf nur noch rund 80 Unternehmen mit 15 000 Beschäftigten zurückgegangen ist. Diese Unternehmen sind in der South African Aerospace Maritime and Defence Industry Association zusammengeschlossen. Südafrika bietet wie die Türkei ein weiteres Beispiel dafür, dass mit Waffenembargos das Gegenteil dessen erreicht werden kann, was sie eigentlich bewirken sollten.

Denel wurde 1992 gegründet und befindet sich vollständig im Besitz der südafrikanischen Regierung. Es ist mit 7 164 Beschäftigten und einem Umsatz von 8 228 Millionen Rand, umgerechnet 612 Millionen Euro, in 2016, davon 57 Prozent im Export, der größte Rüstungsproduzent in Südafrika. Denel Land Systems setzte 2016 mit 715 Mitarbeitern 2 603 Millionen Rand um. Zur Produktpalette von gehören Infanterie-, Rohrartillerie- und Turmsysteme sowie Klein- und Mittelkaliberwaffen. Im April 2015 verkaufte BAE Systems seinen 75prozentigen Anteil an Land Systems South Africa, zu der OMC gehört, an Denel. Dieser neue Geschäftsbereich Denel Vehicle

Systems ist mit 520 Beschäftigten der einzige größere Produzent von gepanzerten Fahrzeugen in Südafrika. 2016 belief sich der Umsatz auf 664 Millionen Rand. OMC entwickelte und produzierte die Kampfpanzer OLIFANT I, zahlreiche Typen gepanzerter Fahrzeuge und das Fahrgestell der Panzerhaubitze G6. OMC brachte die jahrzehntelangen Erfahrungen im Panzerschutz in die erfolgreich vermarkteten gepanzerten Radfahrzeuge RG12, RG31 und RG32 ein. Mehr als 700 4x4 Radfahrzeuge RG32 wurden von Südafrika und zahlreichen ausländischen Streitkräften beschafft.

Deutschland ist Südafrikas zweitgrößter Handelspartner und zweitgrößter Investor. Dies hat auch Einfluss auf die engen rüstungswirtschaftlichen Beziehungen beider Länder. Die nationale wehrtechnische Industrie ist ein unerlässlicher Kooperationspartner bei der Vermarktung von ausländischen Produkten in Südafrika, und sie bietet den Zugang zu speziellen Technologien, wie dem Minenschutz. Da der südafrikanische Inlandsmarkt keine Auslastung der vorhandenen wehrtechnischen Kapazitäten bietet, verfolgen die Unternehmen die von der Regierung unterstützte Strategie, verstärkt zu exportieren und mit ausländischen Unternehmen zu fusionieren. So sind die deutsche Rheinmetall Defence mit Rheinmetall Denel Munition und Hensoldt mit Hensoldt Optronics (Pty) Ltd., die französische Safran mit Turbomeca Africa und Tawazun aus Abu Dhabi mit Tawazun Dynamics strategische Partner von Denel. Sie verschafften sich so einen besseren Marktzugang in Südafrika und auch zu ausländischen Märkten.

Der deutsche Marineschiffbau war mit dem Bau von vier MEKO A200-Fregatten, die von 2003 bis 2005 von Blohm + Voss in Hamburg und von HDW in Kiel ausgeliefert wurden, sowie mit drei 1999 bei HDW und den Thyssen Nordseewerken in Emden bestellten U-Booten der Klasse 209/1400 sehr erfolgreich. Die Marine verfügt mit ihren 7 650 Soldaten außerdem über vier deutsche Minenjagdboote der LINDAU-Klasse.

Es ist notwendig, dass Südafrika eine Führungsrolle und Verantwortung in Afrika übernimmt und entscheidend zur Befriedung des krisengeschüttelten afrikanischen Kontinents beiträgt. Die Bündnispolitik, eine auf Friedenserhaltung ausgerichtete Sicherheits- und Militärpolitik, unterstützt durch starke Streitkräfte und die leistungsfähige Rüstungsindustrie, bieten hierfür die erfolgversprechenden Voraussetzungen.

Epilog

Die politische und gesellschaftliche Entwicklung hat gezeigt, dass die Menschheit stets mit kriegerischen Auseinandersetzungen, zwischenstaatlichen Konflikten, neuen Bedrohungen und vielschichtigen Risiken unterschiedlicher Intensität konfrontiert war und sicherlich bis auf Weiteres auch bleiben wird. Der Zweite Weltkrieg, den ich in den letzten Monaten noch als Säugling miterlebte, hatte mit der Vertreibung aus Schlesien schicksalshaft meinen Lebenslauf und weitaus mehr den meiner Familie bestimmt. Er mündete, während des Wiederaufbaus des zerstörten Europas nach einer kurzen Phase hoffnungsvoller Friedensstimmung, mit kontinuierlich wachsenden Spannungen in dem mehr als ein halbes Jahrhundert dauernden Kalten Krieg.

Der Kalte Krieg war wie ein tektonisches Beben, bei dem sich zwei waffenstarrende Platten, die transatlantische der NATO und die osteuropäische des Warschauer Paktes, spannungsgeladen aneinander rieben und immer wieder gefährliche Eruptionen hervorriefen. In dieser Periode waren die NATO-Strategie der Abschreckung gegen die kommunistische Gefahr und militärische Bedrohung einerseits sowie die Entspannungspolitik andererseits die angemessene Reaktion. Sie haben dem Westen und der Bundesrepublik Deutschland Frieden und Freiheit gesichert, bis 1989, beginnend mit dem Niederreißen des Eisernen Vorhangs, sich die westliche Platte in den 90er Jahren, erst abrupt, dann immer stetiger, weit über die östliche schob. Das große Erdbeben war ausgeblieben, allmählich bauten sich die Spannungen ab. Im Ostblock setzte eine Erosion ein. Das Zeitalter des Kalten Krieges ging mit der Wiedervereinigung Deutschlands am 3. Oktober 1990, der Auflösung des Warschauer Paktes am 1. Juli 1991, dem Zusammenbruch der Sowjetunion am 25. Dezember 1991 und mit dem Niedergang des Kommunismus zu Ende.

Nach dem Ende der Ost-West-Konfrontation konnte die von Vielen erhoffte und geforderte Friedensdividende jedoch nicht eingefahren werden. Wir mussten erkennen, dass das ausbalancierte militärische Gleichgewicht des Schreckens mit der nuklearen Bedrohung uns Jahrzehnte lang größere individuelle Sicherheit gab als die heutigen, uns täglich bedrohenden, die Freiheit einengenden, unkalkulierbaren Unwägbarkeiten und Gefahren: der internationale Terrorismus und religiöse Fanatismus, zerfallende Staaten, innen- oder zwischenstaatliche Konflikten sowie Atomwaffen in den Händen unberechenbarer Staaten. Und auch die territoriale Annexion sowie Verletzung der Souveränität eines Staates, wie die Ukraine-Krise gezeigt hat, wurde in Europa wieder möglich. Die Welt ist heute unsicherer geworden. So bleibt weiterhin ein wehrhafter Staat mit einer leistungsfähigen Armee angesichts des breiten Spektrums weltweiter, unkalkulierbarer Bedrohungen und Risiken unverzichtbar. Neu und bisher schwer abschätzbar sind die Cyber-Bedrohungen aus dem Cyber- und Informationsraum, deren Abwehr enorme gemeinsame Anstrengungen von Staat, Militär, Wirtschaft und Gesellschaft erforderlich machen.

Die globale sicherheitspolitische Lage ist seit 1945 geprägt vom Niedergang alter und dem Aufkommen neuer Mächte. Das Dritte Reich zerfiel in Schutt und Asche, die Sowjetunion erlebte ihren Aufstieg und ihren Zerfall, die USA blieben die einzige Supermacht, es entstand die Europäische Union. China stieg wirtschaftlich und politisch zur Weltmacht auf und zeigt heute globale Präsenz. Daneben werden zerfallende Staaten vermehrt zu einem internationalen Risiko.

Die wirtschaftlich mächtige Europäische Union hat es bis heute jedoch nicht vermocht, mit ihren diplomatischen und militärischen Fähigkeiten ein bedeutender globaler Akteur in der Außen-, Sicherheits- und Verteidigungspolitik zu werden, weder im Nahen Osten und im Ukraine-Konflikt, noch in Afrika.

Das verdeutlichen auch in den militärischen Strukturen und Kapazitäten. Die EU Battlegroups sind bisher noch nie in den Einsatz gekommen. In der seit 1999 immer wieder vom Europäischen Rat geforderten Harmonisierung der militärischen Forderungen und abgestimmten Beschaffungsplanung von Rüstungsgütern wurde wenig erreicht. Und die EU hat bisher keinen entscheidenden Beitrag zur Gestaltung eines europäischen Rüstungsmarktes geleistet. Auch hinsichtlich der immer wieder propagierten Harmonisierung der Rüstungsexportbestimmungen wurden bisher kaum Fortschritte erzielt.

Die Konsolidierung der europäischen Rüstungsindustrie wurde von politischer Seite kaum vorangetrieben, eine geplante Fusion von EADS, dem Vorläufer von Airbus, mit BAE Systems politisch sogar verhindert. Die Umgestaltung wurde und wird auch zukünftig in erster Linie durch unternehmerisches Engagement und Risikobereitschaft in Form von Unternehmenserwerb und -zusammenschlüssen, Gründung von Joint Ventures, Unternehmensgründungen sowie durch Kooperationen im In- und Ausland vorangetrieben. EADS, beziehungsweise Airbus, bildet eine der wenigen Ausnahmen, wo engagierte Politiker und Unternehmer mit Weitsicht ein leistungs- und global wettbewerbsfähiges europäisches Unternehmen hervorgebracht haben.

Aufgrund der bisher gezeigten Unfähigkeit der europäischen Politik, den Rüstungsmarkt effektiv voranzubringen, bleibt es weiterhin die vorrangige Aufgabe der europäischen Unternehmen, insbesondere der 30 großen, international operierenden, die zu den TOP 100 weltweit zählen, die europäische Konsolidierung und globale Wettbewerbsfähigkeit voranzutreiben.

Ja, Europas Sicherheits-, Verteidigungs- und Rüstungspolitik befindet sich heutzutage trotz wachsender globaler Herausforderungen mehr denn je in einem beklagenswerteren Zustand. Jetzt soll mit PESCO, der Ständigen Strukturierten Zusammenarbeit, unter den EU-Mitgliedsstaaten ein neuer, ambitionierter und verbindlicher Prozess in Gang gesetzt werden, um die vorhandenen finanziellen, militärischen und industriellen Ressourcen zur Vertiefung der europäischen Sicherheits- und Verteidigungspolitik effektiver zu nutzen. Bis zur propagierten Europäischen Armee ist es noch ein langer Weg.

Die deutsche Sicherheits- und Verteidigungspolitik ist fest in die Strukturen der NATO und EU eingebunden. Ihre gravierende Schwäche der besteht darin, dass sie aus gesellschaftlicher Rücksichtnahme und parteipolitischem Kalkül die deutschen nationalen Interessen nicht entsprechend deutlich artikuliert und Deutschland sich nicht angemessen einbringt.

Deutschland darf aufgrund seiner Vergangenheit, aber auch wegen seiner geopolitischen Lage, keinen Einzelweg gehen, sondern muss vertrauensvoll mit anderen Staaten kooperieren und sich mit seinem Gewicht in internationale Organisationen zur Sicherung des Friedens aktiv und engagieren. Dies ist eine unverzichtbare Voraussetzung auf dem Weg zu einer erfolgreichen europäischen militärischen Integration. Bisher ist die deutsche Sicherheits- und Verteidigungspolitik mehr von politischen Vorbehalten, den caveats, als von einer verantwortungsvollen Führungsrolle gekennzeichnet. Militärische

Solidarität zeigt sich nicht darin, dass man den Bündnispartnern das gefährliche Kämpfen überlässt und sich selbst im Einsatz auf Kampfunterstützung, Logistik, Aufklärung und den Sanitätsdienst beschränkt.

Das unzureichende militärische Engagement drückt sich auch durch den niedrigen Anteil der Verteidigungsausgaben am Bruttoinlandsprodukt aus. Der im Bündnis vereinbarte Anteil der Verteidigungsausgaben in Höhe von zwei Prozent des Bruttoinlandsprodukts liegt Deutschland bei 1,2 Prozent und damit an 16. Stelle. Ähnlich bescheiden sieht es bei den Ausgaben für Ausrüstung, Forschung und Entwicklung aus.

Unter diesen Voraussetzungen wurden die sechs Reformen der Bundeswehr seit der Wiedervereinigung Deutschlands mehr von der finanziellen Lage und von gesellschaftspolitischen Rücksichtnahmen als von sicherheitspolitischen Notwendigkeiten und strategischer Weitsicht bestimmt.

Die USA werden von ihren europäischen Verbündeten zu Recht einen größeren militärischen Beitrag einfordern, aber gleichzeitig mit ihrem irrlichternden Präsidenten Trump an internationaler Glaubwürdigkeit und globalem Einfluss verlieren, während Russland, die Schwächen der USA und Europas ausnutzend, als unkalkulierbare, die internationale Ordnung missachtende Macht auf die Weltbühne zurückgekehrt ist. Und Chinas Einfluss wird in der Welt durch eine strategisch ausgerichtete, globale Wirtschaftspolitik, abgestützt durch die stark wachsende militärische Macht, beträchtlich zunehmen. Dies wird eine gegen Chinas Interessen gerichtete Wirtschafts- und Sicherheitspolitik erschweren, wenn nicht unmöglich machen. Zugleich aber wir die militärische Aufrüstung der besorgten, nach Sicherheit strebenden Länder in Asien weiter vorangetrieben.

So gestalten sich die sicherheitspolitischen Herausforderungen und Bedrohungen und damit die militärischen Maßnahmen für jeden Staat, aufgrund der unterschiedlichen geostrategischen Lage, geopolitischen Ausrichtung sowie der gesellschaftlichen und wirtschaftlichen Rahmenbedingungen, anders. Gemeinsam ist, dass fast alle Länder der Erde über Streitkräfte als Instrument zur Sicherheitsvorsorge verfügen, die auf den Einsatz vorbereitet und, falls die Abschreckung versagt oder Konflikte entstehen, in der Lage sein müssen, Krieg zu führen oder Krisen zu bewältigen.

Streitkräfte haben den vielschichtigen Auftrag, einen militärischen Beitrag zur Sicherheit des Landes zu leisten, der die Verteidigung der Souveränität und Integrität des eigenen Territoriums, und häufig das der Bündnispartner, umfasst sowie die Krisenverhinderung, die Krisenbewältigung und den Katastrophenschutz einschließt.

Die weltweite Existenz dieser Streitkräfte, in denen 20 Millionen Soldaten dienen, die globalen Verteidigungsausgaben in Höhe von 1,5 Billionen US-Dollar und die zahlreichen Konflikte in der Welt zeugen von der Unfähigkeit der Völkergemeinschaft, Krisen allein auf friedfertige Weise zu bewältigen. Ein verantwortungsvoller Staat braucht durchsetzungsfähige Handlungsmittel, zu denen auch Streitkräfte mit einer modernen Ausrüstung gehören, damit er den Verpflichtungen zur Einhaltung des Rechts nachkommen und für Sicherheit sorgen kann. Und er benötigt Soldaten, die unter Einsatz ihres Lebens bereit sind, den Dienst mit der Waffe zu verrichten und „das Recht und die Freiheit tapfer zu verteidigen". So waren Ende 2017 alleine rund 94 000 Soldaten aus 124 Nationen weltweit in 15 friedenserhaltenden Missionen der Vereinten Nationen im Einsatz.

Streitkräfte benötigen für das breite Spektrum an Einsatzoptionen eine missionsgerechte Ausrüstung, damit sie den von der Politik vorgegebenen Auftrag effektiv und mit möglichst geringem Risiko erfüllen können. Die wehrtechnische Industrie ist neben den Streitkräften ein strategisches Element der Sicherheitspolitik und hat den Unternehmenszweck, Rüstungsgüter zu entwickeln, zu erproben, zu produzieren und zu vermarkten sowie die logistische Unterstützung sicher zu stellen. Sie ist sicherheitspolitisch, technologisch und arbeitsmarktpolitisch unverzichtbar.

Die privatwirtschaftlich organisierte deutsche wehrtechnische Industrie erwartet zu Recht Chancengleichheit auf europäischer Ebene, im internationalen Wettbewerb, bei Rüstungskooperationen und beim Rüstungsexport. Die Konsolidierung der europäischen Rüstungsindustrie muss, insbesondere für die leistungsfähigen deutschen mittelständischen Unternehmen, unter gleichen Bedingungen stattfinden. Die Politik sollte in Deutschland zugleich erkennen, dass ohne flankierende politische Unterstützung, ohne eine strategisch zwischen Politik, Militär und Wirtschaft abgestimmte Vorgehensweise es immer schwieriger wird, sich bei großen ausländischen Rüstungsprojekten erfolgreich durchzusetzen. Beim Beschaffungsvorhaben norwegischer U-Boote trugen die gemeinsamen, abgestimmten Anstrengungen zwischen der Politik auf Bundes-, Landes- und kommunaler Ebene, von Bundeswehr und der Industrie beispielhaft wesentlich zur strategischen Entscheidung der Norweger zugunsten der deutschen U-Boote bei.

Politik, Militär und wehrtechnische Industrie sind mit ihrer Aufgabe, einen Beitrag für die Sicherheit zu leisten, strategische Partner und in vielfältiger Weise miteinander verbunden. Sie hängen in hohem Maße von denselben Rahmenbedingungen ab, beeinflussen sich politisch, militärisch, wirtschaftlich und technologisch mit ihren Handlungen gegenseitig. Sie bilden einen Military Link.

Mit meinem Einblick in die sicherheitspolitischen Erfordernisse, in die vitalen und strategischen Interessen Deutschlands und seiner Verbündeten, mit meinem Verständnis für die Notwendigkeit einer leistungsfähigen wehrtechnischen Industrie, versah ich als Soldat meinen Dienst in der Bundeswehr mit der Waffe und übte in unterschiedlichen Positionen meinen Beruf in der Rüstungsindustrie aus.

Ich wusste von der Ambivalenz des Militärischen: das Gewaltmonopol zur Sicherung von Frieden und Freiheit, zur Bekämpfung eines Aggressors, zur Verhinderung von Völkermord, aber auch die große Gefahr des Missbrauchs, der Unterdrückung des eigenen Volkes und anderer Völker, ungerechter kriegerischer Handlungen, sowie die unbeschreiblichen Leiden und das Sterben im Krieg. Die Ambivalenz des Militärischen liegt darin, dass Soldaten mit ihren Waffen verteidigen und schützen, Konflikte verhindern, sich aber auch aggressiv verhalten, angreifen, vernichten und töten können. So haben die Soldaten der Roten Armee die Sowjetunion von Hitlers Faschismus befreit, aber auch brutal die Aufstände in Berlin, Budapest und Prag niedergeschlagen. Und die USA haben Jahrzehnte mit ihren Soldaten am Eisernen Vorhang die Freiheit Deutschlands und die Sicherheit Westberlins gesichert, aber auch im Irak 1993 einen nicht gerechtfertigten Krieg geführt, der bis heute in seinen Nachwirkungen diese Region zutiefst erschüttert.

Die zwiespältige Wirkung des Militärischen und der Rüstung müssen wir aushalten, aus Überzeugung der zu schützenden Werte unserer Gesellschaft und im Vertrauen auf die Vernunft der Politiker unseres Landes sowie in der Abwägung der vitalen und strategischen Interessen Deutschlands. Zum Schutz des Landes, seiner Souveränität und Integrität sowie zur persönlichen Sicherheit und Selbstbehauptung hat eine verantwortungsethische Wehrhaftigkeit für mich einen hohen Stellenwert. Raushalten war nie meine Lebenseinstellung. Realitätsferne Friedensbewegte sind mit ihrer Gesinnungsethik nicht die geeignete Antwort zur Lösung der Probleme in dieser Welt.

Auf dieser Grundlage pflegte ich als Offizier enge Kontakte zu Frankreich, unserem wichtigsten Verbündeten, baute als Rüstungsmanager in zahlreichen Ländern vertrauensvolle Geschäftsbeziehungen zu den Politikern, Streitkräften und zur wehrtechnischen Industrie auf. Ich habe insgesamt 82 Länder auf sechs Kontinenten bereist, davon 46 beruflich. Neben der Kenntnis der Geschichte, der Kultur und der gesellschaftspolitischen Zusammenhänge war es mir stets wichtig, die Sicherheitspolitik, militärische Doktrin sowie die Interessen des Landes und seiner Akteure zu verstehen.

Ich habe meinen politisch geprägten und motivierten Beruf als Offizier und als Manager in der Rüstungsindustrie stets als Dienst an der Gemeinschaft verstanden, bin bis heute aus Überzeugung ehrenamtlich in verschiedenen parteipolitischen, unternehmerischen und gesellschaftlichen Organisationen engagiert, meine sicherheitspolitischen und militärischen Ansichten in der Öffentlichkeit vertreten und publiziert.

Mir war stets bewusst, dass ich in meiner beruflichen Position und in verschiedenen Ämtern keinen besonderen Einfluss auf die großen sicherheitspolitischen und militärischen Entscheidungen unseres Landes hatte, doch es war meine Aufgabe als Exportleiter, Leiter Marketing und Strategische Planung den wehrtechnischen Markt zu analysieren, Potentiale zu erschließen und an der Strategieentwicklung meines Unternehmens mitzuwirken. Und ich sah und sehe es weiterhin als gesellschaftliche Verpflichtung an, in einer Phase des sicherheitspolitischen Umbruchs einen Beitrag zur öffentlichen Diskussion und zur Meinungsbildung zu leisten.

In meinem häuslichen Umfeld ist auch zu erkennen, dass ich mich zeitlebens mit Militär und Rüstung beschäftige: Panzer-, Schiffs- und Hubschrauber-Modelle zieren in meinem Büro die Regale, in meiner Bibliothek stehen zahlreiche sicherheitspolitische, militärgeschichtliche, wehrtechnische und rüstungswirtschaftliche Bücher. Für jeden Besucher wird sofort mein berufliches Wirken erkennbar. Auch mein französisches Patenkind Clément,

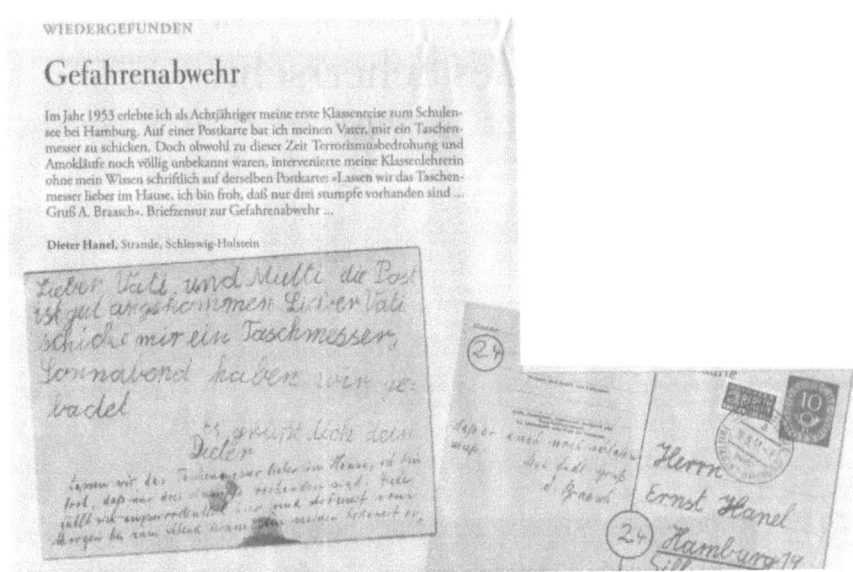

DIE ZEIT *veröffentlichte unter der Rubrik „WIEDERGEFUNDEN" meinen Beitrag „Gefahrenabwehr"*

das uns immer gerne an der Ostsee besuchte, erkannte als Sechsjähriger un-schwer meine Affinität zum Militärischen und sagte einmal zutreffend, in einer militärischen Zeitschrift blätternd: „Dieter, il aime les militaires".

Am 23. Juni 2015 veröffentlichte DIE ZEIT unter der Rubrik „WIEDER-GEFUNDEN" meinen Beitrag „Gefahrenabwehr": „1953 erlebte ich als Achtjähriger meine erste Klassenreise zum Schulensee bei Hamburg. Auf einer Postkarte bat ich meinen Vater, mir ein Taschenmesser zu schicken. Doch obwohl zu dieser Zeit Terrorismusbedrohung und Amokläufe noch völlig unbekannt waren, intervenierte meine Klassenlehrerin ohne mein Wissen schriftlich auf derselben Postkarte: „Lassen wir das Taschenmesser lieber im Hause, ich bin froh, daß nur drei stumpfe vorhanden sind … Gruß A. Braasch." Briefzensur zur Gefahrenabwehr…"

Mein langjähriger Freund aus der Studentenzeit, Dr. Rüdiger Schulz, schrieb mir als ZEIT-Leser daraufhin: „Lieber Dieter, ich wusste gar nicht, dass Du schon als kleiner Junge mit Kriegswaffen gespielt hast!! Aber die Geschichte ist sehr schön."

Der Autor

Dieter Hanel, geboren am 27.12.1944 in Gottesberg (Schlesien), schlug nach dem Abitur in der Bundeswehr die Offizierslaufbahn in der Technischen Truppe (Instandsetzung) ein und war nach dem Maschinenbaustudium (Dipl.-Ing.) in Darmstadt Kompaniechef einer Instandsetzungskompanie in Bruchsal.

Nach dem Ausscheiden aus der Bundeswehr (Major d. Res.) war er bei Rheinmetall in Düsseldorf Geschäftsführungsassistent und Abteilungsleiter Logistik, danach bei Krupp Mak in Kiel Exportleiter. Nach der Übernahme des Unternehmens durch Rheinmetall war er bis zu seinem Ausscheiden aus dem aktiven Berufsleben bei Rheinmetall Landsysteme Leiter Marketing und Strategische Planung.

Er ist seit 1994 beim Unternehmensverband in der Studien- und Fördergesellschaft der Schleswig-Holsteinischen Wirtschaft Vorsitzender des Arbeitskreises Wehrtechnik Schleswig-Holstein mit 29 Unternehmen und rund 22 000 Beschäftigten, davon 6 200 in der Wehrtechnik. Des Weiteren ist er Mitglied im Beirat dieser Studien- und Fördergesellschaft. Von 2001 bis 2016 war er Präsident Kuratoriums der Deutsch-Französischen Gesellschaft Schleswig-Holstein. Für diese Verdienste hat er vom Ministerpräsidenten des Landes Schleswig-Holstein 2005 die Ehrennadel des Landes erhalten. Von 2011 bis 2016 war er Vorsitzender des Landesfachausschusses Sicherheit und Verteidigung der CDU Schleswig-Holstein.

Dieter Hanel ist als Berater tätig, hat zahlreiche Beiträge zur Sicherheitspolitik, Rüstungswirtschaft und Wehrtechnik veröffentlicht und ist Autor der im Bernard & Graefe Verlag erschienenen Bücher „Die Panzerindustrie", „Die Bundeswehr und die deutsche Rüstungsindustrie" sowie „Streitkräfte und Rüstung. Die Panzerindustrie".

Personenregister

Stichwortregister

Bildnachweis

Autor, BAE Systems, BAE Systems Hägglunds, Bildgalerie Bundeswehr EADS, Bundesministerium der Verteidigung, CDU Schleswig-Holstein, Elmshorner Nachrichten, Euroforum, IVECO Defence Vehicles, Jan Köhler-Kaess, Krupp MaK, Luftlandebrigade 26, NATO Foto, Matthias Masch, Stefan Petersen, Rheinmetall Pressefoto, Rheinmetall Landsysteme, Studien- und Fördergesellschaft der Schleswig-Holsteinischen Wirtschaft, Staatskanzlei Schleswig-Holstein/Lenhard Klimek, Taktisches Luftwaffengeschwader 73, Thyssen-Krupp Marine Systems, UV Nord

Carola Hartmann Miles-Verlag

Politik, Gesellschaft, Militär

Uwe Hartmann, *Innere Führung. Erfolge und Defizite der Führungsphilosophie für die Bundeswehr,* Berlin 2007.

Hans-Christian Beck, Christian Singer (Hrsg.), *Entscheiden – Führen – Verantworten. Soldatsein im 21. Jahrhundert,* Berlin 2011.

Reiner Pommerin (ed.), *Clausewitz goes global. Carl von Clausewitz in the 21st Century, Berlin 2011.*

Eberhard Birk, Winfried Heinemann, Sven Lange (Hrsg.), *Tradition für die Bundeswehr. Neue Aspekte einer alten Debatte,* Berlin 2012.

Holger Müller, *Clausewitz' Verständnis von Strategie im Spiegel der Spieltheorie,* Berlin 2012.

Angelika Dörfler-Dierken, *Führung in der Bundeswehr,* Berlin 2013.

Wolf Graf von Baudissin, *Grundwert Frieden in Politik – Strategie – Führung von Streitkräften,* hrsg. von Claus von Rosen, Berlin 2014.

Marcel Bohnert, Lukas J. Reitstetter (Hrsg.), *Armee im Aufbruch. Zur Gedankenwelt junger Offiziere in den Kampftruppen der Bundeswehr,* Berlin 2014.

Arjan Kozica, Kai Prüter, Hannes Wendroth (Hrsg.), *Unternehmen Bundeswehr? Theorie und Praxis (militärischer) Führung,* Berlin 2014.

Angelika Dörfler-Dierken, Robert Kramer, *Innere Führung in Zahlen. Streitkräftebefragung 2013,* Berlin 2014.

Phil C. Langer, Gerhard Kümmel (Hrsg.), *„Wir sind Bundeswehr." Wie viel Vielfalt benötigen/vertragen die Streitkräfte?,* Berlin 2015.

Dirk Freudenberg, *Counterinsurgency. Aufstandsbekämpfung als Phase zur Überwindung schwacher Staatlichkeit und zur Etablierung des Aufbaus einer stabilen Nachkriegsordnung?,* Berlin 2016.

Alois Bach, Walter Sauer (Hrsg.), *Schützen.Retten.Kämpfen. Dienen für Deutschland,* Berlin 2016.

Marcel Bohnert, Björn Schreiber (Hrsg.), *Die unsichtbaren Veteranen. Kriegsheimkehrer in der deutschen Gesellschaft,* Berlin 2016.

Alessandro Rappazzo, *Vorsprung durch Leadership. Modernes Leadership in der Armee,* Berlin 2017.

Wolfgang Peischel (Hrsg.): *Wiener Strategie-Konferenz 2016 – Strategie neu denken,* Berlin 2017.

Oliver Schmidt, *Deutsche Außenpolitik und die Zukunft der nuklearen Teilhabe in der NATO,* Berlin 2017.

Dirk Freudenberg, *Theorie des Irregulären, 3 Bde.*, Berlin 2017.

Donald Abenheim and Carolyn Halladay, *Soldiers, War, Knowledge and Citizenship: German-American Essays on Civil-Military Relations,* Berlin 2017.

Jahrbuch Innere Führung

Uwe Hartmann, Claus von Rosen, Christian Walther (Hrsg.), *Jahrbuch Innere Führung 2009. Die Rückkehr des Soldatischen,* Eschede 2009.

Helmut R. Hammerich, Uwe Hartmann, Claus von Rosen (Hrsg.), *Jahrbuch Innere Führung 2010. Die Grenzen des Militärischen,* Berlin 2010.

Uwe Hartmann, Claus von Rosen, Christian Walther (Hrsg.), *Jahrbuch Innere Führung 2011. Ethik als geistige Rüstung für Soldaten,* Berlin 2011.

Uwe Hartmann, Claus von Rosen, Christian Walther (Hrsg.), *Jahrbuch Innere Führung 2012. Der Soldatenberuf zwischen gesellschaftlicher Integration und suis generis-Ansprüchen,* Berlin 2012.

Uwe Hartmann, Claus von Rosen (Hrsg.), *Jahrbuch Innere Führung 2013. Wissenschaften und ihre Relevanz für die Bundeswehr als Armee im Einsatz,* Berlin 2013.

Uwe Hartmann, Claus von Rosen (Hrsg.), *Jahrbuch Innere Führung 2014. Drohnen, Roboter und Cyborgs – Der Soldat im Angesicht neuer Militärtechnologien,* Berlin 2014.

Uwe Hartmann, Claus von Rosen (Hrsg.), *Jahrbuch Innere Führung 2015. Neue Denkwege angesichts der Gleichzeitigkeit unterschiedlicher Krisen, Konflikte und Kriege,* Berlin 2015.

Uwe Hartmann, Claus von Rosen (Hrsg.), *Jahrbuch Innere Führung 2016. Innere Führung als kritische Instanz,* Berlin 2016.

Uwe Hartmann, Claus von Rosen (Hrsg.), *Jahrbuch Innere Führung 2017. Die Wiederkehr der Verteidigung in Europa und die Zukunft der Bundeswehr,* Berlin 2017.

Einsatzerfahrungen

Kay Kuhlen, *Um des lieben Friedens willen. Als Peacekeeper im Kosovo,* Eschede 2009.

Sascha Brinkmann, Joachim Hoppe (Hrsg.), *Generation Einsatz. Fallschirmjäger berichten ihre Erfahrungen aus Afghanistan,* Berlin 2010.

Artur Schwitalla, *Afghanistan, jetzt weiß ich erst… Gedanken aus meiner Zeit als Kommandeur des Provincial Reconstruction Team FEYZABAD,* Berlin 2010.

Uwe Hartmann, *War without Fighting? The Reintegration of Former Combatants in Afghanistan seen through the Lens of Strategic Thought,* Berlin 2014.

Rainer Buske, *KUNDUZ. Ein Erlebnisbericht über einen militärischen Einsatz der Bundeswehr in AFGHANISTAN im Jahre 2008*, Berlin ²2016.

Militärgeschichte

Eberhard Kliem, Kathrin Orth, *"Wir wurden wie blödsinnig vom Feind beschossen". Menschen und Schiffe in der Skagerrakschlacht 1916*, Berlin 2016.

Eberhard Birk, *"Auf Euch ruht das Heil meines theuern Württemberg!". Das Gefecht bei Tauberbischofsheim am 24. Juli 1866 im Spiegel der württembergischen Heeresgeschichte des 19. Jahrhunderts*, Berlin 2016.

Eckhard Lisec, *Der Unabhängigkeitskrieg und die Gründung der Türkei 1919–1923*, Berlin 2016.

Hans Frank, Norbert Rath, *Kommodore Rudolf Petersen. Führer der Schnellboote 1942–1945. Ein Leben in Licht und Schatten unteilbarer Verantwortung*, Berlin 2016.

Eckhard Lisec, *Der Völkermord an den Armeniern im 1. Weltkrieg – Deutsche Offiziere beteiligt?*, Berlin 2017.

Ingo Pfeiffer, *Heinz Neukirchen. Marinekarriere an wechselnden Fronten*, Berlin 2017.

Siegfried Lautsch, *Grundzüge des operativen Denkens in der NATO. Ein zeitgeschichtlicher Rückblick auf die 1980er Jahre*, Berlin 2017.

Viktor Toyka, *Dienst in Zeiten des Wandels. Erinnerungen aus 40 Jahren Dienst als Marineoffizier 1966-2006*, Berlin 2017.

Eckhard Lisec, *Die Türkische Armee – Von Mete Han (209 v. Chr.) über Atatürk zur Gegenwart*, Berlin 2018.

Joachim Welz, *Erfolgsstory oder Trauma – die Übernahme von Armeen. Lehren aus der Übernahme des österreichischen Bundesheeres in die Wehrmacht 1938 und der Reste der NVA in die Bundewehr 1990*, Berlin 2018.

Schriften zur Geschichte der Deutschen Luftwaffe

Eberhard Birk, Heiner Möllers, Wolfgang Schmidt (Hrsg.), *Die Luftwaffe zwischen Politik und Technik, Bd. 2*, Berlin 2012.

Eberhard Birk, Heiner Möllers (Hrsg.), *Luftwaffe und Luftkrieg, Bd. 3*, Berlin 2015.

Claas Siano, *Die Luftwaffe und der Starfighter. Rüstung im Spannungsfeld von Politik, Wirtschaft und Militär, Bd. 4*, Berlin 2016.

Eberhard Birk, Peter Andreas Popp (Hrsg.), *Luftwaffenoffizier 21. Das Selbstverständnis des Luftwaffenoffiziers zu Beginn des 21. Jahrhunderts, Bd. 5*, Berlin 2016.

Eberhard Birk, Heiner Möllers (Hrsg.), *Luftwaffe und Luftverteidigung, Bd. 6*, Berlin 2017.

Dirk Schreiber, *Die Luftwaffe und ihre Doktrin. Einsatzkonzeptionen bis 1971, Bd. 7*, Berlin 2018.

Standpunkte und Orientierungen

Daniel Giese, *Militärische Führung im Internetzeitalter – Die Bedeutung von Strategischer Kommunikation und Social Media für Entscheidungsprozesse, Organisationsstrukturen und Führerausbildung in der Bundeswehr*, Berlin 2014.

Dirk Freudenberg, *Auftragstaktik und Innere Führung. Feststellungen und Anmerkungen zur Frage nach Bedeutung und Verhältnis des inneren Gefüges und der Auftragstaktik unter den Bedingungen des Einsatzes der Deutschen Bundeswehr*, Berlin 2014.

Uwe Hartmann (Hrsg.), *Lernen von Afghanistan. Innovative Mittel und Wege für Auslandseinsätze*, Berlin 2015.

Fouzieh Melanie Alamir, *Vernetzte Sicherheit – Quo Vadis?*, Berlin 2015.

Hartwig von Schubert, *Integrative Militärethik. Ethische Urteilsbildung in der militärischen Führung*, Berlin 2015.

Uwe Hartmann, *Hybrider Krieg als neue Bedrohung von Freiheit und Frieden. Zur Relevanz der Inneren Führung in Politik, Gesellschaft und Streitkräften*, Berlin 2015.

Klaus Beckmann, *Treue.Bürgermut.Ungehorsam. Anstöße zur Führungskultur und zum beruflichen Selbstverständnis in der Bundeswehr*, Berlin 2015.

Florian Beerenkämper, Marcel Bohnert, Anja Buresch, Sandra Matuszewski, *Der innerafghanische Friedens- und Aussöhnungsprozess*, Berlin 2016.

Martin Sebaldt, *Nicht abwehrbereit. Die Kardinalprobleme der deutschen Streitkräfte, der Offenbarungseid des Weißbuchs und die Wege aus der Gefahr*, Berlin 2017.

Christian J. Grothaus, *Der "hybride Krieg" vor dem Hintergrund der kollektiven Gedächtnisse Estlands, Lettlands und Litauens*, Berlin 2017.

Uwe Hartmann, *Der gute Soldat. Politische Kultur und soldatisches Selbstverständnis*, Berlin 2018.

Monterey Studies

Uwe Hartmann, *Carl von Clausewitz and the Making of Modern Strategy*, Potsdam 2002.

Zeljko Cepanec, *Croatia and NATO. The Stony Road to Membership*, Potsdam 2002.

Ekkehard Stemmer, *Demography and European Armed Forces*, Berlin 2006.

Sven Lange, *Revolt against the West. A Comparison of the Current War on Terror with the Boxer Rebellion in 1900-01,* Berlin 2007.

Klaus M. Brust, *Culture and the Transformation of the Bundeswehr,* Berlin 2007.

Donald Abenheim, *Soldier and Politics Transformed,* Berlin 2007.

Michael Stolzke, *The Conflict Aftermath. A Chance for Democracy: Norm Diffusion in Post-Conflict Peace Building,* Berlin 2007.

Frank Reimers, *Security Culture in Times of War. How did the Balkan War affect the Security Cultures in Germany and the United States?,* Berlin 2007.

Michael G. Lux, *Innere Führung – A Superior Concept of Leadership?,* Berlin 2009.

Marc A. Walther, *HAMAS between Violence and Pragmatism,* Berlin 2010.

Frank Hagemann, *Strategy Making in the European Union,* Berlin 2010.

Ralf Hammerstein, *Deliberalization in Jordan: the Roles of Islamists and U.S.-EU Assistance in stalled Democratization,* Berlin 2011.

Jochen Wittmann, *Auftragstaktik,* Berlin 2012.

Michael Hanisch, *On German Foreign und Security Policy. Determinants of German Military Engagement in Africa since 2011,* Berlin 2015.

Grégoire Monnet, *The Evolution of Strategic Thought Since September 11, 2001,* Berlin 2016.

Stefan Klein, *America First? Isolationism in U.S. Foreign Policy from the 19th to the 21st Century,* Berlin 2017.

http://www.miles-verlag.jimdo.com